Kai-Uwe Hellmann · Ruud Koopmans (Hrsg.)

Paradigmen der Bewegungsforschung

Kai-Uwe Hellmann · Ruud Koopmans (Hrsg.)

Paradigmen der Bewegungsforschung

Entstehung und Entwicklung von Neuen sozialen Bewegungen und Rechtsextremismus

Westdeutscher Verlag

Alle Rechte vorbehalten
© Westdeutscher Verlag GmbH, Opladen/Wiesbaden, 1998

Der Westdeutsche Verlag ist ein Unternehmen der Bertelsmann Fachinformation GmbH.

Das Werk einschließlich aller seiner Teile ist urheberrechtlich geschützt. Jede Verwertung außerhalb der engen Grenzen des Urheberrechtsgesetzes ist ohne Zustimmung des Verlags unzulässig und strafbar. Das gilt insbesondere für Vervielfältigungen, Übersetzungen, Mikroverfilmungen und die Einspeicherung und Verarbeitung in elektronischen Systemen.

http://www.westdeutschervlg.de

Höchste inhaltliche und technische Qualität unserer Produkte ist unser Ziel. Bei der Produktion und Verbreitung unserer Bücher wollen wir die Umwelt schonen: Dieses Buch ist auf säurefreiem und chlorfrei gebleichtem Papier gedruckt. Die Einschweißfolie besteht aus Polyäthylen und damit aus organischen Grundstoffen, die weder bei der Herstellung noch bei der Verbrennung Schadstoffe freisetzen.

Umschlaggestaltung: Horst Dieter Bürkle, Darmstadt
Druck und buchbinderische Verarbeitung: Rosch-Buch, Scheßlitz
Printed in Germany

ISBN 3-531-13250-4

Inhalt

Einführung

Kai-Uwe Hellmann
Paradigmen der Bewegungsforschung.
Forschungs- und Erklärungsansätze – ein Überblick 9

Neue Soziale Bewegungen

Karl-Werner Brand
Humanistischer Mittelklassen-Radikalismus.
Die Erklärungskraft historisch-struktureller Deutungen am Beispiel
der 'neuen sozialen Bewegungen' 33

Roland Roth
'Patch-Work'.
Kollektive Identitäten neuer sozialer Bewegungen 51

Tibor Kliment
Durch Dramatisierung zum Protest?
Theoretische Grundlegung und empirischer Ertrag des *Framing*-Konzepts 69

Karl-Dieter Opp
Die Perspektive der Ressourcenmobilisierung und
die Theorie kollektiven Handelns.
Eine Anwendung zur Erklärung der Ökologiebewegung in der Bundesrepublik 90

Dieter Rucht
Komplexe Phänomene – komplexe Erklärungen.
Die politischen Gelegenheitsstrukturen der neuen sozialen Bewegungen
in der Bundesrepublik 109

Rechtsextremismus

Claus Leggewie
Neo-Kapitalismus und Neue Rechte.
Sozialstrukturelle Voraussetzungen radikaler rechter Bewegungen 131

Werner Bergmann / Rainer Erb
„In Treue zur Nation".
Zur kollektiven Identität der rechtsextremen Bewegung 149

Wolfgang Gessenharter
Rückruf zur 'selbstbewußten Nation'.
Analyse eines neurechten Frames aus bewegungstheoretischer Sicht 166

Bert Klandermans
Ausländerfeindliche Bewegungen und Parteien im Vier-Länder-Vergleich.
Ressourcenmobilisierung, Kosten/Nutzen-Relationen, Organisationen und
soziale Netzwerke 181

Ruud Koopmans
Rechtsextremismus, fremdenfeindliche Mobilisierung und Einwanderungspolitik.
Bewegungsanalyse unter dem Gesichtspunkt politischer Gelegenheitsstrukturen ... 198

Schlußbetrachtung

Ruud Koopmans
Konkurrierende Paradigmen oder friedlich ko-existierende Komplemente?
Eine Bilanz der Theorien sozialer Bewegungen 215

Anmerkungen 233

Literatur 249

Einführung

Kai-Uwe Hellmann

Paradigmen der Bewegungsforschung
Forschungs- und Erklärungsansätze – ein Überblick

1. Einleitung

Protest gehört in unserer Gesellschaft zum Alltag. Ständig treibt es Menschen auf die Straße, werden Parolen skandiert, Veränderungen gefordert, und zieht der Protest sich in die Länge, dauert gar an und mobilisiert immer mehr Menschen, haben wir es bald mit einer sozialen Bewegung zu tun. Das Auftreten von Protestaktionen und sozialen Bewegungen bedeutet aber nicht nur für die Politik eine Herausforderung, sondern auch für die Wissenschaft. Denn was ist eine soziale Bewegung, wie kommt es zu Protest? Wer nimmt daran teil und weshalb? Wie funktioniert Mobilisierung und was sind die notwendigen und hinreichenden Möglichkeitsbedingungen erfolgreicher Mobilisierung? Welcher Einfluß kommt der Gesellschaft und speziell der Politik zu, wenn es um die Entstehung und Entwicklung von Protestbewegungen geht? Wovon hängt der Erfolg einer sozialen Bewegung ab, und was passiert mit der Bewegung, nachdem die Mobilisierungsphase ihren Höhepunkt überschritten hat?

All dies sind Fragen, die im Laufe der Jahrzehnte zur Ausbildung einer eigenen Fachdisziplin innerhalb der Sozialwissenschaften geführt haben, nämlich der Soziologie sozialer Bewegungen oder kurz Bewegungsforschung. Dabei ist die Bewegungsforschung noch relativ jung, denn erst in den letzten 10 bis 20 Jahren hat sich eine Spezifik von Theorien, Methoden und Objekten herauskristallisiert, die es gestattet, die Bewegungsforschung nicht nur für sich, sondern auch von anderen Fachbereichen der Sozialwissenschaften eindeutig abzugrenzen. Vor diesem Hintergrund stellt sich aber die Frage: Womit haben wir es bei der Bewegungsforschung gegenwärtig zu tun? Was finden wir vor, was spielt sich dort ab? Der vorliegende Sammelband nimmt bei diesen Fragen seinen Ausgang und versucht, deutlich zu machen, daß und weshalb sich die Bewegungsforschung – so wie Thomas S. Kuhn (1976) es beschrieben hat – auf dem Weg zur normalen Wissenschaft befindet.

2. Zur Entstehung und Entwicklung der Bewegungsforschung

Wo und wann genau der eigentliche Grundstein der Bewegungsforschung gelegt worden ist, läßt sich heute kaum mehr feststellen (Pankoke 1970; Hofmann 1971; Rammstedt 1978). Sicherlich aber hat die Bewegungsforschung ihre Wurzeln letztlich in der Aufklärung. „Alles Denken der sozialen Bewegung nimmt seinen Ausgang von den großen Ideen der Aufklärungsphilosophie." (Hofmann 1971: 8) Denn schon die Aufklärung selbst stellte – das 'finstere' Mittelalter hinter sich lassend – einen 'Aufbruch in eine andere Gesellschaft', die der Moderne dar, die uns als 'ein unvollendetes Projekt' noch immer beschäftigt und ständig neue Bewegungen aus sich hervorbringt, die das Projekt 'Moderne' doch noch zu vollenden – oder schon wieder zu beenden suchen (Berger/Berger/Kessler 1975; Eder 1993; Münch 1994; Hellmann 1997).

Ohne also alle Aspekte berücksichtigen zu können, die für die Begründung der Bewegungsforschung ausschlaggebend waren, sind die Anfänge doch in der Aufklärung zu finden. Dabei macht Werner Hofmann gleich zwei „Haltungen" (Hofmann 1971: 12) geltend, denen man heute Bewegungscharakter zusprechen kann: jene, die in der Romantik als Gegenbewegung zur Aufklärung ihren Ausdruck fand, und diejenige, welche gerade im Sinne der Aufklärung für die Verwirklichung der Ideen der Aufklärung eintrat. Letztere markiert aber mit der Französischen Revolution – so Joachim Raschke – den entscheidenden 'take-off' (Pankoke) für „die erste soziale Bewegung in einem modernen Sinne" (Raschke 1985: 22), woraus sich dann die eigentliche, noch heute gebräuchliche Prägung des Begriffs 'mouvement social' von Denkern wie Henri de Saint-Simon, Charles Fourier oder Auguste Comte entwickelte, deren Rezeption durch Lorenz von Stein 1842 den Begriff 'sociale Bewegung' schließlich auch für Deutschland populär gemacht hat.[1]

Bei der Frage nach dem Höhe- und Angelpunkt der Denkgeschichte der sozialen Bewegung ist nach Hofmann davon auszugehen, daß erst mit den Arbeiten des (frühen) Karl Marx eine halbwegs konzise Theorie zu sozialen Bewegungen zur Verfügung stand, „so daß schlechthin von einer vor- und nach-Marxschen Theorie zu sprechen ist."[2] Aber ob es nun Marx oder doch von Stein war, „der als erster soziale Bewegung soziologisch reflektierte"[3]: Ohne Zweifel hat Marx maßgeblich Anteil daran gehabt, der wissenschaftlichen Beschäftigung mit sozialen Bewegungen zum Durchbruch zu verhelfen, als er und später dann vor allem Friedrich Engels[4] Hegels Bewegungsgesetz aus dem Gebiete des Geistigen in die Gesellschaft übertrugen und hier eine Dialektik in der Abfolge gesellschaftlicher Epochen zu erkennen glaubten, die wesentlich durch Klassenkämpfe vorangetrieben wird, wie es dann im 'Kommunistischen Manifest' zu lesen stand: „Die Geschichte aller bisherigen Gesellschaft ist die Geschichte von Klassenkämpfen." Demnach weist jede Gesellschaft in sich selbst strukturelle Spannungen und Widersprüche auf, die – wie der Gegensatz von Kapital und Arbeit – schon von sich aus den Keim des Neuen in sich tragen. Dieser Keim nimmt dann in einer sozialen Bewegung seine Endgestalt an, nämlich die des

'Totengräbers' der bisherigen Gesellschaft, um zur rechten Zeit die 'revolutionäre Umgestaltung der ganzen Gesellschaft' in die Wege zu leiten und durch das Neue zu ersetzen.

Wenn heute auch kaum noch jemand Marx/Engels einfach darin folgen dürfte, soziale Bewegungen geschichtsphilosophisch zu begreifen, hat dieser Bewegungsbegriff doch entscheidenden Einfluß gehabt auf die weitere Beschäftigung mit sozialen Bewegungen, sowohl praktisch als auch theoretisch. Dies betrifft nicht nur die Verortung sozialer Bewegungen auf der Makro-Ebene, ihre Beziehung zu gesellschaftlichen Zentralkonflikten und ihre Bedeutung für sozialen Wandel, sondern auch ihre Verbundenheit mit der Sozialstruktur der Gesamtgesellschaft und die Problematik des Übergangs einer 'Klasse an sich' in eine 'Klasse für sich', wodurch sie dann zum kollektiven Akteur wird – nicht zu vergessen die 'wissenschaftliche' Utopie der klassenlosen Gesellschaft als Endstadium der Geschichte aller bisherigen Gesellschaften.

Neben dem Marxismus sind aber auch andere Ansätze zu nennen, die für die Entwicklung der Bewegungsforschung von Bedeutung waren. Hier ist vor allem die Beschäftigung mit der Masse aus psychologischer Perspektive anzuführen. Als Vater der Massenpsychologie kann sicherlich Gustave Le Bon gelten, dem es vorrangig um die Veränderungen ging, die das Individuum in der Masse erfährt: „Schwund der bewußten Persönlichkeit, Vorherrschaft der unbewußten Persönlichkeit, Orientierung der Gefühle und Gedanken in derselben Richtung durch Suggestion und Ansteckung, Tendenz zur unverzüglichen Verwirklichung der suggerierten Ideen." (Le Bon 1912: 17) So betrachtet, entwickelt sich der Mensch in der Masse zum Tier zurück, das nur noch durch seine Ängste und Affekte bestimmt wird.[5] „Das Individuum ist nicht mehr es selbst, es ist ein willenloser Automat geworden." (ebd.) Was vorherrscht, wenn Menschen in Massen auftreten, ist somit nicht mehr vernunftgeleitetes Handeln, sondern irrationales Verhalten, in sich unbegründet und ohne Reflexion auf Kontext und Konsequenzen.

Diese Sichtweise auf die 'Natur' der Masse, die der von Marx/Engels in vielen Punkten diametral gegenübersteht, hat nicht minder einflußreich auf die auch wissenschaftliche Beschäftigung mit sozialen Bewegungen gewirkt. Vor allem Arbeiten zur 'mass society' (Arendt, Kornhauser), die sich insbesondere mit totalitären Massenbewegungen auseinandergesetzt haben, sind nachhaltig von der Auffassung geprägt, daß Massen irrational veranlagt sind. Dabei wird der Anlaß für das Auftreten solcher Massenbewegungen – und hier fließt zumeist Durkheims Anomie-Idee mit ein – darin gesehen, daß die moderne Gesellschaft die Individuen aufgrund von Individualisierungs- und Atomisierungstendenzen basal verunsichere, verängstige und völlig ohne Orientierung lasse, worauf sie sich zu Massen zusammenfinden, um diesen Verlust an individueller Sicherheit durch kollektiven Protest zu kompensieren zu suchen. Noch heute sticht gerade diese Sichtweise, der letztendlich die Unterscheidung von Elite und Masse zugrunde liegt, bei der Kritik sozialer Bewegungen immer wieder hervor, wenn protestierenden Individuen psychopathologische Züge und andere, deviante, vor allem aber irrationale Motive nachgesagt werden, die lediglich auf Verwirrung, Ratlosigkeit und Panikmache schließen ließen.

Vereinfacht gesagt, stellen Marxismus und Massenpsychologie die beiden Extreme zu Beginn der Bewegungsforschung dar, da sie soziale Bewegungen von gänzlich unterschiedlichen Positionen aus gedacht haben. Während der Marxismus soziale Bewegungen prinzipiell als *kollektives Handeln* verstand, dem eine eigene Rationalität[6] zukommt, die sich durch die Selbstwidersprüchlichkeit der gesellschaftlichen Verhältnisse begründet sieht, betrachtete die Massenpsychologie soziale Bewegungen überwiegend als *kollektives Verhalten*, das wesentlich irrational veranlagt ist, da es nur durch Ängste und Affekte geleitet wird, ohne klare Zielsetzung oder gar hinlängliche Kontrolle über sich selbst.

Betrachtet man nunmehr die Entwicklung der Bewegungsforschung im Nachhinein, so kann man versucht sein zu sagen, daß es sich hierbei um einen kollektiven Lernprozeß gehandelt hat. Denn die Geschichte der Bewegungsforschung weist – ausgehend von diesen beiden Extremen – eine Abfolge von Lernschritten auf, die jeweils kritisch aufeinander Bezug genommen und dadurch zur Entwicklung der Disziplin beigetragen haben. Dabei läßt sich idealtypisch zwischen einem amerikanischen und einem europäischen Strang der Bewegungsforschung unterscheiden.[7]

Für den amerikanischen Strang der Bewegungsforschung war vor allem der *Collective Behavior*-Ansatz (CB) konstitutiv, der kollektivem Protest zumeist irrationales Verhalten unterstellte, wenn er auch der Auffassung von Marx, der in den USA insgesamt wenig Aufmerksamkeit fand[8], dahingehend nahe stand, daß sich kollektiver Protest aufgrund von strukturellen Spannungen, Widersprüchen und Enttäuschungen ausbildet und evolutionär wirken kann (Turner/Killian 1957; Smelser 1962).[9] Außerdem ist noch der *Relative Deprivation*-Ansatz (RD) zu nennen, der auf die Rationalität[10] der Motivation kollektiven Protests aufmerksam machte, indem er das Protestpotential der Diskrepanz von Anspruch und Wirklichkeit, von Werterwartungen und Erwartungsenttäuschungen zurechnete, mit der Gesellschaften ihre eigenen Mitglieder konfrontieren (Gurr 1970; Morrison 1973; Muller 1980). Denn diese Diskrepanz erzeuge latente Unzufriedenheit, die ab einem gewissen Punkt, wenn diese Diskrepanz immer größer werde, in manifesten Protest umschlage. „Movement emergence is thus analogous to, and as inexorable as, the process by which water boils." (McAdam 1982: 9)

Jeder dieser Ansätze barg interessante Einsichten, wie sie auch zuvor schon diskutiert wurden; zugleich warfen aber beide auch eine Reihe von Problemen auf, sei es nur der psychologische *bias* (McAdam 1982) oder die Unterstellung von Irrationalität oder gar Psychopathologie (Morris/Herring 1987), die schließlich 1977 zu einem Paradigmenwechsel führten, der programmatisch unter dem Titel 'Resource Mobilization and Social Movements: A Partial Theory' von John McCarthy und Mayer N. Zald publiziert wurde (McCarthy/Zald 1973, 1977). Zugrunde lag diesem Paradigmenwechsel, der lange Zeit nur die amerikanische Bewegungsforschung betraf, eine Reihe von Kritikpunkten, die sich gegen bestimmte Annahmen der beiden Ansätze CB und RD richtete. So sei zwar unbestritten, daß es gesellschaftliche

Probleme gebe, doch nicht jedes Problem habe Protest zur Folge: „Grievances are everywhere, movements not" (Japp 1984: 316); genau diese Diskrepanz gelte es aber zu erklären. Weiter seien Protestmotive und Proteststrategien keineswegs als irrational oder schlicht pathologisch einzuschätzen, sondern durchaus zweckrational begründet. Gehe man aber von diesem Befund aus, handele es sich bei Mobilisierungseffekten nicht bloß um rein psychologische Vorgänge[11], sondern auch um 'politics with other means' (Gamson). Deshalb bestehe auch keineswegs ein Widerspruch zwischen Mobilisierung und Organisation, wie etwa von Max Weber behauptet worden war; im Gegenteil: Häufig seien es gerade erst Organisationen, die Mobilisierung erfolgreich auf den Weg brächten.[12] Aus diesem Grund sollte sich die Analyse von Bewegungen auch vorrangig auf die darin befindlichen Organisationen konzentrieren, um die Diskrepanz zwischen Problem und Protest zu erklären. Entsprechend hat sich der RM-Ansatz zumeist auf die Analyse von Bewegungsorganisationen, deren Funktion, Struktur und Verflechtung sowie auf die Erforschung mobilisierungsrelevanter Ressourcen eingelassen, wie Geld, Zeit und Personal. Im Mittelpunkt stand dabei die Auffassung, daß es sich bei Protestaktivitäten um politische, zweckrational begründete und strategisch ausgerichtete Unternehmungen von Bewegungsorganisationen handelt. „Hence, organized mobilization is planned, goal directed, structured and evaluated." (Lahusen 1996: x) Unzweifelhaft hat dieser Ansatz die amerikanische Bewegungsforschung bis weit in die 80er Jahre dominiert (Jenkins 1983; Klandermans 1984; Morris/Herring 1987; Zald 1991).

Doch auch der RM-Ansatz ist nicht frei von Kritik. So beschränkte sich der Ansatz häufig auf die Akquisition und Allokation von Ressourcen innerhalb der Bewegungsindustrie, ohne die erforderlichen Randbedingungen in der Umgebung der Bewegungen hinreichend zu berücksichtigen, was vor allem das politische Umfeld mit seinen begünstigenden und verhindernden Gelegenheitsstrukturen betrifft (Piven/Cloward 1977; McAdam 1982). Ferner reduzierte sich das Repertoire der Ressourcen zumeist auf solche rein organisatorischer Provenienz, wie Geld, Zeit und Personal, ohne die symbolischen und diskursiven Leistungen angemessen zu reflektieren, die in höchstem Maße relevant sind für den Mobilisierungserfolg. Zwar stellten McCarthy/Zald schon 1973 fest, daß Probleme, die zum Anlaß für Protest werden, von den Bewegungsunternehmern erst noch definiert, geschaffen und entsprechend inszeniert werden müßten (McCarthy/Zald 1973: 20). Doch ist der RM-Ansatz eine adäquate Berücksichtigung bisher schuldig geblieben, was selbst von RM-Theoretikern bezüglich des „ignoring of cognitive social psychology and their imperviousness to culturological symbolic analysis" (Zald 1992: 351) zugestanden wird. Ferner konzentrierte sich dieser Ansatz weitgehend auf Bewegungsorganisationen, vernachlässigte darüber aber die Bewegungen selbst (Jenkins 1983; Kitschelt 1991; Diani 1992); das betraf zeitweilig auch die Bewertung von Netzwerkstrukturen der Mobilisierungsbasis als Ressource (Curtis/Zurcher 1973, 1973a; McAdam 1982). Infolge dieser Kritikpunkte haben sich neue Paradigmen ausgebildet, die komplementär zum RM-Ansatz arbeiten und teilweise wieder auf klassische Ansätze zurückgreifen.

So beschäftigen sich Arbeiten zu *Political Opportunity Structures* (POS) – ausgehend von einer Arbeit Peter K. Eisingers aus dem Jahre 1973 und seit Mitte der 80er Jahre zunehmend an Konturen gewinnend (Brand 1985a; Kitschelt 1986; Tarrow 1988, 1991; Kriesi 1991; Koopmans 1995) – mit den spezifischen Bedingungen des jeweiligen politischen Systems, um darüber verständlich zu machen, weshalb es zu so unterschiedlichen Mobilisierungserfolgen kommt, wenn sämtliche anderen Parameter doch weitgehend gleich und damit vergleichbar sind (Kriesi et al. 1995: xii). Je nachdem, ob das politische Zentrum eher offen oder geschlossen auf die Artikulation von Problemen aus seiner Peripherie reagiert, sich sympathisierende politische Eliten finden oder nicht, sich mehr oder weniger stabile Allianzen zwischen Bewegungen und Eliten einspielen, stellen sich die Erfolgsaussichten für den Mobilisierungsaufwand jeweils unterschiedlich dar, egal wie drängend die Probleme oder wieviel Personen daran beteiligt sein mögen.

Der *Framing*-Ansatz – durch zwei zentrale Arbeiten von Snow et al. in den Jahren 1986 und 1988 begründet – wendet sich wiederum den symbolisch-ideologischen Konstruktionsleistungen sozialer Bewegungen zu. Im Zentrum steht der Aufbau eines *Master Frames*, der nicht nur die Konstruktion eines Problems, das dem Protest zugrunde liegt, leistet, sondern auch die Zurechnung der Verursachung unternimmt, Lösungsvorschläge unterbreitet und auf die Betroffenen durch die Suggestion von Erfolgschancen motivierend wirkt sowie Anschlußmöglichkeiten zu verwandten Frames bereithält. In gewisser Weise knüpft *Framing* wieder an Überlegungen des CB-Ansatzes, ja letztlich sogar an die marxistische Ideologiekritik an, nimmt Arbeiten zur Reduktion von Protest auf Probleme auf und ergänzt das Ressourcenrepertoire des RM-Ansatzes um diese symbolisch-diskursiven Aspekte.

Schließlich ist zu beobachten, daß in den USA spätestens seit Mitte der 80er Jahre immer stärker die Vernachlässigung der Bewegungen als ein fluides, gegenüber den Bewegungsorganisationen relativ eigenständiges Phänomen durch den RM-Ansatz und dessen Beschränkung auf die strategisch-rationalen Aspekte von Bewegungsorganisationen kritisiert wird. Demgegenüber wird die Kollektivität sozialer Bewegungen, das unorganisierte, spontane Auftreten von Protestaktionen betont, die zwar nicht völlig ungeplant, aber doch ohne größeren organisatorischen Aufwand zustande kommen, was wiederum an die Tradition von *Collective Behavior* anschloß (Piven/Cloward 1977; Marwell/Oliver 1984; Oliver 1989).

Es ist also festzustellen, daß die amerikanische Bewegungsforschung beträchtliche Lernerfolge zu verbuchen hat, was die Kritik von Vereinfachungen, Versäumnissen und Irrtümern betrifft. Etwas anders stellt sich das Bild für den europäischen Strang der Bewegungsforschung dar, für den sich weitgehend[13] alle wichtigen Arbeiten zu sozialen Bewegungen in Europa unter dem Dach des „'new social movement' approach" (Klandermans/Tarrow 1988: 2) versammeln, der zudem noch stark von Marx geprägt ist. Dies zeigt sich vor allem in der Beschäftigung mit den sozialstrukturellen Voraussetzungen der 'Neuen Sozialen Bewegungen' (NSB), aber auch in der Zurechnung dieser 'Bewegungsfamilie' (Rucht/della Porta) auf eine bestimmte Sozialstruktur im Sinne der Sozialstrukturanalyse. Was die sozialstruktu-

Paradigmen der Bewegungsforschung 15

rellen Voraussetzungen der NSB betrifft, so spielen vor allem 'structural strains' (Smelser[14]) eine prominente Rolle, da die Mobilisierung der neuen sozialen Bewegungen häufig in Verbindung mit Modernisierungsbrüchen, gesellschaftlichen Strukturproblemen und anderen gesamtgesellschaftlichen Problemherden gesehen wird (Touraine 1983; Melucci 1985; Brand/Büsser/Rucht 1986; Rucht 1994). Dabei hat sich besonders die Wertewandel-These von Ronald Inglehart (1977) als einflußreich erwiesen, wonach sich im Verlauf der 50er und 60er Jahre durch den Wohlfahrtsstaat und die Bildungsrevolution ein Wertewandel von materialistischen zu postmaterialistischen Werten oder – wie Helmut Klages (1987) sagen würde – von Akzeptanzwerten wie Pflicht und Fleiß zu Selbstentfaltungswerten wie Freiheit und Selbstbestimmung ereignet hat, der einer 'Silent Revolution' gleich zwar gravierende, aber lange Zeit weitgehend unbemerkte Veränderungen in den Lebenseinstellungen der Menschen in den westlichen Industriestaaten verursachte (Klages/Kmieciak 1979). Resultat dieser 'Silent Revolution' ist, und hier kommt die zweite Komponente der Marxschen Bewegungsanalyse zum Tragen, daß sich eine neue Generation herangebildet hat, die durch eine bestimmte, vor allem sozialwissenschaftlich-akademische Qualifikation im besonderen dafür prädestiniert war, die Berücksichtigung dieser Selbstentfaltungswerte einzuklagen, was sich etwa in Partizipationsforderungen an das politische System äußerte, aber auch im Selbstbestimmungsanspruch von Minderheiten wie Lesben und Schwulen oder dem Schutz der Umwelt durch die Ökologiebewegung. Zentral für diesen 'new social movements approach' ist, daß von einer bestimmbaren sozialstrukturellen Mobilisierungsbasis sozialer Bewegungen ausgegangen wird, was an die Klassentheorie von Marx erinnert, und daß diese Bewegungen, obgleich in ihren Aktionen durchaus politisch-strategisch orientiert, nichtsdestotrotz auch persönliche, mehr kulturell ausgerichtete Aspekte berücksichtigen, wie eben die Verfechtung bestimmter Lebensweisen, Selbstverständnisse und Werthaltungen (Offe 1985; Raschke 1985; Brand/Büsser/Rucht 1986; Berking 1990). So sieht Hanspeter Kriesi den gemeinsamen Nenner der NSB – im Anschluß an die Inglehart-These – in einer 'neuen Mittelschicht', die weniger als andere Schichten an materiellen Werten interessiert ist, statt dessen einem 'Paradigma der Lebensweise' (Raschke) zuneigt und mit einem postmaterialistischen Selbstverständnis ausgestattet ist, für das die neuen sozialen Bewegungen geradezu Ausdruck dieser Haltung sind – nämlich Ausdruck der „Realisierung und Verteidigung *individueller Autonomie*." (Kriesi 1987: 328)

Was die Bezeichnung der Sozialstruktur der NSB betrifft, so gibt es indes keine einheitliche Sprachregelung. Kriesi spricht auch von einer neuen Klasse, womit er Touraine entgegenkommt (Touraine 1983: 146; Kriesi 1993: 27ff.). Zugleich ist 'Neue Mittelklasse' eine häufige Bezeichnungsform (Parkin 1968; Offe 1985; Brand 1989; Eder 1993). Dabei gilt generell: „Ihre strukturelle Verankerung ist in bestimmten Netzwerkzusammenhängen und Milieus zu erwarten, ohne daß angenommen werden kann, daß diese den sozial verdichteten und dann auch mentalitätsmäßig komprimierten Aggregatzustand traditioneller Klassenformationen erreichen werden." (Neidhardt/Rucht 1993: 321) Insbesondere Jürgen Gerhards hat sich in seiner Analyse der IWF-Kampagne 1989 auf das „alternative sozialmoralische Milieu" bezogen, wie es etwa in Großstädten wie Berlin vorfindbar ist: „In den Großstädten der Bundesrepublik und speziell in Berlin hat sich ein sozialmoralisches Milieu etabliert, das als vorpolitische Vergemeinschaftsform die Grundlage und die Absicherung einer neuen Konfliktlinie darstellt." (Gerhards 1993: 103)

Was die sozialstrukturellen Kriterien dieses Milieus betrifft, ist die Bewegungsforschung zu dem Ergebnis gekommen, daß die Mehrheit der Bewegungsteilnehmer auffällige Ähnlichkeiten aufweist: „Den Kern der neuen sozialen Bewegungen bilden Angehörige der jüngeren, in den 60er und 70er Jahren politisch sozialisierten Nachkriegsgenerationen, die sich entweder noch in weiterführender Ausbildung, vornehmlich im sozialen, kommunikativen oder humanwissenschaftlichen Bereich befinden oder die bereits entsprechende Berufstätigkeiten ausüben." (Brand/Büsser/ Rucht 1986: 280) Übereinstimmend wird davon ausgegangen, daß es sich vorwiegend um jüngere Personen handelt, die einen überdurchschnittlich hohen Bildungsgrad aufweisen und aufgrund ihrer Sozialisation eine postmaterialistische Werthaltung vertreten; so sind „Kommunikation, Gesundheit, Sinn, Selbstverwirklichung" (Raschke 1985: 424) jene Ansprüche, die den Wertehorizont dieser Gruppe repräsentieren (Melucci 1984: 823; Kriesi 1987: 322). Ihre Berufsstruktur ist bestimmt durch „Beschäftigte im sozialen Dienstleistungsbereich, Sozialarbeiter, Lehrer, Pfarrer, Ärzte, künstlerische Berufe, Journalisten, sozialwissenschaftliche Intelligenz etc." (Brand/Büsser/Ruwcht 1986: 35). Ergänzt wird dieses Mobilisierungspotential durch konkret Betroffene, Marginalisierte, die beim Modernisierungsprozeß besonders schlecht abschneiden, und die „sogenannte 'humanistische Intelligenz' (Gouldner) der Geistes- und Sozialwissenschaften" (Raschke 1985: 415), wobei ein „überproportionaler Anteil der Aktiven in den neuen Bewegungen ... aus der Überschneidung der drei Segmente Humandienstleistungsarbeit, Intelligenz und sozusagen qualifizierter Marginalisierung" (416) erwächst. Aufgrund der postmaterialistischen Werthaltung des harten Mobilisierungskerns der NSB besteht in dieser Gruppe der jüngeren, zumeist akademisch gebildeten Angestellten aus dem Humanbildungsbereich eine „generelle Problemsensibilität für die Folgelasten des Modernisierungsprozesses und für Fragen der Selbstverwirklichung" (Brand/Büsser/Ruwcht 1986: 279). Hinzu kommt, daß gerade die spezifische Berufsstruktur dieser Gruppe sie tagtäglich mit diesen Problemen konfrontiert, sie ferner fähig ist, diese Probleme nicht nur öffentlich zu artikulieren, sondern auch in den Zusammenhang mit gesamtgesellschaftlichen Veränderungen zu setzen, und daß sie davon insofern persönlich betroffen ist, als Sparmaßnahmen häufig gerade bei ihrem Berufsstand zuerst ansetzen (Lehrer, Sozialpädagogen, Sozialarbeiter etc.).

Im Zuge der Internationalisierung der Bewegungsforschung wurde auch der 'new social movements approach' als eigenständiges Paradigma betrachtet, das vor allem in Europa Anwendung findet, aber auch enge Verbindung mit entsprechenden Arbeiten aus den USA aufweist (Cohen 1985; Klandermans/Tarrow 1988). Dazu gehört vor allem die Beschäftigung mit der kollektiven Identität sozialer Bewegungen, also die Frage, wie sich eine soziale Bewegung ihrer selbst versichert (Offe 1980;

Nelles 1984; Melucci 1988; Taylor/Whittier 1992; Klandermans 1997a). Hierbei sind besondere Kriterien zu berücksichtigen, die sich nicht direkt mit denen decken, die bisher bei *Framing* in Gebrauch waren, auch wenn eine kollektive Identität selbst ein Frame ist (Melucci 1989; Hunt/Benford/Snow 1993). Der Unterschied betrifft vor allem die Thematisierungs*referenz*: Bei *Framing* ist es eher das Protest*problem*, bei *Collective Identity* dagegen die Protest*bewegung*. Von daher verfolgt die Untersuchung kollektiver Identität eine andere Fragestellung als *Framing*, wenn auch die Ressource identisch sein dürfte. Denn die kollektive Identität einer sozialen Bewegung hat im Kern mit der Unterscheidung Wir/Die zu tun. Der entsprechende Frame hat die Aufgabe, diese Unterscheidung als anschlußfähig zu installieren, genug Plausibilität zu mobilisieren und die Bewegung und ihre Anhänger dadurch mit der Konstruktion einer Einheit der Bewegung auszustatten, die nach innen für Verbindlichkeit im Handeln sorgt und nach außen als kollektiver Akteur auftritt (Bader 1991; Taylor/Whittier 1992; Rucht 1995; Melucci 1995). Das bedeutet auch: Eine Bewegung ohne kollektive Identität ist keine Bewegung – die alte Unterscheidung von 'Klasse an sich' und 'Klasse für sich'.

Zieht man ein erstes Zwischenfazit, so dürfte deutlich geworden sein, daß sich die Bewegungsforschung in einem ständigen Lernprozeß befindet, ja gleichsam sich darstellt „as an ongoing struggle between paradigmas in which established theories are challenged by new approaches." (Klandermans 1997: 199) Die fünf wichtigsten dieser 'established theories' haben wir nun als jene 'Paradigmen der Bewegungsforschung' ausgewählt, die es jetzt kurz vorzustellen gilt.

3. Die Paradigmen der Bewegungsforschung

Die Auswahl dieser fünf Paradigmen resultiert aus einer Durchsicht der Forschungsliteratur unter der Fragestellung, wie dort selbst unterschiedliche Ansätze in Gebrauch sind und voneinander abgegrenzt werden.[15] Die fünf Paradigmen sind der Reihe nach[16]: (1) der *Structural Strains*-Ansatz, (2) der *Collective Identity*-Ansatz, (3) der *Framing*-Ansatz, (4) der *Resource Mobilization*-Ansatz und (5) der *Political Opportunity Structures*-Ansatz.

3.1 Structural Strains (SS)

Der SS-Ansatz erweist sich selbst als ein Ansatz-Ensemble, das vor allem aus zwei Komponenten besteht, die noch von Marx herrühren. Zum einen geht es um die Fragestellung, inwiefern die Gesellschaftsstruktur selbst Anlaß ist für Protest und soziale Bewegungen, zum anderen um die Bedeutung der sozialstrukturellen Mobilisierungsbasis sozialer Bewegungen. Im ersten Fall dreht es sich vorrangig um die Entstehung sozialer Bewegungen durch sozialen Wandel, Modernisierungsschübe und andere gesellschaftsstrukturelle Spannungsverhältnissen, die weiterhin „eine entscheidende Variable mit eigenständigem Gewicht" (Neidhardt 1985: 198) für diese Fragestellung darstellen (Touraine 1972; Raschke 1985; Brand/Büsser/Rucht 1986; Rucht 1994; Melucci 1996). „These strains are the result of a disruption in the normal functioning of society. The precise form this disruption takes is not specified, but frequent mention is made of such processes as industrialization, urbanization, or a rapid rise in unemployment." (McAdam 1982: 8) Dabei lassen sich soziale Bewegungen häufig als „Produkt und Produzent der Moderne" (Raschke 1985: 11) zugleich beobachten, die aus gesellschaftlichen Verwerfungen heraus entstehen und wiederum auf diese – im Sinne eines feedback-Prozesses – rekursiv einwirken, also derart, „daß in Modernisierungsschüben neue Bewegungen mit eigenen Ordnungsvorstellungen aufkommen und damit das bestehende gesellschaftliche und politische Koordinatensystem nachhaltig verschieben." (Rucht 1994: 123) Eng verbunden mit dieser Perspektive sind häufig auch sozialpsychologische Fragestellungen, die sich – gleichsam der „Rohstoff individueller Mobilisierungsgründe" (Neidhardt/Rucht 1993: 307) – auf Verlusterfahrungen, Verunsicherungen, Nachteilswahrnehmungen im Vergleich mit anderen und anderes mehr richten, was zu der Frage überleitet, wer weshalb an sozialen Bewegungen teilnimmt und wer nicht, was letztlich auf die Frage nach der Sozialstruktur sozialer Bewegungen hinausläuft.

Die Frage nach der Sozialstruktur sozialer Bewegungen und deren spezifische Sensibilität für Deprivationserfahrung und Protestbereitschaft verweist wiederum auf die zweite Komponente des SS-Ansatzes, die vor allem durch den 'new social movements approach' tradiert wurde (Offe 1985; Brand/Büsser/Rucht 1986; Melucci 1989; Rucht 1994). Denn bei der Frage nach der Herkunft der Anhängerschaft sozialer Bewegungen wird mittlerweile einhellig davon ausgegangen, daß der Kreis jener, die sich auf jeweils unterschiedlich verbindliche Weise für eine Bewegung engagieren und mobilisieren lassen, keineswegs nur eine Ansammlung von Individuen darstellt, die jeweils nur als Individuen angesprochen werden, sondern zumeist schon vorher Kontakte untereinander aufweisen und dadurch als Kontakt-Netzwerke, als „recruitment networks" (Melucci 1989: 31) aktiviert werden, die im mobilisierten Zustand zur Emergenz sozialer Bewegungen führen und diese dann als „mobilisierte Netzwerke von Netzwerken" (Neidhardt 1985: 197) erscheinen lassen. Welcher Art diese Kontaktnetze sind, ob es sich um Freundescliquen, Vereinsmitgliedschaften, Szenebekanntschaften, subkulturelle Zugehörigkeiten oder gar klassenspezifische Affinitäten handelt, kann von Bewegung zu Bewegung stark variieren. Feststeht jedoch, daß die meisten sozialen Bewegungen über eine entsprechende sozialstrukturelle Mobilisierungsbasis verfügen, von der aus sie die Rekrutierung ihrer Anhängerschaft organisieren. Außerdem ist davon auszugehen, daß eine nichtbeliebige Verbindung besteht zwischen der Sozialstruktur einer sozialen Bewegung

Paradigmen der Bewegungsforschung

und der kollektiven Identität dieser Bewegung (Touraine 1976; Eder 1993; Hellmann 1995).

3.2 Collective Identity (CI)

Der CI-Ansatz führt den Identitätsaspekt als Mobilisierungsressource ins Feld und beschäftigt sich insbesondere mit der Handlungsfähigkeit und Selbststeuerung einer Bewegung als solcher und nicht bloß mit einer ihrer Organisationen. Dabei ist CI eng mit *Framing* verbunden, da es sich gleichfalls um eine Konstruktionsleistung, um Semantik, Kommunikation handelt, die organisiert und geschickt montiert werden muß, damit der Eindruck von Einheit entsteht. Denn eine Bewegung existiert als Bewegung nur, sofern es ihr gelingt, auch das Fluide, Unorganisierte, Auseinanderstrebende auf ein Ziel hin auszurichten, was dann einheitliches Auftreten nach außen erlaubt. Ziel ist es, die Teile des Ganzen auf das Ganze einzuschwören, das interne Chaos zumindest zeitweilig unter Kontrolle zu bringen und die Totalität der Bewegungsperspektive für alle Beteiligten durchzusetzen. Andernfalls ist eine bewegungsübergreifende Mobilisierungsstrategie kaum erfolgreich, wenn sie nur mit Fragmenten zu tun hat, die nichts verbindet und keine Einheit repräsentieren (Taylor/Whittier 1992; Melucci 1995; Rucht 1995, Schmidtke 1995).

Die Leistung von CI besteht darin, nicht nur in bezug auf die Problemdimension eine sachliche und in bezug auf die Zeitdimension eine zeitliche, sondern auch in bezug auf die Sozialdimension eine soziale Einheit zu stiften[17], die mit Unterscheidungen wie zugehörig/nicht-zugehörig[18] oder Inklusion/Exklusion[19] operiert und entsprechende Ausschlußrisiken deutlich markiert. Im Kern geht es um die Unterscheidung *Wir/Die*, worauf diese sich auch immer stützen mag (Touraine 1976, Melucci 1988; Taylor/Whittier 1992; Gamson 1995). Denn hier besteht ein breites Angebot an Alternativen, was die Differenzierung begründen kann, wie Nation, Ethnie, Kultur oder Sprache; häufig greift die CI aber auch auf sozialstrukturelle Potentiale wie Klasse, Milieu oder Lebensstile zurück (Giesen 1991; Haller 1993; Berding 1994; Niethammer 1994; Schmidtke 1995; Bader 1995, Hellmann 1995; Balistier 1996).

Generell bedarf es Gründungsmythen, 'Schicksalsgemeinschaften', Geschichtsschreibung, Legendenbildung, Heldenerzählungen und anderem mehr, was dazu führt, die Gemeinschaft der Betroffenen zusammenzuschweißen (Hunt/Benford 1994). Über diese *diskursiven* Aspekte hinaus sind aber auch *Praktiken* von Bedeutung wie Rituale, eigene Symbole, Zeichen, Sprachen, Kleidungsmoden, die im Miteinander ständig bestätigt werden und sich derart reproduzieren (Soeffner 1988; Bader 1991). Ferner ist der Wiedererkennungseffekt im Interaktionszusammenhang entscheidend, etwa bestimmte *Orte* des Wiedersehens und Zusammenkommens, Erholens und Unterhaltens sowie bewegungsspezifische Szenen, Lebensstile, Gewohnheiten, Routinen wie gemeinsame Treffen, Kino, Kneipen, Musikveranstaltungen etc.

(Schulze 1992; Lahusen 1996). Ferner sollte eine interaktionsübergreifende Verständigungsbasis gegeben sein, d.h. populationsspezifische *Massenmedien*, die eine bewegungsloyale Thematisierung und Kommentierung der Ereignisse leisten (Stamm 1988; Steinmetz 1996).

CI bewerkstelligt und gewährleistet die kollektive Handlungsfähigkeit einer Bewegung und macht sie zum kollektiven Akteur, wobei wiederum kollektive Aktionen die CI verstärken können (Melucci 1995). Initiative und produktive Basis dieses Konstruktionsprozesses sind zumeist Bewegungsunternehmer; zentral ist aber die Totalität der Ansprüche und die Einbindung aller auf ein Ziel hin, also die Konzentration auf die Einheit der Bewegung. In diesem Sinne steht bei CI immer der Innenbezug einer Bewegung im Mittelpunkt der Betrachtung, während *Framing* sich eher dem Außenbezug der Bewegung zuwendet, der diskursiven Situierung der Bewegung in der Gesellschaft. Alles in allem ist Veit Michael Bader aber noch immer darin zuzustimmen, daß „sich die immer wieder betonte große Bedeutung kollektiver Identität für die Herausbildung kollektiven Handelns und sozialer Bewegungen umgekehrt proportional verhält zur Klärung der Grundbegriffe und des analytischen Bezugsrahmens." (Bader 1991: 104)

3.3 Framing

Der *Framing*-Ansatz betont die konstruktivistischen Züge sozialer Bewegungen. Es geht um die Konstruktion eines Deutungsrahmens, der es Bewegungen gestattet, für sich selbst eine Legitimation ihres Handelns zu leisten, aber auch, um der Gesellschaft gegenüber zu rechtfertigen, weshalb es überhaupt zum Protest kommt. Dabei wird *Framing* vor allem als die Inszenierung eines Protestthemas verstanden. Gerade deswegen geht es bei *Framing* auch um die Frage der Deutungskompetenz, der Definitionsmacht oder auch kulturellen Hegemonie (Gramsci) einer sozialen Bewegung im Kontext eines Protestthemas. Denn die öffentliche, letztlich sogar politisch relevante Thematisierung kollektiver Probleme ist immer heiß umstritten; Versäumnisse werden beklagt, Skandale inszeniert, Schuldige gesucht, Alternativen erwogen. All dies spielt sich in einer Arena ab, in der immer zugleich mehrere kollektive Akteure – offen oder verdeckt – um den alleinigen Besitz der öffentlichen Wahrheit, „um die öffentliche Auslegung des Seins" (Mannheim 1984: 573) wetteifern, weil „diese öffentliche Auslegung des Seins nicht einfach da ist, sie wird auch nicht ausgedacht, sondern es wird um sie gerungen. Nicht kontemplative Wißbegier leitet hierbei das Interesse; die Weltauslegung ist zumeist Korrelat der Machtkämpfe einzelner Gruppen." (575) Frames sollen genau dies leisten: die Mobilisierung der Bewegung und der öffentlichen Meinung.

Im einzelnen umfaßt ein solcher Mobilisierungsframe drei Spezialframes (Snow/Benford 1988). Dem 'diagnostic frame' obliegt es, eine überzeugende Problemkonstruktion anzubieten, die nicht nur plausible Relevanz und hinreichende Allgemeinheit beanspruchen kann, sondern auch eine Zurechnung von Verursachung oder Verantwortlichkeit erlaubt, etwa die Umstellung von Selbst- auf Systemverantwortung; denn „only system attributions are consistent with social movement activity" (Ferree/Miller 1985: 44). Der 'prognostic frame' beschäftigt sich dagegen mit dem Aufweis von Lösungsmöglichkeiten, da sich nur bei einer plausiblen Inszenierung des Lösenkönnens eines solchen Problems der Protestaufwand rechnet. Der 'motivational frame' sucht schließlich Engagement und Mobilisierungsbereitschaft bei den Betroffenen zu motivieren. Weitere Bedingungen betreffen etwa die hinlängliche Bezugnahme auf allgemeine Wertstrukturen; sofern dieser Anspruch auf 'centrality' nicht gelingt, erweist sich ein Frame als nur ungenügend anschlußfähig an das allgemeine Wertesystem. Ferner sollte ein Mobilisierungsframe über eine gewisse Mindest-Reichweite ('range') verfügen, was seine Anwendbarkeit betrifft; sofern ein Mobilisierungsframe nur auf einen Bruchteil von Ereignissen Bezug nimmt, die überdies nur wenige betreffen, ist er in seiner Überzeugungsleistung stark gefährdet. Schließlich sollte ein Mobilisierungsframe intern eine hinreichende Verdichtung und Verflechtung ('interrelatedness') seiner Bestandteile aufweisen, damit er argumentationsfähig ist und bei Belastung nicht sofort auseinanderbricht. Ferner führen Snow/Benford die Aspekte „(1) empirical credibility, (2) experiential commensurability, and (3) narrative fidelity" (Snow/Benford 1988: 208) eines Mobilisierungsframes an. Denn nur, wenn ein Frame auch eine empirisch glaubwürdige Deutung der Ereignisse unternimmt, die für die Betroffenen in ihrem eigenen Erfahrungsbereich nachvollziehbar ist und eine gewisse erzählerisch-mitreißende Wirkung aufweist, kann er auch überzeugen. Zusammenfassend läßt sich sagen, daß „the mobilizing potency of movement framing efforts is partly contingent upon the extent to which they have empirical credibility, experential commensurability, and narrative fidelity." (Snow/Benford 1988: 211) Im Kontext des *Framing*-Ansatzes ist zuletzt bedeutsam, daß ein Mobilisierungsframe nicht nur eine bestimmte interne Struktur aufweist, sondern auch über externe Wirkungsmöglichkeiten verfügt (Snow et al. 1986). So wird mit 'frame bridging' generell die Koppelung zwischen dem frameeigenen und framefremden Wertehorizonten bezeichnet; der Frame muß sozusagen eine Brücke schlagen zwischen sich und anderen Frames (Gerhards 1993). 'Frame amplification' versorgt dagegen mit handlungsmächtigen Wertkonstellationen, die eine verstärkende Leistung bewirken; so können Werte wie „justice, cooperation, perseverance, and the sanctity of human life" wie ein „springboard for mobilizing support" (Snow et al. 1986: 469) fungieren. Sodann betrifft 'frame extension' die Ausweitung des Frames auf Bereiche, die sich für die Mobilisierung als unerläßlich herausstellen, weil sie „of considerable salience to potential adherents" (472) sind. Schließlich bezieht sich 'frame transformation' auf grundlegende interne Strukturänderungen, um erfolgreich zu mobilisieren, wie die Umstellung von lokalen auf globale Aspekte oder von sozialen auf ethnische Konflikte (Jaschke 1992). Und nur im Gleichklang dieser Frameleistungen kann ein Mobilisierungsframe optimal funktionieren.

All diese Aspekte sind für einen erfolgreichen Mobilisierungsframe somit von größter Bedeutung (Snow/Benford 1992). Es bleibt zwar unklar, inwiefern Frames auch bei suboptimaler Erfüllung aller dieser Bedingungen erfolgreich sind; insofern haben wir es eher mit Idealtypen zu tun, die induktiv erschlossen als deduktiv abgeleitet sind. Nichtsdestotrotz hat sich *Framing* als äußerst einflußreich erwiesen und kann deswegen als eigenständiges Paradigma betrachtet werden. Denn ohne diese Kompetenz, öffentlich Aufmerksamkeit zu erzeugen und die Definition der Situation zugunsten des Protests zu manipulieren, kommt es weder zur Mobilisierung von Anhängern noch zur Mobilisierung der öffentlichen Meinung. Von daher könnte man auch sagen, daß es sich beim *Framing* ebenfalls um eine Art von Ressource im Sinne des RM-Ansatzes handelt, nur daß RM eher für die 'Produktion' einer Bewegung zuständig ist, während sich *Framing* mehr mit deren 'Marketing' beschäftigt.

3.4 Resource Mobilization (RM)

Dem RM-Ansatz geht es vor allem um die (politische) Rationalität von Protest. Dabei ist entscheidend, daß der Mobilisierungserfolg sozialer Bewegungen in hohem Maße ressourcenabhängig ist, wobei vor allem Bewegungsorganisationen die bewegungsinternen Handlungsträger darstellen. Denn im Kern untersucht der RM-Ansatz Bewegungsorganisationen, die qua Organisation in der Lage sind, unterschiedliche Ressourcen zu akquirieren und rational einzusetzen, über deren Art und Umfang jedoch keine einheitlichen Angaben gemacht werden (McAdam 1982; Cress/Snow 1996). In gewisser Weise fungieren diese Organisationen als der 'Kopf' einer Bewegung, die ihren Mit-'Gliedern' Anweisungen erteilt, was zu tun ist, im Sinne von 'Ohne Kopf keine Koordination – ohne Organisation keine Mobilisierung'.[20] „In this approach, organization is crucial to both emergence and success of movements." (Morris/Herring 1987: 167)

Man kann das Forschungsinteresse des RM-Ansatzes auch dahingehend präzisieren, daß es ihm um eine Verlagerung des 'notwendigen Katalysators' (Gurr) für Mobilisierung von der Gesellschaft in die Bewegung selbst geht, da es genau dort eines Mechanismus bedarf, der von sich aus den 'Kippschalter' von Unzufriedenheit auf Protest umzulegen vermag. Als eben dieser Mechanismus fungieren die Bewegungsorganisationen, die eine längerfristige, wenn auch nicht dauerhafte Verdichtung von Interaktion und Entscheidungsfindung zur Verfügung stellen und damit Handlungsfähigkeit und (bewegungsinterne) Rationalität ermöglichen. Der Erklärungsgewinn besteht darin, daß der Blick von allgemeinen gesellschaftlichen Möglichkeitsbedingungen des Protests auf das Entscheidungs- und Handlungszentrum einer Bewegung gerichtet wird, das qua Organisation den Zweck hat, kollektiv zu mobilisieren. Die Mittel zur Erreichung dieses Zwecks sind wiederum die jeweils verfügbaren Ressourcen und können neben einem mehr oder weniger qualifizierten

Personal kollektive Entscheidungsfähigkeit, Geld, Eigenzeit und andere Handlungsmöglichkeiten umfassen (McCarthy/Zald 1977; Oliver/Marwell 1992). Schließlich werden auch Netzwerkstrukturen als nicht unmaßgeblich für den Mobilisierungs- und Aufmerksamkeitserfolg sozialer Bewegungen bewertet (McAdam 1982, 1988; McAdam/Fernandez 1990).

Letztlich handelt es sich auch bei diesem Ansatz um ein wenn/dann-Kalkül, wie es für den SS-Ansatz bekannt ist; der Vorteil liegt nur in der besseren Kontrollierbarkeit der Möglichkeitsbedingungen erfolgreicher Mobilisierung – abgesehen von der Unterstellung von Rationalität und Handlungsvermögen (Opp 1994), wie sie charakteristisch ist für die Organisationssoziologie, von der der RM-Ansatz seine größten Anleihen bezieht: „RM theory has borrowed heavily from organizational theory." (Zald 1992: 336) Denn eine Organisation ist eine klar abgrenzbare und somit gut beobachtbare Einheit, die bekannt und berechenbar erscheint. Für den RM-Ansatz spricht also, daß Organisationen genau über diese Leistungsfunktion verfügen, zu organisieren, Verbindlichkeit herzustellen, durch innere Steuerung ein eigenes Antriebssystem und damit ein Erklärungsprinzip anzubieten, das die Rationalität und Dynamik der Prozesse per se abstützt – was nicht bedeutet, daß dieser Ansatz frei von Kritik wäre (McAdam 1982; Jenkins 1983; Kitschelt 1991; Ferree 1992); denn man könnte auch sagen: 'Organizations are everywhere, movements not'. Dies betrifft auch die Vernachlässigung des Umweltbezugs sozialer Bewegungen.

3.5 Political Opportunity Structures (POS)

Der POS-Ansatz wendet sich genau diesen – mal mehr, mal weniger günstigen – Umweltbedingungen sozialer Bewegungen zu, die vor allem politisch bestimmt werden. Denn so, wie soziale Bewegungen interne Möglichkeitsbedingungen berücksichtigen müssen, um erfolgreich mobilisieren zu können, müssen sie auch externe Bedingungen im Blick haben, und hier kommen sie schnell mit den Gegebenheiten des politischen Systems in Berührung. Dabei muß Protest nicht notwendig politisch sein, und schon gar nicht muß er sich unbedingt an bzw. gegen staatliche Entscheidungsträger richten. Um jedoch Veränderungen zu bewirken, die nicht nur die eigenen vier Wände, das individuelle Konsumverhalten, Privatleben und Selbstverhältnis betreffen, ist es letztlich unumgänglich, politische Forderungen zu stellen, die auch politisch entschieden werden müssen, ob auf kommunaler, Landes- oder Bundesebene. „Um Gesellschaft zu verändern, müssen staatliche Entscheidungsträger unter Druck gesetzt werden." (Rucht 1994a: 347) In diesem Moment tritt der Protest jedoch aus dem Schatten seiner Selbstbezüglichkeit heraus und wendet sich dem Licht der Öffentlichkeit und der Politik zu. Dadurch nehmen aber jene Gepflogenheiten und Routinen, wie sie im öffentlichen Leben üblich sind, massiv Einfluß auf die Chancen des Protests, sich zu artikulieren und Forderungen zu stellen. Der

POS-Ansatz beschäftigt sich genau damit und fragt danach, inwiefern diese Gelegenheiten günstig oder ungünstig für Protest und Mobilisierung sind, und dies vor allem im internationalen Vergleich. Dabei kommt dem Staat eine herausragende Bedeutung zu; aber auch Gegenbewegungen sind darin eingeschlossen, die entweder durch Zurückhaltung des Staates zum Zuge kommen oder gerade durch dessen Billigung (McAdam 1982; Rucht 1991b; Meyer/Staggenborg 1996). Überdies werden auch gesamtgesellschaftliche Gelegenheitsstruktur bedeutsam, deren Erforschung aber noch in den Kinderschuhen steckt (Rucht 1994).

Ohne hier alle Varianten des POS-Konzepts ausführlich diskutieren zu können, liegen diese im einzelnen gar nicht so weit auseinander. So unterscheidet Karl-Werner Brand (1985a) zwischen der Regimestruktur, die einerseits die Offenheit/Geschlossenheit des Entscheidungssystems und die Stärke des Staates betrifft, der Frage nach der Konventionalität des Systems der Interessenvermittlung, bei dem es auf die Breite und Effizienz sowie auf die Verflechtung mit dem Staat ankommt, und dem jeweiligen Muster der politischen Kultur, das mit der spezifischen Konfliktkultur und dem Politikstil, aber auch mit der kulturellen Resonanz des Bewegungsthemas zu tun hat. Kitschelt (1986) unterscheidet dagegen zwischen der Input- und der Output-Seite des politischen Systems. Die Input-Seite umfaßt die Anzahl der Parteien und Gruppen, die auf elektoraler Ebene Forderungen stellen, die Entscheidungs- und Kontrollfähigkeiten der Legislative gegenüber der Exekutive, die Muster der Mediatisierung zwischen Exekutive und Interessengruppen sowie die Aggregationsmechanismen für Interessensansprüche, während die Output-Seite die Faktoren Zentralisierung oder Dezentralisierung des Staatsapparates, Kontrolle der Regierung über Marktteilnehmer und ökonomische Ressourcen sowie relative Unabhängigkeit und Autorität der Judikative bei politischen Konfliktlösungen aufweist. Sidney Tarrow (1991) wiederum unterscheidet zwischen der Offenheit im Zugang zum politischen System, der Stabilität der politischen Bindungen, einflußreichen Verbündeten und gespaltenen Eliten, die allesamt positive wie negative Effekte auf die Mobilisierungschancen sozialer Bewegungen haben können. Dabei hat jeder Protest im politischen System schon von sich aus Veränderungen im System zur Folge, modifiziert die Machtverhältnisse, deckt Schwächen auf und testet Allianzen, provoziert Gegenbewegungen und vieles mehr (McAdam 1982). Dagegen wird in der Publikation von Kriesi et al. (1995) – im Sinne einer Synthese dieser Vorarbeiten und mit Betonung auf das interaktive, dynamische Verhältnis zwischen Protest und Politik – zwischen Strukturen und Strategien im politischen System unterschieden. Bei den Strukturen wird nochmals zwischen den politischen Institutionen, den Reaktionsroutinen der Entscheidungsträger hinsichtlich politischer Themen und den allgemeinen Konfliktlinien unterschieden, wobei die letzteren beiden wiederum bestimmte Allianzstrukturen innerhalb des Systems und in bezug auf externe Herausforderer ausbilden können. Bei den Strategien wird dagegen zwischen der Vorgehensweise der politischen Institutionen und der der Herausforderer sowie der wechselseitigen Beeinflußung beider Strategien aufeinander unterschieden. Schließlich schlägt Dieter Rucht vor, nochmals zwischen relativ stabilen und eher variablen

Paradigmen der Bewegungsforschung 25

Strukturen zu unterscheiden, wobei nur letztere als Gelegenheitsstrukturen verstanden werden sollten, weil nur sie auch 'Gelegenheiten' im eigentlichen Wortsinn darstellen, die zeitlich befristet sind und keine Dauerinstitution darstellen (Rucht 1994; Gamson/Meyer 1996).

Es zeigt sich, daß zwischen den einzelnen POS-Studien zwar Unterschiede bestehen in der Bestimmung der wesentlichen Strukturen und Strategien, Akteurskonstellationen und Gelegenheitsbedingungen. Doch wie auch immer die Kategorien des POS-Ansatzes im einzelnen definiert werden: Im Prinzip handelt es sich immer um die Erfassung und Berücksichtigung sämtlicher Strukturen und Ereignisse innerhalb eines politischen Systems, die relevant sein können für die Mobilisierung einer sozialen Bewegung – was tendenziell sogar gesellschaftliche Gelegenheitsstrukturen in den Blick rückt und damit auf den SS-Ansatz zurückführt.

4. Funktion und Struktur des Bandes

Nachdem zuerst die Rekonstruktion der Entstehung und Entwicklung der Bewegungsforschung unternommen wurde, woran sich die Darstellung der fünf Paradigmen *Structural Strains, Collective Identity, Framing, Resource Mobilization* und *Political Opportunity Structures* anschloß, geht es jetzt darum, deren Anwendbarkeit und empirische Relevanz für den Gegenstandsbereich der Bewegungsforschung in Augenschein zu nehmen. Dazu haben wir die fünf Paradigmen für jeweils zwei ganz unterschiedliche Bewegungsformen in vergleichender Absicht durchspielen lassen, und dies in doppelter Hinsicht. Denn indem die Paradigmen zugleich auf zwei Bewegungsformen angewandt werden, erfolgt nicht nur ein interner Vergleich der Paradigmen hinsichtlich derselben 'Bewegungsfamilie' (Rucht/della Porta), sondern auch ein Vergleich eben dieser beiden Bewegungsformen miteinander, nämlich der Neuen Sozialen Bewegungen seit Mitte der 70er Jahre und des Rechtsextremismus seit der Wiedervereinigung.

Was die NSB betrifft, so ist dazu ja schon einiges in Abschnitt 2 gesagt worden; anders verhält es sich mit dem Rechtsextremismus. Die Beschäftigung der Bewegungsforschung mit dem Rechtsextremismus setzte direkt mit der Gewaltwelle Anfang der 90er Jahre ein und drehte sich vorrangig um die Frage, inwieweit es sich bei dieser rechtsradikalen Mobilisierungswelle um eine 'neue soziale Bewegung von rechts' handeln könnte (Jaschke 1992, 1993, 1994; Willems et al. 1993; Butterwegge 1993, 1994; Leggewie 1993, 1994; Bergmann 1994; Bergmann/Erb 1994, 1994a; Ohlemacher 1994, 1996; Willems 1996; Koopmans 1996; Koopmans/Rucht 1996). Die Beantwortung dieser Frage fiel jedoch ambivalent aus, so daß bis jetzt nicht eindeutig feststeht, ob wir es tatsächlich mit einer neuen sozialen Bewegung von rechts zu tun hatten oder noch haben oder nicht. Für den vorliegenden Band wird jedoch davon ausgegangen, daß sich der Gegenstandsbereich, wie er sich durch rechtsextreme Aktionen und rechtsradikale Gewalt seit der Wende herauskristallisiert hat, für die Anwendung der fünf Paradigmen der Bewegungsforschung durchaus eignet, was sogar dazu beitragen kann, die eindeutige Beantwortung der Frage nach einer neuen sozialen Bewegung von rechts weiter voranzutreiben.

Der Vergleichbarkeit wegen haben wir bei der Konzeption der einzelnen Beiträge eine einheitliche beitragsinterne Dreiteilung der Gliederung vorgeschlagen: Zuerst sollten nochmals die Grundannahmen eines jeden Paradigmas in eingehenderer Form vorgestellt werden; sodann sollte die empirische Anwendung dieser Annahmen auf eine der neuen sozialen Bewegungen (oder auch alle 'Mitglieder' dieser 'Bewegungsfamilie') bzw. auf den Rechtsextremismus zum Zuge kommen; zuletzt sollte eine erste fallbezogene Auswertung der Anwendbarkeit jedes einzelnen Paradigmas im Sinne einer Stärken/Schwächen-Bilanz in Angriff genommen werden, wobei die fünf Paradigmen der Reihe nach – so wie in Abschnitt 3 dargestellt – zuerst für die neuen sozialen Bewegungen (Block 1) und anschließend für den Rechtsextremismus (Block 2) vorgestellt, angewandt und ausgewertet werden.

Für den ersten Block 'Neue Soziale Bewegungen' unternimmt *Karl-Werner Brand* den Anfang, der den SS-Ansatz, also die gesellschaftsstrukturellen Voraussetzungen der neuen sozialen Bewegungen behandelt. Im einzelnen geht es ihm um die Überlegung, daß die neuen sozialen Bewegungen Ausdruck eines neuen humanistischen Mittelklassen-Radikalismus sind, der flankiert wird von einem Wertewandel, wie Ronald Inglehart ihn beschrieben hat und der sich vor allem durch Postmaterialismus, radikale Kulturkritik und Fortschrittspessimismus hervortut. Am Ende seines Beitrags richtet sich Brands Kritik gegen eine gewisse Geschichtslosigkeit des SS-Ansatzes, sofern nicht übergreifende Stadienmodelle gesellschaftlicher Entwicklung Berücksichtigung finden, sowie dagegen, daß dieser Ansatz zu Verkürzungen und Verallgemeinerungen neigt, die sich aus seinem grundsätzlichen Anspruch ableiten, Gesellschaftstheorie zu betreiben. Dieser Anspruch bringe über-dies – aufgrund der persönlichen Wertbindung der Bewegungsforscher – häufig einen starken ideologischen, aber auch nationalen *bias* in die Beschäftigung der Bewegungsforschung mit den neuen sozialen Bewegungen ins Spiel.

Roland Roth beschäftigt sich in seinem Beitrag mit der kollektiven Identität neuer sozialer Bewegungen; im besonderen diskutiert er dabei die CI-Konzepte von Alain Touraine, Alberto Melucci und Manuel Castells. Im Ergebnis werden die Aspekte (1) Kognition, (2) Interaktion und (3) Emotion als konstitutiv für die kollektive Identität sozialer Bewegungen festgehalten. Gleichwohl wird aber auch eine Reihe von Kritikpunkten angemerkt, die sich auf terminologische und konzeptionelle Fragen beziehen, empirische Forschungsdefizite beklagen, einen deutlichen Generalisierungsüberhang bemängeln und gegen einen unpolitischen Reduktionismus argumentieren.

Tibor Kliment nimmt das *Framing*-Konzept auf und prüft es am Beispiel der Bewegung gegen die Errichtung und den Betrieb der Wiederaufarbeitungsanlagen in der Bundesrepublik (WAA) wie Wackersdorf oder Gorleben. Dabei werden die einzelnen *Framing*-Komponenten von Snow, Benford u.a. wie *diagnostic, prognostic*

Paradigmen der Bewegungsforschung

und *motivational framing* nochmals entwickelt und mittels einer quantitativen Analyse der Berichterstattung über diese Protestereignisse geprüft. Im Resultat zeigt sich, daß das *Framing*-Konzept eine Vielzahl sehr aufschlußreicher Elemente aufweist, mit denen soziale Bewegungen untersucht werden können, wenn auch die empirische Anwendung dieser Elemente im Einzelfall an Präzision zu wünschen übrig läßt.

Karl-Dieter Opp greift die RM-Perspektive auf, bringt sie in Verbindung mit der Theorie kollektiven Handelns und wendet sie auf die Ökologiebewegung an. Dazu stellt er zuerst die theoretischen Zusammenhänge zwischen *Resource Mobilization* und *Collective Action* klar, um anschließend die dabei gewonnenen Faktoren wie spezifische Ressourcen, selektive Anreizstrukturen und andere Mobilisierungsbedingungen am Beispiel dieser Bewegung zu testen. In der Bewertung wird deutlich, daß die empirische Relevanz beider Ansätze nicht zu unterschätzen ist, deren Anwendbarkeit aber noch Probleme bereitet, zumal es speziell im Falle der Ökologiebewegung noch zu wenig empirische Forschung gibt. Daß auch der RM-Ansatz und die Theorie kollektiven Handelns Defizite aufweisen mögen, wird nicht bestritten; indes fehlt es noch immer an einer stringenten allgemeinen Theorie, mit der es möglich wäre, diese Defizite systematisch zu berücksichtigen.

Dieter Rucht widmet sich als 'Schlußlicht' des ersten Blocks 'Neue Soziale Bewegungen' den politischen Gelegenheitsstrukturen, die maßgeblich Einfluß nehmen auf den Mobilisierungserfolg der neuen sozialen Bewegungen. Nachdem er verschiedene POS-Konzepte von Doug McAdam, Sidney Tarrow oder Hanspeter Kriesi et al. sowie eigene Vorstellungen dazu diskutiert hat, wendet er die vier Dimensionen von McAdam – (1) Offenheit bzw. Geschlossenheit des institutionalisierten politischen Systems, (2) Haltung und Kohärenz der Eliten, (3) Vorhandensein bzw. Fehlen von Verbündeten sowie (4) Fähigkeit und Bereitschaft des Staates zu repressiven Maßnahmen – auf die neuen sozialen Bewegungen im allgemeinen an, um anschließend einzelne Bewegungen dieser 'Bewegungsfamilie' auf ihre spezifischen politischen Gelegenheitsstrukturen hin miteinander zu vergleichen. Am Ende seines Beitrags bescheinigt er dem POS-Ansatz einen unverzichtbaren Erklärungswert, weist aber auch darauf hin, daß es letztlich noch weiterer Erklärungsmuster bedarf, um eine insgesamt hinreichende Erklärung der neuen sozialen Bewegungen zu bewerkstelligen.

Den zweiten Block 'Rechtsextremismus' eröffnet *Claus Leggewie*, der die verschiedenen Erklärungskomponenten des SS-Ansatzes für die rechtsradikale Gewaltwelle nach der Wende durchspielt. So wird u.a. die These geprüft, ob es sich bei diesen rechtsradikalen Ausschreitungen um einen verschobenen Klassenkampf handeln könnte, der vor allem von 'Modernisierungsverlierern' ausgefochten wird, oder ob 'Panik in der Arbeiterschaft' hinter diesen Aktionen steckt. Sodann wird eine neue soziale Bewegung von rechts unter den Aspekten (1) Jugend, (2) Gewalt und (3) Rechtsradikalität analysiert. Zum Schluß seines Beitrags kommt Leggewie zu der Einschätzung, daß SS-Faktoren aufgrund ihres hohen Allgemeinheitsgrads nur begrenzt erklärungsfähig sind, was das plötzliche Auftreten rechtsradikaler Gewalt betrifft; nichtsdestotrotz ist die Bedeutung sozialstruktureller Voraussetzungen für diese Bewegungsform unbestreitbar.

Werner Bergmann und *Rainer Erb* fragen nach der kollektiven Identität der rechtsextremen Bewegung. Hierzu werden verschiedene Aspekte des CI-Ansatzes wie (1) die Definition der Bewegungsgrenzen (Wir/Die-Abgrenzung), (2) die Geschichte als einheitsstiftendes Moment, (3) subkulturelle Praktiken, (4) Interaktionsnetze, (5) Kommunikationsmedien und (6) die Frage nach der Milieubindung auf diese Bewegung angewandt. Die Durchführung dieses Vorhabens erbringt zum Schluß die Einsicht, daß es trotz der Heterogenität dieses Phänomens übergreifende Gemeinsamkeiten gibt, die die Rede von einer kollektiven Identität dieser Bewegung rechtfertigen. Daß es zum Nachweis einer solchen kollektiven Identität anderer Erklärungsansätze wie des *Framing*-Ansatzes bedarf, bestätigt die Komplementarität der Paradigmen, macht aber zugleich darauf aufmerksam, weshalb nur der CI-Ansatz mit dieser Konsequenz nach der Einheit der Bewegung fragt.

Wolfgang Gessenharter beschäftigt sich anschließend mit genau diesem *Framing*-Ansatz und wendet ihn exemplarisch auf den '8. Mai-Appell' an, der 1995 von der 'Neuen Rechten' veröffentlicht wurde. Dabei werden die einzelnen Komponenten des *Framing*-Ansatzes wie *diagnostic framing* oder *frame bridging* für das anläßlich dieses Protestereignisses publizierte Material durchgespielt, mit dem Ergebnis, daß einige Hypothesen dieses Ansatzes zutreffen, andere wiederum nicht, und insgesamt der Eindruck sich einstellt, daß die Heranführung der Bewegungsforschung an die vor allem politologische Beschäftigung mit Rechtsextremismus sich als insgesamt fruchtbar erweist.

Als nächstes fragt *Bert Klandermans* nach den spezifischen Mobilisierungsbedingungen ausländerfeindlicher Bewegungen und Parteien aus der RM-Perspektive. Im Kern geht es um Ressourcen, Kosten/Nutzen-Abwägungen, Organisationen, soziale Netzwerke und charismatische Führer und deren Wechselwirkung, wobei ein 4-Länder-Vergleich (Frankreich, Belgien, Deutschland und Niederlande) zeigt, wie sehr sich diese Mobilisierungsbedingungen allein aus RM-Perspektive schon unterscheiden können. Dabei sind die Vorzüge des RM-Ansatzes unbestreitbar, gerade in der Reaktion auf den SS-Ansatz. Zugleich gelingt es dem RM-Ansatz aber nicht, Mikro- und Makroebene angemessen miteinander zu verbinden; auch geht die Vernachlässigung sozialpsychologischer Fragestellungen zu weit, dies trifft auch für die Frage der Kultur oder der kollektiven Identität sozialer Bewegungen zu. Nicht zuletzt kommt es wesentlich auf die spezifischen politischen nationalstaatlichen Gelegenheitsstrukturen an, denen sich jede Bewegung gegenübersieht, ob rechts oder links.

Gerade diesem Aspekt der politischen Gelegenheitsstrukturen wendet sich schließlich *Ruud Koopmans* in seinem Beitrag 'Rechtsextremismus, fremdenfeindliche Mobilisierung und Einwanderungspolitik' am Ende des zweiten Blocks 'Rechtsextremismus' zu. Dabei konzentriert sich Koopmans nach der Diskussion der entsprechenden Forschungsliteratur zu politischen Gelegenheitsstrukturen auf die vier 'konkreten Gelegenheiten' (1) Einschätzung der Erfolgschancen der Mobilisierung,

Paradigmen der Bewegungsforschung 29

(2) Bilanz von erwarteten externen Reformen und Drohungen, (3) externe Förderung kollektiver Aktionen sowie (4) Effekte der Repression. Im weiteren Verlauf seines Beitrags zeigt Koopmans dann anhand eines Zeitreihen-Vergleichs von Einwanderungs- und Asyldebatte mit dem Auftreten rechtsradikaler Gewaltaktionen, daß der Einfluß politischer Gelegenheitsstrukturen auf diese rechte Mobilisierungswelle keinesfalls zu unterschätzen ist, wenn die Bilanz für die einzelnen 'Gelegenheiten' auch unterschiedlich eindeutig ausfällt. Zugleich macht Koopmans aber auch klar, daß der POS-Ansatz selbst nur einen Teil der Erklärungslast rechtsradikaler Mobilisierung tragen kann; der SS-Ansatz oder auch die RM-Perspektive sind komplementär immer mit einzubeziehen.

Am Schluß des Bandes geht es dann für alle Paradigmen der Bewegungsforschung um die Frage, wie die einzelnen Paradigmen in ihrer Anwendung auf eine der beiden Bewegungsformen abgeschnitten haben, wo ihre Stärken und Schwächen liegen, und welche Schlußfolgerung aus diesem 'Leistungsvergleich' für die weitere Entwicklung der Bewegungsforschung zu ziehen sind.

5. Auf dem Weg zur normalen Wissenschaft?

Ohne der Schlußbetrachtung schon allzuweit vorzugreifen, dürfte die bisherige Darstellung des Standes der Bewegungsforschung zu Genüge gezeigt haben, daß sich die sozialwissenschaftliche Beschäftigung mit sozialen Bewegungen so bunt wie ihr Gegenstand präsentiert. Mit großem theoretischen und methodischen Aufwand – und dies auf allen Ebenen, der Mikro-, Meso- und Makroebene – wird versucht, sich einem höchst fluiden, kaum dingfest zu machenden Phänomen anzunähern, das sich einer letzten, endgültigen Bestimmung immer wieder entzieht. Zu bizarr, zu vielfarbig, ja zu flatterhaft erweist sich dieser 'soziologische Schmetterling', als daß er sich mit nur einem 'Netz', d.h. nur einem Erklärungsansatz einfach 'einfangen' liesse. Statt dessen wird ein ganzes 'Netz'-Werk, ja eine Armada von 'Scouts' und 'Fängern', 'Jägern' und 'Sammlern' aufgeboten, um sozialen Bewegungen auf die Spur zu kommen. Und zweifellos: Das 'Bestiarium' der Bewegungsforschung ist reich an Beute, an Be-Funden, an Beobachtungen und Beschreibungen. Insofern verfügt die Bewegungsforschung über ein recht umfangreiches Archiv an Exemplaren und Daten über soziale Bewegungen von ganz unterschiedlicher Qualität und Quantität, 'aufgespießt' und 'ausgestellt' in 'Schaukästen' wie diesem. Wie aber schaut es mit der Einheit der Bewegungsforschung als Fachdisziplin aus?

Was wir mit diesem Sammelband konzeptionell vor allem beabsichtigten, ist die Reduktion der Komplexität, wie sie uns momentan in der Bewegungsforschung begegnet, auf fünf Paradigmen, die jeweils für sich einen wichtigen Beitrag zur Erklärung der Entstehung und Entwicklung sozialer Bewegungen leisten, ohne jedoch dem Anspruch auf Alleinstellung gerecht werden zu können; denn nur gemeinsam wird es ihnen möglich sein, die ihnen gestellte Aufgabe erfolgreich zu lösen. Inwiefern es uns tatsächlich gelungen ist, mit diesem Vorhaben den Stand der Bewegungsforschung, so unübersichtlich er sich Außenstehenden darstellen mag, hinreichend repräsentiert zu haben, wird die weitere Forschung zeigen. Wir hoffen jedoch, unser Vorhaben soweit überzeugend realisiert zu haben, daß deutlich wird: Die Bewegungsforschung befindet sich auf dem Weg zur normalen Wissenschaft.[21]

Neue Soziale Bewegungen

Karl-Werner Brand

Humanistischer Mittelklassen-Radikalismus
Die Erklärungskraft historisch-struktureller Deutungen am Beispiel der 'neuen sozialen Bewegungen'

1. Einleitung

Zu Beginn der 80er Jahre bürgerte sich in der Bundesrepublik, zunächst im wissenschaftlichen, dann auch im Sprachgebrauch der Bewegungsakteure, der Begriff 'Neue soziale Bewegungen' (NSB) ein. Gemeint war damit die rasche Entstehung einer breiten, heterogenen Bewegungsszene in den späten 70er und frühen 80er Jahren, die im Anti-AKW-Protest, in der Umwelt-, der neuen Frauen- und Friedensbewegung, in den Projekten und Netzwerken des städtischen Alternativmilieus, in der Hausbesetzerbewegung, in der Kampagne gegen die Volkszählung u.a.m. ihre Brennpunkte fand und zunächst in lokalen und regionalen Listen, dann aber auch bundesweit als Partei *Die Grünen* die parlamentarische Bühne betrat. Die Rede von den 'neuen sozialen Bewegungen' suggerierte dabei nicht nur wesentliche Gemeinsamkeiten dieser heterogenen Protestszene, sondern auch die Herausbildung einer qualitativ neuen Bewegungsformation, die sich deutlich von 'alten' Bewegungen, insbesondere von der Arbeiterbewegung, abheben sollte.

Sozialwissenschaftlich wurde dieses Selbstverständnis durch Deutungen untermauert, die die 'neuen sozialen Bewegungen' im strukturellen Transformationsprozeß moderner Industriegesellschaften und den daraus erwachsenden neuen Problem-, Interessen- und Konfliktlagen verorteten. Im folgenden soll der Frage nachgegangen werden, inwieweit solche historisch-strukturellen Deutungen eine plausible Erklärung für das Auftreten der neuen sozialen Bewegungen liefern können. In einem ersten Schritt geht es dabei um die These, daß die neuen sozialen Bewegungen, trotz ihrer Heterogenität, einen ganz bestimmten, in der postindustriellen 'Dienstleistungsintelligenz' verankerten Bewegungstypus darstellen (Abschnitt 2). Sodann werden verschiedene, in der deutschen NSB-Debatte miteinander konkurrierende Erklärungsansätze für das Auftreten dieses 'neuen' Typus sozialer Bewegungen vorgestellt (Abschnitt 3). In einem dritten Schritt wird die lineare Perspektive dieser historisch-strukturellen Deutungen durch eine zyklische Perspektive ergänzt, die der Tatsache Rechnung zu tragen sucht, daß Bewegungen dieses Typus nicht zum erstenmal in der Moderne auftraten, sondern eine längere Geschichte mit periodisch wiederkehrenden Mobilisierungsphasen im 19. und frühen 20. Jahrhundert aufweisen (Abschnitt 4).

Klar ist, daß sich die konkreten Erscheinungsformen dieser Bewegungen durch strukturelle Interpretationen allein nicht erklären lassen. Strukturelle Ansätze richten ihr Augenmerk nicht auf die kontextspezifischen Rahmenbedingungen, den Verlauf und die konkreten Ergebnisse von Mobilisierungsprozessen. Sie versuchen vielmehr, die für eine bestimmte 'Bewegungsfamilie' (Rucht) typische Konstellation struktureller Problemlagen, Deprivationserfahrungen und Erwartungsdiskrepanzen zu identifizieren. Sie bemühen sich um eine sozialstrukturelle Verortung der jeweiligen Bewegung, ihrer Sympathisanten und Gegner im Gefüge gesellschaftlicher Interessenlagen und Machtstrukturen. Und sie versuchen, die gesellschaftliche 'Rolle' der jeweiligen Bewegungen im Kontext historischer Transformationsprozesse zu bestimmen. Die Frage ist, mit welcher Plausibilität dies für die neuen sozialen Bewegungen in den vorliegenden strukturellen Ansätzen gelingt.

2. „Postindustrielle Dienstleistungsintelligenz": Zur sozialstrukturellen Verortung der Neuen Sozialen Bewegungen

Die für strukturelle Deutungen der neuen sozialen Bewegungen typische Annahme, daß sich in ihren heterogenen Erscheinungsformen ein bestimmter, historisch neuer *Bewegungstypus* zeige, besaß nur in wenigen Ländern eine solche Plausibilität wie in der Bundesrepublik. Nur hier verschränkten sich die verschiedenen Konfliktfelder und Protestmilieus im Sog einer hoch polarisierten Auseinandersetzung um den Bau von Atomanlagen seit Mitte der 70er Jahre zu einem umfassenden, neuen Bewegungssektor, der eine inhaltlich zwar diffuse, im Gegensatz zum etablierten System aber deutlich polarisierte, gegenkulturelle Identität ausbildete. So verknüpften sich die verschiedenen Kritikstränge der neuen sozialen Bewegungen zu einer generellen, ökologisch gefärbten Kritik der technokratischen Wachstumsgesellschaft und des industriellen Fortschrittsmodells, die sich aus einem vagen, utopischen Gegenentwurf 'sanfter' Vergesellschaftung speiste. Diese sozial-ökologische Utopie verband das Modell eines dezentralisierten, basisdemokratisch organisierten Gemeinwesens mit dem Konzept einer ökologisch verträglichen, bedürfnisorientierten Wirtschaft, die sich einer 'sanften', den ökologischen und sozialen Zwecken 'angepaßten' Technologie bediente. In diese Utopie flossen auch Elemente feministischer Patriarchatskritik, das Bild einer neuen, herrschaftsfreien Geschlechterbeziehung und die alternativen Visionen eines selbstbestimmten, egalitären Lebens ein. Wenn auch unklar ist, inwieweit diese gegenkulturellen Entwürfe über die städtischen Alternativmilieus hinaus handlungsmotivierend wirkten, so bildeten sie in der Bundesrepublik doch das ideelle Ferment, die integrierende Symbolik, die dem heterogenen Protestspektrum das Selbstverständnis eines 'neuen' Typus sozialer Bewegung verlieh. In der Polarisierung zwischen 'alter' und 'neuer Politik', zwischen 'erster' und 'zweiter Kultur', nahmen die 'neuen sozialen Bewegungen' den Charakter einer gegenüber den bestehenden politischen Konfliktlinien klar abgrenzbaren, eigenständigen Bewegungsformation an.

Bereits früh wurde die Frage gestellt, ob die für Westdeutschland typische Gestalt des neuen Bewegungssektors wirklich einen generellen neuen Bewegungstypus darstelle, oder ob in der NSB-Debatte, mangels ausreichender Datenlage, nur die Selbstdeutung der Bewegungen zum 'Mythos' von den 'neuen sozialen Bewegungen' überhöht würde (Stöss 1984). Aktivisten wie Bewegungsforscher aus angelsächsischen Ländern zum Beispiel konnten mit dem NSB-Konzept nie besonders viel anfangen.[1] Der internationale Vergleich zeigte denn auch, daß Umwelt-, Frauen- und Friedensbewegung, Dritte-Welt-Gruppen, Selbsthilfe- und Alternativbewegungen zwar in allen westlichen Industrieländern in den 70er und 80er Jahren eine hohe Mobilisierungskraft aufwiesen; er machte aber auch deutlich, daß sich diese Bewegungen in den einzelnen Ländern in sehr unterschiedlicher Weise entwickelten und ein sehr unterschiedliches Gewicht erlangten (Brand 1985; Dalton/Kuechler 1990; Klandermans et al. 1988, 1989; Kriesi et al. 1995; Rucht 1994). Die Verschränkung der verschiedenen Bewegungsstränge zu einem von 'alten' Bewegungen und Konfliktlinien klar abgegrenzten 'neuen' Bewegungssektor war dabei keineswegs die Regel. Auch die Mobilisierungsformen der neuen Bewegungen markierten nicht immer einen deutlichen Bruch mit den herkömmlichen Formen des Konfliktaustrags und der politischen Mobilisierung, – insbesondere dort nicht, wo – wie in den USA – die Arbeiterbewegung keine dominante Rolle in der Entwicklung des politischen Lebens spielte. Die empirische Abgrenzung der 'neuen' Bewegungen erwies sich somit als schwierig, etwa gegenüber den in den 70er Jahren auflebenden ethnischen und regionalistischen Bewegungen oder in der Zuordnung jugendlicher Subkulturen (die z.B. die Hausbesetzerbewegung Anfang der 80er Jahre im wesentlichen trugen).

Auch die Abgrenzung zur 68er-Bewegung fällt schwer. So waren es die Bewegungen der 60er Jahre, die den radikalsten Bruch mit den Wert- und Politikpräferenzen der Nachkriegsjahrzehnte vollzogen. Sie entwickelten einen Großteil des Handlungsrepertoires der nachfolgenden Bewegungen und schufen eine generell erhöhte Partizipationsbereitschaft in der Bevölkerung. Auch die Themen der 70er Jahre klangen in den 60ern bereits an: Wachstums-, Technokratie- und Zivilisationskritik, Aufbau kommunitärer Lebens- und Arbeitsformen, Kampf um Selbstbestimmung und die Anerkennung subkultureller Lebensstile.

Die Selbstthematisierung der 68er-Bewegung vollzog sich allerdings im Horizont eines zwar undogmatischen, in bezug auf strategische Veränderungskonzepte aber doch klassisch-marxistischen Revolutionsverständnisses, in dem das emphatische Verständnis von sozialer Bewegung als historischem Träger eines über Klassenkämpfe sich vollziehenden menschlichen Emanzipationsprozesses weiter tradiert wurde. Aktualisiert wurde nur die Bestimmung des 'revolutionären Subjekts' unter Bezug auf die veränderten Widersprüche und Konfliktpotentiale 'spätkapitalistischer' Gesellschaften.[2] Im Vordergrund stand dabei zunächst die Frage, wie die Struktur des Alltagsdenkens, des durch Massenmedien, Sozialisation und Konsum geformten 'falschen Bewußtseins' aufgebrochen werden könne. Die Strategie der Aufklärung durch provokative Aktionen, das Ziel der 'Befreiung der Phantasie' und der 'Revolutionierung des Bewußtseins', schloß dabei direkt an Analysen der Kritischen Theorie, insbesondere an Arbeiten Herbert Marcuses, an, in denen die neuen, ins Unterbewußte greifenden Mechanismen der Bewußtseins- und Bedürfnismanipulation eindringlich aufgezeigt wurden. Mit dem Zusammenbruch allzu euphorischer Revolutionserwartungen und der Notwendigkeit einer strategischen Neuorientierung erlebte diese Debatte ihren Höhepunkt, führte gleichzeitig aber auch zu einer Zellteilung konkurrierender Ansätze, die der studentischen Avantgarde eine jeweils andere Rolle zuwiesen (Betriebsarbeit, Parteigründung, 'Stadtguerilla', Randgruppenstrategie, 'Marsch durch die Institutionen', 'gesellschaftliche Demokratisierung', Entwicklung alternativer Lebens- und Arbeitsformen, etc.).

Die in den 70er Jahren auflebenden Proteststränge hoben sich in mehrfacher Hinsicht kritisch von den 68ern ab (Brand 1991). Das betraf Protestthemen, Kritikmuster, Organisationsformen und Selbstverständnis als Protestakteur. Die erste zentrale Veränderung im Bewegungsdiskurs der 70er Jahre war die Verschiebung der Aufmerksamkeit von abstrakten, politökonomischen Zusammenhängen zur Ebene der Subjektivität und des Alltagslebens. Das hatte mit den enttäuschten revolutionären Hoffnungen auf eine tiefgreifende Veränderung gesellschaftlicher Makrostrukturen zu tun. Mit dem Mythos des 'revolutionären Subjekts' wurden auch die evolutionistischen Fortschrittskonzepte und Revolutionsmodelle verabschiedet. In den nun kursierenden 'poststrukturalistischen' Gesellschaftskritiken wurde die gesellschaftliche Ordnung als anonymer Zwangszusammenhang gedeutet. Widerstand wurde 'subversiv' und machte sich fest am Nicht-Angepaßten, Ausgegrenzten, an der subversiven Kraft der Phantasie, an der Explosivität des Gefühls und der Begierden, am Heterogenen und den Differenzen in der Gesellschaft.

Die zweite zentrale Veränderung betraf die thematische Verschiebung: An die Stelle der antikapitalistischen Ausbeutungs- und Emanzipationssemantik traten Fortschritts-, Industrialismus- und Modernisierungskritik. Krisenbewußtsein und ökologische Katastrophenängste, die Entgegensetzung von 'Lebens'- bzw. 'Überlebensbedürfnissen' auf der einen und lebensbedrohlichen Folgeproblemen einer selbstläufigen Maschinerie technisch-industrieller, bürokratischer oder militärischer Systeme auf der anderen Seite, färben ab Mitte der 70er Jahre den gesellschaftskritischen Diskurs der neuen sozialen Bewegungen, auch den der Frauenbewegung, neu ein.

Trotz dieser Brüche im Selbstverständnis, in den Kritikmustern und Handlungsstrategien lassen sich die Protestbewegungen der 60er, 70er und frühen 80er Jahre mit guten Gründen auch als unterschiedliche Stränge eines umfassenden Typus 'neuer sozialer Bewegungen' begreifen, der in den antiautoritären, kapitalismuskritischen Bewegungen der 60er Jahre, in den von sozialistisch-libertären Utopien gespeisten Kämpfen um individuelle und gesellschaftliche Emanzipation, einen ersten, in der Industrialismus- und Modernisierungskritik der späten 70er und frühen 80er Jahre einen zweiten Brennpunkt fand (Brand 1989a).[3] Zieht man in Betracht, daß sich umfassende Protestzyklen (Tarrow 1983, 1989) von einem thematischen und sozialen Zentrum aus über die gesamte Gesellschaft verbreiten und in ihrem Sog auch periphere Konfliktpotentiale mobilisieren können, so läßt sich damit auch die zum Teil irritierende Heterogenität der Protestakteure, die Verquickung unterschiedlicher, ja gegensätzlicher ideologischer Strömungen in den einzelnen Bewegungen und die thematische Neuaufladung alter – etwa regionalistischer – Konflikte im Kontext dieses Mobilisierungszyklus erklären. Erklärungsbedürftig bleibt dann allerdings noch die Verschiebung der thematischen Brennpunkte (vgl. dazu Abschnitt 3).

Daß die Bewegungen der 60er, 70er und frühen 80er Jahre – bei aller Heterogenität der einzelnen Bewegungen, ihrer Kritikmuster und Organisationsformen – einer einheitlichen 'Bewegungsfamilie' (Rucht) angehören, dafür werden von strukturellen Ansätzen – neben den erwähnten Kontinuitäten in bezug auf Themen und Aktionsformen – immer wieder die typischen Merkmale ihrer sozialen Trägergruppen ins Feld geführt. Das betrifft zum einen die *Dominanz bestimmter politischkultureller Orientierungen* bei der großen Mehrheit von Aktivisten und Anhängern der neuen sozialen Bewegungen: die Präferenz für Werte wie Selbstverwirklichung, Selbstbestimmung, Partizipation, soziale Gerechtigkeit, sinnerfüllte Arbeit, friedliche, kommunikative Konfliktlösungen, Mitmenschlichkeit, Harmonie mit der Natur usw. Empirisch wurde das üblicherweise, im Anschluß an Inglehart (1977), als 'postmaterialistisches' Wertmuster bezeichnet (und mit Hilfe der 'Postmaterialismus'-Skala erfaßt). Die Verbreitung dieser humanistisch-emanzipa-tiven Grundorientierung ist dabei nicht nur ein wesentlich trennschärferes Kriterium für die Aktivisten als für die bloßen Sympathisanten; sie schafft auch eine generalisierte Unterstützungsbereitschaft für die verschiedenen Themen und begünstigt die hohe personelle Überlappung der verschiedenen Bewegungsstränge (Pappi 1989; Zwick 1990; Kriesi 1989, 1993; Kitschelt 1990; Fuchs/Rucht 1992). Zum anderen betrifft dies die *sozialstrukturelle Verankerung der Aktivisten und Anhänger der neuen sozialen Bewegungen*. Sie sind, so der übereinstimmende Tenor aller empirischen Studien der 80er Jahre, überwiegend jung, hoch gebildet und, sofern bereits berufstätig, vor allem in kulturellen und sozialen Dienstleistungsberufen beschäftigt. Als Träger emanzipativer, ökologischer, antitechnokratischer oder pazifistischer Bewegungen sei diese Gruppe deshalb in besonderem Maße prädisponiert, weil sie aufgrund ihrer Sozialisation und der Schwerpunkte ihrer beruflichen Tätigkeit (Gesundheit, Sinnstiftung, Selbstverwirklichung, Befriedigung sozialer Bedürfnisse) eine besondere Sensibilität für die lebensweltlichen Folgeprobleme und Selbstgefährdungspotentiale verselbständigter industrieller Wachstumsimperative entwickelt habe (Cotgrove/Duff 1981). Das verschafft der These hohe Plausibilität, daß diese Bewegungen Werte, Interessen und Lebensentwürfe eines bestimmten sozialen Milieus, nämlich der im sozialen und kulturellen Sektor verankerten Teile der neuen Mittelklassen, zum Ausdruck bringen. Diese Gruppe identifizierten z.B. Parkin (1968) und Byrne (1980) als den entscheidenden Träger der alten wie der neuen 'Campaign for Nuclear Disarmament'. Sie ist weit überproportional in den neuen, ökologisch orientierten

Umweltgruppen repräsentiert (Cotgrove 1982; Kriesi 1989, 1993; Watts 1987) und stellt die meisten Aktivistinnen der neuen Frauenbewegung (Brinkmann 1990; Rucht 1994; Schwarzer 1991). Dieser vor allem moralisch motivierte gesellschaftskritische Radikalismus hat, wie insbesondere Raschke (1985) betont, mit der starken Ausweitung des tertiären Bildungssektors und der professionellen Humandienstleistungsberufe seit den 60er Jahren seinen marginalen Charakter verloren. Er hat eine neue Massenbasis, eine eigenständige, beruflich verankerte Interessenlage und – als Teil der neuen 'post-industriellen' Intelligenz – einen wesentlich zentraleren gesellschaftlichen Stellenwert erlangt. Kriesi (1987, 1989, 1993) setzte einen etwas anderen Akzent, wenn er – im Anschluß an E. P. Thompson (1962) – den Aspekt der Selbsterzeugung der 'neuen sozialen Klasse' der 'sozial-kulturellen Professionellen' in den Interaktions- und Sozialisationsprozessen des NSB-Milieus betonte.

Diese These hinterläßt dennoch einiges Unbehagen. Das hat mit der Verflüssigung und Individualisierung des sozialen Beziehungsgefüges, mit der Erosion traditioneller Milieus und 'Klassenlager' und der abnehmenden verhaltensdeterminierenden Kraft sozialdemographischer Merkmale zu tun. Letzteres führte inzwischen zu einer breiten Rezeption des Lebensstil-Begriffs in der Ungleichheitsforschung (Diewald 1994). Die Entkoppelung von sozialen Lagen und typischen Mentalitätsmustern ist zwar, wie Vester (1997: 73) mit Recht bemerkt, kein historisch neues Phänomen, da Mentalitäten einer Eigendynamik sozialer Vergemeinschaftung und historischer Tradierung folgen. Die sozialen Lagen selbst sind heute aber wesentlich inhomogener, komplexer und flüssiger geworden. Es stellt sich heute deshalb um so dringlicher die Frage, wie bestimmte soziale Lagen (oder bestimmte Cluster sozialdemographischer Merkmalskombinationen) mit der Ebene gruppenspezifischer Vergemeinschaftungsformen, Mentalitäten und Lebensstile gekoppelt sind – ob sich neue Milieus überhaupt noch ausbilden, auf welcher Grundlage dies ggf. geschieht, welche Beziehungen zwischen 'objektiven' Lebensbedingungen und 'subjektiver' Lebensweise in neuen Vergemeinschaftungsformen bestehen, wie flüssig oder beständig diese sind, usw. Diese Fragen sind Gegenstand einer intensiven Debatte in der neueren Sozialstrukturforschung (Berger/Hradil 1990; Hradil 1992; Müller 1992; Schwenk 1996; Vester et al. 1993). Eine umstandslose klassentheoretische Interpretation der neuen sozialen Bewegungen auf der Grundlage sozialdemographischer Merkmalsverteilungen greift so auf jeden Fall zu kurz, zumindest dann, wenn diesen Merkmalen gleichsam automatisch verhaltensprägende und gemeinschaftsbildende Kraft zugesprochen wird. Erst wenn es gelingt, nicht nur die Entstehung neuer sozialer Lagen zu identifizieren, sondern darüber hinaus aufzuzeigen, in welcher Weise sie die Basis für neue Vergemeinschaftungen, für die Herausbildung neuer Mentalitäten und Handlungsmuster abgeben, macht es Sinn, bestimmte Bewegungen als Ausdruck bestimmter (neuer) 'Klasseninteressen' oder als Ausdruck des 'symbolischen Klassenkampfs' bestimmter Gruppen zu deuten (Bourdieu 1982; Eder 1989).[4]

3. Wertwandel, neue Problemlagen und historische Stadienmodelle: Zur Erklärung des Neuen an den neuen sozialen Bewegungen

Die soziale Verortung der neuen sozialen Bewegungen in den Gruppen der (in sozialen Dienstleistungsberufen tätigen) 'postindustriellen Intelligenz' bezeichnet zwar die Trägergruppe und das Mobilisierungspotential dieser Bewegungen; das sozialstrukturelle Argument liefert per se aber noch keine Erklärung für die Entstehung und die hohe Mobilisierungskraft dieser Bewegungen. Zwei strukturelle Argumente gewinnen in entsprechenden Erklärungsversuchen die größte Bedeutung: die Wertwandeltheorie Ingleharts und der Rekurs auf neue, zentrale Problemlagen moderner Gesellschaften. Beide Erklärungen greifen dabei, wenn auch meist nur implizit, auf das Konzept der 'relativen Deprivation' zurück.

Das von Davies (1969, 1973) – mit Blick auf die Entstehung von Revolutionen – wie von Gurr (1970) – mit Blick auf die Beteiligung an kollektiver Gewalt – ausgearbeitete Konzept der 'relativen Deprivation' weist die (z.B. in der marxistischen Verelendungstheorie implizierte) einfache These zurück, daß eine objektive Verschlechterung der Lager per se zu Unzufriedenheit und Protest führe. Letztere entstünden vielmehr erst aus der Diskrepanz zwischen Werterwartungen, zwischen als legitim angesehenen Ansprüchen und den erwarteten Realisierungsmöglichkeiten dieser Werte. Diese Diskrepanz kann sich gleichermaßen aus steigenden Erwartungen wie aus der Wahrnehmung sich verschlechternder institutioneller Realisierungschancen für neue Problemlagen ergeben. Um konkrete Protestphänomene zu erklären, bedarf diese These somit der historischen Konkretion. Das bietet Anschlußmöglichkeiten sowohl für den Versuch Ingleharts (1979, 1990), die Verbreitung neuer Konfliktthemen und Bewegungen mit dem Wandel von 'materialistischen' zu 'postmaterialistischen' Werten zu erklären, als auch für Thesen, die die rasche Verbreitung und die hohe Resonanz dieser Bewegungen vorrangig auf die strukturelle Selektivität und die machtpolitische Selbstblockierung des politischen Systems gegenüber den neuen Themen und Anforderungen zurückführen (Guggenberger 1980; Kaase 1976, 1985; Offe 1976, 1985; Raschke 1979).

Während in der politikwissenschaftlichen Debatte Ingleharts Postmaterialismustheorie – trotz aller Kritik an ihren Grundannahmen (Klages/Hippler/Herbert 1992) – die Deutung der neuen sozialen Bewegungen über Jahre hinweg beherrschte, fanden im soziologischen Umfeld 'need defence'-Konzepte (Brand 1982), d.h. die Interpretation dieser Bewegungen als Reaktion auf neue strukturelle Problemlagen und Selbstgefährdungspotentiale hochindustrialisierter Gesellschaften, weit höhere Resonanz. Die Anfang der 80er Jahre einsetzende deutsche NSB-Debatte betonte so zwar ebenfalls die soziokulturelle Stoßrichtung der neuen Bewegungen. So ist für Raschke das „Großthema der neuen sozialen Bewegungen ... das Problem der soziokulturellen Identität" (1985: 420); ihr Ziel sei nicht die Eroberung von wirtschaftlicher und politischer Macht, sondern die Veränderung der Lebensweise, die

Reorganisation kultureller Lebensmuster und Alltagspraktiken. Die im Rahmen der deutschen NSB-Debatte vorherrschenden Deutungen akzentuieren dabei allerdings weniger den Aspekt des anti-technokratischen Kampfs um kulturelle Autonomie, wie er im poststrukturalistischen Diskurs vorherrscht; vielmehr beziehen sie sich vorrangig auf die destruktiven Folgeprobleme und Katastrophenpotentiale einer selbstläufigen Maschinerie technisch-industrieller, bürokratischer und militärischer Systeme.

Diesem Muster folgt Habermas' (1981) Deutung der neuen Bewegungen als defensive Reaktion auf die 'Kolonialisierung der Lebenswelt' ebenso wie Raschkes (1980) frühe Interpretation dieser Bewegungen als Folge einer in verschiedenen Dimensionen sich offenbarenden 'Krise der industriellen Zivilisation', die zu einer Ablösung des alten Paradigmas der 'Verteilungspolitik' durch das neue Paradigma der 'Lebensweise' führe. Diesem Muster folgte Offes Rückführung der neuen sozialen Bewegungen auf Problemlagen, „(which) converge on the idea that life itself ... is threatened by the blind dynamic of military, economic, technological, and political rationalization" (1985: 853). Nicht zuletzt zeigte auch meine eigene, gemeinsam mit Rucht und Büsser vorgelegte Deutung der neuen Bewegungen als Reaktion auf die neue Qualität industriegesellschaftlicher Folgeprobleme und die dadurch entstandene 'Krise der Modernität' die Prägung durch den modernisierungskritischen Bewegungsdiskurs (Brand 1982; Brand/Büsser/Rucht 1986).

Werden in diesen Ansätzen neue, durch Wertwandel und/oder neue Problemlagen entstandene *structural strains* mehr oder weniger unvermittelt – systematisch geraten nur blockierte politische Einflußkanäle ins Blickfeld – mit dem Aufkommen der 'neuen sozialen Bewegungen' verknüpft, so finden sich auch anspruchsvollere gesellschaftstheoretische Interpretationen, die das Aufkommen der neuen Bewegungen in strukturelle Transformationstheorien der Moderne einbetten. Ein prominentes Beispiel dafür ist Touraines Erklärungsansatz (1977, 1978, 1985).

Im Anschluß an die marxistische Tradition des europäischen Bewegungsverständnisses begreift Touraine nur eine spezielle Variante gesellschaftlicher Konflikte als eine 'soziale Bewegung', nämlich nur jene, die sich auf den 'höchsten Einsatz' eines bestimmten Gesellschaftstypus bezieht, auf die Kontrolle seiner 'Historizität', seiner spezifischen Fähigkeiten und Mittel zur 'gesellschaftlichen Selbstproduktion'. Gesellschaften, so Touraine, entwickeln eine bestimmte Selbstdefinition ihrer eigenen Handlungsmöglichkeiten. Mithilfe dieser kulturellen Orientierungsmuster, die in einem bestimmten Typus von Wissen, von wirtschaftlicher Akkumulation und ethischen Regeln zum Ausdruck kommen, steuern sie ihre internen und ihre Umweltbeziehungen. Soziale Bewegungen kämpfen um die Art und Weise, in der die kulturellen Orientierungsmuster eines spezifischen historischen Niveaus gesellschaftlicher Selbstreproduktion in politische Institutionen und soziale Organisationsmuster transformiert werden. Jeder Gesellschaftstypus weist dabei, Touraine zufolge, nur *ein* solches Paar konfligierender sozialer Bewegungen oder Klassenakteure auf, die den zentralen gesellschaftlichen Konflikt repräsentieren.

Ein solcher Konflikt liegt erst dann voll entwickelt vor, wenn die Beziehungen zwischen den Konfliktgegnern und der 'Einsatz', der Konfliktgegenstand, klar und von beiden Opponenten gleich definiert werden. Die Arbeiterbewegung nahm z.B. nach diesem Verständnis erst dann den Charakter einer 'sozialen Bewegung' an, als sie die industrielle Produktionsweise als Rahmenbedingung der Auseinandersetzung mit der herrschenden bürgerlichen Klasse akzeptiert hatte. Von den Konflikten und Kämpfen auf der Ebene sozialer Bewegungen unterscheidet Touraine niederrangigere Kategorien sozialer Konflikte: Konflikte auf der institutionellen Ebene, die sich auf die politische Macht und die Spielregeln des politischen Prozesses beziehen, und Konflikte auf der Ebene sozialer Organisation, d.h. Kämpfe um kollektive Interessen und relative Chancenvorteile im Rahmen gegebener Spielregeln und Organisationen. Dieses Konzept zielt darauf, empirische Bewegungs- und Konfliktphänomene nicht als Einzelphänomene zu diskutieren, sondern als Konfliktformen unterschiedlicher Stoßrichtung und Zentralität innerhalb eines bestimmten historischen Konfliktfelds zu verorten. Impliziert ist die These, daß Bewegungen letztendlich nur dann erfolgreich agieren können, wenn der zentrale gesellschaftliche Konflikt auf der Ebene 'sozialer Bewegungen' entfaltet ist und die verschiedenen Ebenen und Dimensionen gesellschaftlicher Konflikte nicht voneinander isoliert und einander entgegengesetzt, sondern in sich vermittelt sind.

Entgegen der Reduktion sozialer Bewegungen auf strategisches Organisationshandeln – wie im *Resource Mobilization*-Ansatz – insistiert Touraine darauf, daß die Bedeutung sozialer Konflikte ohne Bezug auf die zentralen kulturellen Muster und die strukturellen Herrschaftsbeziehungen des jeweiligen Gesellschaftstypus nicht verstanden werden können. Nur so liesse sich die Verschiebung der Konflikte der 60er und 70er Jahre vom ökonomischen auf den soziokulturellen Bereich verstehen, liesse sich in der Heterogenität, in der scheinbar unverbundenen Vielfalt der 'neuen sozialen Bewegungen', das gemeinsame Neue erkennen. Dieses wird in der Herausbildung einer zentralen 'anti-technokratischen' Konfliktlinie gesehen. Angesichts der zentralen „Bedeutung, die die industrielle Produktion von symbolischen Gütern ... gewonnen hat", angesichts der Fähigkeit des Produktions- und Informationsapparats, „Nachfrage, Vorstellungen, Bedürfnisse, mit einem Wort die Kultur aus der Sicht der Anbieter zu prägen" (Touraine 1985: 24f.), zielen die neuen Bewegungen nicht mehr auf die Eroberung des Staatsapparats, sondern auf die Möglichkeit der Selbstbestimmung, der ungesteuerten, authentischen Kommunikation, der Erweiterung demokratischer Rechte und der Respektierung von Minderheiten (27f.).

Touraines ambitionierter Versuch einer konzeptionellen Neubelebung der strukturellen, konflikttheoretischen Analyse sozialer Bewegungen wurde in Deutschland zwar rezipiert, praktisch aber nicht weiter verfolgt. Das liegt an erheblichen Vorbehalten sowohl gegenüber dem – mit dem Scheitern der diversen neomarxistischen Kaderorganisationen – als überholt geltenden Versuch, ein neues 'historisches Subjekt' zu identifizieren, als auch gegenüber seiner normativ aufgeladenen Methode der 'soziologischen Intervention', die das Ziel hatte, in einer vom Forscherteam arrangierten, über einen längeren Zeitraum geführten Gruppendiskussion mit führenden Bewegungsaktivisten das eigentliche, den verschiedenen Konflikten zugrundeliegende 'Projekt' bewußt zu machen (Rucht 1991a). Am direktesten schloß noch

Melucci (1980, 1985) an Touraines Interpretation der neuen Bewegungen an; er rückte allerdings den kulturellen Aspekt der neuen 'anti-technokratischen' Konflikte noch stärker in den Vordergrund. Da die informationelle Steuerung und Kontrolle eine immer größere Eingriffstiefe in Alltagsstrukturen und elementare Reproduktionsprozesse erlangen würden, verschiebe sich – so Melucci – das zentrale Konfliktfeld auf die symbolische Ebene. Die neuen sozialen Bewegungen stellten aus dieser Sichtweise, mehr noch in ihren Formen als in ihren konkreten Zielen, eine zentrale Herausforderung der herrschenden 'kulturellen Codes' dar. Für ihr Verständnis seien nicht nur die Phasen sichtbarer Massenmobilisierung und politischer Herausforderung, sondern auch die Phasen der Latenz subkultureller, in den Alltag eingetauchter Bewegungsnetzwerke von entscheidender Bedeutung, in denen sich neue kulturelle Codes und Lebensformen experimentell herausbildeten.

Eine gesellschaftstheoretisch weniger elaborierte, historisch aber weiter ausgreifende Deutung der neuen Bewegungen bieten Stadienmodelle der historischen Protest- und Bewegungsforschung. So befaßt sich Tilly (1977, 1986; Tilly et al. 1975) in vielen Studien mit dem Einfluß des historischen Wandels institutioneller Gefüge auf die Art und Chancenstruktur sozialer Bewegungen. Er betont dabei den Bruch, der sich im Handlungsrepertoire westeuropäischer Protestbewegungen im 19. Jahrhundert mit Industrialisierung und Verstädterung, der Ausweitung politischer Partizipation und Verbreitung zweckgerichteter Organisationen (Gewerk-schaften, Verbände, Parteien) vollzog. An die Stelle direkter, lokaler Widerstands-aktionen, in denen die Geltung der überlieferten 'moral economy' (Thompson 1979) eingefordert wird, treten zunehmend weiträumigere, stärker organisierte Protestformen. Die Bildung oppositioneller Organisationen, Massenstreiks, Demonstrationen, öffentliche Versammlungen und Kundgebungen wurden Teil des Standardrepertoires politischer Mobilisierung. Die typischen Aktionsformen der neuen sozialen Bewegungen stellen für Tilly nur eine Erweiterung dieses 'nine-teenth-century repertoire' dar.

Raschke (1985) unterscheidet dagegen in seinem 'historisch-systematischen Grundriß' drei gesellschaftliche Entwicklungsphasen, die 'vorindustriell-modernisierende' (1789-1850), die 'industrielle' (1850/60-1960) und die 'nachindustrielle Phase' (1960/70-dato.). Fortschreitende gesellschaftliche Differenzierungsprozesse führen dabei sowohl zu einer bereichsspezifischen ('macht'- vs. 'kulturorientierte Bewegungen'), als auch zu einer klassen- oder gruppenspezifischen Ausdifferenzierung sozialer Bewegungen. Soziale, politische und kulturelle Modernisierung verändern darüber hinaus ihre Programmatik und ihre Mobilisierungsformen. Jedem der drei Gesellschaftstypen wird so eine 'dominante Bewegung' (frühbürgerliche Bewegungen/Arbeiterbewegung/Neue soziale Bewegungen), eine zentrale 'aufsteigende Großgruppe' als Träger dieser Bewegungen (Bürgertum/Arbeiterklasse/Dienstleistungsintelligenz), ein 'zentraler Problemkomplex' (Rechtsstaat und Demokratie/Wohlfahrtsstaat/soziokulturelle Identität) und eine spezieller 'Mobilisierungstyp' (ideelle/organisationsbestimmte/projektorientierte Mobilisierung) zugeordnet (445). Die Ausführungen Raschkes zum Bewegungs- und Mobilisierungstyp der dritten Phase leiden allerdings unter der Fixierung auf die deutsche Erscheinungsform der neuen sozialen Bewegungen. So erscheint die Frage der 'sozio-kulturellen Identität' rückblickend eher als eine Frage der Identität politischer Gegenkulturen der 70er und frühen 80er Jahre als der 'zentrale Problemkomplex' 'postindustrieller' Gesellschaften. Kulturell orientierte Bewegungen der 'Dienstleistungsintelligenz' sind darüber hinaus sicher nur eine Variante von Bewegungen, die in dieser Phase auftraten; ob sie die dominante Bewegung darstellten, ist eine offene Frage.

Rucht (1994) wiederum buchstabiert den Modernisierungsprozeß entlang von zwei analytischen Achsen aus: auf der Ebene der Gesellschaftsstruktur als fortschreitende 'funktionale Differenzierung' (der auch die Rationalisierung von Weltbildern zugerechnet wird), auf der Handlungsebene als 'Ich-Zentrierung', als Zuwachs autonomer Entscheidungsmöglichkeiten und Entscheidungszwänge (52ff.). Dieser so gedeutete Modernisierungsprozeß wird dann als stufenförmiger Entwicklungsprozeß, als Abfolge einzelner Modernisierungsphasen, rekonstruiert: vom 'Absolutismus' (Modernisierungsstufe 1) über den 'liberalen Kapitalismus' (Modernisierungsstufe 2) hin zum 'organisierten Kapitalismus' (Modernisierungsstufe 3). Innerhalb des 'organisierten Kapitalismus' vollziehe sich dann – in den 60er Jahren, im Gefolge der langgezogenen Prosperitätsphase der Nachkriegsjahrzehnte – ein weiterer Modernisierungsschub hin zum 'wohlfahrtsstaatlichen Kapitalismus' (Modernisierungsstufe 4), der aber „eine geringere Eingriffstiefe als die vorangegangenen Zäsuren" (126) aufweise. Soziale Bewegungen bzw. umfassendere Mobilisierungsprozesse, so die generelle These, entstehen „mit bzw. in unmittelbarem Gefolge von Modernisierungsschüben" (70), da diese durch Probleme oder Krisen der Sozialintegration begleitet werden und 'soziale Verwerfungen' sowie 'Nutznießer und Verlierer' produzierten. „In diesen Situationen öffnen sich 'windows of opportunity' für bestimmte Akteure, die Morgenluft wittern. Andere Akteure kommen unter Druck, verlieren politisches, ökonomisches oder kulturelles Kapital" (69f.).

Das ist eine modernisierungstheoretisch konkretisierte Version des *Structural Strain*-Ansatzes, die zugleich das Augenmerk auf historisch variierende Chancenstrukturen richtet. Während dieser theoretische Zugang überzeugend erscheint, bleibt seine historische Konkretisierung fragwürdig. Das betrifft sowohl die Unterscheidung (und zeitliche Zuordnung) von 'organisiertem' und 'wohlfahrtsstaatlichem Kapitalismus' als auch die Verortung der neuen sozialen Bewegungen im Umbruch zu dieser vierten Phase. So stimmt es zwar, daß diese Bewegungen – ideologisch – ein „gebrochenes Verhältnis zum Modernisierungsprozeß" (154) aufweisen. Rucht gelingt es aber nicht, über die deskriptive Beschreibung hinaus den spezifischen Charakter dieser 'Ambivalenz' zu klären. Entsprechend blaß, 'ambivalent', fällt auch die resümierende Bewertung der Rolle der neuen sozialen Bewegungen aus. 'Gewollt oder ungewollt' treiben sie – so Rucht – den Modernisierungsprozeß im Sinne weiterer Systemdifferenzierung und Ich-Zentrierung voran (515), wenden sich zugleich aber auch „gegen die Folgelasten einer auf die Spitze getriebenen, instrumentell verkürzten Modernisierung" (511). Sie richten sich allerdings „weder frontal gegen die Moderne noch den Kapitalismus noch die Industriegesellschaft. Sie treiben diese Ordnung vielmehr auf eine höhere Entwicklungsstufe und beziehen sich zugleich kompensierend auf ihre negativen Auswüchse" (511). Diese geglättete, reformistisch-evolutionäre Bestimmung des Stellenwerts dieser Bewegungen bietet keine Möglichkeit, ihre spezifische 'Ambivalenz' zu erklären.

Eine wesentliche Ursache dafür – wie auch für die kurzschlüssige Charakterisierung der neuen sozialen Bewegungen bei Raschke – ist die strukturell-lineare Entwicklungsperspektive dieser Betrachtungsweise. Wie in den meisten soziologischen Ansätzen wird auch hier sozialer Wandel nur als evolutionärer Entwicklungsprozeß, als (dis)kontinuierlich fortschreitender Prozeß der Differenzierung, Rationalisierung und Bürokratisierung oder als Bruch zwischen Tradition und Moderne, zwischen industrieller und 'reflexiver Moderne', Moderne und Postmoderne etc. thematisiert; zyklische Entwicklungsprozesse werden darin ausgeblendet. Neben den auf das historisch Neue zielenden Interpretationsvarianten finden sich in der sozialwissenschaftlichen Literatur aber auch historisch-vergleichende Deutungen der neuen sozialen Bewegungen, die in ihnen nur eine neue Variante periodisch auftretender antimodernistischer Protestbewegungen gegen die dominanten Funktionsprinzipien, die Widersprüche und Entfremdungserfahrungen der Moderne sehen (Berger et al. 1975). Auch diese Deutungen können eine gewisse Plausibilität für sich reklamieren.

Der gegenkulturell-emanzipative Protest kam so nicht erst in den 60er und 70er Jahren, sondern bereits in der Frühromantik und in den künstlerisch-intellektuellen Zirkeln des Bohememilieus zum Tragen. Die Verbreitung alternativer Lebens- und Arbeitsformen war nur ein weiterer Höhepunkt in der bereits langen und facettenreichen Geschichte von Lebensreformbewegungen, von religiösen, frühsozialistischen, anarchistischen oder agrarromantischen Kommunegründungen und genossenschaftlichen Zusammenschlüssen im Produktions- und Konsumbereich (Conti 1984; Hardy 1979; Krabbe 1974; Linse 1983; Marsh 1982; Nash 1967; Renn 1985; Sieferle 1984). Die Ökologiebewegung besitzt ihre Vorläufer in den verschiedenen, im Verlauf des 19. Jahrhunderts sich verstärkenden Strängen des Tier-, Natur- und Denkmalschutzes, die um die Jahrhundertwende in eine erste breite Mobilisierungswelle der Naturschutzbewegung zusammenflossen (Fleming 1972; Gould 1987; Hays 1958; Linse 1986; Nicholson 1970; Sheail 1976; Sieferle 1984). Die Frauen- und die Friedensbewegung konstituierten sich um die Mitte des 19. Jahrhunderts und konnten seither auf mehrere Mobilisierungswellen zurückblicken (Banks 1981; Brock 1968, 1970, 1972; Chatfield 1972; Evans 1977; Nave-Herz 1982; Rendall 1984; Riesenberger 1985; Rowbotham 1980; Schenk 1981). Alle diese Bewegungen reagierten auf Widersprüche, blockierte Versprechungen, Entfremdungserfahrungen und spezifische Folgeprobleme des Modernisierungsprozesses. Sie wurden, wie ihre heutigen Nachfolger, überwiegend von Angehörigen der (damals) neuen Mittelschichten getragen, auch damals in unterschiedlichen, themenspezifischen Koalitionen mit besonders betroffenen, von Statusverlust bedrohten Teilen der alten Mittelschichten. Wie heute, so besaß auch früher das gebildete 'neue Kleinbürgertum' (Bourdieu 1982; Eder 1989) eine besonders hohe Sensibilität für 'humanistische' Themen und Fragen der Lebensweise.

Dieses periodische Auftreten bestimmter Typen sozialer Bewegungen und oppositioneller Diskurse, der beständige Wechsel von konservativen und reformistischen Phasen, von privatistischen Rückzugs- und gesellschaftlichen Aufbruchsstimmungen, von fortschrittsgläubigen und zivilisationskritischen Strömungen (Bürklin 1988; Hirschman 1982; Namenwirth/Weber 1987), verweist darauf, daß sich gesellschaftliche, politische und kulturelle Entwicklungen in der Moderne in einer spezifischen Koppelung von strukturellen und zyklischen Wandlungsprozessen vollziehen. Eine angemessene historisch-strukturelle Verortung der neuen sozialen Bewegungen erfordert somit nicht nur ihre Rückführung auf eine historisch neue Konstellation von *structural strains*. Sie setzt auch die Beantwortung der Frage voraus, warum die für diese Bewegungen – wie für ihre Vorläufer – typischen Kritikmuster und Utopien gerade zu dieser Zeit wieder aufleben – und damit 'alte', für die (industrielle) Moderne insgesamt typische Widersprüche, Spannungen und Problemlagen erneut – in neuer Form – politisieren.

4. Mobilisierungsphasen des humanistischen Mittelklassen-Radikalismus und die Karriere von 'Gesellschaftsmodellen'

Einen ersten Hinweis liefert der aus einer historisch vergleichenden Untersuchung der Mobilisierungsphasen des humanistischen 'middle class radicalism' im 19. und 20. Jahrhundert gewonnene empirische Befund, daß die Konjunkturen der einzelnen Bewegungen mit markanten Veränderungen des jeweils herrschenden politisch-kulturellen Klimas einhergehen (Brand 1989, 1990). Der jeweils herrschende 'Zeitgeist'[5] bietet, so die daraus abgeleitete *erste These*, einen sehr unterschiedlichen Resonanzboden, eine für themenspezifische Protestdiskurse und Mobilisierungsprozesse variierende 'kulturelle Chancenstruktur'. Bestimmte Grundkonstellationen des politisch-kulturellen Klimas kehren mit einer bestimmten Regelmäßigkeit in der Geschichte des 19. und 20. Jahrhundert wieder, als Pendelbewegung zwischen optimistischen Aufbruchs- und pessimistischen Krisenstimmungen, zwischen emphatischem Fortschrittsglauben und zivilisationskritischen 'Zurück-zur-Natur'-Strömungen, zwischen sozialer Reformbegeisterung und konservativen, auf Bestandssicherung gerichteten Stimmungslagen. Zyklisch variierende Gestalten des Zeitgeistes bieten somit, das wäre die *zweite These*, entsprechend zyklisch variierende kulturelle Mobilisierungschancen für soziale Bewegungen. Das historische Material zeigt allerdings auch, daß sich diese zyklischen Veränderungen der gesellschaftlich dominanten Stimmungslagen nicht unabhängig von strukturellen Entwicklungen vollziehen. Der herrschende Zeitgeist bündelt vielmehr in diffuser Weise die dominanten Erfahrungen der ökonomischen, politischen und sozialen Entwicklung einer bestimmten Zeitperiode. Sind die Konjunkturen des Zeitgeistes aber an strukturelle Entwicklungen gekoppelt, so müssen auch die ökonomischen, sozialen und politischen Entwicklungsprozesse zyklische Aspekte aufweisen. Das ermöglicht die Verknüpfung mit Bornschiers Konzept der diskontinuierlichen Entwicklung von 'Gesellschaftsmodellen' (Bornschier 1988). In einer konzeptionell leicht modifizierten Weise bietet dieses Konzept die Möglichkeit, zyklische und lineare Aspekte sowohl der kulturellen als auch der strukturellen Entwicklung, Konjunkturen des Zeitgeistes und sozioökonomische Trends in der Entwicklung moderner Industriegesellschaften miteinander zu verknüpfen.

'Gesellschaftsmodelle' werden von Bornschier als historische Typen politisch-ökonomischer Regulierung verstanden, die auf einem (vorübergehenden) gesellschaftlichen Konsens, auf einem impliziten Gesellschaftsvertrag zwischen den dominierenden Konfliktakteuren einer bestimmten Gesellschaftsformation fußen. Wenngleich ihre institutionelle Geltung – wie die jeder Institution – nicht zuletzt darauf beruht, daß die in diesem Ordnungsmodell geronnenen Machtbeziehungen ausgeblendet und symbolisch überformt werden (Rehberg 1994), bleibt ihre Geltung dennoch an bestimmte Modellvorstellungen gesellschaftlicher Ordnung gebunden, an der die Realität gemessen werden kann. Bornschier identifiziert in diesem Sinne als erstes gesellschaftliches Ordnungsmodell der industriellen Moderne das 'liberal-kapitalistische' Gesellschaftsmodell, das zwischen 1850 und 1880 von keiner Seite ernsthaft in Frage gestellt wurde. Die darauf folgenden Jahrzehnte waren Zeiten der Erosion dieses Modells und der Herausbildung eines 'organisierten Kapitalismus', in denen die sich verschärfende Klassenpolarisierung die zentrale, gesellschaftliche Herausforderung darstellte. Bornschier diskutiert dies als die Herausbildung eines eigenen, 'klassenpolarisierten Gesellschaftsmodells', was mir allerdings, aufgrund der fehlenden binnengesellschaftlichen Konsensbasis bzw. der nur extern, über die nationalstaatliche Konkurrenz vermittelten 'negativen Integration' (Wehler), nicht ganz überzeugend erscheint. Die Zeit zwischen dem 1. und 2. Weltkrieg war durch die Konkurrenz dreier um Hegemonie kämpfender Modelle, des reformkapitalistischen, des faschistischen und des sozialistischen bzw. sowjetkommunistischen Gesellschaftsmodells, geprägt. Nach dem 2. Weltkrieg ging aus diesen Ausscheidungskämpfen die bipolare Struktur des im Westen hegemonialen 'sozialstaatlich-keynesianischen Modells'[6] und des im Osten hegemonialen 'staats-bürokratischen Sozialismus' hervor. Beide Modelle gerieten seit den 70er Jahren in die Krise, die zum Zusammenbruch des Ostblocks führte, aber auch die Geltungsbedingungen des sozialstaatlich-keynesianischen Gesellschaftsmodells untergrub.

Politisch-ökonomische Regulierungsmodelle dieser Art durchlaufen verschiedene Phasen, eine Art Lebenszyklus: (1) die 'Phase der Durchsetzung und Entfaltung' eines neuen, konsensfähigen Modells gesellschaftlicher Problem- und Konfliktlösung; (2) die 'Phase der Sättigung und der Reform', die sich um die Schließung der sichtbar werdenden Kluft zwischen Anspruch und Wirklichkeit des jeweiligen Modells bemüht; (3) dann, in Verbindung mit dem Auftreten neuartiger system- bzw. modellspezifischer Folgeprobleme, die 'Phase der Erschöpfung und der Krise'; dem folgt (4) die 'Phase des Zerfalls' des alten und des 'Kampfs um die Restrukturierung' einer neuen hegemonialen Ordnung. Das ist eine sehr verkürzte, gleichsam popularisierte Version des von Bornschier entwickelten Konzepts der Karriere derartiger gesellschaftlicher Ordnungsmodelle. Diese Skizze genügt allerdings, um eine *dritte These* zu formulieren: Sie besagt, daß die einzelnen Entwicklungsphasen dieses politisch-ökonomischen Regulierungsmodells den variierenden Gestalten des Zeitgeistes ihr Gepräge geben. Die verschiedenen Phasen in der Karriere von Gesellschaftsmodellen bieten somit eine zyklisch variierende kulturelle Chancenstruktur für themenspezifische Mobilisierungsprozesse.

Die Entfaltungsphase bietet systemkritischem Protest und Verteilungskonflikten wenig Nahrung. Die neuen Techniken, der wirtschaftliche Aufschwung, die neuen politischen und ökonomischen Regulierungsformen entwickeln zunächst eine starke Faszination. Private Hoffnungen auf Aufstieg, Sicherheit und materielle Verbesserung lassen sich in unerwartetem Maße im Rahmen des neuen, expandierenden Gesellschaftsmodells realisieren. Die Situation ändert sich, wenn die Phase der Sättigung erreicht wird. Für die in der ersten Phase aufgewachsene Generation ist die materielle Verbesserung der Lebensverhältnisse und die Weitung sozialer Lebenschancen bereits selbstverständlich geworden; das erhöht die Sensibilität für Diskrepanzen zwischen den Versprechungen, den propagierten Idealen des Gesellschaftsmodells, und der Realität. Radikale, emanzipative Reformbewegungen finden in dieser Phase die höchste Resonanz. Sie werden von einem optimistischen Vertrauen in die Realisierbarkeit der eingeforderten Ideale getragen und haben in der Regel, unter responsiven politischen Bedingungen, auch entsprechende staatliche Reformbemühungen zur Folge. Im Rahmen des 'sozialstaatlich-keynesia-nischen' Modells entspricht dem die politisch-kulturelle Reformstimmung der späten 60er und frühen 70er Jahre, die die 68er-Bewegung und die Neue Linke, den gegenkulturellen und emanzipativen Aufbruch dieser Jahre, trägt. Die Bemühungen um grundlegende Reformen stoßen allerdings rasch an Grenzen, und zwar in einem doppelten Sinne. Einerseits reduziert die stagnierende wirtschaftliche Entwicklung die finanziellen Spielräume. Die Sicherung der nationalen, wirtschaftlichen Konkurrenzfähigkeit erlangt wieder oberste Priorität. Andererseits zeigt sich immer deutlicher, daß die Entfaltung dieses Gesellschaftsmodells neue systemische Folgeprobleme hervorbringt, die mit den etablierten institutionellen Problemlösungsmechanismen nicht mehr adäquat bewältigt werden können. Funktions- und Legitimationsdefizite des etablierten Regulierungsmodells wachsen. Untermalt von wirtschaftlichen Krisenerfahrungen, kippt der optimistische Fortschrittsglauben in pessimistische, zivilisationskritische Stimmungslagen um. Darin gedeihen Technik-, Wachstums- und Industrialismuskritik; Natur- und Umweltschutz-, Lebensreform- und 'Zurück-zur-Natur'-Bewegungen, ein buntes Spektrum alternativer Utopien, Strömungen und Projekte blühen auf. Soweit sich – wie im Fall der neuen sozialen Bewegungen – diese Strömungen und Bewegungen thematisch, personell und organisatorisch mit den Zirkeln, den Bewegungsorganisationen und oppositionellen Milieus der vorangegangenen Bewegungsphase überlappen und vermischen, haben auch sie eine überwiegend emanzipative, libertäre Stoßrichtung. Die Bewegungen der Reform- und der Sättigungsphase können sich aber auch stärker fragmentiert und mit unterschiedlichem ideologischem Profil entwickeln. Die fortschreitende Verschärfung der mit den alten Konzepten nicht bearbeitbaren Probleme läßt die sozial- und naturromantisch gefärbten, zivilisationskritischen Stimmungslagen dann aber bald in existentiellere Bedrohungsgefühle und Krisenstimmungen umschlagen; soziale Probleme treten in den Vordergrund. Die wachsende Ineffizienz des alten, etablierten Regulierungsmodells verschärft die Konkurrenzkämpfe um knapper werdende ökonomische, politische und kulturelle Ressourcen. Gefühle der Bedrohung, Verunsicherung und Desorientierung greifen um sich und bereiten den Boden für ausgrenzende, rassistische oder nationalistische Bewegungen sowie für aggressive, religiösfundamentalistische Strömungen. Unter Bezug auf die zentralen neuen Probleme formieren sich dann konkurrierende neue Regulierungsmodelle, deren Durchsetzung zumindest bisher, unter Bedingungen nationalstaatlicher Konkurrenz, immer mit einer Verschärfung ideologisch-kultureller Kämpfe einherging und letztendlich nur durch kriegerische Auseinandersetzungen entschieden wurde. Das aber muß unter den veränderten Bedingungen wirtschaftlicher und kultureller Globalisierung nicht mehr zwangsläufig so sein. Die Gefahren atomarer Selbstzerstörung, globaler ökologischer Gefährdungen wie unkalkulierbarer Risiken weltweiter Wirtschaftskrisen haben inzwischen zur Ausbildung verschiedenster internationaler Regime institutioneller Krisenprävention und Konfliktbearbeitung geführt. Ein neues hegemoniales Ordnungsmodell könnte sich so, gestützt auf ökonomische, militärische und kulturelle Macht, auch auf friedlichem Weg, wenn auch nicht ohne größere Konflikte, durchsetzen. Die gesellschaftliche 'Rolle', der historische Stellenwert der neuen sozialen Bewegungen muß nach diesem theoretischen Ansatz unter Bezug auf die Entwicklungsdynamik, die Problemlagen und Krisen des alten sowie mit Blick auf die Restrukturierung eines möglichen neuen Regulierungsmodells diskutiert werden (Hirsch/Roth 1986). Dazu nur einige Stichworte.

Was die emanzipative, egalitäre Stoßrichtung der 'neuen sozialen Bewegungen' betrifft, so treiben sie die Erosion der für das 'fordistische' Nachkriegsmodell zunächst noch konstitutiven Institutionen der bürgerlichen Gesellschaft – das Modell der bürgerlichen Kleinfamilie, die überkommenen Muster geschlechtsspezifischer Rollenteilung, die Maßstäbe 'bürgerlicher Anständigkeit', die strikten Trennung von Hoch- und Popularkultur, von Öffentlichkeit und Privatbereich – entschieden voran. Ihre zentralen soziokulturellen Effekte bestehen, rückblickend betrachtet, in der Beschleunigung gesellschaftlicher Enttraditionalisierungs-, Individualisierungs- und Pluralisierungsprozesse. Die starke Akzentuierung des Bedürfnisses nach Selbstverwirklichung bereitet darüber hinaus, paradoxerweise, auch einer umfassenden Kommerzialisierung von Lebensstilen – Stichwort 'Erlebnisgesellschaft' (Schulze 1992) – den Boden.

Ein weiterer, zentraler Effekt betrifft die Erosion und Neuformierung des politisch-ideologischen Gefüges der Nachkriegsgesellschaften sowie den Wandel des Politikverständnisses. Neue soziale Bewegungen wirken daran in doppelter Weise mit. Sie tragen zum einen durch die Politisierung von Fragen der Lebensweise, von Umweltfragen und Technikfolgen zur Herausbildung neuer Konfliktlinien und zum Bedeutungsverlust der herkömmlichen Links-Rechts-Achse bei. Durch die Entwicklung und Verbreitung neuer direkter Beteiligungs- und Aktionsformen untergraben sie zum anderen die exklusive Geltung des repräsentativen Politikmodells und verschaffen zivilgesellschaftlichen Modellen der Selbstorganisation eine breite öffentliche Akzeptanz.

Ein dritter Punkt betrifft die Wirkungen der neuen sozialen Bewegungen auf das Selbstverständnis und die Konsensbasis moderner Gesellschaften. Insbesondere der Ökologiebewegung ist es gelungen, die zwei zentralen Pfeiler des Grundkonsenses des westlichen Nachkriegsmodells nachhaltig zu erschüttern: den Glauben an den technisch-industriellen Fortschritt sowie an das wirtschaftliche Wachstum als Grundlage eines stetig steigenden individuellen Wohlstands und einer effizienten Lösung gesellschaftlicher Probleme. Die neuen sozialen Bewegungen bereiteten damit einer neuen 'reflexiven' Form der Selbstthematisierung moderner Gesellschaften als 'Risikogesellschaften' (Beck) den Boden, die mögliche Folgen und Selbstgefährdungspotentiale der technisch-industriellen Entwicklung zum Gegenstand systematischer Beobachtung und Intervention machen.

Ein letzter Punkt betrifft den Globalisierungsprozeß. Neue soziale Bewegungen sind keine Agenten der wirtschaftlichen, wohl aber der kulturellen Globalisierung. Die Entwicklung der Ökologie-, der Frauen-, der Friedens- und der Menschenrechtsbewegungen wurde seit den späten 60er Jahren wesentlich durch die weltweite Rezeption kritischer Expertise, durch programmatischen Austausch, durch die wechselseitige Übernahme von Organisations- und Aktionsmodellen sowie durch internationale Vernetzung vorangetrieben. Es sind die Aktivitäten dieses neuen weltumspannenden Netzes zivilgesellschaftlicher Akteure, die eine neue Internationale eines kritischen, sozial und ökologisch orientierten Gegendiskurses schufen. Die Mobilisierungsphase der neuen sozialen Bewegungen trieb so auf der einen Seite den Zerfall des Basiskonsenses wie der konstitutiven sozialen Vergemeinschaftungsformen des 'fordistischen' Nachkriegsmodells energisch voran. Sie bereitete auf der anderen Seite den Boden für ein neues, globales, zivilgesellschaftlich gestütztes, egalitäres Modell der 'reflexiven Moderne'. Ob sich dieses Modell über die Kreise des sozialen und kulturellen Sektors der neuen Mittelklassen hinaus verbreiten läßt und welche Durchsetzungsfähigkeit es gegenüber konkurrierenden Entwürfen eines neuen 'Gesellschaftsmodells' besitzt, läßt sich heute noch kaum beurteilen.

5. Resümee

Sozialwissenschaftliche Diskurse sind stärker, als uns gewöhnlich bewußt ist, durch Problemkonjunkturen und Aufmerksamkeitszyklen der öffentlichen Debatte geprägt. Das betrifft nicht nur die Themen, sondern auch die forschungsleitenden Paradigmen. So bündelte das Thema der 'neuen sozialen Bewegungen' bis Mitte der

80er Jahre ein gut Teil der engagierten sozial- und politikwissenschaftlichen Debatten um die Transformation der industriellen Moderne – ähnlich wie nach Tschernobyl das Konzept der 'Risikogesellschaft'. Es ist deshalb nicht verwunderlich, daß die den neuen Bewegungen meist nahestehenden sozialwissenschaftlichen Beobachter, aber auch ihre Kritiker, in starkem Maße vom epochalen Selbstverständnis, von den Kritikmustern und Gesellschaftsentwürfen dieser Bewegungen beeinflußt waren.

Die strukturellen Deutungen der 'neuen sozialen Bewegungen', die Anfang der 80er Jahre in der Bundesrepublik im Rahmen des NSB-Konzepts in Umlauf kamen, weisen so offenkundig eine ganze Reihe von Verkürzungen und unzulässigen Verallgemeinerungen auf. Erst nach dem Abflauen des Mobilisierungszyklus der neuen Bewegungen Mitte der 80er Jahre und mit der Rezeption der amerikanischen Bewegungsforschung wurde der Blick für die analytischen Stärken und Defizite dieses Konzepts frei (Klandermans et al. 1987). Es zeigte sich nun, daß der Idealtypus der 'neuen sozialen Bewegungen', wie er Anfang der 80er Jahre konstruiert wurde, nicht nur eine besondere nationale Protestkonstellation, sondern darüber hinaus nur eine spezifische Entwicklungsphase dieser Bewegungen fixiert hatte – die Phase ihrer höchsten Polarisierung. Der Abstraktionsgrad makrostruktureller Erklärungsversuche und die Heterogenität der unter dem Etikett der 'neuen sozialen Bewegungen' subsumierten empirischen Bewegungsphänomene begünstigten dabei eine relativ hohe Beliebigkeit ihrer gesellschaftstheoretischen Interpretation.

Der Gefahr einer kurzschlüssigen Verknüpfung von strukturellen Problemlagen und konkreten Erscheinungsformen läßt sich auf der Ebene struktureller Deutungen allein jedoch kaum begegnen. Historisch-strukturelle Erklärungsansätze weisen notgedrungen größere empirische Unschärfen auf als Ansätze, die auf die Erklärung konkreter Erscheinungs- und Verlaufsformen sozialer Bewegungen zielen. Sie sind darüber hinaus immer abhängig vom gewählten gesellschaftstheoretischen Blickwinkel. Die Deutung moderner, hochindustrialisierter Gesellschaften als 'Informationsgesellschaft' weist so den neuen sozialen Bewegungen einen anderen Stellenwert zu als ihre Deutung als 'Risikogesellschaft'. 'Postmodernistische' Deutungen rücken sie in ein anderes Licht als die politökonomische Perspektive des 'Weltsystem'-Ansatzes. Vorschnelle Generalisierungen einzelner empirischer Befunde lassen sich so nur durch die kritische Reflexion auf die implizierten gesellschaftstheoretischen Konzeptionen und durch komparative Studien korrigieren. Darüber hinaus legt es der hier skizzierte Ansatz nahe, neben strukturell-evolutionären auch zyklische Prozesse des historischen Wandels bei der Erklärung sozialer Bewegungen systematisch zu berücksichtigen. Mehr als nur empirisch gesättigte Plausibilität läßt sich für strukturelle Erklärungen sozialer Bewegungen dennoch kaum erreichen. Strukturelle Deutungen der Entstehungsbedingungen, der sozialen Träger und der Rolle eines bestimmten Typus sozialer Bewegungen im gesellschaftlichen Transformationsprozeß bleiben so immer auf komplementäre Ansätze angewiesen, die die Variation der konkreten Erscheinungs- und Verlaufsformen sozialer Bewegungen erklären können.

Roland Roth

'Patch-Work'
Kollektive Identitäten neuer sozialer Bewegungen

1. Einleitung

Identitätsorientierung und neue soziale Bewegungen werden besonders in der Wahrnehmung der dominierenden US-Bewegungsforschung häufig gleichgesetzt. 'Identität' steht dabei für die 'alteuropäisch' anmutende Suche nach dem 'Wesen' zeitgenössischer Bewegungen, die sich von gesellschaftlichen Großtheorien und epochalen Zeitdiagnosen leiten läßt. Noch zu Beginn der 90er Jahre erntete, wer den Begriff 'kollektive Identität' im Munde führte, in einer pragmatisch gestimmten US-Protest- und Bewegungsforschung meist verständnisloses Kopfschütteln. Die Situation hat sich inzwischen verändert. Vor allem im Gefolge des *Framing*-Ansatzes hat der Identitätsbegriff Einzug in die internationale Debatte gehalten – allerdings verbunden mit den unterschiedlichsten Vorstellungen und zumeist völlig abgelöst von den Ambitionen und Konzepten, die einmal von den Vorreitern der westeuropäischen Bewegungsforschung damit verknüpft wurden. Diese Differenz wird deutlich, wenn wir auf den vergleichenden Beitrag von Jean L. Cohen mit dem Titel 'Strategy or Identity' (1985) zurückgreifen, der für die Gleichsetzung des Identitätsansatzes mit dem Konzept neue soziale Bewegungen zentral wurde. Die Titel-Alternative, mit der die Differenz zwischen US-amerikanischen und westeuropäischen Ansätzen in der Bewegungsforschung – vor allem dem Ressourcenmobilisierungsansatz – markiert wurde, beruhte nicht auf einer Zusammenfassung von empirischen Kenntnissen, die zu diesem Zeitpunkt über die jeweiligen Bewegungen vorlagen, sondern auf einem 'hermeneutischen Ansatz'. Untersuchungsgegenstand waren „theories for and within movements" (Cohen 1985: 666), die als mehr oder weniger authentischer Ausdruck des Selbstverständnisses dieser Bewegungen betrachtet wurden. Indem Cohen für die Konstruktion des 'identitätsorientierten Paradigmas' vor allem auf theoretische Arbeiten von Alain Touraine und Jürgen Haber-mas zurückgriff, führte sie noch einmal selbst vor, wie groß die Distanz zur empirisch orientierten US-Bewegungsforschung zu diesem Zeitpunkt war.

Trotz vieler Annäherungen, die z.B. in dem richtungsweisenden Sammelband von Morris und Mueller (1992) dokumentiert sind, fällt das spezifische Gewicht, das personalen wie kollektiven Identitäten in verschiedenen Bewegungsforschungskonzepten beigemessen wird, sehr unterschiedlich aus. Dem politischen Prozeß-Ansatz ist dieses Thema allenfalls eine distanzierende Fußnote wert (Tarrow 1994: 219).

Ähnliches gilt für die international vergleichende Forschung, die sich vor allem auf Protestereignisse, politische Chancenstrukturen, Mobilisierungszyklen, Bewegungsorganisationen und Framing-Prozesse konzentriert (Rucht 1994; Kriesi et al. 1995; McAdam/McCarthy/Zald 1996). Wenn nachfolgend der Versuch unternommen wird, die disparaten Konzepte und Ergebnisse zu den 'kollektiven Identitäten' neuer sozialer Bewegungen zusammenzutragen, dann geschieht dies mit Vorbehalten gegenüber einer Engführung beider Konzepte. Von kollektiver Identität läßt sich im Kontext neuer sozialer Bewegungen zum einen nur im dezidierten Plural sprechen – und zwar nicht nur auf der Ebene der Einzelbewegungen, sondern auch auf der Ebene von spezifischen Orten, Gruppen, Projekten und Mobilisierungen. Zum anderen ist keineswegs ausgemacht, daß die Verteidigung bzw. Entfaltung kollektiver Identitäten nicht nur eine notwendige Voraussetzung, sondern auch das zentrale Ziel der Akteure dieser Bewegungen darstellt, wie dies im 'identitätsorientierten Paradigma' unterstellt wird.

2. Grundannahmen des *Collective Identity*-Ansatzes

Das Thema 'kollektive Identität' ist nicht mit den 'neuen sozialen Bewegungen' erfunden worden, sondern reicht historisch weit zurück und markiert einen Kernbestand klassischer Bewegungsforschung. Jenseits der Binsenweisheit, daß bisher jede Form von Herrschaft und Unterdrückung (irgendwann einmal) auch Protest ausgelöst hat, beschäftigt sich dieser Ansatz mit der Frage, wie die sozialen Voraussetzungen dieser Form des kollektiven Handelns aussehen, vor allem dann, wenn es nicht bei einmaligem Protest bleibt und soziale Bewegungen entstehen. Es geht um den 'Kitt', der gemeinsames oppositionelles Handeln ermöglicht und für eine Weile auf Dauer stellt.[1] Diese Frage ist keineswegs trivial. Es gibt notorisch einen Überschuß an Herrschaft und Ungleichheit, der nicht zu Protest führt, denn eine wesentliche Voraussetzung von Herrschaft besteht darin, gemeinsames oppositionelles Handeln zu untergraben – z.B. durch Vereinzelung, Überwachung, Repression oder Kooptation. Daß dabei der 'Kitt' sozialer Bewegungen keine Substanz ist, sondern stets im gemeinsamen Handeln entwickelt und bekräftigt werden muß, gehört zu den Selbstverständlichkeiten des Nachdenkens über soziale Bewegungen.[2] Kontrovers ist jedoch, auf welcher Ebene solche gemeinsamen Handlungsgrundlagen entstehen und bewahrt werden können. Habitus, Erfahrungen, Lernprozesse, Bewußtsein, Interessen, Konflikt, Kampf, Kultur, Solidarität, Organisation, askriptive Merkmale (wie Geschlecht und Rasse), expressive Aktionen, Symbole, Rituale, Wertmuster, emotionale Bindungen, Orte, Milieus und Gemeinschaften gehören zum breiten Angebot an Kristallisationskernen für die Ausbildung von kollektiven Identitäten.

Bereits für die Analyse der Arbeiterbewegungen des 19. und 20. Jahrhunderts wurden Konzepte wie Klasse 'an sich'/Klasse 'für sich', Klassenbewußtsein, Konstitutions- und Lernprozesse, Politik der 'Lager' oder 'proletarische bzw. Produktionsöffentlichkeiten' entwickelt (Thompson 1962; Vester 1970; Negt/Kluge 1980), um die Kluft zwischen weitgehend vorgegebenen Strukturen (im Sinne gemeinsamer Lagen, Betroffenheiten, Zumutungen und Herrschaftserfahrungen) und selbstbestimmtem Handeln (Konflikte, Organisationspraxen, alltägliche Solidaritäten, Bildungsprozesse) zu überbrücken. Auf der Suche nach kollektiven Identitäten sind zwei Traditionen für die Analyse sozialer Bewegungen besonders einflußreich geworden. Zum einen ist dies eine kulturorientierte Tradition, die die Fähigkeit zum kollektiven Protest wesentlich in alltäglichen Praxisformen (Alternativ- und Solidaritätskulturen, Gemeinschaften, aber auch Symbole, Riten, Kleidung, Habitus) begründet sieht, die dann durch Kampf- und Protestformen gefestigt werden können. Erst der Blick auf die im Alltag wirksamen Kooperationsformen, Feste, Vergemeinschaftungen und Vergesellschaftungen, auf Lebensweisen und 'cultures of solidarity' (Fantasia 1988) bzw. negativ auf Ab- und Ausgrenzungen, Konkurrenzen, Vereinzelungen, Herrschaftspraktiken (Lucas 1983) klärt über die Möglichkeiten und Grenzen widerständigen kollektiven Handelns auf. In einschlägigen alltags- und kulturgeschichtlichen Untersuchungen wird kollektive Identität als prekäres und instabiles Produkt sichtbar, das auf einem herrschaftlich durchdrungenen, umkämpften Terrain immer erneut errungen werden muß.[3]

Für die andere, die sozialpsychologische Tradition stellt nicht die 'material culture' alltäglicher Lebensweisen den 'Stoff' dar, aus dem kollektive Identitäten geformt werden, sondern wesentlich sind für sie die außeralltäglichen emotionalen und psychischen Bindungen, die in Bewegungen investiert werden. Kollektive Identität beruht danach wesentlich auf Identifikationen entlang gemeinsamer 'Objekte'. Gemessen am bürgerlich-individualistischen 'Herr-im-Haus'-Ideal wurde kollektives Handeln in Form von sozialen Bewegungen wesentlich als irrationale Verlustgeschichte individueller Autonomie thematisiert. Die traditionelle Frage 'Was bringt Individuen dazu, sich in eine Menschenmenge einzureihen?' beschäftigte nicht nur Le Bon, auf den Sigmund Freud mit seiner 'Massenpsychologie und Ich-Analyse' (1923) reagierte.[4] Sozialpsychologische Beiträge zur Bewegungsforschung erfreuen sich in jüngerer Zeit wieder größeren Interesses, seit sie ihre klassische 'Angst vor den Massen' überwunden und ihre negativ geprägte Voreingenommenheit gegenüber Bewegungsaktivisten und -aktionen aufgegeben haben. Bewegungsakteure sind – aus heutiger Sicht – weder besonders Ich-schwach, noch sind kollektive Aktionen per se irrational. Sie verlangen in der Regel keine sozialpathologische Selbstaufgabe unter eine charismatische Führung und sind nicht Ergebnis einer Verführung (Hunt/Benford 1994: 489). Bewegungsengagement erscheint stattdessen als eine individuelle Option 'normaler' Leute. Zentral für diese Wahl ist der Wechsel von der individuellen zur kollektiven Selbst-Interpretation, wobei die unterschiedlichsten Selbst-Aspekte Ausgangspunkt für solche kollektiven Deutungen sein können, die dann (für eine Zeit) das Selbst-Bild der engagierten Personen prägen.

Ohne auf die Kontroversen und Fallstricke in den vielfältigen Debatten über personale und kollektive Identitäten und ihre Verknüpfungen einzugehen[5], scheint es mir im Kontext neuer sozialer Bewegungen sinnvoll, an breit rezipierte Definitionsangebote von Alberto Melucci anzuknüpfen, der zudem kulturalistische und sozialpsychologische Perspektiven verbindet. Melucci versteht kollektive Identität als „interactive and shared definition produced by several interacting individuals who are concerned with the orientation of their action as well as the field of opportunities and constraints in which their action takes place" (1989: 34f.). Dabei unterscheidet er drei Dimensionen:

(1) *Einen Prozeß der kognitiven Definition von Zielen, Mitteln und Handlungsfeldern.* Dies erfordert eine gemeinsame Sprache, schließt Rituale und andere kulturelle Praktiken ein, die eine Abwägung von Zielen und Mitteln, von Engagement und Erfolg ermöglichen. Melucci betont, daß die kognitive Ebene kollektiver Identität keinen einheitlichen, kohärenten Interpretationsrahmen voraussetzt, sondern unterschiedliche, manchmal widersprüchliche Definitionen umfassen kann.

(2) *Ein Netzwerk aktiver Beziehungen.* Die Akteure kommunizieren und beeinflussen einander; sie agieren, verhandeln und entscheiden. Die dabei gewählten Organisationsformen und Entscheidungsmodi, Kommunikationswege und -technologien prägen nachhaltig ihre kollektive Identität.

(3) *Emotionale Bindungen.* Ohne ein gewisses Maß an Zugehörigkeitsgefühl kommt kein kollektiver Akteur aus. Dies gilt besonders für die weniger institutionalisierten sozialen Handlungsformen, wie z.B. soziale Bewegungen. Ohne Leidenschaften und heftige Gefühle, wie Empörung, Liebe und Haß, Zuversicht und Angst, können Menschen nicht in Bewegung kommen (Melucci 1996: 70f.).

Erst dieses Zusammenspiel von Kognition, Interaktion und Emotion konstituiert kollektive Identität. Ihr Prozeßcharakter schließt beides ein: Veränderung und Strukturierung. Analytisch lassen sich kollektive Identitäten auf der Ebene von Bewegungen, Organisationen und Solidargruppen unterscheiden, die sich in der Realität durchaus überschneiden können, aber nicht müssen (Gamson 1992: 84).[6]

Worin liegen die Besonderheiten der kollektiven Identitäten sozialer Bewegungen als einer spezifischen Form kollektiven Handelns? Die einfachste Differenz ergibt sich aus dem oppositionellen Charakter sozialer Bewegungen, gleichgültig, ob er in der Suche nach alternativen Vergesellschaftungsformen und Lebensweisen oder in unmittelbar politischem Protest zum Ausdruck kommt. Kollektive Identitäten sozialer Bewegungen sind Identitäten in Opposition.[7] Im öffentlichen Raum ausgetragen, entwickelt sich Bewegungsidentität im Konflikt mit Gegnern und mit Blick auf ein Publikum, um dessen Sympathie und Unterstützung gerungen wird.[8] Die Konsequenzen dieser Grundkonstellation für die Ausbildung und Bewahrung von Bewegungsidentitäten sind ambivalent. Gegnerschaften können die eigene Identität profilieren helfen und besondere emotionale Energien für gemeinsames Handeln freisetzen – etwa im Sinne eines 'status nascendi' (Alberoni 1984). Gleichzeitig bedeuten Gegnerschaften auch Abhängigkeit vom Gegner. So können die hervorgerufenen Emotionen zur Quelle von Enttäuschung und Rückzug (Hirschman

1982) werden, destruktive Ausdrucksformen annehmen oder schlicht erkalten. Ihre oppositionelle Fixierung macht die kollektive Identität sozialer Bewegungen fragil und in hohem Maße umweltabhängig, d.h. abhängig vom Verhalten des Gegners, des Publikums und anderen externen Gelegenheitsstrukturen (Rucht 1995: 11).

An der Suche nach der besonderen kollektiven Identität neuer sozialer Bewegungen haben sich viele beteiligt und nahezu ebenso zahlreiche Vorschläge gemacht. Bevor drei prominente Ansätze und solidere Ergebnisse dargestellt werden, sei an einige Probleme erinnert, für die der Sammelname 'Neue soziale Bewegungen' steht:

1. Mit dem Begriff 'Neue soziale Bewegungen' war von Anbeginn eine doppelte Unschärfe zugestanden, die für die Suche nach der kollektiven Identität dieser Bewegung(en) besondere Schwierigkeiten erwarten ließ. Zunächst der – weitgehend unstrittige – Plural. Ist auf der Ebene eines solchen Ensembles überhaupt so etwas wie eine gemeinsame kollektive Identität zu erwarten? Haben wir es eher mit locker verknüpften Einzelbewegungen mit unterschiedlichen Identitäten oder mit Teilbewegungen mit einem gemeinsamen Identitätskern zu tun?

2. Was für den Plural gesagt wurde, gilt auch für das Wörtchen 'neu'. Es lebt vom zeitlichen Gegensatz zu 'alt', ohne das Neue selbst bereits inhaltlich benennen zu können. Der Unterschied zu früheren Bewegungen (z.B. zur Arbeiterbewegung) schien immer deutlicher auszufallen, als der Versuch, aus dieser Differenz positive Gemeinsamkeiten zu formulieren. Die hartnäckige Verwendung des Begriffs 'Neue soziale Bewegungen' seit nunmehr zwei Jahrzehnten ist auch ein Bekenntnis zu der Verlegenheit, für das Neue keine einheitliche Substanz ermittelt zu haben. An Angeboten hat es nicht gemangelt ('antitechnokratisch', 'neoromantisch', 'links-libertär', 'zivilisationskritisch', 'kleinbürgerlich', 'neopopulistisch', 'zivilgesellschaftlich' etc.), aber sie konnten letztlich nicht überzeugen.

3. Die Suche nach der kollektiven Identität neuer sozialer Bewegungen wird schließlich dadurch enorm kompliziert, daß nach Ansicht vieler BeobachterInnen personale Identitäten eines der zentralen Themen dieser Bewegungen sind.[9] Die Suche nach bzw. die Verteidigung von personaler Identität, Selbstverwirklichung gilt vielen als ein Leitwert der neuen sozialen Bewegungen (Raschke 1985: 424; Brandt/Büsser/Rucht 1986: 279; Eder 1993: 174f.; Melucci 1996a: 32f.). Für die Frage nach der kollektiven Identität neuer sozialer Bewegungen ergibt sich aus dieser ambivalenten Verstrickung mit personaler 'Identitätsarbeit' ein hohes Maß an Varianz und Unbestimmtheit. Das Ausmaß, in dem Bewegungsengagement zur Bearbeitung personaler Identitätssuche genutzt wird, und umgekehrt das Gewicht, das der Bewegungszugehörigkeit, d.h. dem 'Wir-Gefühl' als Element personaler Identität zukommt, dürfte von Person zu Person, mit wechselnden Lebensphasen, Betroffenheiten und Bewegungsthemen, außerordentlich variieren. In ihrer Beschreibung des Engagements von Frauen in Gruppen der neuen Frauenbewegung hat Marie-Claire Boons dies zu der Formulierung gebracht: „Die subjektive Einforderung funktionierte in diesen Gruppen nach Belieben: die einen gaben ihr Bestes, die anderen wiederum herzlich wenig" (Boons 1987: 53). Diese Verschränkung von personaler

und kollektiver Identitätsarbeit macht neue soziale Bewegungen einerseits durchaus attraktiv, andererseits wird dadurch aber ihre kollektive Identität zu einem schwankenden, stets veränderlichen Terrain. Endpunkt kann die paradoxe Vision einer Bewegung in der ersten Person Einzahl sein (Zwacka et al. 1991).

4. Bei der Frage, worauf sich kollektive Identitäten neuer sozialer Bewegungen stützen könnten, scheiden 'primordiale', 'konventionelle' und 'kulturelle' Formen der Gemeinschaftsbildung weitgehend aus.[10] Die Herausforderung kultureller Konventionen gehört zum Selbstverständnis neuer sozialer Bewegungen. Primordiale und kulturelle Identitäten, die auf der aggressiven Abgrenzung gegenüber ethnisch oder kulturell definierten Anderen bzw. Fremden beruhen, sind bevorzugte Objekte ihrer Kritik. Selbst wenn eigene dauerhafte Gemeinschaftsbildungen gelingen, sind sie zumindest dem Anspruch nach auf (multi)kulturelle Offenheit eingestimmt. Ist es den neuen sozialen Bewegungen gelungen, eine 'zivile' kollektive Identität (Schmidtke 1995: 27) auszubilden, die auf lebensweltlichen Gewohnheiten, praktizierten Lebensformen und Bewegungsengagement als Ausdruck von Zugehörigkeit beruht, ohne den damit abgesteckten sozialen Raum thematisch und sozial zu weit einzugrenzen? Bieten neue soziale Bewegungen tatsächlich jene, gelegentlich als Ideal avisierte kollektive Identität an, die darauf eingestimmt ist, multiple und veränderliche Identitäten lebbar zu machen?

3. Stärken und Grenzen in der Anwendung

3.1 Gesellschaftstheoretisch orientierte Untersuchungsprogramme

In den bislang vorliegenden Gesamtdarstellungen zu den neuen sozialen Bewegungen in der Bundesrepublik spielt das Konzept 'kollektive Identität' keine analytisch tragende Rolle[11]; als Thema ist es jedoch durchaus präsent:
- Als Frage nach gemeinsamen Merkmalen im Sinne des: 'Was ist neu an den neuen sozialen Bewegungen?' (Brand/Büsser/Rucht 1986). Die Debatte darüber, ob es solche gibt oder nicht, und worin sie im einzelnen bestehen, hat die bundesdeutsche Bewegungswissenschaft lange beschäftigt.[12]
- Als Frage nach der Bewegungsgeschichte im Sinne von Protest- und Lernzyklen (Rolke 1987). Auch hier gab es zahlreiche Kontroversen, nicht nur über zeitliche Abgrenzungen (Anfänge), sondern auch über Phasenbestimmungen (Plural als Ausdruck einer frühen Konstituierungsphase), Zugehörigkeiten von Einzelbewegungen (besonders der neuen Frauenbewegung), und immer wieder Annahmen über das Altern bzw. das definitive Ende einzelner oder aller neuen sozialen Bewegungen.

Kollektive Identitäten neuer sozialer Bewegungen 57

• Als Hinweis, daß die Suche nach personalen und kollektiven Identitäten ein wichtiges Sub- oder Hintergrundthema neuer sozialer Bewegungen darstellt (Nelles 1984; Evers 1985).

Die sozialwissenschaftliche Bewegungsforschung hat sich kaum auf ausgeprägte kollektive Identitäten gestützt bzw. stützen können und sie im Detail untersucht, sondern sie im wesentlichen selbst konstruiert. 'Neue soziale Bewegungen' können nicht im Sinne einer möglichen Zugehörigkeit abgefragt werden, d.h. es gibt kein entsprechendes Wir-Gefühl, sondern sie sind in erster Linie ein sozialwissenschaftliches Konzept, das schließlich mehr oder weniger stark in das Selbstverständnis der Bewegungsakteure eingesickert ist. Das Konzept ist jedoch nicht etwa Ausdruck spezifisch deutscher Identitätssuche. Entscheidende Anstöße kamen aus der internationalen Debatte – vor allem von Alain Touraine und Alberto Melucci mit ihren Forschungsteams und jüngst von Manuel Castells. Trotz einer Fülle von theoretischen und empirischen Arbeiten gibt es bislang in der Bundesrepublik keine breiter angelegte, gehaltvolle Studie, die das Konzept 'kollektive Identität' für neue soziale Bewegungen operationalisiert und empirisch überprüft hätte. Paradigmatisch wurden stattdessen die umfangreichen Untersuchungen von Forschungsgruppen um Touraine und Melucci.

Alain Touraine und seine MitarbeiterInnen haben seit 1968 eine Fülle von Studien zu einzelnen Bewegungen vorgelegt. Ansätze des späteren Forschungsprogramms sind bereits in der Studie zum Pariser Mai (Touraine 1968) und der Zeitdiagnose zur postindustriellen Gesellschaft (Touraine 1972) enthalten. Der Analyserahmen, der Touraine als Bewegungsforscher berühmt gemacht hat, wurde in den 70er Jahre ausgearbeitet (Touraine 1973, 1978). Es folgte eine Fülle von Fallstudien zu einzelnen Bewegungen, die teils der Überprüfung des analytischen Konzepts und der Untersuchungsmethode dienten, teils tagespolitisch motiviert waren – zur französischen Studentenbewegung in der zweiten Hälfte der 70er Jahre (Touraine 1978), zur Anti-AKW-Bewegung in Frankreich (Touraine et al. 1980), zur regionalistischen Bewegung in Okzitanien (Touraine et al. 1981), zur 'Solidarnosc' in Polen (Touraine et al. 1982), zur französischen Arbeiterbewegung (Touraine et al. 1984) bis zur Streikbewegung in Frankreich vom Winter 1995/96 (Touraine et al. 1996). Bereits 1984 zog Touraine unter dem hoffnungsvoll klingenden Titel 'Die Rückkehr des Akteurs' (Touraine 1984) eine erste, durchaus skeptische Zwischenbilanz der Forschungen seines Instituts zu sozialen Bewegungen in Frankreich. Seither finden sich in den meisten seiner zeitdiagnostischen Arbeiten längere Einlassungen zum Beitrag gegenwärtiger sozialer Bewegungen, so in jüngster Zeit zur Kritik der Moderne (Touraine 1992), zur Demokratie (Touraine 1994) und zur multikulturellen Gesellschaft (Touraine 1997). Die intensivste und stilbildende Forschungsphase der Gruppe um Touraine reichte dabei vom Ende der 70er bis zum Anfang der 80er Jahre, als soziale Bewegungen als Schlüssel zum Verständnis der Gegenwartsgesellschaft und ihrer Entwicklungstendenzen angesehen und deshalb ins Zentrum der Untersuchung gerückt wurden. Nach 1984 sind soziale Bewegungen in Touraines Arbeiten eher an den Rand des Interesses gerückt, ohne daß ihre mögliche Zentralität im Übergang zu und bei der Gestaltung einer anderen Gesellschaft konzeptionell zurückgenommen wurde.

Einem solch umfang- und facettenreichen Theorie- und Forschungsprogramm kann hier keine angemessene Würdigung zuteil werden, zumal die deutsche Rezeption – besonders der Arbeiten zu sozialen Bewegungen – eher spärlich geblieben ist.[13] Ausgangspunkt ist eine 1969 erstmals vorgestellte Zeitdiagnose, die davon ausgeht, daß wir uns in den avancierten Gesellschaften des Westens in einer Phase des Übergangs (Touraine benutzt hierfür gerne den Begriff 'Mutation') von der industriellen zur postindustriellen Gesellschaft befinden (Touraine 1972). Um sich von anderen Konzepten der Postindustrialismus-These – etwa der prominenten Version von Daniel Bell – abzuheben, hat Touraine schließlich den Begriff der 'programmierten Gesellschaft' ins Spiel gebracht. In ihm hat er viele Aspekte der in den 60er Jahren protestierend vorgebrachten Gesellschaftskritik aufgenommen und konzeptionell verdichtet. Die Ökonomie, so die zentrale Überlegung, hat aufgehört, eine von der Gesellschaft separierte Sphäre zu sein. „Alle Bereiche des sozialen Lebens, der Erziehung, des Konsums, der Information fallen mehr und mehr unter das, was man früher die Produktivkräfte nennen konnte" (Touraine 1972: 10). Askriptive und traditionelle Strukturen verschwinden, tendenziell werden alle Lebensbereiche gestaltbar. Der Kampf um die Ziele und Strukturen der programmierten Gesellschaft hat eingesetzt, wobei die zentralen Herrschaftspositionen bislang von einer technokratischen Elite besetzt sind. „Der technokratische Staat zerstört das Netz sozialer Beziehungen und fördert das Leben in der Vereinzelung, das auf Konsum und durch das Fehlen einer von Sozialbeziehungen gekennzeichneten Intimität beschränkt ist" (Touraine et al. 1978: 12). Neue soziale Bewegungen sind der potentielle Gegenspieler, der auf eine selbstbestimmte Gestaltung tendenziell aller Lebensbereiche drängt. So wie die Arbeiterbewegung die zentrale Konflikt-achse der Industriegesellschaft geprägt hat, kämpfen neue soziale Bewegungen gegen die Technokratie und für die erweiterten gesellschaftlichen Gestaltungsmöglichkeiten der programmierten Gesellschaft.

Touraines Mutationsthese ist zentral für sein Konzept der kollektiven Identität neuer sozialer Bewegungen. Gegenwärtige Proteste sind, so Touraines Arbeitshypothese, in der Regel eine Gemengelage unterschiedlichster Akteure, die sich in unterschiedlicher Nähe zum Zentralkonflikt der programmierten Gesellschaft befinden. Touraine identifiziert auf dem Wege zu diesem neuen Ufer sechs Etappen:
1. Den Niedergang und die Institutionalisierung der alten sozialen Bewegungen, besonders der Arbeiterbewegung;
2. die kulturelle Krise, d.h. der Zerfall der Kultur der Industriegesellschaft, der als Zivilisationskrise erscheint;
3. die große Weigerung, die sich durch große Selbstbezogenheit der Protestgruppen und diffuse Zukunftsvisionen auszeichnet;
4. die Kritik des Staates, vor allem dessen repressiver Praktiken, verbunden mit der ambivalenten Forderung nach weniger Staat;

5. der Rückzug in kommunitäre Projekte, geprägt von Autonomiewünschen und der Identitätssuche in Kleingruppen;
6. populistische Mobilisierungen, denen es um die Verteidigung traditioneller und kultureller Identitäten geht (Touraine 1978: 20ff.).

Neue soziale Bewegungen bilden als 'anti-technokratische Kämpfe' die letzte Etappe dieses Übergangs. Sie sind es nur dann und in dem Umfang ('Identität'), wie sie ihre Konflikte auf dem Terrain der programmierten Gesellschaft verorten ('Totalität') und die Technokratie als Gegner identifizieren ('Opposition'). Neue soziale Bewegungen sind bei Touraine, im Unterschied zum mainstream der deutschen Bewegungsforschung[14], ein zeitdiagnostisch und gesellschaftstheoretisch begründetes analytisches Konzept und kein Versuch, gemeinsame Merkmale bereits existierender Protestbewegungen zu synthetisieren. Die einzig mögliche kollektive Identität neuer sozialer Bewegungen ist also konzeptionell vorgegeben. Das Untersuchungsprogramm der Forschungsgruppe um Touraine diente zunächst dazu, herauszufinden, ob und in welchem Umfang in verschiedenen Protesten Akteure beteiligt sind, die sich durch die kollektive Identität neuer sozialer Bewegungen auszeichnen. Gleichzeitig war das Programm als 'soziologische Intervention', d.h. als Aktionsforschung angelegt, die darauf zielte, die Bewegungsakteure in der Auseinandersetzung mit ihren Gegnern und der interpretativen Unterstützung der ForscherInnen durch 'Konversion' auf das höchste Niveau ihrer gesellschaftlichen Gestaltungsmöglichkeiten ('Historizität') zu bringen, d.h. sich selbst als neue soziale Bewegungen zu sehen.

Touraines Suche nach den neuen sozialen Bewegungen verlief Ende der 70er und Anfang der 80er Jahre weitgehend negativ. In den Diskussionsrunden mit Bewegungsakteuren wurden zwar viele Identitäten sichtbar, aber Anzeichen für Identitäten in Richtung neue soziale Bewegungen – wie bei einer Pariser Gruppe im Anti-AKW-Konflikt (Touraine et al. 1980) – waren nur selten zu entdecken. Bereits 1984 zieht Touraine eine überwiegend negative Bilanz. Von der 'Rückkehr des Akteurs' (Touraine 1984) war besondrs im Frankreich Mitterands wenig zu spüren. Der Weg zur 'programmierten Gesellschaft' scheint ebenso verbaut wie die Herausbildung entsprechender kollektiver Identitäten; statt dessen dominieren gesellschaftliche Regression und Chaos. Diese Zeitdiagnose führte Touraine jedoch nicht zur Aufgabe seiner Grundannahmen, sondern lediglich zur Relativierung der in den 70er Jahren noch verbreiteten 'Gewißheit der Mutation'. Das Programm der 'permanenten Soziologie', d.h. eines kontinuierlichen Interventionsprozesses in existierende soziale Bewegungen, hat seine Forschungsgruppe nicht fortgeführt. In ihrer Studie über die französische Streikbewegung des Dezember 1995 hat sie deutlich gemacht, daß sie an ihrem normativ-analytischen Rahmen – trotz weitgehend fehlender neuer sozialer Bewegungen – festhält, indem sie diesen in der französischen Gesellschaft heftig diskutierten Protesten lediglich die eher rückwärtsgewandte Stufe drei in ihrer Bewegungsskala ('Große Weigerung') zubilligte (Touraine et al. 1996).

Für die Frage nach der kollektiven Identität neuer sozialer Bewegungen haben 'soziologische Intervention' und 'permanente Soziologie', vermutlich das international umfassendste Forschungsprogramm zu sozialen Bewegungen überhaupt[15], vorwiegend negative Ergebnisse erbracht. Die neuen sozialen Bewegungen, die die Gruppe suchte, hat sie zumeist nicht vorgefunden. Selbst, wo sie Elemente ihrer kollektiven Identität zu identifizieren glaubte, müssen methodische Zweifel angemeldet werden. Die Untersuchungsarbeit mit künstlichen Gruppen erlaubt nur bedingt Rückschlüsse auf die kollektive Identität von existierenden Bewegungsgruppen. Durch die separate Untersuchung von Einzelbewegungen war die Chance, das Gemeinsame dieser Bewegungen zu identifizieren, von vornherein analytisch begrenzt. Eindrucksvoll ist die Fülle an empirischen Untersuchungsergebnissen aber in anderer Hinsicht. Die Zusammenarbeit mit GruppenteilnehmerInnen aus den verschiedenen Protestmobilisierungen hat deutlich gemacht, wie heterogen die im Spannungsfeld von Identität-Opposition-Totalität erforschten Orientierungen derjenigen sind, die sich in gegenwärtigen Sozialbewegungen zusammenfinden. Daß sie auf der Ebene von Einzelbewegungen oder gar darüber hinaus eine gemeinsame kollektive Identität entfalten können, erscheint jenseits situativer Gemeinsamkeiten jedoch reichlich unwahrscheinlich.[16]

Alberto Melucci knüpft kritisch an Touraines Konzept neuer sozialer Bewegungen an und entwickelt es mit neuen Akzenten weiter. Die Nähe zwischen beiden Autoren ist in Meluccis programmatischem Aufsatz 'The new social movements: a theoretical approach' (1980), der nachhaltig zur internationalen Verbreitung des Begriffs neue soziale Bewegungen beigetragen hat, noch besonders spürbar. Auch Melucci favorisiert einen analytischen, gesellschaftstheoretisch begründeten Bewegungsbegriff und übernimmt wesentliche Annahmen, die Touraine in seiner Vision eines Übergangs zur postindustriellen Gesellschaft formuliert hat, so die Bedeutungsverschiebung von der materiellen Produktion zu Konsumtion, Dienstleistungen und sozialen Beziehungen. Neue soziale Bewegungen kämpfen gegen die technokratische Kontrolle und Manipulation des Alltagslebens. Ihr Fokus ist die Entfaltung und Verteidigung personaler und sozialer Identitäten ('appropriation of identity'), wodurch vormals askriptive, 'natürliche' Zuschreibungen (Geschlecht, Körper, Naturverhältnis) zum Gegenstand kollektiver Identitätssuche und politischer Konflikte werden (Melucci 1980: 217ff.). Diese Praxis konflikthafter kultureller Selbstbestimmung stand auch im Mittelpunkt eines großangelegten Forschungsprojekts über lokale Bewegungsbereiche (aree di movimento), das Melucci mit einem Team in Mailand zu Beginn der 80er Jahre durchführte (Melucci et al. 1984). In einem komplexen Untersuchungsmosaik hat die Forschungsgruppe eine umfassende Landkarte der lokalen Bewegungsbereiche angelegt (Frauen, Ökologie, Jugend und 'nuova coscienza', d.h. spirituelle Gruppen) und aus jeder Szene zentrale Bezugsgruppen ausgewählt, mit denen auf vertraglicher Grundlage eine mehrmonatige Laborphase durchgeführt wurde, die vor allem um die Selbst- und Fremddefinition der Gruppen kreiste. Ergebnis der Mailand-Studie war das Bild einer wesentlich an der Reproduktion ihrer jeweiligen kulturellen Identität orientierten Bewegungsszene aus locker vernetzten, in sich oft instabilen Gruppen und Grüppchen (einige der kooperierenden Gruppen verschwanden bereits in der Untersuchungsphase oder lösten sich kurz danach auf), kommunikativen Infrastruktureinrichtungen und persönlichen Netzwerken. Ihre oppositionelle Identität gründete die Mailänder Alternativszene in dieser Phase (1981-1983) weniger auf öffentlichen Protest als auf alternative Lebensstile, Verhaltensnormen und moralische Ansprüche, die sie als selbstbestimmte Alternativen gegen die Mehrheitskultur der Stadtbewohner setzte. 'Altri codici' bzw. 'challenging codes' ist Meluccis Antwort auf die Frage nach der kollektiven Identität neuer sozialer Bewegungen, dieser 'Nomaden der Gegenwart'.

Einige der methodischen Revisionen, die Melucci an Touraines Untersuchungsprogramm vorgenommen hat, sind einleuchtend und verdienstvoll, wie z.B. die Kooperation mit natürlichen Gruppen, der Verzicht auf missionarische Interventionen und die Selbstbeschränkung der WissenschaftlerInnen auf kontrollierte Reflexionsangebote an die Laborgruppen (Melucci et al. 1984: 29ff.). Gleichwohl hat auch die Mailand-Studie deutliche Schwachstellen, die darauf gegründete Aussagen über die kollektive Identität neuer sozialer Bewegungen zweifelhaft machen. Da in der Untersuchungsphase weitgehend Bewegungsflaute herrschte, bleibt unklar, ob die untersuchten Gruppen wirklich (noch) 'Bewegungs'gruppen waren und welche Bedeutung sichtbarer Protest überhaupt für ihr Selbstverständnis hatte (z.B. für das spirituelle Milieu). Das konzeptionell erwartete Zusammenspiel zwischen Latenz (kulturelle Veränderungspraxis in den Gruppen) und Sichtbarkeit (öffentlicher Protest) konnte unter diesen Umständen kaum erforscht werden. Damit wird die Abgrenzung zur subkulturellen Alternativszene ohne bewegungspolitischen Impetus schwierig. Weder der relativ kurze Zeitausschnitt der Untersuchung noch der besondere Ort und seine Einbettung in die italienische Protestgeschichte, also die typischen Grenzen einer lokalen Fallstudie, gaben Melucci Anlaß, mit verallgemeinernden Aussagen zur kollektiven Identität neuer sozialer Bewegungen vorsichtig zu sein.[17] Die zahlreichen späteren Veröffentlichungen Meluccis stützen sich jedenfalls nicht auf weitere eigene empirische Untersuchungen. Schließlich fällt auf, daß die Mailand-Studie selbst nicht mit dem mehrdimensionalen Untersuchungskonzept zur kollektiven Identität durchgeführt wurde, das Melucci in späteren Jahren vorgeschlagen hat (s.o.). Festzuhalten ist, daß die elaborierteste Konzeption zur kollektiven Identität neuer sozialer Bewegungen empirisch nur auf einem, zudem sehr schwachen Bein steht.

In jüngster Zeit hat Manuel Castells Teile eines umfassenden Untersuchungsprogramms veröffentlicht (1996, 1997), das bewegungsanalytisch an Touraine anknüpft und kollektive Identitäten ins Zentrum rückt. Neu sind die strikt globale Forschungsperspektive ('New Global Order') und die Berücksichtigung des Einflusses avancierter Kommunikationstechnologien auf soziale Prozesse und Bewegungen ('Information Age'). Auch Castells geht von einem Zentralkonflikt aus, der aber nicht mehr – wie noch bei Touraine – auf nationalstaatlicher Ebene anzusiedeln ist. Informationstechnologisch gestützt und ökonomisch vorangetrieben ist – so die zentrale Annahme – eine globale 'network society' im Entstehen bzw. bereits entstanden, die wesentlich von weltweit operierenden ökonomischen Interessen und kosmopolitisch orientierten Eliten geprägt wird. Gegen deren Politik der Globalisierung artikuliert sich ein vielstimmiger oppositioneller Chor, dessen gemeinsame Grundlage die 'power of identity' ist, gleichgültig, ob sie sich nun auf Geschlecht, Religion, Nation, Ethnie, Territorium oder andere soziobiologische Identitätskerne gründet.[18] Die Konfliktachse zwischen partikularen Identitäten und Globalisierungen prägt die neue politische Landschaft. Identitätspolitik nimmt dabei die unterschiedlichsten Ausdrucksformen an, denen sich Castells in einer atemberaubenden 'Rund um die Erde'-Reise widmet: dem Aufschwung des islamischen Fundamentalismus in den Ländern des Südens wie dem christlichen Fundamentalismus in Nordamerika, der Aum-Sekte in Japan wie den Zapatistas in Mexiko und der militia-Bewegung in den USA. Angesichts der gegenwärtigen Globalisierungsprozesse werden – so Castells These – 'lokale', gemeinschaftlich begründete kollektive Identitäten ('communal resistance') für Oppositionsbewegungen zentral, weil sich aus ihnen noch am wahrscheinlichsten Projekte für alternative Formen der Vergesellschaftung entwickeln können (Castells 1997: 11). Den Initiativen der neuen sozialen Bewegungen mißt Castells für die Identitätspolitik in der 'network society' die größten Entwicklungspotentiale bei, gerade weil sie nicht auf eine gemeinsame kollektive Identität drängen, sondern in Theorie und Praxis dezentralisiert sind, d.h. in vielfältigen Formen netzwerkorientiert in alle gesellschaftliche Sphären hineinreichen. Was Castells jüngst in globaler Perspektive zusammengetragen hat, belegt eine kaum bestreitbare Entwicklungstendenz: die Fragmentierung der neuen sozialen Bewegungen entlang einer Vielzahl von mehr oder weniger selbstgewählten kollektiven Identitäten, die durch Identitätspolitik in den Bewegungen zusätzlich vorangetrieben wird.[19]

3.2 Empirische Hinweise auf die kollektiven Identitäten neuer sozialer Bewegungen

Auch wenn die drei skizzierten Forschungsunternehmen unsere theoretischen Reflexionen und unsere empirischen Kenntnisse über die kollektive Identitäten neuer sozialer Bewegungen bereichert haben, können sie nicht vergessen machen, daß die systematische empirische Erforschung kollektiver Identitäten von bzw. in neuen sozialen Bewegungen eher am Anfang steht. Immerhin lassen sich Einzelbefunde zusammentragen.
(1) *Kognition*. Die Erwartung, die noch das Forschungsprogramm von Touraine prägte, es ließe sich für das empirische Feld von Protestmobilisierungen, für das sich der Sammelname 'Neue soziale Bewegungen' eingebürgert hat, eine gemeinsame Sprache, gemeinsame Werthaltungen, Rituale und kulturelle Praktiken finden, die Handlungsorientierungen bei der Abwägung von Zielen und Mitteln, von Engagement und Erfolg verbürgen, hat sich nicht erfüllt. 'Lebensweise', 'Verteidigung der Lebenswelt', Selbstbestimmung im Sinne einer 'anti-technokratischen' Orientie-

Kollektive Identitäten neuer sozialer Bewegungen 63

rung, 'neoromantische Kritik', 'kulturelle Codes' taugen höchstens auf einer sehr abstrakten Ebene als gemeinsamer Nenner, als aussagekräftiger Zentralwert für das gesamte Feld werden sie dagegen zur Karikatur. Statt dessen gilt noch immer die Beobachtung von Gerlach (1986), daß sich der programmatische Pluralismus, der bewußte Verzicht auf einen einheitlichen, kohärenten Interpretationsrahmen mit Blick auf Mobilisierungen als außerordentlich produktiv erwiesen hat. Ein Großteil der Organisationspraxis in den Mobilisierungen der neuen sozialen Bewegung ist daran orientiert, die unterschiedlichen, teilweise sich widersprechenden Orientierungen von Gruppen und Kleingruppen in den Aktionen 'lebbar' zu machen. Für Bürgerinitiativen gilt dieser Pluralismus schon vom Anspruch her. Aber auch für größere Mobilisierungen, wie z.B. die von Jürgen Gerhards untersuchten Proteste gegen die Tagung des Internationalen Währungsfonds und der Weltbank 1988 in Berlin (1993) oder die Proteste gegen die Wiederaufarbeitsanlage in Wackersdorf (Kretschmer/Rucht 1991), lassen sich viele Organisationsmuster beobachten, die in der Regel nicht auf 'Klarheit' und 'Einheit' ausgerichtet sind, sondern darauf, mitgebrachte Differenzen in der gemeinsamen Aktionspraxis anzuerkennen und nach Möglichkeit produktiv werden zu lassen, zumindest sich nicht wechselseitig zu blockieren. Gerade bei komplexeren und dauerhafteren Mobilisierungen läßt sich beobachten, daß mit Kooperationsformen experimentiert wird, die den unterschiedlichen Protestakteuren die Reproduktion ihrer je spezifischen kognitiven Orientierungen ermöglicht.[20] In eine ähnliche Richtung weisen Studien, die sich um Diskursanalysen in Einzelbewegungen bemüht haben (Kitschelt 1984). Auch hier läßt sich ein breites Spektrum von ideologischen Lagerungen identifizieren, wenn auch mit spezifischen Gewichtungen. In den neuen sozialen Bewegungen hat der Fokus 'Herausbildung kollektiver Identitäten' zudem ein unterschiedlich starkes Gewicht. Als überwiegend identitätszentriert gelten z.B. Autonome, Schwulen- und Lesbenbewegungen sowie Teile der Frauenbewegung (Koopmans 1995). Es handelt sich immer um Teilidentitäten, die in der Regel nur für eine begrenzte Zeit 'Orientierung' und Zugehörigkeit bieten können (Schwulenbewegung & Coming Out, CR und Frauenbewegung). Eine Reduzierung der kognitiven Palette läßt sich vor allem dort beobachten, wo zentrale institutionelle Rahmenbedingungen dies abverlangen – wie z.B. parlamentsbedingt bei den Bündnisgrünen (Murphy/Roth 1991).

In dieses bunte Bild paßt auch der Umgang mit Sprache, Symbolen, Ritualen, künstlerisch-expressiven Ausdrucksformen und die 'Kleiderordnung' der neuen sozialen Bewegungen. Nicht von ungefähr gibt es kein gemeinsames Symbol. Identitätsstiftende Angebote, Ausweise der Zugehörigkeit, rituelle Praktiken, wiederkehrende Protesttage etc. gibt es reichlich auf der Ebene von Einzelbewegungen und in ihren einzelnen Strömungen und Gruppen. Rückblickend fehlt aber auch hier der Drang zur Vereinheitlichung. Statt dessen ist auf der Symbolebene eine Tendenz zur Pluralisierung feststellbar. Der allfällige Hinweis auf postmaterialistische Orientierungen (Inglehart 1977) als gemeinsames Band der neuen sozialen Bewegungen kann wenig überzeugen, denn die Anbindung des Wertewandel-Konzepts an die Orientierungen von Bewegungsakteuren ist bislang nicht überzeugend gelungen und angesichts der Heterogenität der beteiligten Milieus auch unwahrscheinlich – unabhängig von den zahreichen Vorbehalten gegen das Konzept selbst.

Im Unterschied zu anderen Bewegungen können neue soziale Bewegungen ihre kollektive Identität nicht in erster Linie durch die Definition eines gemeinsamen Gegners gewinnen. Auf der Ebene einzelner Mobilisierungen ist dies durchaus bis hin zur Personalisierung möglich, aber insgesamt sind die Gegner zu wenig kompakt und einheitlich, um zur Identitätsstiftung zu taugen. Staatliche Repression mag für einzelne Bewegungsgruppen (z.B. 'Autonome') eine zentrale Bedeutung für die Stabilisierung ihrer kollektiven Identität haben; dies dürfte auch bei besonders konfliktträchtigen Mobilisierungen (Brokdorf, Wackersdorf etc.) der Fall sein. Dies darf aber nicht vergessen machen, daß in den neuen sozialen Bewegungen überwiegend zivile und gewaltfreie Orientierungen vorzufinden sind, die kämpferische Militanz eher negativ bewerten. Zudem gibt es in allen Bewegungen einen starken Selbstveränderungspol, der 'Identitätsarbeit' so ins Zentrum rückt, daß der 'Gegner' immer schon in der eigenen Biographie und Lebensweise nistet. Ein kompakter technokratischer Gegner hat sich nicht eingestellt. Typisch sind vielmehr fluide Grenzen, wobei Themen und Orientierungen der neuen sozialen Bewegungen längst jenseits der Bewegungsakteure zu finden sind – und sei es auch nur als ökologisches oder frauenfreundliches Lippenbekenntnis. Das gilt auch für die Zuschreibung eines 'selbstbegrenzten Radikalismus' (Cohen 1985), der möglicherweise die strategische Orientierung vieler Gruppen prägt, aber dem spannungsreichen Gesamtspektrum keineswegs gerecht wird.[21]

Die Hinweise auf Heterogenität und Pluralismus in den kognitiven Orientierungen sollen nicht in Abrede stellen, daß es Lernprozesse, Überschneidungen und Konvergenzen zwischen den verschiedenen Einzelbewegungen gibt.[22] Einzelne Personen können so ohne große Mühe von einem Bewegungsthema zum nächsten wandern. Dies gilt auch für lokale Gruppen, die sich im Laufe ihrer Geschichte in unterschiedlichen Konfliktfeldern engagieren. Dennoch läßt sich festhalten: Wer inhaltliche Bestimmungen von kollektiven Identitäten im Bereich der kognitiven Praxis sucht, ist gut beraten, dies weder auf der Ebene des Gesamtensembles neuer sozialer Bewegungen noch für Einzelbewegungen oder große Mobilisierungen zu tun. Für einzelne natürliche Gruppen und Strömungen in diesen Netzwerken mag dies sinnvoll und möglich sein. Ob es dagegen für die Suche nach kollektiven Identitäten neuer sozialer Bewegungen sehr hilfreich ist, deren Praxis auf einer abstrakteren Ebene als selbstreferentiell, reflexiv, selbstproduziert und in ständiger Veränderung zu beschreiben, sei dahin gestellt.

(2) *Interaktion*. Daß es im Zusammenhang mit den neuen sozialen Bewegungen zur Ausbildung von neuen sozialen Milieus gekommen ist, kann als empirisch gut bestätigt gelten (Geiling/Vester 1991; Vester et al. 1993; Roth 1994, 1994a; Geiling 1996; Rucht et al. 1997). Solche „alternativen sozialmoralischen Milieus" (Gerhards 1993: 103) gibt es nicht nur in den Groß- und Universitätsstädten der Bundesrepublik, sondern Ansätze dazu finden sich auch in der Provinz (Roth 1991). Wir wissen allerdings wenig über die Stabilität dieser Milieubildungen und die Bedeutung, die

Bewegungspolitik und Protest dabei zukommt. Lokalstudien haben zudem deutlich gemacht, daß die örtlichen Alternativmilieus nicht erst mit den Mobilisierungen der neuen sozialen Bewegungen entstanden sind, sondern meist auf frühere Oppositionsmilieus zurückgehen. Gerade in den Großstädten sind diese Milieus durch rasche Themen- und Orientierungswechsel geprägt, im kleinstädtischen und ländlichen Bereich scheint die Veränderungsgeschwindigkeit dagegen deutlich geringer (Roth 1994a). Mit Blick auf die lokalen Proteste wird deutlich, daß Alternativmilieus kein Protestmonopol besitzen, aber erheblich zur Verstärkung von Protestpolitik beitragen können. Auch im Kontext der Umfrage- und Wahlforschung durchgeführte Netzwerkstudien haben gezeigt, daß es besonders in der Bundesrepublik überlappende Anhängerschaften von neuen sozialen Bewegungen gibt, die auf entsprechende Milieubildungen schließen lassen (Pappi 1989; Zwick 1990). Weitere Indizien bieten z.B. die empirisch nachgewiesenen Kontinuitäten von selbstverwalteten Betrieben (Heider et al. 1997).

Milieustudien, vor allem die von der Forschungsgruppe um Michael Vester und Heiko Geiling, können auch als Kritik an gängigen Annahmen über die sozialstrukturelle Verankerung neuer sozialer Bewegungen gelesen werde. Der Hinweis, es handele sich – zumindest, was die Kerngruppen angeht – um Mittelschichtenprotest, ist in seiner allgemeinen Form nur eingeschränkt richtig. Wir wissen, daß in vielen Mobilisierungen der neuen sozialen Bewegungen ein wesentlich breiteres soziales Feld in Bewegung kommt. Alle Studien zur politischen Partizipation zeigen, daß auch in konventionellen Bereichen politischer Beteiligung – etwa in der aktiven Parteipolitik oder in der Kommunalpolitik – Mittelschichtangehörige dominieren. Zudem sind sie bei Protesten in der Regel auf beiden Seiten der 'Barrikaden' aktiv. Ohne auf die besonderen Schwierigkeiten aktueller Sozialstrukturanalysen einzugehen, die sich nicht zuletzt mit der nicht nur ironischen Frage herumschlagen müssen, wo die Mitte der Mittelschichten liegt, mahnen die Milieustudien zur Vorsicht, wenn es darum geht, Protestpotentiale aus sozialen Lagen, Interessen und Motive zu deduzieren (etwa die soziale Sensibilität in den Humandienstleistungsberufen) und sie mit aktuellen Protestformen in Verbindung zu bringen. Ländervergleiche haben dafür sensibilisiert, daß Unterschiede in den sozialstrukturellen Lagerungen weniger zu den Variationen in den Protestintensitäten beitragen als z.B. nationale politische Chancenstrukturen (Kriesi et al. 1995; Tarrow 1996a).

Wenn wir uns die Organisationsformen der neuen sozialen Bewegungen anschauen, trifft trotz aller Wandlungen in Richtung Professionalisierung und Spezialisierung für die Bundesrepublik noch immer die Beobachtung zu, daß es sich überwiegend um lockere Vernetzungen von Kleingruppen, Projekten und Bewegungsorganisationen mit einem deutlichen lokalen Schwergewicht handelt.[23] Das oft beschworene 'eherne Gesetz der Oligarchie' (Robert Michels) scheint für die neuen sozialen Bewegungen keine Gültigkeit zu besitzen. Für die Frage nach kollektiven Identitäten bedeutet dies, daß neue soziale Bewegungen überwiegend nicht auf die autoritäre Identitätsstiftung durch Führer und charismatisch besetzte bürokratische Organisationen zurückgreifen, die in der Geschichte sozialer Bewegungen (und von

Herrschaftssystemen) so bedeutsam waren. Daß neue soziale Bewegungen stärker als frühere Bewegungen auf unkonventionelle Partizipationsformen und Protest setzen, ist dagegen in jüngster Zeit bestritten worden (Koopmans 1996). Gerade auf lokaler Ebene haben die neuen sozialen Bewegungen erheblich zu Partei-, Vereins- und Projektbildungen beigetragen – oft auf Kosten einer Politik der Straße.

Wie steht es angesichts solch prekärer und schwach ausgebildeter kollektiver Identitäten eigentlich um ihre Handlungsfähigkeit – zugespitzt: Gibt es sie eigentlich (noch) als Bewegungen? Die solider werdenden Datenbanken zu Protestereignissen und die darauf gegründeten Studien (Koopmans 1995; Kriesi et al. 1995; Rucht 1996) geben insgesamt Anlaß, vorschnelle Abgesänge auf die neuen sozialen Bewegungen zu vermeiden: 'Totgesagte leben länger' (Buro 1997). Protestereignisse können zwar keinen Aufschluß über kollektive Identitäten geben, aber sie machen deutlich, daß die Zahl von Protestereignissen zu Themen der neuen sozialen Bewegungen und das Niveau der Beteiligung insgesamt nicht den öffentlichen Wahrnehmungskonjunkturen folgt, sondern auch in den 90er Jahren auf einem hohen Stand ist.

(3) *Emotion*. Zu dieser Ebene kollektiver Identität liegen besonders wenig empirische Forschungsergebnisse vor, die sich zudem auf identitätspolitisch geprägte Einzelbewegungen konzentrieren (Simon 1995; Hark 1996). Aber in allen Bewegungen gibt es Strömungen, Projekte und Gruppen, die überwiegend identitätsbezogen und mit hohem emotionalem Einsatz arbeiten (Bezugsgruppen in der Friedensbewegung, in Landkommunen und Infrastrukturprojekte, in religiösen Gemeinschaften oder CR-Gruppen). Expressive Ausdrucksmöglichkeiten, Gemeinschaftserfahrungen und Solidarisierungschancen bieten vor allem die Proteste selbst (Soeffner 1988; Paris 1990). Zu den Stärken der neuen sozialen Bewegungen dürfte es gehören, daß sie eine Fülle unterschiedlicher Intensitäten des Engagements anbieten (Boons 1987) und insgesamt vergleichsweise 'coole' Bewegungen sind. Gerade in Gruppen und Milieus größter Intensität gibt es schnelle Rotation, d.h. die Engagierten nutzen die emotionale Dichte als biographischen 'Durchlauferhitzer'.[24] In den Bindungsenergien der neuen sozialen Bewegungen wird deren Revidierbarkeit oft mitgedacht, ihr experimenteller Charakter bleibt gewahrt.

4. Probleme des Identitätsansatzes

Nach wie vor gilt auch für die Forschung zu neuen sozialen Bewegungen das Monitum von Veit-Michael Bader, daß „sich die immer wieder betonte große Bedeutung kollektiver Identität für die Herausbildung kollektiven Handelns und sozialer Bewegungen umgekehrt proportional verhält zur Klärung der Grundbegriffe und des analytischen Bezugsrahmens" (1991: 104). Das wachsende Interesse an Identitätskonzepten in der Bewegungsforschung sollte nicht darüber hinwegtäuschen, daß damit eher eine Suchrichtung benannt wird. Auch, wer Meluccis Konzept kollekti-

Kollektive Identitäten neuer sozialer Bewegungen 67

ver Identitäten und die von ihm vorgeschlagene Forschungspraxis nicht teilt, wird sich nach einem Durchgang durch die aktuelle Literatur seiner Warnung anschließen können: Kollektive Identität ist in der Gefahr, in beliebigen Kontexten als neuer Passepartout verwendet zu werden und dabei lediglich die alte Frage nach dem 'Wesen' einer Bewegung zu beerben (Melucci 1996: 70).

Auf einige Problembereiche soll abschließend aufmerksam gemacht werden:
(1) *Terminologischer und konzeptioneller Treibsand.* Der Identitätsbegriff ist schon auf individueller Ebene unscharf und voraussetzungsvoll (das 'Ich' sollte vielleicht besser als vielstimmiges 'Parlament' aufgefaßt werden). Konzepte personaler Identität bzw. Ich-Identität sind emphatische 'bürgerliche' Konstruktionen, der sich reale Personen – im Sinne eines Bildungsprozesses – allenfalls annähern können. In der Rede von 'kollektiven Identitäten' steigern sich die Schwierigkeiten enorm: Von welcher Dauer kann in diesem Kontext sinnvoll die Rede sein, denn die biographische Lebenszeit scheidet als Maßstab ja aus? Von welchem Maß an Festigkeit bzw. Struktur ist bei sozialen Bewegungen sinnvoll auszugehen, die als fluide Formen kollektiven Handelns auf stabilisierende Mitgliedsrollen, Bürokratien etc. weitgehend verzichten? Welche Intensität der Bindungen zwischen den Akteuren muß gegeben sein, um noch von einer Bewegung zu sprechen – ein Problem, das sich um den Begriff 'Latenz' verdichtet? Die besonderen Schwierigkeiten, die daraus entstehen, daß Individuen 'alternative' personale Identitäten in sozialen Bewegungen suchen, sind bislang kaum ausgelotet. Gerade die Debatte über neue soziale Bewegungen zeigt, daß mit dem Thema 'kollektive Identität' eine zentrale Untersuchungsebene der Bewegungsforschung benannt wird, unterstellt der Bewegungsbegriff doch Zusammenhänge und Kontinuitäten unterhalb der sporadisch sichtbaren Proteste verschiedenster Akteure. Kollektive Identitätssuche zum Charakteristikum neuer sozialer Bewegungen zu stilisieren, macht dagegen wenig Sinn, da ohne kollektive Identität gemeinsames Handeln nicht möglich ist und kollektives Handeln immer auf die individuelle Identität der Beteiligten wirkt (und umgekehrt). Castells hat darauf aufmerksam gemacht, daß aus soziologischer Perspektive alle kollektiven Identitäten konstruiert sind. Die eigentlichen Fragen seien: Wie, worauf gegründet, von wem und wofür (Castells 1997: 7).
(2) *Forschungsdefizite.* Die bisherige Forschung zu kollektiven Identitäten privilegiert deutlich die Gruppenebene – seien es nun 'künstliche' (Touraine) oder 'echte' Gruppen (Melucci) – und die Deutung ihrer verbalen Äußerungen (kognitivistischer bias).[25] Im Unterschied zu den USA gibt es in der Bundesrepublik kaum Studien, die der individuellen Ebene entsprechendes Interesse widmen. Aber erst dann ließe sich etwas über die Bedeutung und Dauerhaftigkeit von kollektiven Identitäten auf der Ebene der Subjekte ausmachen. Bildungs- und Zerfallsprozesse von kollektiven Identitäten werden weitgehend vernachlässigt, im Zentrum steht meist deren Reproduktion.
(3) *Augenhöhe und spekulativer gesellschaftstheoretischer Überhang.* Die meisten sozialwissenschaftlichen Ansätze zum Thema bewegen sich nicht auf der Augenhöhe der neuen sozialen Bewegungen selbst. Das Reflexionsniveau der Bewegungen wird

entweder drastisch unterboten, d.h. sie werden als unreflektierter und dümmer hingestellt, als Sozialwissenschaftler sich dies erlauben sollten (z.B. Soeffner 1992), oder es wird in einer Weise überboten, daß der Anschluß an Bewegungsforderungen und -themen verloren geht. Eine dritte Gefahr liegt in Theorieansätzen, die explizit mit dem Angebot der Identitätsstiftung für aktuelle Bewegungen auftreten (z.B. Touraine, Melucci, Beck). Inspiriert von den jeweils wahrgenommenen Thematisierungswellen der Bewegungen selbst, drohen sie, zirkulär deren 'Identität' entlang der Großthemen (Technokratie, herausfordernde kulturelle Codes, Risiko) zu 'bestätigen', oder sie wenden sich enttäuscht ab, wenn Bewegungen andere Wege gehen.

(4) *Unpolitischer Reduktionismus*. Die herrschaftliche Zumutung der permanenten 'Identitätssuche' gerät angesichts der pluralen Identitätsangebote leicht aus dem Blick. Der permanente Zwang zur – immer auch aussichtslosen bzw. letztlich unerfüllten – Identitätssuche wird durch neue soziale Bewegungen nur begrenzt bearbeitet und erfüllt. Das Problem bleibt, die Formen und Inhalte wechseln. Ähnlich verhält es sich mit den herrschaftskritischen Momenten der Identitätspolitik. Frauen suchen nicht aus Langeweile nach neuen Identitäten, sondern kämpfen damit zugleich gegen patriarchale Zuschreibungen. Im Thema 'kollektive Identität' sind zudem soziale Visionen eingelassen. Möglicherweise enthalten die pluralen, multikulturellen Identitätspraktiken in den neuen sozialen Bewegungen die Chance zum reflexiven Umgang mit Identifikationen. Sie könnten dann „zum Selbstbewußtsein der Einzelnen beitragen und zu jener vielfachen Teilnahme führen, die aus der Einsicht in die gleichzeitige und unablösbare Zugehörigkeit zu vielen Kollektiven des Geschlechts und der Generation, des Berufs und der Überzeugung, des Orts und der Welt, der regionalen Besonderheit und der nationalen Selbstbestimmung mit ihren je spezifischen Chancen und Verantwortungen entspringt. Die Zumutung solcher multipler Identität kann die Einzelnen überfordern, sowohl in ihrer Selbstwahrnehmung wie auch in ihrer Praxis mit anderen, wie ja die Freiheit zunächst und vor allem eine Bürde ist. Aber sie ist die einzige Last, die auf die Dauer jeder wiederhaben will, dem sie abgenommen worden ist" (Niethammer 1994: 399).

Tibor Kliment

Durch Dramatisierung zum Protest?
Theoretische Grundlegung und empirischer Ertrag des *Framing*-Konzepts

1. Einleitung

Das Konzept 'Framing' beschreibt, unter welchen Bedingen Protestthemen eine mobilisierende Wirkung entfalten können. Es bezeichnet die Art und Weise, wie Ereignissen und Sachverhalten eine besondere Bedeutung zugewiesen wird, wie sie als problematisch interpretiert und unter welchen Bedingungen zum Widerstand mobilisiert werden kann. Im Zuge der Prozesse von Bewegungsmobilisierung wird den Darstellungsstrategien, die zwar an gegebenen Deprivationslagen und strukturellen Zwängen anknüpfen, in erster Linie aber das Ergebnis selektiver Deutungsarbeit sind, eine Schlüsselrolle zugeschrieben. Soziale Bewegungen „frame, or assign meaning to and interpret, relevant events and conditions in ways that are intended to mobilize potential adherents and constituents, to garner bystander support, and to demobilize antagonists" (Snow/Benford 1988: 198). Erst eine 'passende' Darstellung des Themas erlaubt die Gewinnung der Öffentlichkeit, die Aktivierung von Anhängern und Sympathisanten und die Mobilisierung zu Protestmaßnahmen.

Zur Frage, wie diese Darstellungsmuster beschaffen sind, liegen seit längerem instruktive Ausarbeitungen vor. Empirische Prüfungen dieses Konzepts sind jedoch bislang eher zögerlich angegangen worden Der Großteil der vorhandenen Untersuchungen besitzt einen stark illustrativ-exemplarischen Charakter und bewegt sich auf einer schmalen empirischen Basis. Systematische Prüfungen mit dem Ziel der Gewinnung abgesicherter, verallgemeinerbarer Aussagen zu den Strukturen von Darstellungsstrategien wie auch zur Tragfähigkeit des *Framing*-Konzepts selbst sind auch heute noch Mangelware.

Diese Studie versucht einen Beitrag zur Schließung dieser Forschungslücken zu leisten. Dazu werden in den folgenden Abschnitten Kernelemente des *Framing*-Konzepts aufgegriffen und anhand der Darstellungsstrategien einer neuen sozialen Bewegung überprüft. Als empirisches Untersuchungsobjekt wurde die Bewegung gegen die Errichtung und den Betrieb nuklearer Wiederaufarbeitungsanlagen (WAA) in der Bundesrepublik herangezogen. Als herausragender Einzelkonflikt bot der WAA-Widerstand mit seiner 13jährigen, im niedersächsischen Gorleben beginnenden und im bayerischem Wackersdorf endenden Entwicklungsgeschichte die Möglichkeit, die Anfänge, Karriere und die erfolgreiche Beendigung eines Protestzyklus langfristig zu untersuchen. Zugleich handelte es sich um eine äußerst öffentlichkeitswirksame Bewegung, welche die Agenden von Politik und Massenmedien erfolgreich erobern konnte. Unabhängig von den schwer zurechenbaren Anteilen, welche die Bewegung an der Verhinderung der Anlage im einzelnen besaß, war sie eine öffentlich problemdefinierende Instanz.

Im Mittelpunkt der folgenden Analysen stehen die kommunizierten Themen, Argumentationsfiguren und strategischen Überlegungen der Akteure. Bei den an der Bewegung teilnehmenden Organisationen und Initiativgruppen handelte es sich um die an den niedersächsischen Standorten Gorleben, Dragahn und dem bayerischen Wackersdorf aktiven Bürgerinitiativen und Aktionsgruppen, die grünen Parteien in den Ländern Niedersachsen und Bayern sowie um die Umweltschutzvereine BBU und BUND. Daneben war die Wiederaufarbeitung von Kernbrennstoffen ein Dauerthema der gesamten Anti-AKW-Bewegung (Linse u.a. 1988: 242).

2. Grundannahmen des *Framing*-Konzepts

Ausformulierungen des *Framing*-Konzepts wurden insbesondere von Snow/Benford (1992, 1988), Snow et al. (1986), Gamson/Modigliani (1989) sowie Klandermans (1988) geleistet, die an die interaktionistisch orientierten Arbeiten von Goffman (1974) und Wilson (1973) anknüpften. Snow et al. verstehen unter einem 'Frame' bestimmte Interpretationsschemata, welche die Organisation der Erfahrung lenken. Sie ermöglichen die Wahrnehmung, Einordnung sowie die Interpretation von Ereignissen und Sachverhalten aus einer bestimmten Perspektive. Erst die Bedeutungszuweisung in Form der passenden Darstellung eines Themas erlaubt die Mobilisierung von Aufmerksamkeit und Widerstand: „By rendering events or occurences meaningful, frames function to organize experience and guide action, whether individual or collective" (Snow et al. 1986: 464). Entscheidend für die Aktivierung von Widerstand ist danach die Interpretationsarbeit, die an gegebenen Deprivationslagen und Unzufriedenheiten anknüpft und diese als problematisch, lösungsbedürftig und über den Anschluß an Protest auch als lösungsfähig darstellen kann.

Für die empirische Untersuchung wurden in Anlehnung an Wilson (1973) und Snow/Benford (1988: 199ff.) vor allem drei Kernelemente als zentral postuliert: die Etikettierung eines Sachverhalts als problematisch sowie die Ursachendiagnose (*diagnostic framing*), das Formulieren von Lösungen zur Beseitigung des Problems (*prognostic framing*) sowie die Motivation zur Teilnahme an Widerstandsaktionen (*motivational framing*). Diese *Framing*-Elemente bezeichnen in erster Linie die internen Strukturen eines Deutungsmusters.

Das *diagnostic framing* meint den Vorgang, daß ein empirisches Phänomen als Thema definiert und als problematisch gekennzeichnet wird. Das Thema muß so geframt werden, daß ihm empirische Glaubwürdigkeit zukommt. Die zugeschriebenen Risiken müssen sich zumindest ansatzweise über Indikatoren verifizieren lassen (Snow/Benford 1988: 208). Ein Thema gewinnt dadurch an Gewicht, daß es mit umfassenden Werten aufgeladen wird. Je mehr Werte angesprochen werden und je zentraler diese im kulturellen System einer Gesellschaft sind, desto größer ist die Bedeutung des Problems. Die Bewegungsunternehmer sind i.d.S. nicht frei in der kognitiven und evaluativen Deutung eines Sachverhalts, sondern auf vorab existierende Orientierungen verwiesen.[1] Zum *diagnostic framing* gehört ferner die Identifizierung der Adressaten eines Problems (Snow/Benford 1988: 200). Wenn bestimmte Verursacher und Verantwortliche ausgemacht werden können, läßt sich ein Thema stärker konturieren. Aus der Perspektive der Bewegung macht Mobilisierung nur dann einen Sinn, wenn die kritisierten Mißstände auf das Handeln oder Unterlassen bestimmter und möglichst weniger Akteure zurückgeführt werden können. Der Protest benötigt konkrete Angriffspunkte und verpflichtungsfähige Instanzen (Gerhards/Neidhardt 1990: 42). Dort, wo sich Ursachen hinter einer Vielzahl von Beteiligten ohne genau zurechenbare Verantwortung verbergen, steht Mobilisierung vor größeren Schwierigkeiten.

Das *prognostic framing* bezeichnet das Entwickeln von Lösungsvorschlägen einschließlich der zu ergreifenden Maßnahmen und Aktionen („What is to be done"), das *motivational framing* bezieht sich auf die Motivation zu diesen Aktionen („A call to arms or a rationale for action"). Eine Teilnahme erscheint nur dann wahrscheinlich, wenn angenommen werden kann, daß sich eine Mindestzahl von Aktiven dazu bereitfindet. Diese darf aber wiederum nicht so groß sein, das der individuelle Beitrag des Einzelnen vernachlässigbar klein erscheint. Und es muß die Vorstellung erzeugt werden, daß der Protest nicht nur effektiv ist, sondern daß der daraus entstehende Nutzen auch die Kosten der Beteiligung überwiegt (Klandermans 1988: 183).

Das diagnostische, prognostische und motivationale Framing markieren unabhängig voneinander zu bewältigende Anforderungen. Eine elaborierte Problemdefinition allein reicht zur Teilnahme an Protestaktivitäten nicht aus; ebensowenig ist aus der Ursachenbeschreibung umstandslos ein Konsens über Ziele und Forderungen des Protests ableitbar. Und schließlich stellt die Anerkennung von Ursachen und deren Lösungen noch nicht sicher, daß die Teilnahme an Widerstandsaktionen auch als effektiv eingeschätzt wird (Klandermans 1988: 181; Snow/Benford 1988: 202).

Hinsichtlich der 'Außenbeziehungen' von Deutungsmustern, d.h. der Übernahme eines Frames durch weitere Gruppen und deren Anschluß an die Bewegung, haben Snow et al. verschiedene Erfordernisse beschrieben. Hierzu sind das *frame-bridging* und das *frame-extension* zu rechnen. Die Metapher des *frame-bridging* bezeichnet „the linkage of two or more ideologically congruent but structurally unconnected frames regarding a particular issue or problem" (Snow et al. 1986: 467). Dieses kann sich auf das Verhältnis zwischen Individuen und Bewegung wie auch auf die Verhältnisse zwischen den Gruppen oder Organisationen innerhalb der Bewegung beziehen. Snow et al. halten dieses für die wichtigste Technik zur Konstruktion von Übereinstimmungen. Solche Gemeinsamkeiten können über „Bridging-Phrases" hergestellt werden, welche eine Verbindung zwischen den verschiedenen Deutungsmustern schaffen (Gerhards/Rucht 1992). Im Zusammenhang damit steht das sogenannte *frame-extension*. Mit dieser Darstellung eines Sachverhalts bezweckt die Bewegung „to enlarge its adherent pool by portraying its objektives or activities as attending or being congruent with the values or interests of potential adherents" (Snow et al. 1986: 472). Notwendig ist schließlich, daß das Problem an konkrete Überzeugungen und Positionen angebunden werden kann, die bestimmen, wo und in welcher Form das Thema verhandelt wird. In der Sprache von Snow et al. (1986: 469) muß ein *frame amplification* betrieben werden: „By frame amplification we refer to the clarification and invigoriation of an interpretative frame that bears on a particular issue, problem or set of events." Die Präzisierung und Bekräftigung von Positionen macht gegenüber dem Publikum, den Kontrahenten und den eigenen Anhängern klar, welche Ziele und Werte konkret angesprochen werden und um was es der Bewegung letztlich geht. Die oftmals anzutreffende Diffusität und Vieldeutigkeit von Protestzielen muß zwar nicht ein Mobilisierungshindernis sein, erschwert aber die öffentliche Verhandlungsfähigkeit der Forderungen. Wird der Problemhorizont jedoch zu eng definiert, grenzt dieses mögliche Bündnispartner der Bewegung aus, was sich nachteilig auf die Mobilisierungsfähigkeit auswirkt.

3. Methode der Untersuchung

Die hier im Mittelpunkt stehenden Darstellungsstrategien der Anti-WAA-Bewegung wurden anhand der internen Publikationen der an der Bewegung beteiligten Akteure untersucht.[2] Als ein vorteilhafte Quelle erwiesen sich die regelmäßig erscheinenden Initiativzeitschriften sowie die Mitgliederzeitungen der mit der Bewegung assoziierten grün-alternativen Parteien und Umweltverbände. Wichtige Themen und Anliegen, Argumentationsfiguren und Bewertungen, Oppositionsgründe und Forderungen der Anti-AKW/WAA-Bewegung präsentierten sich dort der Mitglieder- und Anhängerschaft. Die Zeitschriften wurden über viele Jahre kontinuierlich herausgegeben und reflektierten in besonderer Weise die Binnenöffentlichkeit der Bewegung.[3]

Im Rahmen der hier vorzustellenden Analyse kann nicht auf alle denkbaren Einzelaspekte des Konzepts eingegangen werden. Vielmehr erfolgt die Konzentration auf einige, jedoch wesentliche Elemente mobilisierungsfähiger Darstellungsstrategien. Der Schwerpunkt der Untersuchung liegt auf den drei *Core-Framing-Tasks*, d.h. auf der Art und Weise der Ursachendiagnose, der Attribuierung der Konfliktbeteiligten sowie der Darstellung der Ziele und Mittel des Widerstands. Analysiert wird, wie diese Framing-Anforderungen von der Bewegung ausgestaltet werden und inwieweit Unterschiede in den Darstellungsstrategien einzelner Bewegungsakteure existieren.

4. Ergebnisse

4.1 Diagnostisches Framing

Das *diagnostic framing* als die erste und grundlegende Komponente von Überzeugungskommunikation beinhaltete das Erfordernis, daß ein bestimmter Sachverhalt als problematisch attribuiert wird. Die empfundenen Risiken müssen herausgestellt, dramatisiert und in ihren Begleiterscheinungen oder Folgen als so schwerwiegend dargestellt werden, daß ein Anreiz zur Teilnahme an Widerstandsaktionen entsteht. Dieses beinhaltet nicht nur allgemeine Benennungen des Problems; es sind darüber hinaus gute Argumente ins Feld zu führen, welche die zahlreichen Kosten überstiegen, mit denen der Widerstand gegen das Vorhaben WAA verbunden war. In diesem Sinne wurde erhoben, in welchen Problemframe die Protestbewegung die mit der Errichtung und dem Betrieb einer atomaren Wiederaufarbeitungsanlage aufgeworfenen Folgeerscheinungen stellte. Auch wenn, wie noch zu zeigen ist, andere Themen dazu in Konkurrenz traten, war anzunehmen, daß die im Zusammenhang mit der WAA perzipierten Gefährdungen den Kristallisationspunkt des Widerstands darstellten. Ausgangspunkt der Analyse war mithin die Frage, wie diese Risiken in der Bewegung geframt wurden, d.h. in welcher Form die untersuchten Bewegungsunternehmer das Problem dramatisierten und damit zu einem mobilisierungsfähigen Issue machten, wie sich die Darstellungsstrategien im Zeitverlauf veränderten und inwieweit die *diagnostic frames* bürgerlicher und systemoppositioneller Strömungen innerhalb der Bewegung kompatibel waren.

Der zentrale Angriffspunkt für die Anti-WAA-Bewegung waren die atomaren Wiederaufarbeitungsanlagen in Gorleben, Wackersdorf und anderen dafür vorgesehenen Standorten. Dennoch hat sich die Erwartung, daß die Entwicklung eines entsprechenden Problemframes ein vorherrschendes Element in den Darstellungsstrategien der Bewegung war, nur bedingt bestätigt. Zwar hatte sich die WAA in 89% der Beiträge als Thema etabliert, daneben fand sich aber ein größerer Anteil an solchen Texten, die sich nur mit den Aktionen des Widerstands bzw. den am Konflikt Beteiligten befaßten. Insbesondere bei den linken Initiativen und besonders ausgeprägt bei den autonomen Gruppen fanden sich zahlreiche Artikel (25%), welche den eigentlichen Protestgegenstand – die WA/WAA – nicht ein einziges Mal erwähnten. Hier kündigt sich bereits an, daß nicht in allen Segmenten der Bewegung das Issue 'WAA' in gleicher Weise bedeutsam war, sondern daß sich die Darstellungen teilweise über andere Themen definierten.

Entsprechend den im *Framing*-Konzept formulierten Annahmen über die Funktion eines elaborierten Problemframes für die Mobilisierung von Protest war die Präsentation von Oppositionsgründen ein wichtiges Element der Darstellungen. In den 1738 untersuchten Texten fand sich insgesamt nur ein Anteil von knapp 9% an Beiträgen, in denen kein einziges Argument angesprochen wurde. Mit fast 50% Beitragsanteil waren Umweltprobleme die wichtigsten Argumente. Die weniger häufige

Thematisierung von wissenschaftlich-technischen, rechtlichen und wirtschaftlichen Oppositionsgründen mag dagegen darauf zurückzuführen sein, daß Wissenschaftler und Experten als Verfasser von Texten relativ selten auftraten, aber eine fundierte Beurteilung dieser Fragen jedoch wissenschaftlichen Sachverstand in größerem Umfang voraussetzte. Anders verhielt es sich mit der im politischen Bereich angesiedelten Kritik. Die durch die staatlichen Eingriffe und die Sicherheitsorgane erzeugten Betroffenheiten, die Verletzung demokratischer Normen und behördliche Willkür bedurften keiner wissenschaftlichen Expertise, sondern waren unmittelbar sinnlich erfahrbar und auch dem 'Laien' evident. Eindeutiger Spitzenreiter waren daher die Argumente, die sich mit dem Durchsetzungsprozeß der Anlage beschäftigten. Über 80% der Texte machten diese Kritik zum Thema. Klares Schlußlicht bildeten die Texte, welche die WAA im Zusammenhang mit allgemeinen ethischen, moralischen oder wertbesetzten Fragen thematisierten. Damit knüpfte die Kritik primär an solchen Aspekten an, welche die durch die Anlage erzeugten, konkreten lebensweltlichen Beeinträchtigungen der Menschen betrafen.

Wurden oben nur etwa 9% argumentationsfreie Beiträge festgestellt, so fällt der Befund anders aus, wenn gefragt wird, inwieweit der diagnostische Frame auch das Hauptthema der Texte war. Die Elaborierung eines Problemframes stand nicht einmal in einem Viertel der Beiträge im Vordergrund, wohingegen die Widerstandsaktionen mehr als zwei Drittel der Hauptthemen stellten. Die Auseinandersetzungen zwischen der Bewegung und ihren Kontrollinstanzen und die damit verbundenen Mobilisierungen bildeten den Schwerpunkt der Darstellungen und nicht etwa die Problematisierung der Anlage. Damit wurden die prognostischen und motivationalen Elemente selbst Teil des Problemframes. In extremer Weise galt dieses für die systemoppositionellen Gruppen (96% der Beiträge), während die bürgerlichen Initiativen und der BUND noch am sachorientiertesten argumentierten.

Schlüsselt man die argumentationsorientierten Artikel nach Problembereichen auf, so avancieren die postmateriellen und damit besonders bewegungsaffinen Felder Sicherheit und Umwelt zum Spitzenreiter (siehe Tabelle 1).

Tabelle 1: Argumentbereiche in den Hauptthemen der Beiträge (in %)

Argumentationsbereiche im Hauptthema WAA-Argumente	Herausgeber						Anteile insgesamt
	Grüne	BUND	BBU	NIGA[1]	Gak./Lak.[2]	BI Amberg	
(N)	(34)	(31)	(24)	(111)	(109)	(72)	(381)
Politik und Recht	29	19	39	38	23	23	29
Wirtschaft	6	23	5	41	22	23	25
Sicherheit und Umwelt	65	58	55	22	55	48	45
Sonstiges*	0	0	1	0	0	6	1

[1] NIGA = linksorientierte Initiativen aus Nürnberg
[2] Gak./Lak. = linksorientierte Initiativen aus Norddeutschland
* Hierzu rechnen die Bereiche Kultur und Soziales, Wissenschaft/Technik, sowie Störfälle/Unfälle in Wiederaufarbeitungsanlagen.

Durch Dramatisierung zum Protest?

Mit größerem Abstand folgten die Bereiche Politik/Recht, dicht auf die wirtschaftlichen Argumente, während soziokulturelle und wissenschaftliche Argumente auch wieder kaum auftauchten.[4] Auffällig ist, daß die in Wackersdorf ortsansässige Amberger BI und der BUND in ihren Beiträgen den Problemframe nicht nur am meisten vorantrieben, sondern ihre Argumente waren auch vorwiegend 'unpolitischer' Natur. Wirtschaftliche Argumente rangierten als Hauptthemen an dritter Stelle, wobei vorrangig die regionalen Struktureffekte der WAA abgehandelt wurden. Wenig überraschend schenkten die lokalen Initiativen sowie der BUND diesem Thema die höchste Bedeutung, wohingegen sich die übrigen Herausgeber hier deutlich weniger engagierten. Vergleicht man die Bedeutung der politischen Argumente in den Hauptthemen mit den Beiträgen, in denen politische Argumente überhaupt angesprochen werden, so wird eine eigentümliche Gewichtung deutlich. So stand einer starken Bedeutung politischer Oppositionsgründe (fast 90% aller Texte rissen diesen Bereich mindestens an) ein Anteil von nur 6% an solchen Texten gegenüber, welche politisch-rechtliche Argumente als echtes Hauptthema aufwiesen. Die breite politische Kritik am Durchsetzungsprozeß der Anlage gab demzufolge die Hintergrundmusik für eine Darstellung ab, die sich vornehmlich um die Aktionen drehte. Diese Instrumentalisierung von politischen Argumenten zugunsten der Mobilisierung zu Aktionen wurde von den Bewegungsunternehmern unterschiedlich stark betrieben. Sie galt kaum für die Naturschutzverbände und die Amberger BI; die autonomen Gruppen berichteten dagegen praktisch nur im Rahmen von Konflikten und verzichteten konsequent auf sachorientierte Oppositionsgründe.

Insgesamt knüpften die Darstellungsstrategien vor allem an konkreten Gefährdungen an. Das Framing der Probleme vollzog sich über die befürchteten schädigenden Auswirkungen der WAA (Strahlenemissionen, Rentabilitätsfragen, die Kritik an der Durchsetzungspraxis u.v.a. mehr). Im Bereich der soziokulturellen Risiken, in dem schwerer faßbare Risiken angesiedelt waren (Verletzung allgemeiner Wertvorstellungen, Menschenbilder und gesellschaftlicher Ordnungen), wurde dagegen auffällig selten argumentiert. Von den codierbaren Argumenten wurde allein die mangelnde Sozialverträglichkeit der Errichtung/des Betriebs einer WAA häufiger angesprochen, was darüber hinaus zumeist im Zusammenhang mit den Protesten und Zwangsmaßnahmen geschah. Auch an diesem Argumentationsbereich zeigte sich, daß bei den wahrgenommenen Gefährdungen i.d.R. über Hinweise auf konkrete Folgen, Risiken und Bedingungen der WAA mobilisiert wurde.

Insgesamt konnte von einer Doppelstrategie in dem argumentativen Framing des Themas gesprochen werden. Einerseits wurden in mehr als jedem dritten Beitrag vereinfachte, pauschalierende und stark wertende Aussagen formuliert, welche die WAA global kritisierten (z.B. „Die WAA ist WAAnsinn", „Die WAA ist tödlich!" u.ä.) oder den Charakter von Warnungen besaßen. Über plakative, stark emotional gefärbte Formeln und drastische Simplifizierungen konnten jene Teile der Anhänger- und Sympathisantenschaft erreicht werden, die für wissenschaftliche Diskurse weniger empfänglich waren. Andererseits erfolgte die wissenschaftliche und hochrationalisierte Argumentation am Detail. Hier fand sich der Rekurs auf unterschiedlichste Einzelargumente, die sich eingehend und in differenzierter Weise mit komplizierten Einzelfragen, wie der Abgabe von Emissionen, Störfallsicherheit, Grenzwertfestlegungen, Genehmigungsfähigkeit, Rentabilitätsüberlegungen u.a. beschäftigten. Die Referenz auf die jeweils gegebenen Argumentationsrationalitäten war die Voraussetzung dafür, daß das Thema in seinen ökonomischen, ökologischen, juristischen und sonstigen Funktionszusammenhängen als problematisch wahrgenommen bzw. lösungsbedürftig erkannt wurde. Darüber hinaus wurde durch die Ansprache verschiedener Argument-Bereiche ein *frame-bridging* zu den Interessenssphären von potentiellen Verbündeten unternommen. Umwelt- und Sicherheitsfragen berührten etwa die Themen von Naturschutzverbänden, soziokulturelle Fragen waren ein Bezugspunkt kirchlicher Organisationen, ökonomisch fundierte Oppositionsgründe boten zu den Besitzstandsinteressen der Anwohner und Gewerkschaften Anknüpfungspunkte.

Das Entwickeln von Alternativen, Lösungen und Forderungen galt als eine zentrale Komponente in der Mobilisierung von Widerstand. Eine elaborierte Problemdefinition reichte zur Teilnahme an Protestaktivitäten normalerweise kaum aus. Der Widerstand benötigte zumindest in gewissen Konturen einen positiven Gegenentwurf. In der Begrifflichkeit von Snow/Benford (1988: 201) wird dieses als *prognostic framing* bezeichnet. Neben ihrer mobilisierenden Funktion ist die Artikulation von Alternativlösungen ein Indikator für eine konstruktive Auseinandersetzung mit dem Wiederaufarbeitungsproblem und ein Denken in größeren Problembezügen. Wollte der Protest über eine an partikularen Eigeninteressen orientierte St. Florianspolitik – insbesondere der unmittelbar Standortbetroffenen – hinausgehen, so mußte er die Dringlichkeit des Entsorgungsproblems selbst dann anerkennen, wenn zukünftig keine Nutzung atomarer Energie mehr erfolgen sollte. Es konnte daher davon ausgegangen werden, daß das Protestziel – Aufgabe der WA/WAA – umso eher erreicht wurde, je mehr den Befürwortern sicherheits-technisch und ökonomisch sinnvolle Alternativlösungen zur Wiederaufarbeitung präsentiert wurden.

Erwägungen dieser Art fanden sich in den Ergebnissen faktisch nur bedingt wieder. Dort fiel zunächst die außerordentlich geringe Nennung von Alternativen auf. Wurde oben festgestellt, daß in 91% der Texte mindestens ein Argument codierbar war, so enthielten nur ca. 17% Alternativvorschläge zur Wiederaufarbeitung. Die Entwicklung des Problemframes implizierte offensichtlich nicht, daß prognostische Elemente in gleichem Ausmaß artikuliert wurden. Das Schlußlicht unter den Herausgebern bildeten die lokalen Gruppen in der Oberpfalz. Ihnen muß eine, sich in der Formulierung von Oppositionsgründen erschöpfende Defensivhaltung bescheinigt werden, wobei linke oder reformistische Orientierungen der Initiativen keine besondere Rolle spielten. Selbiges gilt für den Bereich der Forderungen, die ebenfalls überaus selten geäußert wurden (16% der Texte). Demzufolge wurde die Entwicklung des Problemframes weniger an positive Entwürfe gekoppelt, sondern vor allem über das Aufzeigen von Mißständen entwickelt.

Nun benötigt die Aktivierung einer breiten Anhängerschaft zwar möglichst vielfältige, aber dennoch zusammenhängende Argumente. Nur wenn die Vielzahl der

Argumente auf sinnvolle Weise miteinander verbunden ist, steigt die Mobilisierungsfähigkeit des Frames. Im Falle einer fehlenden Integration der Problemdiagnosen sprechen Snow/Benford (1988: 207) von einem *overextension* des Frames. Auch bei Gerhards (1993: 133) wird davon ausgegangen, „daß, je besser die definierten Probleme eines Frames miteinander verknüpft sind, desto plausibler wird ein Frame sein und desto größer wird seine Überzeugungskraft sein." Damit stellt sich die Frage, aus welchen Feinstrukturen, Subkonstrukten und Hintergrunddimensionen sich das diagnostische Framing des WAA-Themas zusammensetzte. Dieses wurde mit Hilfe von Faktorenanalysen untersucht.[5] Sie ergab folgende Hauptdimensionen der Argumentation:

Zu nennen ist hier einmal die staatliche Reaktion auf das unkonventionelle Beteiligungsbegehren, die von der ebenfalls bemängelten Art und Weise, wie die Behörden das Genehmigungsverfahren handhabten, als eigenständige Problemquelle dargestellt wurde. Aber auch in den Bereichen Umwelt, Technik und Wirtschaft wurden voneinander unabhängige Argumente eingebracht. Diese singuläre, unverbundene Darstellung von Argumenten müßte i.S. der obigen Überlegungen die Mobilisierungskraft des *diagnostic frame* wesentlich beeinträchtigt haben. Zwar boten die Kritik an den Informations- und Verfahrensfragen, die verweigerten Protestmöglichkeiten, friedenspolitische Aspekte und auch die Diversifizierung der ökologischen Debatte in Standortprobleme, WAA-interne und externe Risiken etc. den unterschiedlichen Gruppen und Organisationen Anknüpfungsmöglichkeiten. Die zerfaserte Argumentationsstruktur dürfte jedoch das Herstellen von übergreifenden Koalitionen erschwert haben. Beispielsweise wurden standortbezogene Sicherheitsfragen, über welche die lokale Bevölkerung besonders zu mobilisieren war, in dem Moment irrelevant, da sich die Planungen auf andere Regionen verlagerten; auch hatten die bürgerlichen Bewegungsunternehmer, die sich vornehmlich an Verfahrensfragen orientierten, mit dem Protest der linken Gruppen, die sich gegen die Beschneidung direkter Protestmöglichkeiten wendeten, zunächst wenig gemein. Dieser Eindruck eines fragmentierten Framings wird sich bei der weiteren Analyse prognostischer und motivationaler *Framing*-Elemente verfestigen.

Vor dem Hintergrund der differenzierten Struktur des Problemframes ergibt sich die Frage, inwieweit hier Übereinstimmung oder Dissens herrschte, d.h. inwieweit linke und bürgerliche Bewegungsunternehmer den Gegenstand in gleicher Weise problematisierten. Wurde oben über die Dimensionierung der Argumentation informiert, so stehen nun Verhältnisse zwischen den Aussageurhebern zur Debatte. Im Ergebnis zerfiel die Protestbewegung in der Ausgestaltung des *diagnostic frame* in unterschiedliche Lager, deren Zusammensetzung nach Argument-Bereichen differierte. Besonders ausgeprägt waren die Unterschiede in der politischen Kritik, wo sich zwei Cluster voneinander deutlich separierten, die grob als 'bürgerlich-reformistisch' vs. 'linksorientiert-systemoppositionell' charakterisiert werden können. Die systemoppositionellen Gruppen waren jenseits der zwischen ihnen bestehenden Differenzen in ihrer Darstellung des staatlichen Handelns und vor allem hinsichtlich der herausgehobenen Grundrechts- und Protesteinschränkungen deutlich vom Rest der Bewegung abgesetzt. Wenn die Faktorenanalyse ermittelte, daß der Durchsetzungsprozeß auf einer zusätzlichen, von den Sachfragen unabhängigen Dimension problemgenerierend wirkte, so läßt sich diese Aussage dahingehend spezifizieren, daß sich die Kritik der linksorientierten Initiativen vor allem an den Repressionsmaßnahmen gegenüber dem direkten Widerstand entzündete, wohingegen für das bürgerliche Lager die dubiose Genehmigungspraxis der Behörden im Vordergrund stand. Diese weltanschaulich begründeten Unterschiede waren dagegen im Argumentbereich Umwelt sowie Wissenschaft und Technik kaum anzutreffen.

Verlief die Gruppenbildung im Kontext des *diagnostic framing* entlang der politischen Orientierungen der Herausgeber, so galt dieses nicht für die Darstellung der Alternativen zur Wiederaufarbeitung. Hier fanden sich Gruppenbildungen, die einem anderen Muster zu folgen scheinen. Die bayerischen Standortinitiativen (Autonome, BI Amberg) wurden unabhängig von ihrer grundverschiedenen politischen Couleur als homogene und vom Rest der Bewegung klar abgegrenzte Gruppe ausgewiesen. Die Entwicklung von WA-Alternativen war demnach weniger durch politische Grundorientierungen als durch die Nähe oder Ferne zur geplanten Anlage bestimmt. Je weiter entfernt der Standort des Akteurs von der Wackersdorfer WAA war, je weiter der Problemhorizont und je generalisierter seine Zielsetzungen, desto weniger entsprachen die vorgeschlagenen Alternativen den örtlichen Initiativen.

Die Langfristigkeit der Auseinandersetzungen und die sich ab Mitte der 80er Jahre zuspitzenden Konfrontationen zwischen Befürwortern und Gegnern der WAA ließen annehmen, daß die Ausgestaltung des Problemframes davon nicht unberührt bleiben würde. Die sich anschließende Frage ist mithin, wie sich die von der Bewegung verwendeten *diagnostic frames* im Zeitablauf veränderten und ob es dabei zu einer Annäherung der Problemperspektiven kam. Denkbar wäre, daß im Zuge der sich radikalisierenden Auseinandersetzungen eine gemeinsame Mobilisierung stattfand, welche die zuvor beobachteten Unterschiede zwischen den Frames der linken und bürgerlichen Herausgeber zurücktreten ließ. Abbildung 1 zeigt, daß die insgesamt geringe Bedeutung der argumentationsorientiert berichtenden Artikel keineswegs immer gegeben war. In den relativen Ruhephasen des Konflikts wurde der Problemframe ausführlich entwickelt. Wenn sich die Auseinandersetzungen dagegen verschärften, verdrängten die motivationalen und prognostischen Elemente die Problemdiagnosen fast völlig. Deutlich ist dieses in den besonders bewegten Phasen während der Jahre 1978/79, wo die Konflikte in Gorleben ihrem Höhepunkt zustrebten, sowie in den Jahren 1986 und folgende, wo die Ausschreitungen zwischen WAA-Gegnern und Sicherheitsorganen in Wackersdorf für eine dramatische Zuspitzung der Konflikte sorgten. In dieser Zeit verschob sich die Aufmerksamkeit extrem zugunsten des Konfliktgeschehens. Dem diagnostischen Framing kam damit zeitweilig eine sehr unterschiedliche Bedeutung in den Darstellungsstrategien zu.

Die Zeitreihenkorrelationen ergaben, daß das diagnostische Framing die Thematisierung der Aktionen um etwa anderthalb Jahre anführte ($r=-.41$, Signifikanzniveau 5%), wobei das negative Vorzeichen des Korrelationskoeffizienten bestätigt, daß der Problemframe und der prognostische Frame in einem alternierenden Verhältnis zueinander standen.[6]

Abbildung 1: Die Entwicklung der Hautpthemen der Beiträge

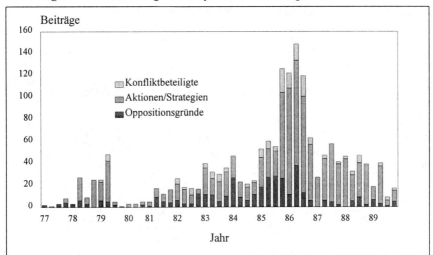

Der umfangreichen Darstellung der Widerstandsaktionen ging die Reflexion und Klärung der Sachfragen voraus. Erst nach dem Setzen des argumentativen Frames konzentrierten sich die Darstellungen auf die Maßnahmen der Bewegung und ihrer Kontrahenten und verdrängten im Gegenzug die Problemdiagnosen. Diese Stufenfolge in den Darstellungsstrategien entspricht den Annahmen von Snow/Benford (1988: 203), die davon ausgehen, daß diese *Framing*-Tasks aufeinander aufbauen. Eine Präzisierung ihrer Annahmen ergibt allerdings, daß die *Framing*-Elemente in den Darstellungen nicht parallel gehalten wurden, sondern sich gegenseitig substituierten.

Wirft man einen Blick auf die zeitliche Entwicklung der Argumente, so offenbaren sich starke Schwankungen (siehe Abbildung 2). Nachdem zunächst wirtschaftliche Fragen ausführlich behandelt wurden, holten die Bereiche Sicherheit/Umwelt und Technik sehr schnell auf und rückten zeitweise in den Mittelpunkt der Darstellungen. Rechtsfragen wurden vor allem zu konkreten Anlässen diskutiert, die Spitzen lagen bei den Erörterungsterminen der 1. und 2. Teilerrichtungsgenehmigung in den Jahren 1984 und 1988. Zwar wurde das WAA-Issue durch eine Vielzahl unterschiedlicher Anlässe aktualisiert, dennoch verliefen die Konjunkturen der WAA-bezogenen Argumente sehr konsonant.

Diese Anbindung galt jedoch nicht für den Argumentationsbereich Politik. Mit zunehmender Konfliktdauer stieg seine Bedeutung in den Beiträgen kontinuierlich an, stabilisierte sich auf einem hohen Niveau und löste sich zugleich von den übrigen Problemfeldern ab. Während der Eskalationsphase der Konflikte, wie etwa in Gorleben im Jahre 1979 und in Wackersdorf zwischen den Jahren 1985-87, kam es zu einer drastischen Verengung der wirtschaftlichen und sicherheitstechnischen Diskussion, wohingegen der Anteil der politischen Argumente noch weiter zunahm. Dementsprechend zeigte die Entwicklung des politischen Problemframes auch keinen Zusammenhang mit den übrigen Argumentbereichen. Zugleich besaßen die politischen Oppositionsgründe eine hohe interne Entwicklungsdynamik.

Abbildung 2: Die Entwicklung der Argumentsbereiche im Zeitverlauf

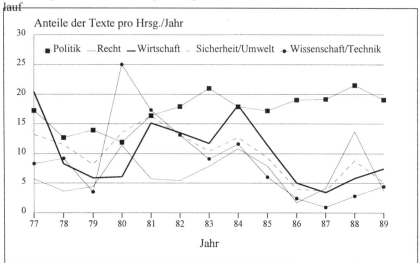

Die verfahrensbezogene Kritik wurde vor allem während der gemäßigten, vorwiegend rechtsförmigen Auseinandersetzungen fokussiert, wohingegen die Kritik an der offensiven Polizeitaktik während der direkten Konfrontationen bedeutsam wurde. Der politische Problemframe war damit sowohl durch intern wechselnde Konjunkturen geprägt als auch von der Sachargumentation abgekoppelt. Schlußfolgern läßt sich, daß in den Darstellungsstrategien verschiedene Problemframes unabhängig voneinander existieren können und im Verlauf der Auseinandersetzung ihre Bedeutung wechseln.

4.2 Weitere Elemente des diagnostischen Framing

Ein wesentlicher Bestandteil im Framing politischer Issues ist die Anbindung des Themas an das Handeln von konkreten Akteuren. In der Konzeptualisierung durch Snow/Benford (1988: 200; Gerhards 1993: 134) wurde dieses neben der Problemdiagnose als ein Element des *diagnostic framing* herausgestellt. Mobilisierungsprozesse können nur dann erfolgversprechend angeleitet werden, wenn die Probleme auf das Handeln oder Unterlassen einer möglichst geringen Zahl von verpflichtungsfähigen Adressaten zurückgeführt werden können (Gerhards/Neidhardt 1990: 42; ähnlich Luhmann 1991: 135). Die Identifizierung dieser Angriffspunkte ist nicht automatisch vorgegeben, sondern Ergebnis aktiver Deutungsarbeit der Bewegung. Dieses schließt ein, daß die als verantwortlich ausgemachten Akteure nicht zwangsläufig die eigentlichen Verursacher des Problems sein müssen; zudem können die Gegnerschaften im Verlauf des Konflikts wechseln. Der Identifizierung der Verantwortlichen steht die Legitimierung der Protestbewegung gegenüber. Anhänger und Mitglieder lassen sich dann mobilisieren, wenn sich die Bewegungsunternehmer als vertrauenswürdige und kompetente Akteure darzustellen vermögen; nur wenn sie als effektive Möglichkeit zur Entfaltung von Protestmaßnahmen angesehen werden, kommt es zum Anschluß an die Bewegung.

Entsprechend den Annahmen über die Bedeutung eines personalisierten Issues existierte kaum ein Beitrag, in dem nicht mindestens ein Akteur vercodet werden konnte. Die Ausgestaltung des personellen Frames wurde dabei hauptsächlich in der Form betrieben, daß die Widersacher herausgestellt wurden, wohingegen die Selbstilluminierung der Bewegung weniger bedeutsam war. Eindeutiger Spitzenreiter waren die Länderregierungen. Sie wurden, und hier insbesondere die bayerische Staatsregierung, in mehr als jedem zweiten Beitrag angesprochen. Die ihnen zuteil gewordenen Bewertungen sind so negativ, daß sie nur noch von den Sicherheitskräften übertroffen werden. Die herausgehobene Darstellung der Landesregierungen entsprach ihrer zentralen Rolle im atomrechtlichen Genehmigungsverfahren. Hinzu kam, daß ihnen die Aufsicht über die Polizei zustand; sie waren nicht nur die wichtigsten Genehmigungsbehörden, sondern repräsentierten auch die entscheidenden Kontrollinstanzen der Bewegung. Zur Durchsetzung ihrer Interessen an dem Projekt verfügten sie über beträchtliche Einflußmöglichkeiten, die dann auch in den Augen der Kritiker zum Verlust ihrer Funktion als unparteiische Prüfungsinstanz führten.

Die eindeutig negativsten Kommentare verbuchten die Sicherheitsorgane (Polizei, Bundesgrenzschutz). Mit einem Beitragsanteil von fast 50% waren sie nach den Landesregierungen der wichtigste Kontrahent der Bewegung. Wenn sich die Darstellungen mit ihnen befaßten, dann zumeist im Zusammenhang mit umfangreichen oder besonders harten Einsätzen. Umgekehrt konnten die Sicherheitsorgane dann und nur dann vergleichsweise positive Bewertungen verbuchen, wenn sie in den Darstellungen durch eine weitgehende Abwesenheit glänzten. Von einer konstanten, im vorhinein fixierten Ablehnung der Sicherheitsorgane konnte so nicht gesprochen werden; vielmehr war ihre Einschätzung an die Situation und die jeweiligen Interaktionsverhältnisse geknüpft. Offensichtlich führten die zahlreichen und z.T. drakonischen Verbote, die Kontrollen und offensiven Sicherungsmaßnahmen, denen auch die örtlichen Initiativen und Anwohner ausgesetzt waren, zu einem allgemeinen Legitimitätsverlust staatlicher Maßnahmen. Diese äußerst kritischen Darstellungen waren dazu angetan, das Aufbegehren gegen die Kontrollapparate, und dieses auch innerhalb des bürgerlichen Widerstands, zu rechtfertigen.

Eine extreme Fokussierung auf die Sicherheitskräfte zeigten insbesondere die Autonomen. Im Vergleich zum BUND, der mit 12% Nennungen den konservativen Rand des bürgerlichen Spektrums markiert, machten sie mit 86% der Texte die Sicherheitsorgane mehr als sieben mal häufiger zum Thema. Keine andere staatliche Institution erfuhr bei ihnen eine auch nur annähernd gleiche Aufmerksamkeit. Ihre Selektion von Strafverfahren, Protest- und Polizeiaktionen, die Distanz zu den politischen Institutionen, die Bevorzugung direkter, disruptiver Aktionen sowie eine Argumentation, welche die wahrgenommenen Einschränkungen der Widerstandsmöglichkeiten betonte, lassen ein vielfach abgestütztes und in sich konsistentes Bild der Frontstellung gegenüber dem etablierten Systems erkennen, die weit über die bloße Ablehnung der WAA hinausging und zu einer generellen Opposition gegenüber dem System motivierte. Die Mobilisierung vollzog sich in erster Linie über den Bezug auf die Widersacher und nicht über den eigentlichen Protestgegenstand WAA, der nur als Auslöser fungierte und in diesem Kontext relativ austauschbar war. Die bürgerlichen Widerstandsakteure (BUND, BBU, BI Amberg) dagegen konzentrierten sich auf das Handeln von Regierungen, Verwaltungen und Gerichten.

Damit finden sich die im *Framing*-Konzept enthaltenen Annahmen bestätigt. Die faktisch verantwortlichen Adressaten standen auch in den Darstellungen der Bewegung im Mittelpunkt. Die Vielzahl der in das Genehmigungsverfahren involvierten staatlichen Akteure wurde gleichzeitig verdichtet auf einige wenige Instanzen. Die Landes- und Bundesregierung, die Sicherheitsorgane und teilweise die Gerichte markierten die Hauptangriffspunkte. Da diese mit erheblicher Amtsautorität und Sanktionsfähigkeit ausgestattet waren, bedurfte die Mobilisierung gegen sie besonderer Anstrengungen. Die häufige Ansprache und die negativen Bewertungen indizieren, daß entsprechend intensive Delegitimierungsbemühungen in den Darstellungen stattfanden. Diese konnten im Sinne einer 'Konsensusmobilisierung' (Klandermans 1988) unter den Anhängern als eine Vorbedingung für die Durchführung der Widerstandsaktionen verstanden werden.

Die Analyse der Selbstdarstellung der Bewegung offenbart ein Bild, das in nicht geringem Maße durch Selektivitäten, Spannungen und Brüche gekennzeichnet ist (siehe Tabelle 2). Zwar waren die Initiativen der wichtigste Bezugspunkt für die Selbstdarstellung der Bewegung, ihre Bedeutung und Wertschätzung variierten jedoch erheblich. Die größte Aufmerksamkeit genossen die bürgerlichen Gruppen bzw. die aus der lokalen Bevölkerung rekrutierten Standortinitiativen. Mit größerem Abstand folgten die linksorientierten und standortfremden Gruppen, sowie der auswärtige Widerstand. Der Bewegungsprotest wurde in den Beiträgen überwiegend in einen bürgerlich-reformistischen Kontext gestellt. Dabei nahmen die bürgerlichen Herausgeber (BUND, BBU, BI Amberg) die bürgerlichen Initiativen deutlich wichtiger und schätzten sie mehr, als die linken und auswärtigen Gruppen. Die linken Herausgeber-Initiativen, welche die Aktivitäten der Initiativen überhaupt am häufigsten ansprachen, zeigen diese Selektivitäten dagegen nicht. Sie berichteten auch über die bürgerlichen Gruppen häufig und bewerteten sie nicht schlechter als die Gruppen des eigenen Lagers. Selbst die Autonomen sprachen die bürgerlich ge-

Durch Dramatisierung zum Protest? 83

färbten Gruppen in über 40% ihrer Beiträge an und bewerteten sie positiv. Die Beachtung und Wertschätzung der Initiativen fiel somit je nach Perspektive unterschiedlich aus. Während das bürgerliche Lager die bürgerlichen Initiativen gegenüber dem linken Spektrum klar bevorzugte, diskriminierten die linken Initiativ-Herausgeber zwischen linken und bürgerlichen Initiativen kaum.

Tabelle 2: Die Selbstwahrnehmung der Bewegung

Prozente auf Basis der Texte pro Herausgeber	Herausgeber							Anteile insgesamt
	Grüne	BUND	BBU	NIGA[1]	Gak./Lak.[2]	Anon.Gr.	BI Amberg	
(N)	(210)	(85)	(113)	(594)	(520)	(73)	(143)	(1738)
Grüne Bewertung**	63 % +0.6	5 % (+1.0)	13 % +1.3	22 % +0.5	22 % +0.1	8 % (-1.0)	1 % (+1.0)	23 % +0.4
BUND Bewertung**	8 % +0.2	80 % +1.0	6 % +0.9	14 % +1.5	8 % +0.4	0 % -	1 % (+2.0)	12 % +1.0
BBU Bewertung*	2 % (-0.5)	2 % (+2.0)	23 % +0.5	5 % -0.2	11 % -0.1	0 % -	0 % -	7 % 0.0
"Gegenexperten" Bewertung*	19 % +1.3	18 % +1.1	23 % +1.0	10 % +0.7	18 % +1.0	8 % (0.0)	4 % (+1.5)	14 % +1.0
Bürgerliche Initiativen Bewertung**	41 % +0.9	40 % +1.7	58 % +1.2	52 % +1.1	59 % +0.8	41 % +0.4	25 % +1.7	50 % +1.0
Autonome Bewertung**	16 % -0.1	12 % -0.4	13 % -1.1	41 % +0.6	35 % +0.4	56 % +0.7	12 % -1.3	31 % +0.4
Standortinitiativen Bewertung**	26 % +1.0	13 % +1.6	50 % +1.2	35 % +0.9	55 % +0.8	26 % +0.6	17 % +1.5	38 % +0.9
"Zugereiste" Bewertung**	7 % +1.1	2 % (0.0)	9 % +0.2	9 % +1.6	19 % +0.9	23 % +1.7	4 % (-1.0)	12 % +1.1
Nichtstandortinitiativen Bewertung**	24 % +0.7	14 % +1.6	27 % +0.8	41 % +1.2	44 % +0.8	60 % +0.7	10 % -0.2	36 % +0.9
Bündnisse Bewertung	14 % +0.8	9 % (+0.6)	14 % +1.0	42 % +0.6	34 % +0.4	26 % +0.6	1 % (+2.0)	29 % +0.6
Anti-AKW-Bewegung Bewertung	18 % +1.5	6 % (+1.3)	7 % (+1.3)	30 % +0.6	27 % +0.6	8 % (+1.0)	0 % -	22 % +0.7

1 NIGA = linksorientierte Initiativen aus Nürnberg
2 Gak./Lak. = linksorientierte Initiativen aus Norddeutschland
* Unterschiede in Varianzanalyse (F-Test) auf 10 % signifikant
** Unterschiede in Varianzanalyse (F-Test) auf 5 % signifikant
( ) Mittelwertberechnung auf Basis von weniger als 10 Fällen
- Mittelwertberechnung nicht möglich

Weiter wurde verschlüsselt, ob in den Beiträgen über „Bridging-Phrases" (Gerhards/ Rucht 1991: 467) explizite Bezüge zu anderen Segmenten im bundesrepublikanischen Bewegungssektor hergestellt wurden. Dieses Erzeugen von Gemeinsamkeiten konnte dazu dienen, strukturell übereinstimmende, aber bislang unverbundene Deutungsmuster zu integrieren. Indem der Widerstand gegen die WAA als ein wichtiges Element im Zielkatalog anderer Bewegungen dargestellt wurde, konnte sich die Anhängerschaft über den Anschluß bereits mobilisierter Gruppen verstärken (vgl. dazu Snow et al. 1986: 467). Insgesamt wurde jedoch von sämtlichen codierbaren Bewegungen[7] in größerem Umfang nur die Friedensbewegung angesprochen (in 10% aller Beiträge), was auf die mit der atomaren Wiederaufarbeitung verbundene Proliferationsproblematik zurückzuführen war. An zweiter und dritter Stelle und in gerade noch wahrnehmbaren Größenordnungen folgten die Ökologie- und Startbahn-West-Bewegung (jeweils 3%), andere soziale Bewegungen wurden praktisch nicht genannt. Auch hier bestätigte sich die Ausblendung bewegungsförmiger Zusammenhänge im bürgerlichen Teil der Anti-WAA-Bewegung. Selbst die Umweltbewegung, von der angenommen wurde, daß sie dem BUND noch vergleichsweise nahe stehen würde, fand bei ihm nur in ganzen zwei Beiträgen Erwähnung, die BI Amberg nahm auch diesen Bewegungstyp überhaupt nicht wahr. Brückenschläge zu anderen Bewegungen wurden damit in der WAA-Berichterstattung nur begrenzt hergestellt, wobei vor allem die bürgerlichen Herausgeber ihren Widerstand durch die Nicht-Thematisierung anderer Bewegungen am stärksten abgrenzten. Hier waren offensichtlich Verbindungen zu anderen Proteststrängen nicht gewünscht.

Diese widersprüchliche Selbstdarstellung, so die Conclusio, dürfte für die Mobilisierung der Anhänger und Sympathisanten folgenreich gewesen sein. Im Zusammenhang mit der Selbstzentrierung der Darstellungen bedeuteten die divergierenden Einschätzungen, daß die Bewegungsunternehmer vor allem für die jeweils eigenen Truppen mobilisierten und Beziehungen zu anderen Strömungen zum Teil ignorierten oder gar ablehnten. Die Spannungslinien und Brüche verliefen damit nicht allein zwischen der Bewegung und ihren Kontrahenten, sondern auch innerhalb des Widerstands selbst, was dem Aufbau einer breiten Bewegung zweifellos entgegenarbeitete.

4.3 Das prognostische und motivationale Framing

Neben der Entwicklung eines geeigneten Problemframes kommen in der mobilisierungswirksamen Darstellung eines Issues als weitere und entscheidende Elemente das prognostische und motivationale Framing hinzu. Eine elaborierte Problemdefinition, die einverständliche Etikettierung der Verantwortlichen sowie die positive Selbstdarstellung der Protestakteure sind notwendige, aber nicht hinreichende Schritte zur Mobilisierung. Wie dramatisch die Probleme auch immer empfunden mögen werden, kommt es doch ohne eine geeignete Definition der Protestmittel nicht zum Anschluß an Protestaktivitäten. Dieses beinhaltet in dem Konzept von

Snow/Benford die Entwicklung von geeigneten Gegenmaßnahmen und wirkungsvollen Widerstandsaktionen sowie die allgemeine Motivation zum Protest (Snow/ Benford 1988: 201; Snow et al. 1986: 477).

Im Ergebnis zeigt sich, daß sich die Darstellungen – gemessen an der Nennungshäufigkeit – sogar schwerpunktmäßig um die Interaktionen zwischen WAA-Gegnern und Befürwortern drehten (siehe Tabelle 3). Sie konstituierten die zentralen Themen der Beiträge und nicht etwa die Ausarbeitung von Problemdiagnosen. Eine geradezu extreme Fixierung auf die Auseinandersetzungen zeigten die linken Gruppen, deren Darstellungen nahezu ausschließlich am motivationalen Framing orientiert waren. Die Konzentration auf den Widerstand und die staatlichen Gegenreaktionen indizierten, daß die Funktion der Darstellungen in erster Linie darin lag, den Widerstand anzuleiten, ihn zu koordinieren und zu Aktionen zu mobilisieren. Der Austausch von Argumenten und diskursive Reflexion der Risiken des eigentlichen Protestgegenstandes waren demgegenüber nachrangig. Mobilisiert wurde weniger über ein *diagnostic framing*, als über das *motivational framing*.

Tabelle 3: Darstellung der Widerstandsaktion

Prozente auf Basis der Texte pro Akteur	Herausgeber							Anteile insgesamt
	Grüne	BUND	BBU	NIGA[1]	Gak./Lak.[2]	Anon.Gr.	BI Amberg	
(N)	(210)	(85)	(113)	(594)	(520)	(73)	(143)	(1738)
Presse- Öffentlichkeitsarbeit Bewertung **	22 % + 1.3	20 % + 0.7	24 % + 1.0	31 % + 0.9	43 % + 1.3	27 % + 1.3	14 % + 1.4	31 % + 1.2
Legale Demonstrationen Bewertung **	38 % + 1.2	28 % + 1.2	34 % + 1.5	47 % + 1.3	46 % + 1.2	23 % + 0.6	15 % + 1.6	40 % + 1.2
Verbotene / Spontandemonstration Bewertung *	15 % + 1.3	0 % -	9 % + 0.9	24 % + 1.3	10 % + 1.1	40 % + 1.4	3 % (+ 1.3)	16% + 1.3
Blockaden Bewertung **	15 % + 1.3	2 % (+ 2.0)	12 % + 0.9	22 % + 1.6	24 % + 0.9	27 % + 0.6	3 % (+1.3)	19 % + 1.2
Besetzungen Bewertung **	16 % + 1.7	4 % (+ 2.0)	8 % (+ 1.0)	24 % + 0.8	16 % + 1.0	16 % 1.0	6 % (2.0)	17 % + 1.0
Gewalt gegen Sachen Bewertung **	12 % - 0.4	1 % (0.0)	5 % (- 0.5)	14 % - 0.1	19 % + 0.6	36 % + 1.2	4 % (0.0)	14% + 0.3
Gewalt gegen Personen Bewertung **	4 % (-1.3)	0 % -	4 % (-1.2)	13 % -0.6	8 % + 0.3	22 % + 0.6	2 % (0.0)	9 % - 0.3

1 NIGA = linksorientierte Initiativen aus Nürnberg
2 Gak./Lak. = linksorientierte Initiativen aus Norddeutschland
** Unterschiede in Varianazanalyse (F-Test) auf 5% signifikant
* Unterschiede in Varianazanalyse (F-Test) auf 10% signifikant
( ) Mittelertberechnung aub Asis von weniger als 10 Fällen
- Mittelwertberechnung nicht möglich

Konkret waren die verfahrensgeregelten und legal-unkonventionellen Widerstandsformen in den Darstellungen die wichtigsten und am meisten befürworteten Aktionen. Sie waren einerseits identifikationsträchtiger als der verfaßte, konventionelle und juristisch ausgetragene Protest, zugleich aber noch nicht mit den Risiken und Kosten illegaler Aktionen belastet. Bereits beim zivilen Ungehorsam und dann noch einmal mehr bei gewaltsamen Aktionen gingen die Darstellungen in der Bewegung deutlich auseinander. Fand sich im bürgerlichen Segment beim zivilen Ungehorsam noch das Bemühen, diesen Widerstand nicht auszugrenzen, so wurde das vollständige Verlassen des gesetzlichen Rahmens in Form von Gewaltaktionen von ihnen nicht mehr mitvollzogen. Damit existierte ein unterschiedliches motivationales Framing bei bestimmten Spielarten des Widerstands. Für die Mobilisierung zu unkonventionellen, im legalen Rahmen verbleibenden Aktionen boten die übereinstimmenden Darstellungen günstige Möglichkeiten für gruppenübergreifende Aktionen. Gleichzeitig deutet dieses Ergebnis erneut an, wie sehr innerhalb einer Bewegung verschiedene Frames miteinander um Geltungskraft konkurrieren können.

Das im *Framing*-Ansatz herausgestellte Erfordernis der Integration von prognostischen und motivationalen Elementen war in Hinsicht nur bedingt vorfindbar. Dieses war vor allem daran ablesbar, daß die einzelnen Aktionsformen sehr unterschiedliche Grade an Zweckbindung zeigten (siehe Tabelle 4). So wiesen die legal-unkonventionellen Widerstandsaktionen noch am ehesten zweckrationale Orientierungen auf, wohingegen die als besonders kostenintensiv und begründungsbedürftig angenommenen aggressiven Verhaltensformen allenfalls bei einigen linken Gruppen über Zielvorgaben legitimiert wurden. Bei den Autonomen gingen Gewaltaktionen sogar mit einer systematischen Verdrängung von Protestzielen einher. Für sie waren überraschenderweise gerade die legaleren Aktionen verstärkt begründungsbedürftig. Insgesamt waren – und hier findet sich ein deutlicher Widerspruch zu den Annahmen des *Framing*-Konzepts – vor allem die Gewaltaktionen durch den Mangel an Zweckbindungen gekennzeichnet.

Tabelle 4: Die Assoziation zwischen Aktionsformen und -zielen[1]

Aktionsformen	Herausgeber							Assoz. insgesamt
	Grüne	BUND	BBU	NIGA	Gak./Lak.	Anon.Gru.	BI Amberg	
(N)	(210)	(85)	(113)	(594)	(520)	(73)	(143)	(1738)
Parteif.-parlament.	.21*	.09	.15	.04	.06	-.06	-.06	.12**
Legal-konventionell	.12	.09	.17	.08	-.06	.15	.13	.06
Legal-unkonventionell	.16	.12	.26*	.42**	.28**	.55**	.37**	.30**
Ziviler Ungehorsam	.14	.11	.09	.29**	.22**	.39**	-.03	.22**
Politische Gewalt	-.07	.08	.01	.15**	.13*	-.29	.00	.07*

[1] Additive Indices, Korrelationskoeffizient nach Pearson; * Signifikanzniveau 1 %; ** Signifikanzniveau 0.1 %.

Durch Dramatisierung zum Protest? 87

Weit häufiger wurden die Widerstandsaktionen in den Kontext von Problemen gestellt, wobei die verschiedenen Verhaltensfelder eine unterschiedliche 'Problemausstattung' zeigten. Gerade die illegalen und gewalttätigen Protestmaßnahmen wurden nicht als ritualisierte, unreflektierte Akte erlebt, aber auch nur bedingt im Kontext von Zielen und Zwecken diskutiert. Bei den Gruppen am extremen linken Rand der Bewegung bestand ein außerordentliches Spannungsverhältnis zwischen dem Mangel an Zweckbindung der von ihnen präferierten aggressiven Aktionen und dem Herausstellen der negativen Konsequenzen. Für die Annahmen des *Framing*-Konzepts würde dieses bedeuten, daß die Bedeutung von prognostischen und motivationalen Komponenten vor dem Hintergrund einer generalisierten Verständigungsbasis weit schwächer sein können als theoretisch vorab angenommen wurde, und daß die Beziehungen zwischen ihnen nach Verhaltensfeldern zu differenzieren sind. Auch läßt sich feststellen, daß der Action-Frame weniger durch positive Zielvorgaben als durch Probleme und Risiken angereichert wurde. Dieser Aspekt fand innerhalb des *Framing*-Konzepts bislang keine Berücksichtigung; es wäre daher in dieser Hinsicht theoretisch stärker auszuarbeiten.

Angesichts des Fehlens positiver Zielsetzungen bedurfte der aggressive Widerstand eines anderen Rechtfertigungskontexts. Ein pfadanalytisches Modell konnte dazu verschiedene Determinanten herausarbeiten (siehe Abbildung 3). Es zeigt, daß – jeweils differenziert nach den jeweiligen Herausgebern – in der Darstellung weder die wahrgenommenen WAA-Risiken („WAA-Risiko") noch die Kritik am Durchsetzungsprozeß („Politische Deprivation") gewaltsame Proteste rechtfertigten.

Abbildung 3: Verknüpfung von Widerstandsaktionen, Konfliktbeteiligten und Risiken in den Darstellungen

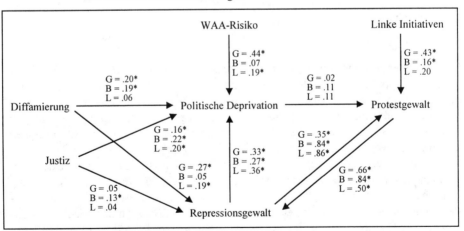

G = Grüne Parteien, B = BUND/ BBU/ BI Amberg, L = Linke Initiativen
Standardisierte Regressionskoeffizienten, * = signifikant bei 5 %
Anmerkung zur Graphik: „Diffamierung" (Wiedergabe von diffamierenden Äußerungen über WAA-Gegnern in den Beiträgen); „Justiz" (Thematisierung von juristischer Verfolgung von WAA-Gegnern); „Linke Initiativen" (Thematisierung von linken Gruppen in den Beiträgen).

Es bestätigte sich auch hier die Desintegration der Darstellungen, indem Ziele und Mittel des Protests, diagnostische und prognostische Elemente unverbunden nebeneinander standen. Dagegen stand das Auftreten von Protestgewalt in einem engen Zusammenhang mit der Schilderung von Polizeieinsätzen („Repressionsgewalt"). Staatliche Repressionsgewalt und die durch die Bewegung ausgeübte Protestgewalt bildeten einen engen, sich gegenseitig bedingenden Kontext, wobei die jeweiligen Regressionskoeffizienten indizieren, daß in der Frage, was die Ursache und was die Wirkung waren, linke, bürgerliche und grüne Bewegungsunternehmer unterschiedliche Vorstellungen entwickelten. Unabhängig davon, welche Richtung als dominant angenommen wurde, war festzustellen, daß ein Framing von Gewalthandeln zwar stattfand, dieses jedoch weniger unter Hinzuziehung von prognostischen oder diagnostischen Komponenten, sondern *außerhalb* dieser Elemente angesiedelt, d.h. im Interaktionsverhältnis mit den Kontrollinstanzen begründet war. Auch dieser Befund geht über das *Framing*-Konzept in seiner bisherigen Form hinaus. Dabei waren die verschiedenen Widerstandsformen in ihren Einschätzungen in unterschiedlicher Weise an die wechselnden Kontexte der Auseinandersetzungen geknüpft. Insbesondere die Einschätzung von Protestgewalt war keine Konstante im Bewegungsdiskurs, sondern an situative Arrangements und Chancenstrukturen, vorherrschende Protestmotive, staatliche Gegenreaktionen und die Verfügung über alternative Optionen gebunden. Damit waren in den Darstellungen diagnostische Elemente unterschiedlicher Art präsent, die miteinander um Geltung konkurrierten und streckenweise einander substituierten.

5. Schluß

Die vorliegende Arbeit ging von der Frage aus, wie sich die Annahmen des *Framing*-Konzepts hinsichtlich der Struktur mobilisierungsfähiger Darstellungen empirisch einlösen ließen. Untersucht wurde dieses am Fall der Protestbewegung gegen atomare, großtechnische Wiederaufarbeitungsanlagen in der Bundesrepublik. Im Kontext dieses Issues wurden die Darstellungsstrategien und Situationsdefinitionen der an der Bewegung beteiligten Akteure untersucht.

Folgende theoretische Erträge lassen sich festhalten: Im Gegensatz zu den Annahmen des *Framing*-Konzepts, das mobilisierungsfähige Frames auf der Basis wohlintegrierter diagnostischer, motivationaler und prognostischer Elemente unterstellt, entwarfen die untersuchten Bewegungsakteure höchst unterschiedliche Leitbilder ihres Handels. So wie es aus den Beschreibungen der Aktoren herauszulesen war, existierte die Anti-WAA-Bewegung nur als ein locker gefügtes Konglomerat verschiedenster Argumentationsrationalitäten und Darstellungsstrategien, die jeweils eigenen Gesetzen folgten, punktuell verbunden waren und sich nur situativ als kollektiver Akteur produzierten. Neben der Vielfalt und Heterogenität der in der Bewegung kursierenden Frames kommt hinzu, daß die jeweiligen Akteure i.S. des *Framing*-Konzepts in der Regel über 'unvollständige' Frames mobilisierten. Die einzelnen *Framing*-Elemente besaßen eine höchst ungleiche Bedeutung, waren vielfach nur lose miteinander verbunden und erlebten im Zuge der langanhaltenden Konflikte höchst unterschiedliche Bedeutungskonjunkturen. Die Vielfalt der Motivationen und Antriebe in einer großen Bewegung ist demach nicht mit dem monokausalen *Framing*-Konzept zu beschreiben.

In den Darstellungsstrategien fanden sich sämtliche der von Snow, Benford u.a. als mobilisierungswirksam unterstellten *Framing*-Elemente wieder, entgegen den Annahmen jedoch mit ungleichen Gewichtungen und nur schwachen Verbindungen. Zahlreiche Indikatoren konvergierten dahingehend, daß sich das Issue in der Bewegung vor allem über das *motivational* und *prognostic framing* konstituierte. Die diagnostische Reflexion von Argumenten, der diskursive Austausch über das 'Warum' der Opposition waren gegenüber dem 'Wie' sekundär.

Offen bleibt die Frage nach der Wirkung dieser Darstellungsstrategien. So können allenfalls Vermutungen darüber angestellt werden, welche Effekte die je gewählten Frames vor dem Hintergrund der Heterogenität und nur partiellen Integration auf die Anhänger und Sympathisanten der Bewegung ausübten. Empirische Prüfungen tun hier Not. Angesichts der auch unter Mobilisierungsaspekten überaus erfolgreichen Anti-WAA-Bewegung scheint jedenfalls die Schlußfolgerung nicht überzogen, daß Frames, welche den von Snow et al. formulierten Anforderungen nur partiell oder anders genügen, dennoch äußerst mobilisierungswirksam sein können.

Karl-Dieter Opp

Die Perspektive der Ressourcenmobilisierung und die Theorie kollektiven Handelns
Eine Anwendung zur Erklärung der Ökologiebewegung in der Bundesrepublik

1. Einleitung

Das Ziel dieses Beitrages besteht darin zu prüfen, inwieweit die Perspektive der Ressourcenmobilisierung (RM) und die Theorie kollektiven Handelns die Entwicklung einer bestimmten 'neuen' sozialen Bewegung erklären können, nämlich der Ökologiebewegung. Eine solche Erklärung setzt u.a. voraus, daß die Theorien klar sind. Dies bedeutet, daß genau angegeben ist, welche Faktoren welche sozialen Phänomene in welcher Weise beeinflussen. Da die RM-Perspektive nicht in dieser Weise formuliert ist, soll diese im folgenden zunächst rekonstruiert werden. Dabei werden wir auch deren Beziehung zur Theorie kollektiven Handelns diskutieren. Die explizierte Theorie wird dann zur Erklärung der Ökologiebewegung angewendet.[1]

Aus den vorangegangenen Bemerkungen geht hervor, daß wir die Theorie kollektiven Handelns und die Perspektive der Ressourcenmobilisierung als getrennte theoretische Ansätze betrachten. Dies ist gerechtfertigt, zum einen aufgrund einer vor allem von Politikwissenschaftlern und Ökonomen verfaßten umfangreichen Literatur, die auf der Arbeit von Mancur Olson (1965) – das grundlegende Buch zur Theorie kollektiven Handelns – beruht, zum anderen wegen einer Vielzahl von soziologischen Schriften zur Ressourcenmobilisierung. Allerdings wird in dieser Literatur die Theorie kollektiven Handelns immer wieder angewendet – insbesondere dann, wenn die Mikroebene behandelt wird. Die meisten Schriften zur RM-Perspektive haben dagegen die Makroebene zum Gegenstand. Es ist also auch vertretbar, wenn man zwei Varianten der RM-Perspektive unterscheidet: Hypothesen zur Makroebene und Hypothesen zur Mikroebene. Bisher fehlt allerdings eine detaillierte Analyse der Beziehungen dieser beiden Varianten. Im folgenden ersten Teil dieses Aufsatzes wird eine Integration der beiden Ansätze vorgeschlagen, die dann zur Erklärung der Entwicklung der Ökologiebewegung angewendet wird.

2. Die Perspektive der Ressourcenmobilisierung und die Theorie kollektiven Handelns

Die RM-Perspektive und die Theorie kollektiven Handelns basieren auf einer allgemeineren Theorie: der Theorie rationalen Handelns. So ist nach Jenkins (1983: 528) eine Annahme der RM-Perspektive: „Movement actions are rational, adaptive responses to the costs and rewards of different lines of action." Wir werden diese Basistheorie jedoch nicht diskutieren, da dies den Rahmen dieses Aufsatzes sprengen würde. Statt dessen beginnen wir mit der Explikation der RM-Perspektive.[2] Dabei gehen wir von der grundlegenden Arbeit von John McCarthy und Mayer N. Zald (1977) aus. Ziel der Autoren ist die Erklärung der „dynamics and tactics of social movement growth, decline, and change". Es geht also um die Erklärung von Makro-Phänomenen.

Man kann die RM-Perspektive am besten verstehen, wenn man davon ausgeht, daß eine soziale Bewegung ein kollektiver Akteur ist, der aus einzelnen individuellen Akteuren besteht. *Entstehung* einer sozialen Bewegung bedeutet dann, daß individuelle Akteure in Interaktion treten, um gemeinsam zu handeln. Will man die Entstehung einer sozialen Bewegung erklären, ist also zunächst zu klären, unter welchen Bedingungen sich Einzelpersonen zu einem kollektiven Akteur zusammenschließen. Eine Voraussetzung hierfür ist, daß sie gemeinsame Ziele haben, die nicht erreicht sind. McCarthy/Zald (1977) diskutieren entsprechend, inwieweit „shared grievances" – also gemeinsame Unzufriedenheit – zur Entstehung einer sozialen Bewegung beitragen. Ihre These ist, daß Unzufriedenheit nur von sekundärer Bedeutung oder sogar unwichtig ist. In jeder Gesellschaft gäbe es genug Unzufriedenheit, um Unterstützung für eine soziale Bewegung zu finden. Die Autoren erklären die Entstehung einer sozialen Bewegung in folgender Weise: „The resource mobilization perspective adopts as one of its underlying problems Olson's (1965) challenge: since social movements deliver collective goods, few individuals will 'on their own' bear the costs of working to obtain them. Explaining collective behavior requires detailed attention to the selection of incentives, cost-reducing mechanisms or structures, and career benefits that lead to collective behavior (see, especially, Oberschall, 1973) "[3] (1216).

Diese Erklärung befaßt sich mit dem Verhalten von Individuen. Nach diesem Abschnitt wenden sich McCarthy/Zald wieder der Makro-Ebene zu und behandeln die Entwicklung bestehender sozialer Bewegungen. Es scheint, daß die Autoren die *Entstehung* sozialer Bewegungen durch die Theorie kollektiven Handelns erklären und dann andere Hypothesen anwenden, um die weitere *Entwicklung* sozialer Bewegungen zu erklären.

Skizzieren wir die Theorie kollektiven Handelns etwas genauer.[4] Ausgangspunkt ist, daß eine Gruppe von Personen gemeinsame Ziele hat, die nicht realisiert sind. Bei diesen Zielen handelt es sich um *Kollektivgüter*. Darunter versteht man Güter, die, wenn sie einmal hergestellt sind, allen Mitgliedern einer Gruppe zur Verfügung stehen; Beispiele sind eine saubere Umwelt oder innere Sicherheit. Die Frage der Theorie kollektiven Handelns ist, unter welchen Bedingungen Personen einen Beitrag zur Herstellung von Kollektivgütern leisten. Dies wird um so eher der Fall sein, je stärker die Präferenz für ein Kollektivgut ist und je stärker ein Individuum glaubt, daß sein Beitrag die Herstellung beeinflußt. In einer großen Gruppe – etwa die Bevölkerung der Bundesrepublik – bewirkt der einzelne Bürger nur wenig, wenn er sich z.B. für eine saubere Umwelt engagiert. In diesem Falle wird sich eine Person trotzdem engagieren, wenn sog. *selektive Anreize* vorliegen. Damit sind Nutzen und Kosten gemeint, die dann auftreten, wenn man sich engagiert oder nicht engagiert. Je stärker die positiven (selektiven) Anreize bei einer Beitragsleistung und je stärker die negativen Anreize sind, wenn man keinen Beitrag leistet, desto eher wird man sich an der Herstellung eines Kollektivgutes beteiligen. Wenn z.B. Engagement für die Herstellung eines Kollektivgutes zu sozialer Anerkennung führt, dann liegt ein positiver selektiver Anreiz vor. Der Nutzen aus einem Kollektivgut ist dagegen kein selektiver Anreiz, da man das Kollektivgut als Gruppenmitglied ja auch dann erhält, wenn man sich an seiner Herstellung nicht beteiligt hat.

Angenommen, eine Gruppe von Personen ist bereit, einen Beitrag zur Herstellung eines Kollektivgutes zu leisten. Ein Problem besteht nun darin, *das gemeinsame Handeln zu koordinieren*. Eine Koordination ist mit Kosten verbunden, so z.B. mit zeitlichem Aufwand. Ist die Gruppe groß, ist die Koordination besonders kostspielig. Dies ist z.B. der Fall, wenn die Bewohner einer Großstadt bereit sind, sich an Protesten für mehr Umweltqualität einzusetzen. Bei einer Koordination individuellen Handelns werden oft selektive Anreize angeboten. Wenn etwa eine Demonstration gegen Umweltverschmutzung organisiert wird, wird an Normen appelliert, sich zu engagieren. Kostenlose Beköstigung am oder kostenloser Transport zum Demonstrationsort gehören ebenfalls zu den selektiven Anreizen.

Vertreter der Theorie kollektiven Handelns haben eine Reihe von Mechanismen (d.h. soziale Prozesse) beschrieben, die das Koordinationsproblem lösen. So gibt es häufig Personen, denen die Herstellung des Kollektivgutes besonders wichtig ist – man spricht in der Literatur auch von politischen Unternehmern (siehe im einzelnen Frohlich/Oppenheimer/Young 1971). Diese übernehmen die Koordination und bieten oft auch selektive Anreize an. In bestimmten Situationen entsteht die Koordination auch spontan.[5]

Gehen wir nun davon aus, eine soziale Bewegung sei entstanden. Die zentrale These von McCarthy/Zald ist, daß die weitere Entwicklung einer sozialen Bewegung davon abhängt, inwieweit es ihr gelingt, Ressourcen für die Erreichung ihrer Ziele zu mobilisieren. Es ist zwar anzunehmen, daß alle sozialen Bewegungen versuchen, Ressourcen zu mobilisieren; aber diese Versuche können unterschiedlich stark sein, wie McCarthy und Wolfson in einer späteren Arbeit (1996) zeigen. Weiter hängt die Entwicklung einer Bewegung von den zur Verfügung stehenden Ressourcen ab. Gegenstand der RM-Perspektive ist auch der *Erfolg* sozialer Bewegungen, d.h. das Ausmaß, in dem sie ihre Ziele erreichen. Der Erfolg hängt vor allem davon ab, inwieweit es einer Bewegung gelungen ist, umfassende Ressourcen zu

Die Perspektive der Ressourcenmobilisierung

mobilisieren. Weiter wird eine Bewegung um so eher Erfolg haben, je größer sie ist. Im folgenden werden wir uns aus Raumgründen auf die *Entwicklung* sozialer Bewegungen konzentrieren.

Die bisherigen Überlegungen werden in Abbildung 1 zusammengefaßt und weitergeführt. Die RM-Perspektive, wie sie bisher expliziert wurde, erklärt zuerst die *Entstehung* einer sozialen Bewegung – siehe den linken oberen Teil von Abbildung 1. Wenn eine soziale Bewegung entstanden ist, dann hängt die *Größe* der Bewegung davon ab, wie intensiv die Versuche zur Mobilisierung von Ressourcen und inwieweit Ressourcen verfügbar sind. Es handelt sich hier um multiplikative Beziehungen, d.h. die Wirkung einer Variablen hängt von den Werten der anderen Variablen ab. Wenn z.B. eine soziale Bewegung besteht[6] und wenn keine Versuche zur Ressourcenmobilisierung gemacht werden (d.h. die Variable 'Versuche der Ressourcenmobilisierung' hat den Wert 0), dann wird sich auch die Größe einer sozialen Bewegung nicht verändern; dasselbe gilt, wenn keine Ressourcen verfügbar sind. Je stärker jedoch die Versuche der Ressourcenmobilisierung sind und je mehr freie Ressourcen existieren, desto größer wird eine Bewegung werden. Die Bedingungen, die die Größe einer Bewegung beeinflussen, und die Größe einer Bewegung wirken sich auch auf ihren Erfolg aus.

Abbildung 1: Eine Explikation der Perspektive der Ressourcenmobilisierung

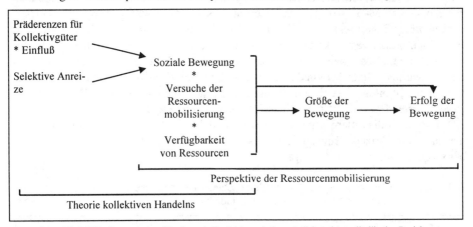

Anmerkung: Ein Pfeil bedeutet eine positive kausale Beziehung, ein * symbolisiert eine mulitplikative Beziehung.

Kommen wir zurück auf die Beziehung zwischen der RM-Perspektive und der Theorie kollektiven Handelns. Gemäß der Theorie kollektiven Handelns führen bestimmte Anreize zu Handlungen individueller Akteure, die eine soziale Bewegung darstellen (siehe Abbildung 1, oben links). Hier findet ein Übergang von der Mikroebene (individuelle Anreize zu Protest) zur Makroebene (soziale Bewegung) statt. Die RM-Perspektive ist eine reine Makrotheorie, die erklärt, wie sich soziale Bewegungen entwickeln (siehe wiederum Abbildung 1).

Es ist unklar, warum die Theorie kollektiven Handelns nicht auch dann angewendet werden kann, wenn eine Bewegung entstanden ist, da auch dann das Ziel der Mitglieder noch immer die Herstellung eines Kollektivgutes ist. Die Gründung einer Bewegung war ja nur der erste Schritt zur Herstellung dieses Gutes. Dies bedeutet, daß die genannten Anreize, die zur Gründung der Bewegung führten, auch das Engagement der Mitglieder der bestehenden Bewegung beeinflussen; dies soll im folgenden gezeigt werden (siehe Abbildung 2). Betrachten wir zunächst die 'Versuche der Ressourcenmobilisierung' bzw. – auf der individuellen Ebene – 'individuelle Mobilisierungsaktivitäten von Mitgliedern'. Je stärker diese sind, desto eher wird die Bewegung wachsen; diese Beziehung ist bereits in Abbildung 1 enthalten. Das Ausmaß der individuellen Mobilisierungsaktivitäten wird durch die genannten individuellen Anreize der Mitglieder für Mobilisierungshandlungen beeinflußt, also von Präferenzen für Kollektivgüter, durch den Einfluß der Mitglieder auf die Herstellung der Kollektivgüter und durch die selektiven Anreize. Wovon hängt die *Stärke* dieser Anreize nun ab? Sicherlich ist die Verfügbarkeit vorliegender Ressourcen aus der Sicht der Mitglieder von Bedeutung. Je mehr Ressourcen vorliegen, desto eher wird man z.B. glauben, durch Mobilisierungsaktivitäten die Ziele der Bewegung erreichen zu können. Die Anreize der Mitglieder sind jedoch nur zum Teil abhängig von den verfügbaren Ressourcen. So sind manche Mitglieder in soziale Netzwerke integriert, in denen Mobilisierungsaktivitäten ermutigt werden. Diese Personen sind also in besonderem Maße sozialen Anreizen ausgesetzt. Und wovon hängt die *Verfügbarkeit über Ressourcen* ab? Die Nicht-Mitglieder einer sozialen Bewegung sind zum einen *individuelle* Akteure. Unter welchen Bedingungen diese eine soziale Bewegung unterstützen, kann, wie wir sahen, durch die Theorie kollektiven Handelns erklärt werden. Nicht-Mitglieder sind zum anderen *kollektive* Akteure. Die Neue Politische Ökonomie (vgl. im deutschen Sprachbereich Bernholz/Breyer 1993, 1994; Kirsch 1993) fragt u.a., unter welchen Bedingungen kollektive Akteure wie z.B. Parteien oder Interessengruppen wie handeln. Danach wird eine Organisation u.a. dann eine soziale Bewegung unterstützen, wenn dies die Erreichung der Ziele der Organisation fördert.

Abbildung 2: Die Erklärung der Entwicklung sozialer Bewegungen durch die Theorie kollektiven Handelns

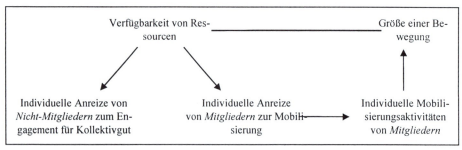

Anmerkung: Pfeile symbolisieren kausale Beziehungen. Die Linie bezeichnet eine Korrelation.

Die Perspektive der Ressourcenmobilisierung 95

Unsere in Abbildung 2 dargestellte Erweiterung der RM-Perspektive *erklärt*, inwieweit Nicht-Mitglieder Ressourcen zur Verfügung stellen und inwieweit Mitglieder einer sozialen Bewegung versuchen, Ressourcen zu mobilisieren. Dabei hat *Verfügbarkeit über Ressourcen* keine direkte kausale Wirkung auf *Größe*. Es besteht lediglich eine Korrelation, was durch die Linie zum Ausdruck kommt. Weiter ist wichtig, daß Anreize für individuelle Mobilisierungsaktivitäten nicht allein von der Verfügbarkeit über Ressourcen abhängen, wie wir bereits sagten. Diese Überlegungen zeigen, daß es möglich und auch sinnvoll ist, Beziehungen zwischen den zentralen Variablen der RM-Perspektive – Versuche der Ressourcenmobilisierung, Verfügbarkeit von Ressourcen und Größe eine Bewegung – durch die Theorie kollektiven Handelns (und die Neue Politische Ökonomie) zu erklären.

Damit ist unsere Explikation der zentralen Hypothesen der RM-Perspektive abgeschlossen. Die Literatur zu diesem Ansatz enthält jedoch noch eine Vielzahl anderer Hypothesen. Es wäre wichtig zu prüfen, inwieweit diese Hypothesen – etwa die hier nicht behandelten Hypothesen bei McCarthy/Zald (1977) und auch Oberschalls Hypothesen (1973: Kap. IV) – aus dem hier vorgeschlagenen Modell ableitbar sind oder diesem vielleicht widersprechen. Dies ist jedoch im Rahmen dieses Aufsatzes nicht möglich. Auch wäre denkbar, daß andere Sozialwissenschaftler eine andere Rekonstruktion der RM-Perspektive vorschlagen. In diesem Falle lägen mehrere Fassungen dieses Ansatzes vor, die empirisch überprüft werden müßten.

2.1 Der Begriff der Ressourcen

Da die RM-Perspektive bereits Anfang der 70er Jahre entstanden ist, liegt es nahe zu vermuten, daß der zentrale Begriff der Ressourcen klar definiert ist. Da dies jedoch nicht der Fall ist (Cress/Snow 1996: 1090), wollen wir uns kurz mit diesem Begriff befassen.

McCarthy/Zald (1977) erwähnen als Beispiele für Ressourcen „linkages of social movements to other groups, the dependence of movements upon external support for success, and the tactics used by authorities to control or incorporate movements". McCarthy/Wolfson (1996) führen „people, money, legitimacy" an. Jenkins (1983: 533) resümiert, daß die meisten Vertreter der RM-Perspektive einfach von solchen Arten von Ressourcen ausgehen, die soziale Bewegungen häufig mobilisieren: „money, facilities, labor, and legitimacy". Weiter werden in der Literatur genannt: Zugang zu Medien und Rechte. Man könnte generell Ressourcen als Güter definieren, über die Akteure verfügen (Opp 1993: 240). Ein Gut ist dabei alles, was für Akteure kostspielig oder nützlich ist. Die *Mobilisierung von Ressourcen* ist der Prozeß, in dem Akteure Kontrolle über Güter erhalten, d.h. in dem Güter zu Ressourcen werden (ähnlich Jenkins 1983: 532). Diese Definition dürfte theoretisch fruchtbar sein, weil sie Phänomene umfaßt, die eine Wirkung auf die Veränderung der Größe einer Bewegung haben. Der Einwand, die Definition sei zu „unspezifisch" (Cress/Snow 1996: 1090), ist unzutreffend. Der Grund ist, daß es von den konkreten Zielen einer Bewegung abhängt, welche 'Ressourcen' mobilisiert werden. Da prinzipiell sehr unterschiedliche Güter für die Zielerreichung einer Bewegung eingesetzt werden können, ist es zweckmäßig, einen 'unspezifischen' Ressourcenbegriff zu verwenden.

2.2 Der Begriff der sozialen Bewegung

McCarthy/Zald (1977) definieren eine *soziale Bewegung* ('social movement', abgekürzt SM) als „a set of opinions and beliefs in a population representing preferences for changing some elements of the social structure or reward distribution, or both, of a society". Wenn wir bisher von 'sozialer Bewegung' gesprochen haben, dann bezogen wir uns – in der Terminologie von McCarthy/Zald (1977) – auf eine *Bewegungsorganisation* ('social movement organization', abgekürzt SMO): „a complex, or formal, organization that identifies its goals with the preferences of a social movement or a countermovement and attempts to implement those goals". Die Autoren führen weiter den Begriff der *Bewegungsindustrie* ('social movement industry', abgekürzt SMI) ein: „All SMOs that have as their goal the attainment of the broadest preferences of a social movement constitute a social movement industry (SMI) ..." Der Begriff *Bewegungssektor* ('social movement sector', abgekürzt SMS) umfaßt „all SMIs in a society no matter to which SM they are attached". Entsprechend gehört derjenige Teil der Bevölkerung, der Präferenzen für mehr Umweltschutz hat, zur Ökologiebewegung. Umweltorganisationen wie z.B. Greenpeace sind Bewegungsorganisationen. Die Gesamtheit der Organisationen, deren Ziel die Verbesserung des Umweltschutzes ist, bildet die Bewegungsindustrie. Alle Bewegungsorganisationen in der Bundesrepublik gehören zum Bewegungssektor.

Welche dieser Sachverhalte werden durch die vorangegangenen Hypothesen erklärt? McCarthy/Zald (1977) beziehen sich in ihren Hypothesen auf einzelne SMOs, SMIs oder SMSs. Unsere bisherigen Hypothesen bezogen sich auf die Entstehung einzelner Bewegungsorganisationen. Um die Entstehung vieler solcher Organisationen erklären zu können, müßten Annahmen über die Verteilung der früher behandelten Anreize in einer Gesellschaft eingeführt werden. Aus Raumgründen wollen wir hierauf jedoch nicht weiter eingehen.

Wie ist die Zweckmäßigkeit der genannten Definitionen zu beurteilen? McCarthy/Zald (1977) selbst behandeln diese Frage nicht. Die von ihnen eingeführten Definitionen sind u.a. dann zweckmäßig, wenn sie solche Phänomene umfassen, an deren Erklärung Sozialwissenschaftler interessiert sind, die sich mit 'sozialen Bewegungen' befassen. In dieser Hinsicht erscheint die Definition von Bewegungsorganisation zu eng, da sie sich nur auf relativ fest gefügte Organisationen bezieht. Darüber hinaus ist auch die Erklärung relativ lockerer Vereinigungen (wie der BBU – siehe hierzu weiter unten) oder von Bürgerinitiativen oder der Teilnahme an Protesten von nicht-organisierten Personen von Interesse. Die Explananda der RM-Perspektive beziehen sich also nur auf einen Teil der Phänomene, an deren Erklärung Sozialwissenschaftler interessiert sind. Es wäre denkbar, daß die genannte Perspektive nur solche Phänomene erklären kann, die unter die genannten Definitionen fallen. Dies ist jedoch nicht der Fall. Geht man von unserer Explikation der RM-Perspektive und Theorie kollektiven Handelns aus, können alle Arten des *Beitrags zur Herstellung kollektiver Güter* erklärt werden. Dies zeigt das Kausalmodell in Abbildung 1 oben links, in dem ein Effekt von 'Präferenzen für Kollektivgüter * Einfluß' und 'selektive Anreize' auf 'soziale Bewegungen' behauptet wird. Je nach der Art der Anreize entstehen nicht Bewegungsorganisationen, sondern z.B. Bürgerinitiativen, unorganisierte gemeinsame Proteste oder auch individuelle Protestaktionen (z.B. in Form von Leserbriefen an Politiker). Es ist also unnötig, die zu erklärenden Sachverhalte auf Bewegungsorganisationen etc. zu beschränken.

3. Wie hat sich die Ökologiebewegung in der Bundesrepublik entwickelt?

Wenn wir die Entwicklung der Ökologiebewegung erklären wollen, liegt es aufgrund unserer Explikation der RM-Perspektive nahe, die Veränderung der *Größe* der Ökologiebewegung zu erklären. Da sich Vertreter der RM-Perspektive insbesondere mit Bewegungsorganisationen befassen, wäre zu erklären, wie sich die Anzahl der Mitglieder und Ressourcen der Umweltorganisationen wie Greenpeace entwickelt haben. Als Indikator für die *Größe* der Bewegung sind jedoch auch Umweltproteste von Bedeutung: Es handelt sich hier um Aktivitäten von Mitgliedern oder um externe Unterstützung, d.h. um mobilisierte Ressourcen. Entsprechend wollen wir im folgenden die Entwicklung von Umweltorganisationen und Umweltprotesten erklären. Unsere Ausführungen beschränken sich auf die Zeit nach dem Zweiten Weltkrieg.[7]

In den wichtigsten *Umweltorganisationen* hat sich die Anzahl der *Mitglieder* zwischen 1975 und 1992 erhöht (Rucht 1994: 266). Dies gilt insbesondere für Greenpeace, den BUND und Robin Wood. Eine Ausnahme bildet der BBU, dessen Mitgliederzahl 1992 geringer war als 1985.[8] Weiter hat sich auch das *Budget* der Organisationen erhöht: Vergleicht man die vorliegenden Zahlen für 1985 und 1992, dann zeigt sich, daß das Budget 1992 deutlich höher ist als 1985 (Rucht 1994: 265). Für den BBU liegen keine neueren Zahlen vor. Insgesamt sind also die Ressourcen gestiegen, die für Umweltorganisationen aufgewendet werden.

Proteste für den Umweltschutz entstanden vor allem zu Beginn der 70er Jahre.[9] Zunächst bildeten sich Bürgerinitiativen, die sich mit Problemen des Umweltschutzes befaßten. Diese schlossen sich zum Teil zu größeren Einheiten zusammen. Im Jahre 1972 entstand z.b. der Bundesverband Bürgerinitiativen Umweltschutz (BBU). Die Aktivitäten der Umweltschutzgruppen richteten sich zunächst gegen die Atomkraft. Etwa 1977 bildeten sich dann Gruppen, die sich mit Alternativenergien, Umweltschutz oder Verkehrspolitik befaßten. Es gibt insgesamt „einige tausend" Gruppen (Rucht 1994: 263), die sich Umweltproblemen widmen und auch an Proteste teilnehmen oder diese organisieren. Die Partei der Grünen entstand aus solchen Gruppen; die Bundespartei wurde 1980 gegründet. Auch Umweltschutzverbände – eine Übersicht findet man bei Cornelsen (1991) – wie Greenpeace, Robin Wood oder BUND (Bund für Umwelt und Naturschutz Deutschland) sind entstanden.

Die Anzahl der Proteste für Umweltschutz, also die Anzahl der *Protestereignisse*, stieg bis zum Jahre 1981 an und ging dann bis 1989 zurück. Die Entwicklung verläuft nicht linear; es ist aber insgesamt eine Verminderung der Proteste zu verzeichnen. Die *Teilnehmerzahlen* entwickeln sich ähnlich (Rucht 1994: 273; Kriesi et al. 1992). Wir vermuten, daß sich der Trend bis heute nicht verändert hat, d.h. daß weder die Anzahl der Umweltproteste noch die Anzahl der Teilnehmer heute höher ist als 1989.

4. Wie läßt sich die Veränderung der Ökologiebewegung erklären?

Da die *Verfügbarkeit über Ressourcen* eine zentrale Erklärungsvariable der RM-Perspektive ist (siehe die Abbildungen 1 und 2), wollen wir uns zuerst mit deren zeitlicher Entwicklung befassen. Diese kann in unterschiedlicher Weise ermittelt werden. Sicherlich wäre es möglich, in Umfragen die Bereitschaft zu erfragen, Geld oder Zeit für Umweltorganisationen zu investieren. Es fragt sich jedoch, ob damit wirklich die verfügbaren Ressourcen ermittelt werden. Wie man dies auch immer beurteilen mag: Daten über die Veränderung der genannten Bereitschaft im Zeitablauf liegen nicht vor. Man könnte zweitens ermitteln, inwieweit sich *generell* die Ressourcen, über die Bundesbürger verfügen, im Laufe der Zeit verändert haben. Wenn z.B. Freizeit und Einkommen zunehmen, dann – so könnte man annehmen – werden auch mehr Freizeit und Einkommen für die Ökologiebewegung investiert (vgl. insbes. McCarthy/Zald 1973). Diese Annahme ist jedoch problematisch. Warum sollte jemand, dessen Freizeit steigt, einen Teil der zusätzlichen Zeit für politisches Engagement verwenden? Je nach Art des Berufes könnte es z.B. attraktiver sein, zusätzliche Freizeit zur Schwarzarbeit zu nutzen.

Man könnte die Verfügbarkeit über Ressourcen auch indirekt ermitteln: Das Ausmaß, in dem Mitglieder einer Gesellschaft Ressourcen an eine soziale Bewegung übertragen, hängt ab von den *individuellen Anreizen, einen Beitrag zur Herstellung des Kollektivgutes* zu leisten, das die Bewegungsorganisationen herzustellen

Die Perspektive der Ressourcenmobilisierung 99

versuchen (siehe Abbildung 2). Wir könnten also ermitteln, inwieweit sich die genannten Anreize im Laufe der Zeit verändert haben. Ein nächster Schritt könnte sein, *Bedingungen* für die Veränderung der Anreize zu finden. Wie wir sehen werden, liegen zur Veränderung einiger dieser Bedingungen Daten vor. Entsprechend werden wir in folgender Weise vorgehen. Wir fragen zuerst, welches die Anreize für die Bereitstellung von Ressourcen sind. Sodann werden wir uns mit den Faktoren befassen, die zu einer Veränderung der Anreize führen. Schließlich werden wir fragen, wie sich diese Faktoren im Laufe der Zeit verändert haben.

4.1 Ein Stufenmodell
der Bereitstellung von Ressourcen für soziale Bewegungen

Umfragen zeigen, daß das Ziel 'Umweltschutz' von den weitaus meisten Bürgern der Bundesrepublik für wichtig gehalten, also akzeptiert wird.[10] Diese Bürger haben also eine gewisse Präferenz für die Herstellung des Kollektivgutes 'saubere Umwelt'. Es ist plausibel anzunehmen, daß soziale Bewegungen nur aus dieser Gruppe ihre Ressourcen beziehen können (vgl. hierzu auch Klandermans 1997: Kap I). Betrachten wir die möglichen Entscheidungen dieser Personen, einen Beitrag zum Umweltschutz zu leisten (siehe Abbildung 3).

Abbildung 3: Der Filterprozeß zum Engagement in der Ökologiebewegung

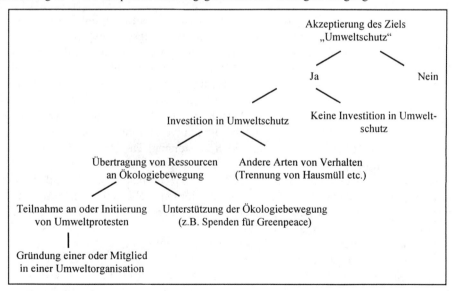

Wenn man ein Ziel hat, bedeutet dies noch nicht, daß man handelt, um dieses Ziel zu erreichen. Viele Bürger, die Umweltschutz für wichtig halten, werden nichts für die Umwelt tun. Es ist ein weiter Schritt von der Sympathie für die Ziele einer sozialen Bewegung bis zu der Entscheidung, Ressourcen für diese Bewegung bereitzustellen (vgl. hierzu vor allem Klandermans 1984; Klandermans/Oegema 1987; Oegema/Klandermans 1994; zusammenfassend Klandermans 1997). Es müssen weitere Anreize hinzukommen; je stärker diese Anreize sind, desto eher wird ein Individuum zuerst generell *überlegen*, ob es eine *Investition in Umweltschutz* vornehmen und entsprechend handeln will.[11] Angenommen, man investiert in Umweltschutz. Eine Möglichkeit besteht darin, Ressourcen an die Ökologiebewegung im weitesten Sinne zu übertragen, also z.B. Geld an Greenpeace zu überweisen. Man kann sich jedoch auch in anderer Weise für eine saubere Umwelt einsetzen; hierzu gehört der Kauf von umweltschonenden Produkten oder generell umweltfreundliches Verhalten. Von denen, die sich entscheiden, Ressouren an die Ökologiebewegung zu übertragen, wird sich ein Teil an Umweltprotesten beteiligen oder diese initiieren. Die anderen Personen werden die Ökologiebewegung indirekt – z.B. durch Spenden – unterstützen. Von denjenigen, die sich direkt engagieren, wird wiederum nur ein – vermutlich sehr geringer – Teil eine Umweltgruppe oder Umweltorganisation gründen oder in einer solchen Gruppe oder Organisation Mitglied werden.

Wenn jemand eine Entscheidung für eine der in Abbildung 3 beschriebenen Arten von Investitionen in Umweltschutz getroffen hat, hängt die *Art* des betreffenden Verhaltens von weiteren Anreizen ab. Wenn sich z.B. Personen dafür entscheiden, eine Umweltgruppe zu gründen, sind andere bzw. weitere Anreize dafür von Bedeutung, welcher Art diese Gruppe ist, z.B. wie sie organisiert wird, und welche Aktivitäten die Mitglieder ausführen. Der behandelte Entscheidungsprozeß ist ein *Filter-* bzw. *Sickerprozeß*: Von denen, die das Ziel 'Umweltschutz' akzeptieren, bleibt nur ein kleiner Teil übrig, die Mitglieder in Bewegungsorganisationen werden.

Welches sind nun die Anreize, d.h. die Nutzen und Kosten, die für die einzelnen Verhaltensweisen in diesem Filterprozeß eine Rolle spielen könnten?[12] Unsere folgenden Überlegungen sind in Tabelle 1 zusammengefaßt. Ob jemand in Umweltschutz investiert, wird zum einen davon abhängen, wie wichtig das Ziel 'Umweltschutz' ist, d.h. welchen Nutzen eine Person aus dem Kollektivgut zieht. Zweitens ist von Bedeutung, inwieweit man glaubt, durch eine bestimmte Handlung die Herstellung dieses Kollektivgutes beeinflussen zu können. Die *Art* der Investition in Umweltschutz hängt davon ab, mit welcher Art von Handeln man am ehesten glaubt, mehr Umweltschutz erreichen zu können. Wenn man z.B. glaubt, daß durch aktives Engagement bei Umweltgruppen am ehesten mehr Umweltschutz erreicht wird, dann steigt die Wahrscheinlichkeit für dieses Verhalten.

Viele Bürger wollen die Umwelt aus ethischen Überlegungen verbessern: Sie fühlen sich verpflichtet, für den Umweltschutz einzutreten. Je stärker solche Umweltnormen sind, desto eher wird man in Umweltschutz investieren. Die *Art* der Investition hängt u.a. davon ab, inwieweit man Protestnormen internalisiert hat, d.h. inwieweit man glaubt, man müsse bei den gegenwärtigen Umweltproblemen an

Die Perspektive der Ressourcenmobilisierung 101

Protesthandlungen teilnehmen oder Proteste unterstützen. Investition in Umweltschutz wird weiter von sozialen Anreizen beeinflußt. Wenn Freunde, Familienmitglieder oder Bezugspersonen eine bestimmte Art von umweltbezogenem Verhalten erwarten, dann ist die Wahrscheinlichkeit hoch, daß man diese Erwartungen erfüllt. Wenn z.B. Freunde sich zunehmend in Umweltgruppen engagieren, ist die 'Versuchung' stark, dies auch zu tun. Neben der Erfüllung von Erwartungen gehören zu den sozialen Anreizen auch Anerkennung, Prestige oder Bekanntheit (z.B. bei spektakulären Umweltaktionen).

Tabelle 1: Arten von Nutzen und Kosten (Anreizen) von Engagement für Umweltschutz

Arten von Anreizen	Erläuterungen
Nutzen aus dem Kollektivgut "Umweltschutz"	Wie viel ist mir eine Verbesserung des Umweltschutzes wert?
Einfluß auf die Herstellung des Kollektivgutes "Umweltschutz"	Wie stark kann ich durch welche Handlung Umweltschutz beeinflussen?
Normen (Umweltmoral, Protestnormen)	Wie sehr fühle ich mich verpflichtet, etwas für Umweltschutz zu tun? Wie sehr fühle ich mich verpflichtet, für Umweltschutz zu protestieren?
Soziale Anreize	Wie positiv reagiert meine soziale Umwelt auf welche Investition in Umweltschutz?
Materielle Anreize	Wieviel Geld und Zeit "kostet" Investition in Umweltschutz? Bringt Investition in Umweltschutz zusätzliches Einkommen (bezahlte Stellung in Umweltorganisation, Partei etc., Klienten)?

Materielle Anreize sind zum einen die Kosten der Zeit. Damit ist der Nutzen gemeint, auf den man verzichtet, wenn man eine bestimmte Zeit für eine Handlung aufwendet. Dieser Nutzen ist z.B. für einen freiberuflich tätigen Steuerberater anders als für einen Rentner. Ähnliches gilt für Geld: Für jemanden mit einem hohen Einkommen ist eine Spende von DM 1000 weniger kostspielig als für jemanden mit einem geringen Einkommen. Investition in Umweltschutz hat zuweilen auch materiellen Nutzen: Aktivisten einer Umweltgruppe könnten eine Stellung in einer Partei oder Umweltorganisation erhalten; Anwälte, die sich bei Umweltgruppen engagieren, könnten Klienten gewinnen.

Kommen wir nun auf den Filterprozeß zurück. Wie weit man in dem Filterprozeß 'nach unten' (in Abbildung 3) geht und welcher Art dann die gewählten Handlungen sind, hängt von der Art und Intensität der genannten Anreize ab. Betrachten wir zwei mögliche *Anreizprofile*: (1) Eine Person akzeptiert zwar das Ziel 'Umweltschutz', aber sie glaubt, daß ein Einzelner keinen Einfluß auf eine Verbesserung des Umweltschutzes hat. Andere selektive Anreize (Normen, soziale und materielle Anreize, siehe Tabelle 1) liegen nicht vor. Diese Person wird nicht in Umweltschutz investieren. (2) Eine Person zieht einen hohen Nutzen aus dem Kollektivgut (d.h. Umweltschutz wird als sehr wichtig und unzureichend realisiert angesehen) und glaubt, den Umweltschutz besonders durch Mitarbeit in einer Umweltorganisation beeinflussen zu können. Die Person hat stark ausgeprägte Protestnormen und erwartet starke soziale Belohnungen insbesondere bei der Mitgliedschaft in einer Umweltorganisation; diese Person wird in eine Umweltorganisation eintreten. Diese beiden Beispiele illustrieren, wie die genannten Anreize die Art der Investition in Umweltschutz bestimmen.

4.2 Welche Faktoren führen zu einer Veränderung der Anreize?[13]

In diesem Abschnitt behandeln wir eine Reihe von Faktoren, die auf die genannten Anreize wirken (siehe Abbildung 4). Wir befassen uns dabei insbesondere mit solchen Faktoren, die Anreize zur Übertragung von Ressourcen an die Ökologiebewegung verändern (siehe Abbildung 3). Wir gehen zunächst davon aus, daß die gegebene Umweltqualität eine Wirkung auf die Unzufriedenheit mit der Umwelt (d.h. die Präferenz für das Kollektivgut 'saubere Umwelt') hat. Weiter nehmen wir an, daß sich Individuen bei einer hohen *Umweltqualität* kaum verpflichtet fühlen, sich zu engagieren. Insgesamt vermindert also eine zunehmende Umweltqualität die Anreize, Ressourcen an die Ökologiebewegung zu übertragen.

Abbildung 4: Die Erklärung von Anreizen zur Übertragung von Ressourcen an die Ökologiebewegung

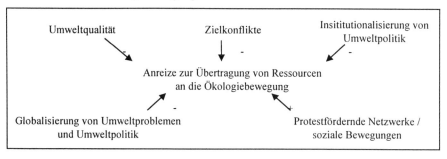

Umweltschutz steht in einem *Zielkonflikt* mit anderen Kollektivgütern. Treten Bürger z.B. dafür ein, zur Reinhaltung der Luft bei bestimmten Wetterlagen ein Fahrverbot zu verhängen, dann schafft dies für die Nutzer von Kraftfahrzeugen Probleme. Insbesondere in Zeiten wirtschaftlicher Rezession gilt, daß hohe wahrgenommenen Kosten von Umweltverbesserungen, d.h. starke Zielkonflikte, die Unzufriedenheit mit der Umwelt vermindern. Es wird auch schwerer, andere für den Umweltschutz zu mobilisieren. Zielkonflikte vermindern also die Anreize für die Übertragung von Ressourcen an die Ökologiebewegung.

Die Perspektive der Ressourcenmobilisierung 103

Hierfür ist auch von Bedeutung, inwieweit ihre Ziele bei den wichtigen gesellschaftlichen Gruppen akzeptiert werden, d.h. inwieweit eine *Institutionalisierung von Umweltpolitik* stattgefunden hat oder stattfindet. Wenn Umweltschutz zunehmend akzeptiert wird, dann könnte dies zum einen dazu führen, daß die Erwartungen der Bürger steigen, durch eigene Proteste ihre Ziele in noch stärkerem Maße als bisher zu realisieren. Dies ist der *Effekt der steigenden Erwartungen* ('rising expectations'). In diesem Falle werden mit zunehmender Akzeptanz der Ziele die genannten Anreize steigen. Zum anderen könnte ein *Stellvertreter-Effekt* auftreten. Man glaubt, daß nun andere sich für die Sache des Umweltschutzes in wirksamer Weise einsetzen. Eigenes Engagement wird weitgehend überflüssig. Mit zunehmender politischer Akzeptanz des Umweltschutzes werden also die Anreize zur Unterstützung der Ökologiebewegung sinken. Wir vermuten, daß der Stellvertreter-Effekt dann besonders stark ist, wenn das *Ausmaß* der Akzeptanz des Umweltschutzes hoch ist. In diesem Falle wird man annehmen, daß die Repräsentanten wirksame Arbeit leisten, ohne daß zusätzliche Proteste die Herstellung des Kollektivgutes entscheidend fördern; man wird annehmen, daß der eigene Einfluß relativ gering ist. Hohe Institutionalisierung des Umweltschutzes vermindert also die Anreize, Ressourcen an die Ökologiebewegung zu übertragen.

Im Gegensatz zu vielen anderen Kollektivgütern kann Umweltschutz nur in eingeschränktem Maße durch eine nationale Regierung oder durch regionale bzw. lokale politische Instanzen beeinflußt werden. So ist die Bundesregierung nicht allein in der Lage, die Verschmutzung des Rheins oder der Ostsee zu kontrollieren. Eine solche *Globalisierung der Umweltprobleme und der Umweltpolitik* vermindert die Anreize, sich für die Ökologiebewegung zu engagieren. Insbesondere werden die Bürger einen geringen Einfluß wahrnehmen, durch Proteste etwas verändern zu können.

Proteste in westlichen Industriegesellschaften werden normalerweise organisiert. Für diese Organisation stehen *protestfördernde Netzwerke* zur Verfügung, d.h. es gibt Gruppen, die in bestimmten Vierteln wohnen, relativ enge Kontakte zueinander haben – zum Teil über Zeitungen oder Zeitschriften, die als Kommunikationsmedien für die betreffenden Gruppen dienen – und ideologisch relativ homogen sind. Mitgliedschaft in solchen Netzwerken erhöht die Anreize, Ressourcen an die Ökologiebewegung zu übertragen. Die genannten Anreize werden auch durch Aktionen sozialer Bewegungen beeinflußt: Die Organisation von Protesten, die Verbreitung von Schriften etc. werden einen Effekt auf die Anreize haben.[14]

4.3 Wie haben sich die Faktoren im Zeitablauf verändert?

Tabelle 2 faßt die folgenden Ausführungen zusammen (zu Einzelheiten siehe Opp 1996). Seit Ende der 60er Jahre ist die *Umweltqualität* durch eine Vielzahl von Maßnahmen der Parlamente und Behörden verbessert worden.[15] Fragen zur *Unzu-*

friedenheit mit der Umwelt werden regelmäßig im Wohlfahrtssurvey gestellt.[16] Insgesamt zeigen die Daten, daß in Westdeutschland die Zufriedenheit mit der Qualität der Umwelt zumindest seit Mitte der 80er Jahre gestiegen. Die vorliegenden Daten weisen darauf hin, daß der Umweltschutz aus der Sicht der Bürger ein solches Maß erreicht hat, daß z.B. Proteste für weitere Umweltverbesserungen im Laufe der Zeit immer weniger zusätzlichen Nutzen versprochen.

Tabelle 2: Die Veränderung der Faktoren für die Übertragung von Ressourcen an die Ökologiebewegung von 1970 bis 1992

Faktoren	Erhöht (+) / vermindert (-) Übertragung von Ressourcen	Veränderung 1970 bis 1992
Umweltqualität	-	Steigt seit 1970
Umweltzufriedenheit	-	Steigt seit etwa 1985
Zielkonflikte	-	Steigen seit 1980
Institutionalisierung von Umweltpolitik	-	*Deutlicher Anstieg seit* 1980
Globalisierung von Umweltproblemen und Umweltpolitik	-	Steigt insgesamt
Protestfördernde Netzwerke / soziale Bewegungen	+	Anstieg bis 1980, dann stabil

Wir verfügen zwar nicht über Daten zur *Veränderung von Zielkonflikten*. Wenn wir jedoch davon ausgehen, daß bei wirtschaftlicher Rezession Zielkonflikte in besonders hohem Maße wahrgenommen werden, dann müßten ab 1980 Zielkonflikte zugenommen haben, da sich die zentralen Indikatoren für die wirtschaftliche Lage seit 1980 zunehmend verschlechterten.

Man kann den Beginn der *Institutionalisierung von Umweltpolitik* (Kaczor 1989) mit dem Jahre 1970 ansetzen: In diesem Jahr entstand das Umweltsofortprogramm und im Jahre 1971 ein Umweltprogramm (Rucht 1994: 238). In diesem Jahre wurde auch der Sachverständigenrat für Umweltfragen (SRU) gegründet (vgl. hierzu im einzelnen Schreiber/Timm 1990); er berät die Bundesregierung in Umweltfragen. Weiter wurden in den Jahren 1970 und 1971 in fünf Bundesländern Umweltministerien eingerichtet. 1974 erfolgte die Gründung des Bundesumweltamtes.

Insbesondere Anfang der 80er Jahre läßt sich in der Bundesrepublik eine weitere Welle der Institutionalisierung von Umweltpolitik beobachten. Im März 1979 erfolgte die Gründung der politischen Vereinigung 'Die Grünen' in Frankfurt; im Oktober 1979 ziehen grüne Abgeordnete in Bremen erstmals in ein Landesparlament ein. Im Januar 1980 wird die Bundespartei der Grünen gegründet; im März 1983 ziehen 27 Abgeordnete der Grünen in den Bundestag ein. Seitdem sind die Grünen in vielen Parlamenten, im Bundestag und in Landesregierungen vertreten. Auch das Erscheinungsbild der Grünen änderte sich: Sie werden nicht mehr als eine Chaotengruppe oder als eine politisch bedeutungslose Minorität betrachtet, sondern respektiert. Die Institutionalisierung der Umweltpolitik zeigt sich auch in der Gründung eines Bundesumweltministeriums im Jahre 1986. Umweltpolitische Maßnahmen wie die Einführung des Katalysators oder die Aktion 'Grüner Punkt' finden weite Zustimmung. Wenn das Ziel, die Umweltqualität zu verbessern, eine so weite Zustimmung findet, dann lohnt es sich, wie wir früher ausführten, aus der Sicht des einzelnen Bürgers aber immer weniger, Ressourcen in die Ökologiebewegung zu investieren: Der wahrgenommene Einfluß, weitere Verbesserungen zu erreichen, wird relativ gering sein.

Für die Bundesrepublik hat sich im Zuge der europäischen Einigung eine zunehmende *Globalisierung der Umweltprobleme und der Umweltpolitik* ergeben (Kirchgässner 1994). Auch die zentralen Probleme, die mit einer erwarteten 'Klimakatastrophe' zusammenhängen, sind nur gemeinsam mit anderen Ländern zu lösen. Wie sich bei internationalen Verhandlungen und Konferenzen immer wieder zeigt, sind gemeinsame Aktionen zur Lösung globaler Umweltprobleme eher die Ausnahme.

Nach dem Zweiten Weltkrieg entwickelten sich *protestfördernde Netzwerke* in fast allen größeren Städten (z.B. in Frankfurt-Bockenheim, Hamburg-Eimsbüttel bzw. Hamburg-Altona oder Berlin-Kreuzberg). Diese Netzwerke waren sozusagen die 'Infrastruktur' der Ökologiebewegung, da sich die Mitglieder dieser Netzwerke im allgemeinen auch für eine bessere Umwelt engagierten. Es gibt unseres Wissens keine Untersuchungen, die den Umfang und die Entwicklung des alternativen Sektors der Bundesrepublik ermitteln (so auch Rucht 1994: 176). Ein Hinweis darauf, daß die protestfördernden Netzwerke zumindest bis 1980 wuchsen, ist die Gründung der Tageszeitung 'taz' – die Nullnummer erschien im Jahre 1978. Zu diesem Zeitpunkt scheint die Alternativkultur ein solches Ausmaß erreicht zu haben, daß eine alternative Tageszeitung existieren konnte. Da unseres Wissens die Auflage der 'taz' nicht gestiegen ist, mag man dies als Hinweis dafür nehmen, daß auch der alternative Sektor nach 1980 zumindest nicht weiter zugenommen hat. Diese These stimmt überein mit der Einschätzung von Rucht: Er vermutet aufgrund einiger lokaler Studien, daß „die Zahl der Ökologiegruppen relativ stabil geblieben ist" (1994: 178).

Resümierend läßt sich sagen, daß der Faktor, der sich seit dem Beginn der 80er Jahre am deutlichsten geändert hat, die Institutionalisierung von Umweltpolitik ist. Alle anderen Faktoren haben den Effekt der Institutionalisierung der Umweltpolitik verstärkt. Der Umschwung 1980 kann also vor allem durch die Institutionalisierung der Umweltpolitik erklärt werden.

4.4 Konsequenzen für die Ökologiebewegung

Wenn die Anreize zur Übertragung von Ressourcen an die Ökologiebewegung insgesamt zurückgegangen sind, warum nimmt dann die Investition von Ressourcen in Umweltorganisationen nicht ebenfalls ab? Sollte man nicht erwarten, daß die Verminderung der genannten Anreize jegliche Art der Übertragung von Ressourcen an die Ökologiebewegung *in gleicher Weise* vermindert? Betrachten wir die *Art* der Anreize, die sich veränderten, etwas genauer. Wir sahen, daß insbesondere die Globalisierung der Umweltpolitik und der Umweltprobleme zu einem Sinken des wahrgenommenen Einflusses führte. Dabei werden jedoch die Umweltprobleme keineswegs als gelöst angesehen, wenn auch die Unzufriedenheit mit der Umwelt gesunken ist. Es existieren nun Organisationen, die durch teils illegale, aber spektakuläre und allseits als legitim betrachtete Aktionen im großen und ganzen als relativ erfolgreich im Kampf gegen Umweltprobleme angesehen werden. In dieser Situation besteht für einen Bürger eine Möglichkeit, einen wirksamen Beitrag zur Umweltverbesserung zu leisten, darin, Ressourcen an die betreffenden Organisationen zu übertragen. Da der Bürger an den Aktionen selbst nur unter hohen Kosten selbst teilnehmen kann, ist es aus seiner Sicht am kostengünstigsten, Ressourcen in Form von Geldspenden oder Mitgliedsbeiträgen zu 'opfern'. Mit anderen Worten: Zwar sind insgesamt die Anreize zur Übertragung von Ressourcen an die Ökologiebewegung zurückgegangen, aber für eine bestimmte Art des Engagements weniger stark. Dies ist zurückzuführen auf spektakuläre Aktionen von Umweltorganisationen, die man als indirekte Mobilisierungshandlungen ansehen kann: Sie führten vermutlich dazu, Anreize wie den wahrgenommenen Einfluß zu erhöhen, die speziell Engagement für diese Organisationen als sinnvoll erscheinen ließen. Eine solche Situation, daß man nämlich nicht direkt aktiv wird, um bestimmte Ziele zu erreichen, sondern an kompetent erscheinende Organisationen finanzielle Mittel überträgt, ist keineswegs selten. Man denke an Spenden für Entwicklungsländer oder für sonstige karitative Zwecke. Auch hier überläßt man es Organisationen, die Probleme sozusagen vor Ort zu lösen.

Wenn unsere Argumentation zutrifft, dann ist zu erwarten, daß an die einzelnen Umweltorganisationen in unterschiedlichem Maße Ressourcen übertragen werden. Je größer der Erfolg solcher Organisationen eingeschätzt wird, desto größer ist der Zufluß von Ressourcen. Eine Organisation, der es längere Zeit nicht gelingt, die Aufmerksamkeit der Öffentlichkeit auf sich zu lenken, oder die aus Sicht vieler Bürger 'Fehler' macht, wird Ressourcen verlieren.

4.5 Wie erfolgreich war die Ökologiebewegung?

Da es den Bewegungsorganisationen zunehmend gelungen ist, verfügbare Ressourcen zu mobilisieren, ist gemäß unserem Modell (Abbildung 1) zu erwarten, daß die Bewegung auch Erfolge verzeichnen kann. Wie wir sahen, stieg die Umweltqualität im Laufe der Zeit. Die Erfolgshypothese ist also – so könnte man argumentieren – bestätigt. Allerdings ist es auch plausibel, daß die jeweiligen Regierungsparteien aufgrund der in der Bevölkerung weit verbreiteten Präferenzen für Umweltschutz Maßnahmen zur Verbesserung der Umwelt eingeführt haben, um Wählerstimmen zu gewinnen oder nicht zu verlieren. Es ist nicht unplausibel zu vermuten, daß diese Maßnahmen auch dann eingeführt worden wären, wenn es keine Ökologiebewegung gegeben hätte. Um zu prüfen, inwieweit eine Verbesserung der Umweltqualität auf die Aktivitäten der Ökologiebewegung zurückzuführen ist, sind Forschungen erforderlich, in denen komplexe Kausalmodelle geprüft werden müßten. In diesen Modellen ist 'Engagement der Ökologiebewegung' eine von vielen erklärenden Variablen. Andere erklärende Variablen sind z.b. Ergebnisse der Wissenschaft zu Umweltbelastungen, Umweltkatastrophen und Berichte der Medien über diese Ergebnisse oder über Umweltkatastrophen. Da solche Forschungen bisher nicht vorliegen, muß die Frage nach dem Erfolg der Ökologiebewegung offenbleiben.

5. Resümee

Wir haben zuerst versucht, die Perspektive der Ressourcenmobilisierung zu rekonstruieren und dabei ihre Beziehung zur Theorie kollektiven Handelns herauszuarbeiten. Ein wichtiges Ergebnis unserer Explikation ist, daß Hypothesen der RM-Perspektive durch die Theorie kollektiven Handelns erklärt werden können. Beziehungen auf der Makroebene, die von der RM-Perspektive behauptet werden, existieren, weil bestimmte Prozesse auf der Mikroebene stattfinden. Solche Prozesse beziehen sich auf Handlungen von Mitgliedern und Nicht-Mitgliedern von Gruppen. Das Ergebnis dieser Handlungen auf der Makroebene ist die Verfügbarkeit über Ressourcen oder die Größe einer sozialen Bewegung. Aufgrund dieser Argumentation empfiehlt sich eine bestimmte Strategie der Theorienbildung, wie sie bei Vertretern des methodologischen Individualismus üblich ist: Makrohypothesen werden explizit aus Hypothesen über das Handeln von Individuen in ihrem sozialen Kontext gewonnen.

Eine strenge empirische Prüfung der RM-Perspektive und der Theorie kollektiven Handelns am Beispiel der Entstehung und Entwicklung der Ökologiebewegung war aufgrund mangelnder Daten nicht möglich. In einem komplexen Kausalmodell (siehe Abbildung 4) haben wir die zeitliche Veränderung einer Reihe von Faktoren behandelt, die vermutlich Anreize für die Übertragung von Ressourcen an die Ökologiebewegung beeinflussen. Einige Daten über die zeitliche Veränderung dieser Faktoren sind mit der RM-Perspektive bzw. Theorie kollektiven Handelns vereinbar. Für viele unserer Thesen liegen jedoch keine empirischen Daten vor. Unsere Überlegungen können als eine Erklärungsskizze bezeichnet werden, in der einige Annahmen durch Daten gestützt werden.

Eine Theorie wird man nicht aufgrund eines einzigen Anwendungsbeispiels beurteilen. Selbstverständlich sind die beiden hier behandelten Perspektiven – wie jede sozialwissenschaftliche Theorie oder Perspektive – kritisiert worden. Eine Diskussion dieser Kritik ist im Rahmen dieses Aufsatzes nicht möglich. In diesem Zusammenhang ist von Interesse, inwieweit die beiden Ansätze bisher empirisch widerlegt oder bestätigt wurden. Bezüglich der Theorie kollektiven Handelns hängt die Beurteilung ihrer Bewährung davon ab, von welcher Version man ausgeht. Diesem Aufsatz liegt eine weite Version zugrunde, in der von dem wahrgenommenen – und nicht von dem tatsächlichen – persönlichen Einfluß für Engagement ausgegangen wird, und in der der Begriff der selektiven Anreize sehr weit gefaßt ist (vgl. Opp 1993). Dies bedeutet, daß auch 'weiche' Anreize wie internalisierte Normen in die Erklärung einbezogen werden. Für eine solche Fassung der Theorie kollektiven Handelns sind uns keine Widerlegungen bekannt. Wir kennen auch keine empirischen Untersuchungen, in denen unsere Explikation der RM-Perspektive empirisch widerlegt wird. In der Literatur werden jedoch eine Reihe von Faktoren aufgezählt, die nach Meinung der Autoren die Entstehung und Entwicklung von sozialen Bewegungen beeinflussen und nicht in den beiden Theorien enthalten sind. So wird behauptet, 'Kollektive Identität' oder 'Kultur' müßten einbezogen werden. Solche Behauptungen sind aber solange keine Falsifikationen, als ihre Wirkung nicht durch empirische Untersuchungen belegt wird.

Unsere Rekonstruktion der RM-Perspektive bezog sich auf den Aufsatz von McCarthy/Zald aus dem Jahre 1977. Es ist erstaunlich, daß die RM-Perspektive bis heute nicht zu einer stringenten generellen Theorie oder zu einer Reihe präziser Partialtheorien (oder, in der Terminologie des methodologischen Individualismus, zu einer Reihe von Modellen) weiterentwickelt wurde und daß auch die genaue Beziehung zur Theorie kollektiven Handelns bisher nicht expliziert wurde. Dies bestätigen sowohl neuere empirische Arbeiten (vgl. die bereits genannten Aufsätze von McCarthy/Wolfson 1996; Cress/Snow 1996) als auch neuere theoretische Zusammenfassungen (vgl. insbes. Zald 1992). Es ist eine wichtige Aufgabe künftiger theoretischer Untersuchungen, die intertheoretischen Beziehungen der RM-Perspektive und der Theorie kollektiven Handelns zu klären. Dabei wäre auch zu untersuchen, inwieweit Variablen anderer Strömungen wie 'Kollektive Identität' in die Theorie integriert werden könnten.

Dieter Rucht

Komplexe Phänomene - komplexe Erklärungen
Die politischen Gelegenheitsstrukturen der neuen sozialen Bewegungen in der Bundesrepublik

1. Einleitung

Soziale Bewegungen werden vor allem durch ihre Mobilisierung zu Protesten sichtbar. Mangels anderer Möglichkeiten sind Proteste das für viele Bewegungen typische Mittel, um öffentliche Aufmerksamkeit und möglichst auch Zustimmung zu erringen. Auf diesem Wege können Bewegungen darauf hoffen, letztlich gesellschaftliche und politische Verhältnisse zu beeinflussen. Folgerichtig konzentrieren sich ihre Energien darauf, Mobilisierungserfolge zu erzielen.

Angesichts der Schlüsselrolle von Mobilisierungsprozessen für Bewegungen (dazu Ahlemeyer 1989) hat auch die Forschung große Aufmerksamkeit darauf gerichtet, die Faktoren zu ermitteln, die Ausmaß und Art von Protestmobilisierung bestimmen. Dies geschieht ausdrücklich in Theorien der Ressourcenmobilisierung (vgl. dazu die Beiträge von Opp und Klandermans in diesem Band). Doch selbst solche Ansätze, die in sehr allgemeiner Weise die Entstehung und Entwicklung von Bewegungen erklären wollen und mit Stichworten wie kollektives Verhalten, strukturelle Spannungen, rationales Handeln, Deprivation und Framing verbunden werden, sind der Sache nach zumeist Mobilisierungstheorien, insofern Aufkommen, Wachstum und Niedergang von Bewegungen faktisch zumeist an der Zahl ihrer organisierten bzw. mobilisierten Anhänger gemessen werden. Sie alle gehen der Frage nach, warum sich einzelne Menschen oder Gruppen von Menschen an sozialen Bewegungen und insbesondere den von ihnen organisierten Protestaktionen beteiligen, gleich ob dabei psychische Dispositionen, individuelle Kosten-Nutzen-Erwägungen, gruppenspezifische Belastungen bzw. Betroffenheiten oder Strategien der Überredung bzw. Überzeugung in den Mittelpunkt gestellt werden. *Politische* Faktoren bzw. Rahmenbedingungen bleiben in diesen Theorien allerdings weitgehend oder sogar völlig ausgeblendet.

In dem Maße, wie moderne Interventionsstaaten gesellschaftliche Verhältnisse regulieren und gestalten, ist die Frage des sozialen Wandels untrennbar mit politischen Bedingungen und Entscheidungen verknüpft. Damit entfällt auch zu weiten Teilen die Trennung zwischen sozialen und politischen Bewegungen. Jenkins (1981) trägt diesem Umstand mit dem Hinweis auf die zentrale Rolle von 'sociopolitical movements' Rechnung. Allerdings bleibt es nach wie vor sinnvoll, zwischen sozialen (bzw. soziopolitischen) Bewegungen und kulturellen (bzw. soziokulturellen) Bewegungen zu unterscheiden. Erstere richten sich auf die Verteidigung bzw. Veränderung allgemeiner Grundstrukturen von Gesellschaft; zu letzteren zählen zum Beispiel subkulturelle Rückzugsbewegungen wie die Landkommunebewegung, welche sich mit einer Nischenexistenz bescheidet.

Mit der zunehmenden Bedeutung von Mobilisierungsstrategien, die direkt oder indirekt auf das politische System gerichtet und/oder von diesem beeinflußt sind, ist es nur konsequent, den politischen Rahmenbedingungen des Bewegungshandelns verstärkte Beachtung zu schenken. Dies geschieht ausdrücklich in Theorien bzw. Konzepten politischer Gelegenheitsstrukturen ('political opportunity structures'), was aber auch kritische Gegenreaktionen bei Autoren hervorrief, die statt dessen die Bedeutung kultureller Faktoren betonten.[1]

Die Interpretations- und Erklärungskraft von politischen Gelegenheitsstrukturen im Hinblick auf die Mobilisierung *neuer* sozialer Bewegungen[2] steht im Mittelpunkt dieses Beitrags. Anhand von empirischen Befunden zum Verlauf von Mobilisierungswellen der 'Familie' neuer sozialer Bewegungen in der Bundesrepublik soll der Frage nachgegangen werden, ob das Auf und Ab der Mobilisierung durch politische Gelegenheitsstrukturen erklärbar ist. Es geht lediglich um Plausibilitätsüberlegungen, nicht um einen strikten Test von Theorien; ein solcher ist schon deshalb ausgeschlossen, weil politische Gelegenheitsstrukturen bisher nicht präzise empirisch bestimmt worden sind.

2. Grundannahmen des Konzepts politischer Gelegenheitsstrukturen

Obgleich auf die Bedeutung politischer Gelegenheitsstrukturen zunächst in der Devianzforschung hingewiesen wurde[3], erfuhr diese Idee erst im Rahmen der Bewegungsforschung eine konzeptionelle Ausarbeitung. Den Ausgangspunkt dazu bildete Eisingers vergleichende Studie zu Protesten, genauer: zur 'riot intensity' in 43 amerikanischen Städten (Eisinger 1973). Die zentrale These lautete, „that the incidence of protest ... is related to the nature of opportunity structure" (1973: 12). Es geht also um eine Erklärung des *Auftretens*, nicht des *Erfolgs* von Protest. Eisinger nahm hierbei eine Differenzierung von offenen und geschlossenen Gelegenheitsstrukturen vor, die er zur Häufigkeit, Dauer und Intensität von Protesten in Beziehung setzte. Gelegenheitsstrukturen werden verstanden als „a function of the degree to which groups are likely to be able to gain access to power and to manipulate the political system." (1973: 25) Eisinger operationalisierte Gelegenheitsstrukturen durch Indikatoren auf der formellen Ebene (Zentralisierungsgrad der politischen Strukturen, Verteilung von Ressourcen und Art der Besetzung wichtiger politischer Ämter) und auf der informellen Ebene; bei letzterer wurde über Indikatoren des policy outputs

(Anteil von Minoritäten im städtischen Dienst und Inanspruchnahme von Modellprogrammen) die Responsivität der 'lokalen Regierungen' gemessen.[4] Diverse andere Studien zu lokalen Protesten, Riots und Studentenprotesten versuchten auch den Einfluß von offenen (oft synonym zu 'reformed') und geschlossenen ('unreformed') Strukturen auf den Erfolg von Protest zu ermitteln, erbrachten aber keine einheitlichen Ergebnisse.

In der ersten Hälfte der 80er Jahre waren es zunächst Doug McAdam (1982: 40ff.) und dann Sidney Tarrow (1983), die Eisingers Konzept aufgriffen. Insbesondere Tarrow hat es stärker systematisiert und in nachfolgenden Schriften erweitert (1989a, 1991, 1996). Empirische Anwendungen des Konzepts blieben aber auch bei ihm eher assoziativ oder illustrativ (1989a; 1994). In einer neueren Publikation identifiziert der Verfasser neben „more stable structural elements – like the strength or weakness of the state, the forms of repression by it and the nature of the party system –" vier Dimensionen von „changes in opportunities", nämlich „the opening up of access to participation, shifts in ruling alignments, the availability of influential allies, and cleavages within and among elites" (Tarrow 1994: 81f., 86). Darüber hinaus macht Tarrow darauf aufmerksam, daß politische Gelegenheitsstrukturen nicht einfach Gegebenheiten darstellen, auf die sich Bewegungen einzustellen haben, sondern durch gezielte Interventionen geschaffen oder verändert werden können (96). Andere Autoren haben das Konzept in je eigener Weise modifiziert, ergänzt und genutzt (für Überblicke vgl. Rucht 1994; McAdam 1996). Zum Beispiel betonte Brand (1985a: 319) neben politischen Faktoren die Rolle von 'Mustern politischer Kultur' für die 'Entfaltungschancen' neuer sozialer Bewegungen.[5] Kitschelt (1986) erweiterte das Konzept um 'output structures' des Staates als einer Bedingung für Strategien und Wirkungen ('impacts') von Bewegungen.[6] Kriesi (1991, 1995) und Kriesi et al. (1992) benannten als zentrale Dimensionen politischer Gelegenheitsstrukturen 'formal institutional structure', 'informal procedures and dominant strategies' sowie 'configuration of power'. Della Porta/Rucht (1995) akzentuierten neben dem 'structural context' das Verhalten von 'alliance' und 'conflict systems' als zentrale Einflußfaktoren für das strategische Verhalten von Bewegungen. Rucht (1994, 1996) plädierte für eine prinzipielle Überführung des Konzepts politischer Gelegenheitsstrukturen in ein weiter gefaßtes und dynamisiertes Konzept von Kontextstrukturen. Gamson/Mayer (1996) verorteten Gelegenheitsstrukturen innerhalb eines zweidimensionalen Feldes, das durch die beiden Achsen von stabilen vs. veränderlichen Gelegenheiten sowie von gesellschaftlich vs. staatlich bestimmten Strukturen bestimmt wird. Zudem betonten sie, daß Gelegenheitsstrukturen keine objektiven Größen sind, sondern einem aktiven Deutungsprozeß unterliegen.

In dem Maße, wie Erweiterungen und immer neue Varianten des Konzepts von Gelegenheitsstrukturen aufkamen und zudem die Liste der zu erklärenden Variablen immer länger wurde, verstärkten sich auch kritische Stimmen, die vor einer gewissen Beliebigkeit des Konzepts warnten. Diese Sorge war bereits in frühen Bemerkungen von Neidhardt/Rucht (1991) angeklungen: „As long as we cannot refer to an elaborated theory, there are no clear criteria for the selection of distinct variables.

Moreover, the variables suggested by several authors ... do not appear to have the same logical status, i.e., they form an incoherent set of variables. We believe that the notion of 'structure' is still used to loosely." (444f.) Ähnlich lautete die Klage von Meyer/Gamson (1996): „The concept of political opportunity structure is in trouble, in danger of becoming a sponge that soaks up virtually every aspect of the social movement environment – political institutions and culture, crisis of various sorts, political alliances, and policy shifts." (275)

Angesichts des Anschwellens eines 'loose archipelago of writings' zu politischen Gelegenheitsstrukturen war McAdam auf eine Reduzierung der entstehenden Komplexitäten bedacht. Aus der Gegenüberstellung von vier Konzepten (Brockett, Kriesi et al., Rucht und Tarrow) glaubte er, eine „highly consensual list of dimensions of political opportunity" herausdestillieren zu können: „(1) The relative openness or closure of the institutionalized political system; (2) the stability or instability of that broad set of elite alignments that typically undergird a polity; (3) the presence or absence of allies, and (4) the state's capacity and propensity for repression." (McAdam 1996: 27) Als mögliche abhängige Variablen für diese vier Dimensionen nannte McAdam zwar neben dem „timing of collective action" auch „the outcomes of protest activity", bezog sich aber in seiner weiteren Diskussion allein auf Protestzyklen, also auf den erstgenannten Aspekt.[7] Diese Beschränkung ist wohl auch ratsam, weil eine Erklärung der letztendlichen Wirkungen von Bewegungen bzw. Protesten zu den komplexesten Aufgaben in diesem Feld gehören. So vermitteln zwischen politischen Gelegenheitsstrukturen und den Effekten von Protesten verschiedene intervenierende Variablen (wie Stärke, Zusammenhalt und Strategien der Protestgruppen, aber auch von Protestgegnern). Hinzu käme die besondere Schwierigkeit einer eindeutigen Messung von Protesteffekten, sofern es nicht nur um Medienresonanz, sondern auch um politische Entscheidungen geht. Letztere werden nicht nur von vielen protestspezifischen und protestexternen Faktoren beeinflußt, sondern können auch mit großer Zeitverzögerung auftreten und sind als Wirkungen – zumal im Sinne von Erfolgen – oft nur schwer einzuschätzen (z.B. im Falle der Kooptation von Protesteliten, bloß symbolischen Konzessionen der politischen Entscheidungsträger und Veränderungen von Zielsetzungen der Protestgruppen im Zuge von Lernprozessen).

Somit erscheint es legitim, sich vorerst auf die ohnehin schon schwer durchschaubare Wirkung von Gelegenheitsstrukturen auf das (zeitliche) Auftreten von Protest zu beschränken. Selbst diese eindeutig erscheinende abhängige Variable kann wiederum differenziert – etwa nach Zahl und Aktionstyp der Proteste sowie der daran Beteiligten – gemessen werden. Zusammenfassend könnte man hier von einem Maß der (quantitativen) *Mobilisierungsstärke* sprechen.[8] Obgleich ich selbst, wie schon angedeutet, ein dynamisiertes Konzept von Kontextstrukturen favorisiere und dessen Nutzen auch in einem Bewegungs- und Ländervergleich zu demonstrieren versucht habe, soll im folgenden – in heuristischer Absicht – der auf Vereinfachung bedachte Systematisierungsvorschlag von McAdam zugrundegelegt werden. Hierbei werden die vier genannten Dimensionen als unabhängige Variablen zur Erklärung der Mobilisierungsstärke von neuen sozialen Bewegungen in der Bundesrepublik herangezogen. Der zu untersuchende Zusammenhang wird in Abbildung 1 schematisch verdeutlicht.

Abbildung 1: Modell politischer Gelegenheitsstruktur

```
Dimensionen politischer
Gelegenheitsstruktur:

Offenheit / Geschlossenheit
politischer Institutionen

Konsens / Dissens
der Eliten                        Protestmobilisierung
                                  - Zahl der Proteste
Existenz / Nicht-Existenz         - Zahl der Protestteilnehmer
von Verbündeten                   - Radikalitätsgrad

Fähigkeit und Bereitschaft
des Staates zu Repression
```

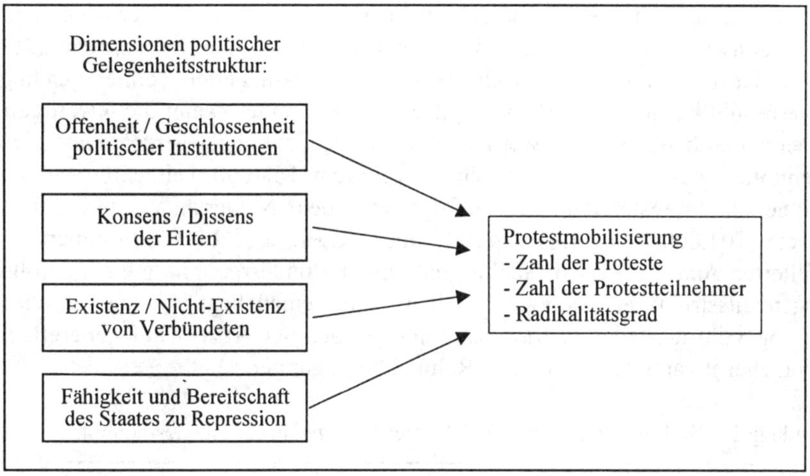

3. Empirische Befunde zur Mobilisierungsstärke neuer sozialer Bewegungen

Mit den Erhebungen von Koopmans (1993, 1995) und des Prodat-Projekts am Wissenschaftszentrum Berlin[9] liegen inzwischen umfangreiche Daten zu Protestereignissen in der Bundesrepublik vor; sie erlauben eine relativ solide Messung der abhängigen Variable 'Mobilisierungsstärke'. Die erstgenannte Datei konzentriert sich thematisch auf die neuen sozialen Bewegungen und zeitlich überwiegend auf die Phase von 1975 bis 1989. Die zweitgenannte Datei umfaßt alle Themen und Arten von kollektiven Protesten in der Zeit von 1950 bis 1992. In beiden Fällen lieferten Berichte in Tageszeitungen den Rohstoff für die Protestereignisanalyse. Koopmans hat als zentrale, wenngleich nicht exklusive Quelle die Montagsausgaben der Frankfurter Rundschau (mit Regional- und Lokalteilen) genutzt. Dem Prodat-Projekt liegen Berichte aus der Frankfurter Rundschau und der Süddeutschen Zeitung zugrunde (ohne Regional- und Lokalteile). Hierbei wurden neben allen Montagsausgaben auch die übrigen Ausgaben jeder vierten Woche (Dienstag bis einschließlich Samstag) herangezogen.
Aufgrund der Daten von Kriesi et al. (1995: 20) kann auch die relative Stärke von neuen sozialen Bewegungen im Ländervergleich beurteilt werden. Bezogen auf die

Kategorie 'unkonventionelle Proteste' steht, nach der Zahl der Protestereignisse, die Bundesrepublik mit großem Abstand an der Spitze, gefolgt – mit jeweils nur halb so viel Protesten – von den Niederlanden, Frankreich und der Schweiz. Die starke Stellung neuer sozialer Bewegungen in der Bundesrepublik zeigt sich auch daran, daß ihnen dort der höchste Anteil (73,2 %) am gesamten Protestgeschehen zukommt. Allerdings folgen schon relativ knapp dahinter die Niederlande (65,4 %) und die Schweiz (61,0 %), während der entsprechende Anteil in Frankreich (36,1 %) extrem niedrig ausfällt. Auch nach der Zahl der mobilisierten Teilnehmer liegt die Bundesrepublik selbst dann an der Spitze der vier Länder, wenn die jeweiligen Einwohnerzahlen berücksichtigt werden. Pro Million Einwohner verzeichnete die Bundesrepublik im gesamten Untersuchungszeitraum 168.000 Teilnehmer an unkonventionellen Protestereignissen, gefolgt von den Niederlanden (143.000), der Schweiz (101.000) und Frankreich (43.000). Kriesi et al. (1995) kommen in ihrer detaillierten Analyse zu dem Schluß, daß in der Bundesrepublik günstige politische Gelegenheitsstrukturen vorgelegen haben. Naturgemäß liegt bei einer solchen Betrachtung von aggregierten Mobilisierungsniveaus der Akzent auf generellen, d.h. zeitlich eher invarianten nationalen Rahmenbedingungen.

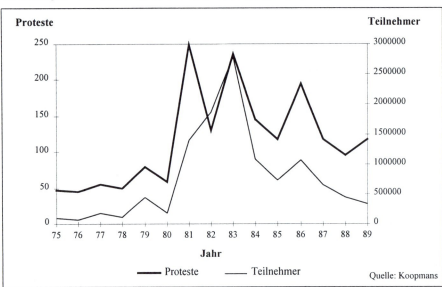

Abbildung 2: Mobilisierung neuer sozialer Bewegungen in der Bundesrepublik

Eine Verlaufsbetrachtung der Zahl von Protesten neuer sozialer Bewegungen[10] in der Bundesrepublik zeigt – nach den Daten von Koopmans – im Gesamtbild ein leicht asymmetrisches Wellenmuster (Abbildung 2). Einer nur leichten Zunahme der Ereignisse in der zweiten Hälfte der 70er Jahre folgt eine sich im Zeitverlauf abschwächende dreigipfelige Welle (mit Höhepunkten 1981, 1983 und 1986), dann ein

Die politischen Gelegenheitsstrukturen der neuen sozialen Bewegungen 115

deutlicher Abschwung, der jedoch 1989, dem Ende des Untersuchungszeitraums, klar über dem Ausgangsniveau von 1975 liegt. Die zeitliche Verteilung der in diesen Protesten mobilisierten Teilnehmer ergibt ein ähnliches Wellenmuster, wobei eine gegenüber diesen Ereigniszahlen ausgeprägtere Mobilisierungsspitze im Jahr 1983 festzustellen ist. Auch bei dieser Kurve ist das Niveau der abklingenden Welle 1989 insgesamt höher als in der Auftaktphase in der ersten Hälfte der 70er Jahre.

Es liegt auf der Hand, daß derart prägnante Auf- und Abschwünge einer Erklärung bedürfen, die auf der *Veränderung* von Einflußfaktoren – zum Beispiel der politischen Gelegenheitsstrukturen – beruht. Schwankungen der Niveaus und Formen der Mobilisierung sind nicht mit invarianten Regimestrukturen zu erklären. Zeitlich unspezifische Erklärungen, wie sie Kitschelt (1986) in seiner vergleichenden Analyse der Mobilisierung von Atomkraftgegnern in vier Ländern angeboten hat, verfehlen diesen Sachverhalt.

4. Zur Erklärung des Auf- und Abschwungs neuer sozialer Bewegungen

Lassen wir die Frage von prinzipiell unterschiedlichen Mobilisierungsniveaus in vergleichbaren Ländern beiseite (dazu Kriesi et al. 1995) und konzentrieren uns allein auf die Protest*dynamik* in der Bundesrepublik, so stellt sich – bezogen auf die Gesamtheit dortiger neuer sozialer Bewegungen – zunächst die Frage, wie der Anstieg und Abschwung der themenübergreifenden Protestwelle in den 80er Jahren zu erklären ist.

4.1 Die generellen politischen Gelegenheitsstrukturen der neuen sozialen Bewegungen

Ungeachtet ihrer je spezifischen Themen und Konfliktanlässe haben die neuen sozialen Bewegungen in der Bundesrepublik in ihrer Gesamtheit einen außergewöhnlichen Mobilisierungszyklus durchlaufen. Nimmt man an, daß andere potentielle Einflußfaktoren im wesentlichen konstant geblieben sind, so müssen sich die politischen Gelegenheitsstrukturen in der zweiten Hälfte der 70er Jahre zunächst etwas, dann sehr sprunghaft verbessert haben, um danach eine stark hemmende Wirkung zu entfalten. Wenn wir nun unter diesem Blickwinkel die Qualität betrachten, die die von McAdam bezeichneten vier Dimensionen im Zeitverlauf angenommen haben, dann ist allerdings in zweifacher Hinsicht über die bloße Benennung allgemeiner Dimensionen hinauszugehen. Zum ersten müßten explizite *Hypothesen* zu den erwarteten Kausalzusammenhängen formuliert werden; zum zweiten ginge es darum, mögliche *Indikatoren* bzw. *Operationalisierungen* für die einzelnen Dimensionen politischer Gelegenheitsstrukturen auszuweisen, sofern diese Dimensionen auch quantitativ erfaßt werden sollen.[11] Dieser zweite Aspekt bleibt hier allerdings ausgeklammert, da derzeit keine auf harten Daten beruhende Messung von Gelegenheitsstrukturen verfügbar ist. Immerhin werden einige Hinweise gegeben, nach welchen Indikatoren Ausschau zu halten wäre.

(1) Mit Blick auf die erste Dimension '*Offenheit/Geschlossenheit politischer Institutionen*' ist zunächst anzunehmen, daß mittlere Ausprägungen von Offenheit/Geschlossenheit am ehesten mobilisierungsfördernd wirken. Sehr offene Systeme werden eher zur (symbolischen) Absorption von Protestthemen bzw. zur Kooptation von Protesteliten führen, also dem Protest den Wind aus den Segeln nehmen. Dagegen lassen sehr geschlossene Systeme den Protest eher aussichtslos erscheinen und wirken deshalb mobilisierungshinderlich.

Wichtige institutionelle Zugangschancen werden abgesteckt durch Mechanismen direkter Demokratie (z.B. Referenda), verwaltungsgerichtliche Klagemöglichkeiten, Informations- und Einspruchsrechte im Rahmen diverser Genehmigungsverfahren sowie die Beteiligung von gesellschaftlichen Gruppen an Hearings, Fachkommissionen u.a. Mit Blick darauf sind keine wesentlichen Änderungen im Untersuchungszeitraum, schon gar nicht eine sprunghafte Erweiterung von Zugangschancen gegen Ende der 70er/Anfang der 80er Jahre anzunehmen. Verschiedene Formen der Bürgerpartizipation waren bereits im Rahmen früherer Gesetzgebungen verbessert worden (zum Beispiel im Baurecht, Atomrecht, Naturschutzrecht). Immerhin haben sich auf lokaler und zumeist informeller Ebene die Zugangschancen für Teile der Protestgruppen erweitert. Diese Gruppen erfuhren eine gewisse offizielle Anerkennung, wurden in verschiedene Diskussionsforen eingebunden und teilweise auch mit öffentlichen Mitteln gefördert. Diese Tendenz hat sich in der zweiten Hälfte der 80er Jahre eher fortgesetzt als umgekehrt, so daß dieser Faktor nichts zur Erklärung des Mobilisierungsrückgangs beiträgt.

(2) Die *Haltung und Kohärenz der Eliten* ist insofern für die Entwicklung von Protesten von Bedeutung, als Konflikte oder sogar Spaltungen der politischen Eliten mit hoher Wahrscheinlichkeit mobilisierungsförderliche Effekte haben. Ein möglicher Weg für die empirische Erfassung dieser Dimension wären Inhaltsanalysen der Äußerungen von Eliten (zum Beispiel in Massenmedien, parlamentarischen Debatten und Parteiprogrammen) sowie Analysen des Abstimmungsverhaltens in den Parlamenten. Da entsprechende Daten fehlen, muß es hier bei globalen Eindrücken bleiben.

Im Hinblick auf die Themen und Forderungen der neuen sozialen Bewegungen gab es in den 70er Jahren gewiß Meinungsverschiedenheiten zwischen den Eliten der etablierten Parteien; doch gerade aus Sicht der Protestgruppen erschien das Gefüge der etablierten Politik noch überwiegend als ein geschlossenes Elitenkartell, gegen das gleichsam von außen angerannt wurde. In dieser Phase wurde von Seiten der Eliten sehr offensiv das 'Modell Deutschland' propagiert – ein Modell, das auf Wirtschaftswachstum programmiert und politisch durch ein neokorporatistisches Arrangement zwischen Staat, Arbeitgeber und Gewerkschaften abgestützt war. Dagegen erschienen die neuen sozialen Bewegungen überwiegend als Störfaktor des politischen Routinebetriebs. Diese Situation veränderte sich mit dem Regierungswechsel von 1982/83. In der Oppositionsrolle begann sich die SPD zunehmend für die Themen der neuen sozialen Bewegungen zu öffnen. Beispielhaft dafür steht die Haltung zum NATO-Doppelbeschluß sowie zum Thema Atomenergie. In der ersten Frage hatte sich die vormalige innerparteiliche Minderheit bereits im Laufe des Jahres 1983 durchsetzen können; in der Frage der Atomenergie war der innerparteiliche Druck der Atomkraftgegner über eine längere Phase hinweg gewachsen und mündete schließlich 1986 in den Ausstiegsbeschluß der SPD. Einen zweiten wichtigen Faktor bildete der Einzug der Grünen in den Bundestag und in mehrere Landtage. Die Grünen, die sich in dieser Phase noch überwiegend als parlamentarischer Arm der neuen sozialen Bewegungen verstanden, wirkten nun gleichsam als Stachel im Fleisch der etablierten Parteien und verschafften sich insbesondere im Lager der Sozialdemokratie zunehmend Respekt. Aufgrund dieser Bedingungen kam es zu einer deutlichen Spaltung der politischen Eliten. Die Protestgruppen erschienen nicht mehr als bloße Außenseiter, sondern hatten reputierliche Verbündete. Dies dürfte es wiederum den bislang eher zögerlichen Teilen unter den Sympathisanten der Protestierenden erleichtert haben, sich bei diesen einzureihen. Schließlich ist auch in Rechnung zu stellen, daß seit dem Herbst 1982 eine konservativ dominierte Regierung am Ruder war – ein Sachverhalt, der der Mobilisierung linker Gruppen, zu denen auch das Gros der neuen sozialen Bewegungen gehört, grundsätzlich förderlich war (Koopmans/Rucht 1996). Allerdings kann dieser Faktor nicht den Abschwung der Bewegungen erklären, blieb doch die Regierungskonstellation bis 1989, dem Ende der betrachteten Periode, unverändert.

(3) Die *Existenz bzw. das Fehlen von Verbündeten* wirken sich unmittelbar auf die Mobilisierungsstärke von Protestgruppen aus, sofern hierbei nicht speziell an Eliten, sondern an mitgliederstarke und mobilisierungskräftige Vereinigungen gedacht ist. Über die Existenz solcher Bündnisse könnte ein genauerer Blick auf zentrale Kampagnen Aufschluß geben. Aber auch in bestimmten Protestereignisdaten sind grobe Indikatoren enthalten, auf die noch bei der Betrachtung von Einzelbewegungen einzugehen ist.

Generell ergibt sich der Eindruck, daß die neuen sozialen Bewegungen bereits in ihrer Entstehungsphase in den späten 60er und frühen 70er Jahren eine Reihe von Verbündeten gewonnen hatten, zum Beispiel innerhalb der Kirchen, Bürger- und Menschenrechtsorganisationen und Jugendverbände. Dieser Kreis von Verbündeten dürfte sich danach sukzessive erweitert haben.[12] Am wichtigsten hierbei ist wohl die Öffnung einiger Einzelgewerkschaften sowie der Führungsspitze des DGB. So kam es in Fragen des Umweltschutzes, der Atomenergie, der Konversion von Rüstungsbetrieben und der Frauenpolitik zu vormals kaum denkbaren Brückenschlägen zwischen Gewerkschaften und neuen sozialen Bewegungen. Im Verbund mit diesen

Bewegungen beteiligten sich in den 80er Jahren zunehmend gewerkschaftliche Gruppen an Protestaktionen, zumal dann, wenn diese ausdrücklich die Regierungspolitik aufs Korn nahmen. Da sich dieser Trend im Untersuchungszeitraum nicht umkehrte, bleibt der Mobilisierungsrückgang der neuen sozialen Bewegungen weiterhin ohne Erklärung.

(4) Daß die *Fähigkeit und Bereitschaft des Staates zu repressiven Maßnahmen* gegen Protestgruppen Auswirkungen auf deren Mobilisierungskraft hat, liegt auf der Hand. Allerdings kann hier ebenso wenig wie bei der erstgenannten Dimension von einer einfachen Wirkungskette nach dem Muster 'Je mehr Repression, desto weniger Protest' ausgegangen werden. Wiederum ist mit komplexeren Beziehungen zu rechnen: Keine oder nur geringe Repression senkt die Kosten für Protest und dürfte damit zur Verbreiterung der Protestbasis beitragen. Mittlere Grade der Repression werden die schwächer motivierten Teile der Anhängerschaft abschrecken, andererseits aber auch zu Solidarisierungen von anderen Gruppen führen, so daß im Ergebnis ein ähnlicher Effekt wie bei abwesender oder sehr schwacher Repression zu vermuten ist. Massive Repression erhöht dagegen die Kosten des Protests derart, daß nur der 'harte Kern' weitermachen wird.

Im Unterschied zu anderen Faktoren politischer Gelegenheitsstrukturen ist es im Prinzip relativ einfach, Repression zu messen. Indikatoren hierfür wären u.a. Verschärfungen des Demonstrationsrechts, restriktive Auflagen der Ordnungsämter für Protestveranstaltungen, sachlich schwer zu rechtfertigende Ein- und Übergriffe der Polizei und harte Gerichtsurteile für Rechtsverletzungen im Rahmen von Protestaktionen. Doch selbst, wenn hierzu gültige und verläßliche Informationen vorlägen, ergäbe sich eine besondere Schwierigkeit daraus, daß die Richtung von Ursache-/Wirkungsbeziehungen nur empirisch sehr schwer festzustellen ist. Ist die steigende Repression eine direkte Reaktion auf die Zunahme der Proteste insgesamt bzw. speziell der militanten Proteste? Oder ist sie eine unabhängige Größe – verursacht zum Beispiel durch öffentlichen oder politischen Druck auf die Polizeiführungen? Oder, was am wahrscheinlichsten ist: Sind nicht enge Interaktionseffekte zwischen beiden Faktoren zu erwarten?

In der Bundesrepublik kommen wirklich massive Repressionen gegen das Gros der Protestgruppen, wie sie in autoritären Regimes an der Tagesordnung sind, nur in Ausnahmefällen vor. Harte Repressionen werden im wesentlichen nur gegen gewaltförmige Proteste, zuweilen aber auch konfrontative Proteste eingesetzt – beides Protesttypen, die ohnehin nur relativ wenige Teilnehmer auf sich ziehen. Dagegen hat die Masse der friedlich protestierenden Anhänger neuer sozialen Bewegungen nicht mit Repressionen zu rechnen. Selbst gewisse Schwankungen des Repressionsniveaus gegenüber konfrontativen und gewaltförmigen Protesten, wie sie Kriesi et al. (1995: 126) in freilich schwachem Ausmaß für die Bundesrepublik zwischen 1975 und 1989 festgestellt haben, dürften sich somit kaum auf die Entwicklung der Teilnehmerzahlen insgesamt auswirken. Allerdings können Veränderungen des Repressionsgrades durchaus einen nennenswerten Effekt auf die hier betrachtete Entwicklung der Zahl von Protesten ausüben.

Die politischen Gelegenheitsstrukturen der neuen sozialen Bewegungen 119

Beim vorliegenden Wissensstand sind jedoch kaum empirisch gut begründete Aussagen über den fraglichen Zusammenhang möglich. Ein Blick auf die eher grundsätzliche Regelung von Repression im Umgang mit Protesten, wie sie in Gerichtsurteilen, Polizeigesetzen u.ä. zum Ausdruck kommt, läßt jedenfalls am Übergang von den 70er zu den 80er Jahren keine Verschärfung erkennen. Im langfristigen Trend ist seit dem Ausklang der Studentenrevolte eher eine allmähliche Abnahme von Repression feststellbar, sieht man vom Sonderthema des Terrorismus ab (della Porta 1995). Es ist deshalb anzunehmen, daß der Faktor Repression weder zur Erklärung des Aufschwungs noch des Abschwungs neuer sozialer Bewegungen Entscheidendes beitragen kann.

In einem *Zwischenfazit* kann demnach folgendes festgehalten werden: Bezogen auf die Gesamtheit neuer sozialer Bewegungen liefert lediglich der Aspekt 'Haltung und Kohärenz von Eliten' einen plausiblen Beitrag, um die stark expandierende Mobilisierung in den frühen 80er Jahren zu erklären. Dagegen läßt sich mit Hilfe der drei übrigen Dimensionen politischer Gelegenheitsstrukturen die stark zunehmende Mobilisierung in dieser Phase nicht plausibilisieren. Das bisherige Erklärungsangebot bietet zudem keine Antwort auf die Frage, warum es zu einem signifikanten Mobilisierungsrückgang in der zweiten Hälfte der 80er Jahre kam.

4.2 Die politischen Gelegenheitsstrukturen ausgewählter Einzelbewegungen

Erklärungen für die schwankende Mobilisierung der Gesamtheit neuer sozialer Bewegungen sind prinzipiell nur vorläufiger und eher heuristischer Natur, solange sie nicht auf der Ebene wichtiger Einzelbewegungen kontrolliert werden. Möglicherweise ist der Anstieg einer themenübergreifenden Mobilisierungswelle und namentlich ihre Hochphase nicht das Produkt von insgesamt günstigen Mobilisierungschancen, sondern in erster Linie Ausdruck der Mobilisierungsstärke einer ganz *bestimmten* Bewegung. Zeitgleich dazu wären dann für die übrigen Bewegungen eine Stagnation oder gar eine rückläufige Mobilisierung – und somit möglicherweise sich verschlechternde politische Gelegenheitsstrukturen – zu konstatieren. Die Stärke der Bewegung, die das quantitative Gesamtbild einer ganzen Bewegungsfamilie prägt, könnte zudem auf Faktoren zurückgehen, die außerhalb politischer Gelegenheitsstrukturen anzusiedeln sind. Diesen Überlegungen soll im folgenden nachgegangen werden. Betrachten wir zunächst die Mobilisierungsstärke einzelner Bewegungen.

Der Gesamtkomplex neuer sozialer Bewegungen ist sicherlich kein bloßes Konstrukt von Sozialwissenschaftlern; gemeinsame Leitvorstellungen, thematische und personelle Überschneidungen und auch Allianzen zwischen verschiedenen Einzelbewegungen sind nachweisbar (siehe hierzu Brand in diesem Band). Gleichwohl können die Einzelbewegungen, die den neuen sozialen Bewegungen zugehören, ein jeweils eigenes Profil und eine je spezifische Mobilisierungsdynamik aufweisen. Das Konzept politischer Gelegenheitsstrukturen hätte sich auch auf der Ebene von Einzelbewegungen zu bewähren.

In der Literatur wird den neuen sozialen Bewegungen eine Vielzahl von Einzelbewegungen zugerechnet, wobei es wohl eine Frage der gewünschten Abstraktionshöhe ist, ob man auch noch von einer gesonderten Hausbesetzer-, Frauen-, Friedens- oder Anti-Fluglärmbewegung sprechen soll. Bezogen auf die großen Themenbereiche herrscht weithin Übereinstimmung, daß die Aspekte Frieden, Ökologie, Atomenergie, Frauen, Dritte Welt, Menschen- und Bürgerrechte und städtische Lebensqualität als konstitutive Bestandteile neuer sozialer Bewegungen anzusehen sind. Die vier erstgenannten Themenbereiche repräsentieren nach den Daten von Koopmans (1995) gut 60 % der Proteste aller neuen sozialen Bewegungen.[13]

Nachfolgend wird lediglich der Mobilisierungsverlauf wichtiger Einzelbewegungen betrachtet. Dazu wird auf Daten aus dem bereits erwähnten Prodat-Projekt zurückgegriffen. Analysiert werden Proteste aus der Periode von 1970 bis 1992 bzw. von 1979 bis 1992, die sich der Systematik der Zeitreihe wegen allein auf die alten Bundesländer beziehen.

Tabelle 1 weist die Anteile von acht Themenfeldern der neuen sozialen Bewegungen am gesamten Protestgeschehen (also nicht der Teilmenge neuer sozialer Bewegungen!) nach der Zahl der Proteste und der Zahl der Teilnehmer aus.[14] Es zeigt sich, daß die einzelnen Themen sehr unterschiedliche Anteile der Protestmobilisierung repräsentieren.

Tabelle 1: Anteile ausgewählter Protestthemen neuer sozialer Bewegungen, Bundesrepublik 1970-1992 (Prozentwerte)

Protestthema	Proteste	Teilnehmer
Pro Frieden	16,1	35,4
Pro Demokratie / Menschenrechte / Dritte Welt	13,4	6,5
Gegen Atomkraft	8,0	6,3
Pro Ausländer / Ethnische Gruppen	6,8	8,6
Pro Ökologie	4,3	4,1
Pro Stadterneuerung / Hausbesetzungen	3,1	0,5
Pro Frauen	2,4	0,1
Gegen Flughafenbau/-erweiterung	1,7	2,2
Summe ausgewählte Themen	55,8	63,7
Alle Proteste	100 N=6.054	100 N=27.707.750

Nach der Zahl der Proteste liegt die Spannbreite der Themenanteile zwischen 16,1% (Friedensbewegung) und 1,7% (gegen den Bau bzw. die Erweiterung von Flughäfen). Noch diskrepanter sind die Anteile an Teilnehmerzahlen mit dem Wert von 35,4% für die Friedensbewegung und lediglich 0,1% für die Frauenbewegung. Entsprechende Berechnungen des Anteils aller acht Themenbereiche an der Gesamtheit

Die politischen Gelegenheitsstrukturen der neuen sozialen Bewegungen 121

der neuen sozialen Bewegungen stehen aufgrund der Vielfalt der darin eingeschlossenen Themen noch aus, doch dürfte mit diesen acht Themen der ganz überwiegende Teil der Proteste neuer sozialer Bewegungen abgedeckt sein.

Betrachtet man die zeitliche Verteilung der Protestereignisse zu den acht Themenbereichen[15] für die Jahre 1979 bis 1992, so zeigen sich neben den insgesamt sehr unterschiedlichen Protestzahlen einzelner Themenbereiche für diesen Zeitraum sehr starke Schwankungen der pro Jahr und pro Themenbereich registrierten Proteste (Tabelle 2). Auf diese Schwankungen, zumal im Falle großer Bewegungen, hat sich das besondere Augenmerk einer an variablen Gelegenheitsstrukturen interessierten Analyse zu richten. Die Werte der Tabelle 2 werden hier nicht im einzelnen kommentiert. Sie sind jedoch teilweise bei der Interpretation einer Kurve in Abbildung 3, die auf sechs Einzelthemen beruht, von Bedeutung.

Tabelle 2: Anzahl der Proteste zu ausgewählten Themen neuer sozialer Bewegungen in der Bundesrepublik (West), 1979-1992

Jahr	Frieden	Atomkraft	Ökologie	Stadtsanierung	Flughafen	Demokratie/ 3.Welt	Pro Ausländer	Frauen	Gesamt
1979	16	50	10	4	2	42	7	10	141
1980	30	31	11	25	9	40	6	3	155
1981	59	23	4	91	30	95	5	10	317
1982	87	22	21	7	30	43	21	5	236
1983	172	14	19		2	29	27	4	267
1984	99	15	29	2	8	51	12	6	222
1985	75	25	19	3	6	31	16	8	183
1986	40	112	24	6	2	33	20	5	242
1987	39	46	13	7	2	36	16	12	171
1988	23	42	25	2	1	24	9	11	137
1989	38	14	28	7	7	64	25	7	190
1990	39	14	22	11	1	32	19	3	141
1991	134	7	8	1		44	65	2	261
1992	24	8	9		1	24	135	5	206
Total	875	423	242	166	101	588	383	91	2869

Um die Darstellung übersichtlich zu halten, werden in Abbildung 3 nur zwei große und zudem nach ihrer Protestzahl stark schwankende Themenbereiche – Frieden und Anti-Atomkaft – herausgegriffen, während die übrigen sechs Themen in einer einzigen Kurve zusammengefaßt sind. Zusätzlich enthält Abbildung 3 auch die Gesamtzahl der Proteste zu allen acht Themen.

Bei einem Blick auf die Gesamtkurve, die bereits nach 1981 abfällt, könnte auf sich ab diesem Jahr insgesamt verschlechternde politische Gelegenheitsstrukturen geschlossen werden. Dafür ließen sich allerdings bei der skizzenhaften Erörterung der allgemeinen Gelegenheitsstrukturen neuer sozialer Bewegungen kaum Anhaltspunkte finden. Zudem zeigt der Blick auf die im Betrachtungszeitraum stärkste (Frieden) bzw. drittstärkste Einzelbewegung (Anti-Atomkraft), daß beide im Jahr 1981 keineswegs einen Mobilisierungshöhepunkt aufweisen, sondern einen solchen erst 1983 bzw. 1986 erreichen. In der Spanne von 1983 bis 1987 bleibt dagegen der Kurvenverlauf des Aggregats der sechs übrigen Themenbereiche auf relativ niederigem und fast konstantem Niveau. Das Profil der Gesamtkurve wird also in manchen Phasen überwiegend durch die Dynamiken von ein oder zwei Einzelthemen bestimmt, während die Entwicklung der übrigen Themenbereiche kaum Veränderungen unterliegt.

Abbildung 3: Proteste neuer sozialer Bewegungen, 1979-1992

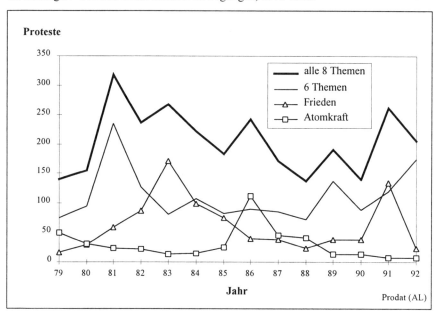

In anderen Phasen können Protestentwicklungen in mehreren Bereichen konvergieren und damit kumulative Effekte erzeugen, in wiederum anderen Phasen sich dagegen neutralisieren. Ein alleiniger Blick auf das Aggregat würde diese spezifischen Dynamiken verkennen und damit zu theoretischen Fehlschlüssen verleiten. Dies wird besonders deutlich, wenn die Komponenten betrachtet werden, die für die jeweiligen Gipfel der Aggregatkurve ausschlaggebend sind. Der Höhepunkt im Jahr 1981 ist, wie ein Blick auf Tabelle 2 zeigt, ein Effekt der sprunghaften Zunahme von Protesten in den Bereichen Stadtsanierung/Hausbesetzungen, Bürgerrechte/Dritte Welt[16] sowie Flughafenbau/-erweiterung. 1983 geht der Aggregatgipfel allein auf die Friedensbewegung, 1986 allein auf die Anti-Atomkraftbewegung, 1991 wiederum allein auf Friedensbewegung zurück. Das auch 1992 hohe Niveau der Aggregatkurve wird dagegen durch den starken Zuwachs von ausländerfreundlichen Protesten bewirkt, der den abrupten Rückgang von Protesten der Friedensbewegung von 1991 auf 1992 nahezu kompensiert (vgl. die Werte in Tabelle 2). Die abrupten Auf- und Abschwünge in den genannten Themenbereichen können also nicht durch globale

Veränderungen politischer Gelegenheitsstrukturen für neue soziale Bewegungen erklärt werden; sie kommen vielmehr durch themenspezifische Parameter zustande. Es läge somit nahe, die vier oben vorgestellten Dimensionen politischer Gelegenheitsstrukturen auf die einzelnen Themenstränge der neuen sozialen Bewegungen zu beziehen. Dies kann hier nicht im einzelnen durchgespielt werden. Jedoch sollen exemplarisch die Friedens- und die Anti-Atomkraftbewegung näher betrachtet werden. Im Groben läßt sich feststellen, daß hinsichtlich der ersten und vierten Dimension weder für die Friedens- noch die Anti-Atomkraftbewegung markante Veränderungen der politischen Gelegenheitsstrukturen um 1983 bzw. 1986 auszumachen sind. Auch die beiden übrigen Dimensionen liefern wohl nur eine höchst unvollständige Erklärung des steilen Anstiegs beider Mobilisierungswellen. Immerhin weisen sie in diese Richtung. So wußte die Friedensbewegung in den frühen 80er Jahren eine wachsende Minderheit der politischen Eliten auf ihrer Seite. Ebenso stieg die Zahl der organisierten Verbündeten der Friedensbewegung, was sich an der Zusammensetzung des Koordinationsausschusses der Friedensbewegung und der zunehmenden organisatorischen Breite der Friedensproteste ablesen läßt (Leif 1985; Cooper 1996). Eine ähnliche Situation bestand auch in der ersten Hälfte der 80er Jahre für die Anti-Atomkraftbewegung. Jedoch können damit nicht die abrupten Kurvenausschläge erklärt werden.

Die Haupterklärung für die starken Mobilisierungszuwächse der Friedens- und Anti-Atomkraftbewegung liegt bei *situativen* Bedingungen jenseits des Komplexes politischer Gelegenheits*strukturen*. Auf die Bedeutung derartiger Bedingungen ist in der Literatur unter Stichworten wie 'precipitating incidents' oder 'suddenly imposed grievances' mehrfach hingewiesen worden (Smelser 1962; Walsh 1981). Betrachten wir zunächst die Friedensbewegung. Die in den späten 70er Jahren erneut einsetzende Mobilisierung dieser Bewegung in der Bundesrepublik erfuhr zunächst einen Impuls durch die Verknüpfung der bis dahin weitgehend getrennt gesehenen zivilen und militärischen Aspekte der Atomenergie. Diese Verknüpfung war in erster Linie das Ergebnis eines kognitiven Prozesses, der durch ein entsprechendes 'Framing' unterstützt wurde. Ein zusätzlicher Einfluß durch politische Gelegenheitsstrukturen ist nicht erkennbar. Einen zweiten Impuls bedeutete die Absichtserklärung der US-Regierung unter Jimmy Carter, eine Neutronenbombe entwickeln zu lassen.[17] Diese Ankündigung stand im Kontext einer sich verschärfenden politischen Rhetorik der US-Administration gegenüber dem Sowjetblock, welchen Präsident Ronald Reagan bezeichnenderweise als 'Reich des Bösen' tituliert hatte. Ihren entscheidenden Auftrieb erfuhr die Bewegung jedoch durch die herannahenden Konsequenzen des NATO-Doppelbeschlusses vom Dezember 1979, demzufolge eine Stationierung neuer Raketensysteme u.a. in der Bundesrepublik drohte. Dieser Beschluß bildete den „konkreten Auslöser der ... 'Friedensrevolte'" (Brand/Büsser/Brand 1986: 207) nicht nur in der Bundesrepublik, sondern in einer ganzen Reihe anderer Länder Westeuropas sowie in den USA. Gerade die zeitliche Parallelität des enormen Aufschwungs der Friedensbewegung in nahezu allen vom Beschluß tangierten Staaten legt es nahe, die in den frühen 80er Jahren anschwellende Massenmobilisierung nicht mit der Veränderung nationaler Gelegenheitsstrukturen erklären zu wollen. Eine gleichsinnige und gleichzeitige Verbesserung dieser Bedingungen in so vielen und so verschiedenartigen Ländern ist höchst unwahrscheinlich. Die Haupterklärung ist somit bei einem 'precipitating incident' in Verbindung mit darauf bezogenen Deutungsprozessen und nicht bei einer abrupten Veränderung politischer Gelegenheitsstrukturen zu suchen.

Auch die von 1985 auf 1986 steil ansteigende Mobilisierung der Anti-Atomkraftbewegung geht auf sehr spezifische Auslösefaktoren jenseits allgemeiner Gelegenheitsstrukturen zurück. Der bereits 1985 erkennbare und sich dann fortsetzende Aufschwung des Anti-Atomkraftprotests hängt vor allem mit einem spezifischen regionalen Konflikt, dem beabsichtigen Bau der Wiederaufarbeitungsanlage in Wackersdorf, zusammen (Kretschmer 1988; Kretschmer/Rucht 1991; Koopmans 1995: 205; siehe auch Kliment in diesem Band). Es ist diese besondere regionale Konfliktdynamik, die zunächst das Gesamtbild des Anti-Atomkraftprotests in diesen Jahren prägt. Den entscheidenderen Impuls für den Mobilisierungshöhepunkt im Jahr 1986 bildete jedoch die Reaktorkatastrophe von Tschernobyl. Zwar löste dieses Ereignis, wie das französische Beispiel lehrt, nicht zwangsläufig einen starken Mobilisierungsschub aus; doch sind kräftige Mobilisierungszuwächse zumindest in Ländern wie der Bundesrepublik zu verzeichnen, in denen zu diesem Zeitpunkt (a) eine halbwegs funktionstüchtige infrastrukturelle Basis der Anti-Atomkraftbewegung (noch) vorhanden war und (b) die Katastrophe nicht durch relativ konforme Stellungnahmen von Wissenschaftlern und politischen Entscheidungsträgern verharmlost wurde (dazu Koopmans/Duyvendak 1995). Doch auch dies sind Faktoren, die allenfalls indirekt mit politischen Gelegenheitsstrukturen zusammenhängen, so daß diesem Konzept keine starke Erklärungsleistung für den Aufschwung der Anti-Atomkraftproteste zukommen kann. Dies gilt ebenso für den Sachverhalt der erneuten Mobilisierung der Friedensbewegung in der Phase der Golfkriegs sowie, um ein weiteres Beispiel zu nennen, die schon erwähnte abrupte Zunahme von Protesten im Zusammenhang mit Hausbesetzungen, die im wesentlichen auf die Situation in Westberlin und nicht auf nationale Gelegenheitsstrukturen zurückzuführen ist.[18]

Bleibt also die Erklärungskraft des Konzepts politischer Gelegenheitsstrukturen im Hinblick auf die Mobilisierungsschübe von Einzelbewegungen begrenzt, so gilt dies erst recht – wie schon auf der Aggregatebene neuer sozialer Bewegungen – für die Erklärung des abrupten Rückgangs von Protesten der Friedensbewegung 1984/85 und der Anti-Atomkraftbewegung 1987. Im Fall der bundesdeutschen Friedensbewegung ist dafür wohl in erster Linie die Tatsache verantwortlich, daß die Regierung im November 1983 den Beschluß zur Stationierung neuer Mittelstreckenraketen gefaßt hatte – dies wohlgemerkt ungeachtet des zahlenmäßig imposanten 'Drucks der Straße' (Bundeskanzler Kohl: „Die demonstrieren, wir dislozieren") und der inzwischen ablehnenden Haltung der Mehrheit der SPD; selbstredend lehnten auch die seit 1983 im Bundestag vertretenen Grünen den Regierungsbeschluß ab. Nachfolgend hat zudem die konzessionsbereite Haltung der sowjetischen Regierung, die dann auch ein Einlenken auf westlicher Seite nach sich zog, den unmittelbaren Bezugspunkt der Mobilisierung obsolet erscheinen lassen. So gesehen war es wenig überraschend, daß in der zweiten Hälfte der 80er Jahre die Friedensbewegung in allen vergleichbaren Ländern einen raschen Niedergang erlebte.[19]

Im Falle des Protests gegen die Atomenergie war offensichtlich, daß der aufrüttelnde Effekt der Katastrophe von Tschernobyl im Zeitverlauf abklingen mußte, was sich auch an der sinkenden Mobilisierung zu den jeweiligen Jahrestagen der Katastrophe ablesen läßt. Zugleich ging im Zuge einer verschärften Repression gegen den Widerstand in Wackersdorf die dortige Mobilisierung zurück, um erst im Vorfeld des atomrechtlichen Genehmigungsverfahrens 1987/88 erneut anzusteigen und schließlich mit der Preisgabe des Projekts fast ganz zum Erliegen zu kommen. Erst später machten Mobilisierungen an anderer Stelle, vor allem im Raum Gorleben, diesen Aktivitätsrückgang wieder wett, so daß sich der Anti-Atomprotest insgesamt auf niederem Niveau bis 1992 stabilisierte.

Die vorgestellten Einzelbetrachtungen entwerten nicht generell die Erklärungskraft des Konzepts politischer Gelegenheitsstrukturen, aber legen doch die Empfehlung nahe, das Konzept nicht pauschal und umstandslos für größere Gruppen von Bewegungen anzuwenden. Die Daten sprechen dafür, das Konzept für Einzelbewegungen zu spezifizieren, im Einzelfall auch ergänzende Erklärungen heranzuziehen, ja diesen sogar den Vorrang zu geben. Zu denken ist namentlich an themenspezifische Auslöser oder Katalysatoren des Protests. Freilich ist auch einzuräumen, daß die Grenzen zwischen struktur- und ereignisbezogenen Erklärungen fließend sein können. Einmal gefällte und durchaus kontingente Entscheidungen, etwa eine knapp gewonnene Bundestagswahl oder ein im Vorfeld heiß umkämpfter und schließlich trotz allen Widerstands gefaßter politischer Beschluß, können auf längere Sicht strukturelle Konsequenzen für die weitere Protestmobilisierung zeitigen. Auch ist nicht zu erwarten, daß von kontingenten Entscheidungen per se, also ohne die Existenz günstiger Gelegenheitsstrukturen, ein starker Mobilisierungseffekt ausgehen wird.

5. Möglichkeiten und Grenzen des Konzepts politischer Gelegenheitsstrukturen

Eine Erklärung der Mobilisierungswellen von Protestbewegungen hat sowohl bewegungsinterne als auch bewegungsexterne Faktoren zu berücksichtigen. Zu ersteren gehören zum Beispiel die innere Geschlossenheit von Protestbewegungen und die Qualität ihres Führungspersonals. Die externen Faktoren werden vor allem in Konzepten politischer Gelegenheitsstrukturen veranschlagt. Bisher vorliegende Untersuchungen zu Mobilisierungsprozessen haben zwar kaum das Gewicht interner und externer Faktoren vergleichend bestimmt, doch legen Anwendungen des Konzepts politischer Gelegenheitsstrukturen den Schluß nahe, daß diesem Konzept eine hohe, anderen Ansätzen in bestimmten Fällen sogar überlegene Erklärungsleistung zukommen kann.

Auf Basis der vier von McAdam genannten Dimensionen politischer Gelegenheitsstrukturen wurden konkrete Hypothesen formuliert und auf neue soziale Bewegungen in der Bundesrepublik angewandt. In einem ersten Schritt wurde die Gesamtheit neuer sozialer Bewegungen betrachtet. Es ergaben sich vor allem im Hinblick auf *eine* der vier Dimensionen plausible Hinweise für den Anstieg, nicht aber für den Abfall der Mobilisierungswelle in den 80er Jahren. Da jedoch eine solche themenübergreifende Mobilisierungswelle nicht notwendig auf zeitlich parallelen Wellen von Einzelbewegungen beruht, wurden in einem zweiten Schritt themenspezifische Bewegungen herausgegriffen. Hierbei zeigte sich, daß ein großer Teil der Gesamtmobilisierung auf die Friedensbewegung zurückgeht. Sie bestimmt in zumindest zwei Phasen die Höhe und die zeitliche Plazierung der themenübergreifenden Mobilisierungswelle. In zweiter Linie, und zeitlich den Friedensprotesten der ersten Hälfte der 80er Jahre nachfolgend, tragen auch die Anti-Atomkraftproteste zum Gesamtbild der Wellenverlaufs und speziell zu einer kleineren Welle in der zweiten Hälfte der 80er Jahre bei. Beide themenspezifischen Mobilisierungen sind jedoch nicht vorrangig ein Produkt bestimmter Ausprägungen der zunächst betrachteten Dimensionen politischer Gelegenheitsstrukturen, sondern vielmehr eine Antwort auf kontingente Schlüsselentscheidungen bzw. Schlüsselereignisse. Im Falle der Friedensbewegung waren dies in den frühen 80er Jahren der NATO-Nachrüstungsbeschluß und 1991 der Golfkrieg; im Falle der Anti-Atomkraftbewegung waren dies die Maßnahmen zum Bau einer atomaren Wiederaufarbeitungsanlage im bayerischen Wackersdorf und vor allem das proteststimulierende Moment der Katastrophe von Tschernobyl (siehe Brand und Kliment in diesem Band). Diese Faktoren sind schwerlich als politische Gelegenheits*strukturen* zu bezeichnen. In beiden Fällen hat allerdings die Existenz bereits bestehender, wenngleich zunächst noch nicht stark aktivierter Mobilisierungsstrukturen dieses Ausmaß der Mobilisierung, nicht jedoch deren zeitliche Lagerung und Dynamik ermöglicht.

Wenn diese Sichtweise richtig ist, dann folgt daraus, daß ein Konzept politischer Gelegenheitsstrukturen, das sich auf vorab bestimmte Einflußfaktoren beschränkt, zumindest im untersuchten Falle nicht hinreichend ist. Zum einen zeigt sich, daß einzelne Entscheidungen oder Ereignisse einen erheblichen Einfluß auf das Gesamtbild der Mobilisierung einer 'Bewegungsfamilie' haben können. Zum anderen ist deutlich geworden, daß Erklärungsversuche nicht auf die nationale Ebene zu beschränken sind, da regionalen wie auch internationalen Faktoren eine wichtige Bedeutung zukommen kann. Zudem lehrt gerade das Beispiel von Tschernobyl, daß ein identisches Ereignis in Ländern, die von den objektiven Folgen dieses Ereignisses in ähnlicher Weise betroffen sind, extrem unterschiedliche Ausmaße der Mobilisierung hervorrufen kann. Hierbei wird neben der Stärke vorhandener, gleichsam abrufbarer Mobilisierungsstrukturen auch das überwiegend von Eliten beeinflußte 'Framing' eines derartigen Ereignisses als wichtige intervenierende Variable ins Spiel kommen (siehe auch Kliment und Gessenharter in diesem Band). Schließlich sind bestimmte prozessuale Faktoren in Rechnung zu stellen. Zum Beispiel haben Ausmaß und Erscheinungsbild von Mobilisierungen und Gegenmobilisierungen selbst wiederum einen Effekt auf weitere Mobilisierungen.

All dies zu berücksichtigen, heißt mit wesentlich komplexeren Erklärungsmodellen als mit der eingangs vorgestellten Version politischer Gelegenheitsstrukturen operieren zu müssen. Ansonsten besteht die Neigung, im Rückblick auf bereits stattgefundene Mobilisierungen ein vorab definiertes Erklärungsmodell sich immer so zurechtzulegen, daß das Auf und Ab der Mobilisierung plausibel erscheint. Erst genauere Konzeptualisierungen und darauf beruhende empirische Messungen von politischen Gelegenheitsstrukturen werden die tatsächliche Leistungskraft des Konzepts politischer Gelegenheitsstrukturen erkennen lassen.

Rechtsextremismus

Claus Leggewie

Neo-Kapitalismus und Neue Rechte
Sozialstrukturelle Voraussetzungen radikaler rechter Bewegungen

„Antisemitismus ist der Sozialismus
der dummen Jungs" (August Bebel)

1. Einleitung

Wenn radikal rechte[1] Bewegungen der 80er und 90er Jahre ihrem Erscheinungsbild und ihrer formalen Struktur nach als soziale Bewegungen in nuce gedeutet werden können[2], fragt sich, welche 'structural strains', also welche sozialstrukturellen Faktoren und Veränderungen – heute globalen Ausmaßes – rechtsorientierte Bewegungen in post-industriellen Dienstleistungsgesellschaften ausgelöst haben und begünstigen. Zu Recht gelten 'starker' sozialer Wandel bzw. Modernisierungssprünge und -brüche als Auslöser sozialer Bewegungen; historische Zäsuren (wie zuletzt die von 1989) werden als 'Rohstoff' für sozialen Protest identifiziert (Neidhardt/Rucht 1993). Daß aus diesem Rohstoff rechte Bewegungen wachsen könnten, mag angesichts des Wertewandels und des Aufkommens der 'neuen sozialen Bewegungen' in den 60er und 70er Jahren irritieren, darf aber nicht von vornherein ausgeschlossen werden. Auch wenn es manchen Autoren schwer fällt, läßt sich der Begriff der sozialen Bewegung nicht für 'progressive', nach links gerichtete Strömungen reservieren, die „auf (mehr) politische Partizipation, soziale Emanzipation und eine Transformation der Gesellschaft abzielen" (Butterwegge 1994: 39). Bei den 'Modellfällen' der klassischen Arbeiterbewegung des 19. und frühen 20. Jahrhunderts und der sozialen Bewegungen nach 1945 war Widerstand gegen die Folgen sozialen Wandels im Koordinatensystem des Rechts-Links-Schemas in der Regel eher nach links gerichtet und damit einer universalistischen Vision sozialen Fortschritts verpflichtet. Doch schon der europäische Faschismus der Zwischenkriegszeit, dessen geistesgeschichtliche Wurzeln auf das späte 19. Jahrhundert zurückgehen, wurde als soziale Bewegung sui generis interpretiert, wobei einige Autoren darin die konservative Radikalisierung des Widerstands gegen die Errungenschaften der Französischen Revolution, andere ein Amalgam konservativer und sozialistischer Ideen 'ni droite, ni gauche' sahen (Schieder 1976; Sternhell 1983; Raschke 1985).

Die Hypothese rechtsradikaler sozialer Bewegungen soll an dieser Stelle nicht weiter verfolgt, sondern auf ihre theoretischen Voraussetzungen hin befragt werden, vor allem im Hinblick auf 'structural strains' postindustrieller kapitalistischer

Dienstleistungsgesellschaften. Dieses auf makrosoziologische Ansätze Marxscher bzw. Weberscher Provenienz zurückgehende Paradigma konzentriert sich auf generelle sozialstrukturelle Wesensmerkmale und 'Ungleichgewichtszustände' moderner Massengesellschaften (Kornhauser 1959). Rapider Wandel und Desintegration lösen demnach bei bestimmten sozialen Schichten bzw. Klassen die Wahrnehmung relativer Deprivation aus, die sich ggf. in bewegungsförmigem Aktionismus und Protestverhalten entlädt. Aus diesem Blickwinkel ist das Referenzobjekt der Erforschung radikal rechter Orientierungen und Handlungsformen die Gesamtgesellschaft resp. die makrosoziale 'Rahmung' der sozialen und politischen Handlungsstrategien kollektiver Akteure. Soziologische Theorien der Desintegration und Anomie, die auf Emile Durkheim (1988, 1993) zurückgehen und später in das Theorem relativer Deprivation eingegangen sind (Gurr 1970; Masters/Smith 1987), leben in aktuellen Individualisierungstheorien modifiziert fort (Heitmeyer 1992). Zu untersuchen ist hier, wie fruchtbar sie für eine theoretische Analyse des Rechtsradikalismus sind.

Diese Fokussierung darf nicht zu monokausalen Erklärungen des Rechtsradikalismus führen. Soziale Desintegration ist eine notwendige, aber keinesfalls hinreichende Bedingung der Erfolge rechtsradikaler und, wie hinzuzufügen ist: rechtspopulistischer[3] Parteien, auch nicht für das Auftreten aktionistischer, zum Teil terroristischer Subkulturen, Szenen und Bewegungskeime der radikalen Rechten, die zusammen das neue öffentliche und wissenschaftliche Interesse an der radikalen Rechten ausgelöst haben. Vielmehr erhellen generelle Dynamiken und Statusverschiebungen latente Dispositionen und Gelegenheitsstrukturen, unter denen sich rechtsradikale (i.e. autoritäre, extrem-nationalistische und antidemokratische) Persönlichkeitsmerkmale und kulturelle Deutungsmuster aktualisieren können. Sozialstruktureller Wandel schlägt nicht automatisch auf alle potentiell Betroffenen durch, sondern wirkt immer erst durch selektive sozialpsychologische Wahrnehmungsfilter auf spezifische Akteure (Merton 1979).

Die Grenzen des 'structural strains approach' liegen damit auf der Hand. Für die beachtlichen Erfolge rechtsradikaler Parteien der jüngsten Zeit in Europa und den USA geben allemal politisch-kulturelle Faktoren den Ausschlag; hier sollte man, Max Weber paraphrasierend, 'Politisches aus Politischem erklären', also den Akzent auf den Zustand der Parteiensysteme, das Verhalten und Erscheinungsbild der politischen Eliten, die Präferenzen der öffentlichen Meinung etc. legen, d.h. eher auf politische Meso- und Mikrostrukturen achten (dazu Koopmans in diesem Band). Gleichwohl darf die Analyse gesamtgesellschaftlicher Entwicklungen (oder 'Mega-Trends') in einem mehrdimensionalen Erklärungsansatz nicht fehlen. Würden sie eine soziale Bewegung nach rechts begünstigen, wären die Erfolge rechtsradikaler und -populistischer Parteien nämlich mehr als eine in der Wahlgeschichte liberaler Demokratien zyklisch auftretende Konjunkturerscheinung, und die außerparlamentarischen Aktivitäten der radikalen Rechten gingen über eine bloße 'kollektive Episode' hinaus. Zur Unterscheidung kann man hier eine heuristische Spezifizierung einführen: Während rechtsradikale und -populistische Parteien auf Effizienz- und

Legitimationsprobleme des politischen Systems hinweisen, reagieren soziale Bewegungen auf eine weiterreichende soziale und systemische Desintegration.

Um den sozialstrukturellen Voraussetzungen radikaler rechter Bewegungen weiter nachzugehen, werden im folgenden fünf Annahmen durchgespielt, die für die Beurteilung von 'structural strains' rechten Protests relevant sind: der Niedergang der Arbeiterbewegung in dem Sinne, daß sich die 'klassische', historisch nach links gerichtete soziale Bewegung nach rechts verlagert hat (Abschnitt 2), das Ende der Arbeitsgesellschaft als Pfad zu rechtsradikaler Mobilisierung (Abschnitt 3), sozialstrukturelle Faktoren der Wählerschaft rechtsextremer Parteien (Abschnitt 4), sozialstrukturelle Faktoren des rechten Protests (Abschnitt 5) und schließlich die Transformation der sozialen Bewegungen selbst, die in einer 'neo-kapitalistischen' Phase soziale Bewegungen neuen Typs hervorgerufen hat (Abschnitt 6).

2. Rechtsradikale als Modernisierungsverlierer – ein verschobener Klassenkampf?

Rekapitulieren wir zunächst, welche makrosozialen Tendenzen als Gelegenheitsstrukturen rechtsradikaler Bewegungen in Vergangenheit und Gegenwart diskutiert worden sind. Weitverbreitet ist die Auffassung, daß der Aufstieg des Nationalsozialismus zur führenden Kraft in Deutschland (und ebenso zeitgenössische und spätere rechtsradikale und faschistische Bewegungen) als Reaktion auf die Wirtschaftskrise von 1929ff. zu sehen seien. An diesem Theorem kann verdeutlicht werden, daß eine monokausale Fixierung auf ökonomische Faktoren in die Irre geht; denn andere Industriegesellschaften wie Großbritannien und die USA waren von ihren Folgen genauso betroffen wie die deutsche, doch blieben faschistische Bewegungen aufgrund anderer politisch-kultureller Gegebenheiten dort marginal. Im übrigen faßten radikal rechte Bewegungen wie der Poujadismus und der McCarthyismus der 50er Jahre auch in Stabilitäts- und Prosperitätsphasen Fuß. In der simplifizierenden Rückführung faschistischer Erfolge auf ökonomische Krisen lag die Krux der marxistisch-leninistischen Faschismustheorien. Wirtschaftskrisen erzeugen ganz unterschiedliche Perzeptions- und Reaktionsmuster; in den 30er Jahren z.B. stärkten sie in Frankreich und den USA die demokratische Linke. Allerdings gibt es eine gewisse historische Evidenz dafür, daß sich auch die Erfolgschancen rechtsradikaler Parteien in wirtschaftlichen Not- und Krisenzeiten verbessern, worauf im Hinblick auf die eigentümliche 'Krise' der Gegenwart noch zurückzukommen sein wird (siehe Abschnitt 3). So kann man annehmen, daß latente, in allen modernen Gesellschaften relativ konstant ausgeprägte rechtsradikale Orientierungen in Depressionsphasen, bei Konjunktureinbrüchen und scharfen Strukturkrisen durchweg leichter mobilisierbar sind als in Zeiten wirtschaftlicher Stabilität.

Noch allgemeiner sind Erklärungsmuster, die einen Konnex zwischen faschistischen bzw. rechtsradikalen Erfolgen und der kapitalistischen Produktionsweise als solcher postulieren; in Theorien der Dritten Internationale galt Faschismus als die terroristische Kulmination des Monopolkapitalismus schlechthin. Rechtsradikale Parteien und Bewegungen konnten sich aber wiederum nicht in allen kapitalistischen Gesellschaften gleichermaßen durchsetzen; sie waren sogar am schwächsten in jenen, deren 'Produktivkräfte' am weitesten entwickelt waren. Die Ableitung des Faschismus aus dem Kapitalismus war eine politische Kampfformel der kommunistischen Parteien der 30er Jahre, die im Widerspruch stand zu ihrer (ebenso irrigen) Annahme, die dem Kapitalismus angeblich innewohnende Verelendungstendenz würde ihnen die depravierten Massen sozusagen automatisch zutreiben. Man könnte diesen marxistischen Ökonomismus vernachlässigen, wäre der kapitalismuskritische Ansatz in der jüngsten Debatte über die Ursachen des Rechtsradikalismus nicht wiederauferstanden, wenn auch nicht mehr in sowjet-marxistischer Terminologie.

'Structural strains' werden in der jüngeren Literatur eher in allgemeinen Begriffen ausgedrückt: Individualisierung, Modernisierung, neuerdings auch Globalisierung werden als Ursachen der Aufschwünge rechtsradikaler Parteien und Bewegungen identifiziert. In vielen Publikationen (in der deutschsprachigen Literatur z.B. Heitmeyer 1987, 1992, 1995; Klönne 1989) wurden Rechtsradikale als 'soziale Modernisierungsverlierer' charakterisiert. Demnach sind Personen, die sich rechtsradikal mobilisieren, einer negativen kollektiven, durch technisch-ökonomische Modernisierung bedingten Klassen- bzw. Schichterfahrung ausgesetzt. Vor allem sozialer, rationalisierungsbedingter Abstieg ehedem 'gesicherter' sozialer Schichten gilt als Auslöser rechtsradikalen Protests, und dessen Akteure werden auch ihrer sozialpsychologischen Disposition nach als 'looser' angesehen, die auf einschneidende Verluste an sozialer Sicherheit und gesellschaftlichem Prestige nicht apathisch oder angepaßt, sondern aggressiv und zum Teil gewalttätig reagieren.

In diesem Sinne gilt rechtsradikale Orientierung bzw. Aktivität auch als Produkt sozialer Individualisierung, deren anomische Aspekte – soziale Atomisierung, Isolierung und Entwurzelung – im Vordergrund stehen. Individuen, die aus angestammten sozialen Milieus herausgefallen und nicht mehr durch intermediäre Institutionen eingebunden sind, gelten als besonders anfällig für rechtsradikale Einstellungsmuster, Gesellungs- und Organisationsationsformen. Dieses Theorem von den Schattenseiten der Individualisierung, zum Teil auch in kommunitaristischer Fassung, ist in der scientific community ebenso verbreitet wie in der politischen Tagespublizistik. Wer Individualisierung als Entwurzelung erfährt und sich politisiert, so die weiterführende Hypothese, wird sich dabei heute eher für die radikale Rechte interessieren als für 'progressive' Ideologien und Bewegungen.

Globalisierung gilt ebenso als ein Prozeß, der der radikalen Rechten Anschlußmöglichkeiten bieten. Der technisch-ökonomisch induzierte Prozeß weltweiter Verflechtung von Produktion, Kommunikation und Konsumtion hat demnach zu einem nachhaltigen Verfall national- und sozialstaatlicher Souveränität geführt, wogegen sich protektionistische Reaktionen erhoben haben, die sowohl gegen die Importe ausländischer Waren und die Produktionsverlagerung außer Landes als auch gegen transnationale Arbeitsmigration und kulturelle 'Überfremdung' richten (dazu am US-Beispiel Leggewie 1997). Extremer Nationalismus und Xenophobie, die Rechtsradikale vor allem motivieren und mobilisieren, können in diesem Sinne als parochiale Reaktion auf diese abstrakten, der alltäglichen Lebenswelt enthobenen Prozesse verstanden werden. Auch supranationale Verflechtung, im Fall der Europäischen Union sowohl Medium als auch regionale Strukturierung des Globalisierungsprozesses, wird von rechtsradikalen Parteien in Europa infragegestellt und bekämpft, und zwar im deutlichen Gegensatz zu Parteien der gemäßigten, liberalkonservativen Rechten, welche die europäische Integration nach 1945 wesentlich vorangetrieben haben.

Ein ebenso bemerkenswerter Mega-Trend ist die ethnische Rekomposition der europäischen und nordamerikanischen Gesellschaften seit 1965 und die damit einhergehende Ethnisierung sozialer Beziehungen und Konflikte (z.B. Jaschke 1996), die durch die gerade beschriebenen Tendenzen ausgelöst und beschleunigt worden sind. In einem bisher nicht dagewesenen Ausmaß haben sich die genannten Gesellschaften in multiethnische, multireligiöse und multikulturelle Konglomerate verwandelt, deren Sozialintegration nicht mehr über das Monopol einer 'christlich-abendländischen' Wert- und Sozialordnung herstellbar ist und angeblich durch einen 'clash of civilizations' (Huntington 1996) bedroht wird. Der Zustrom von Flüchtlingen und Asylbewerbern hat zu deutlichen Aversionen in der angestammten Bevölkerung geführt und rangiert in den demoskopisch ermittelten Problemkatalogen an erster bzw. vorderer Stelle (Gabriel 1996).

Schließlich darf bei einer Auflistung der großflächigen Strukturveränderungen der westlichen Industrie- und Dienstleistungsgesellschaften das durch die Frauenemanzipation veränderte Geschlechterverhältnis nicht fehlen. (Junge) Frauen haben sowohl auf den Arbeitsmärkten als auch in den Bildungssystemen seit den 50er Jahren einen großen Sprung nach vorn gemacht, was zu einer Modifikation (jedenfalls der allgemeinen Perzeption) der geschlechtsbezogenen Hierarchien und einer spürbaren Relativierung patriarchalischer Machtverhältnisse geführt hat. Diese Entwicklung, so heißt es, habe bei (jungen) Männern zu aggressiven Reaktionen geführt. In der Tat ist der moderne Rechtsradikalismus kein Phänomen der 'Ewiggestrigen' mehr, sondern zur hervorstechenden Tendenz im Wahl- und Sozialverhalten junger, gering qualifizierter Männer geworden.

Man kann diese knapp skizzierten Entwicklungen als 'Modernisierung moderner Gesellschaften' zusammenfassen, die hier vornehmlich als Phänomene der Desintegration und 'Ungleichgewichtszustände' wahrgenommen werden. Zwar ist die Annahme systemischer Balance in modernen Gesellschaften ein Widerspruch in sich, aber sie prägt Weltbilder und Vorstellungen eines großen Teils der Gesellschaftsmitglieder (und übrigens auch der Gesellschaftstheorie). Seit Durkheim gilt rascher, intensiver sozialer Wandel als Auslöser anomischer Zustände, die zu abweichenden Handlungsformen wie Kriminalität, Selbstmord etc. führen; in bezug auf das Wahlverhalten statusbedrohter Schichten in liberalen Demokratien hat diese Annahme zur sog. 'Statuspolitikthese' geführt, wonach 'Ungleichgewichtszustände' (unter anderem) rechtsradikale Reaktionen nach sich ziehen (Lipset 1955; Scheuch/Klingemann 1967), wenn – und nur wenn – sie sich mit spezifischen Persönlichkeitsmerkmalen (Autoritarismus) und politisch-kulturellen Faktoren (in ungefestigten Demokratien) verbinden. Die herkömmliche Spaltung der Gesellschaftsmitglieder in 'Traditionalisten' und 'Modernisten' kann unter weltgesellschaftlichem Gesichtspunkt ergänzt und erweitert werden durch den Gegensatz von 'Territorialisten' und 'Globalisten' (Meier 1997). Beide Orientierungen und Handlungsmuster durchkreuzen das klassische Rechts-Links-Schema.

3. Das Ende der Arbeitsgesellschaft – ein Pfad in die rechtsradikale Mobilisierung?

Soziale Bewegungen im 19. und 20. Jahrhundert haben jeweils auf Entwicklungen und Modernisierungssprünge der kapitalistischen Wirtschaft und Gesellschaft reagiert bzw. diese vorangetrieben. Dies galt sowohl für die 'klassische' Arbeiterbewegung als auch für die 'neuen sozialen Bewegungen'. Die Frage, ob am Ende des Jahrhunderts eine 'neue soziale Bewegung' von rechts entstanden ist, wirft deshalb die generelle Frage auf, ob man heute von einem neuerlichen sozio-ökonomischen Entwicklungssprung ausgehen muß. 'Neo-kapitalistisch' ist nicht die Globalisierung an sich; weltweiter Freihandel und grenzüberschreitende Bewegung von Kapital und Arbeit gehören zu den Wesenszügen des Weltmarktes. Allerdings haben Auslandsinvestitionen und die Transnationalisierung von Unternehmen und Banken seit den 80er Jahren einen Qualitätssprung bewirkt, zumal mit den Informations- und Biotechnologien neue Leitsektoren entstanden sind, die per se grenzüberschreitend operieren; außerdem scheint mit der Privatisierung der Herstellung öffentlicher Güter ein neues Verhältnis von Staat und Wirtschaft eingetreten zu sein und sich mit dem Niedergang staatssozialistischer Planverwaltungswirtschaften und der Infragestellung redistributiver Wohlfahrtsstaaten nach 1989 die Operationsbasis der 'freien Marktwirtschaften' beträchtlich verbreitert zu haben.

Diese Entwicklungen unterminierten die 'Arbeitsgesellschaft' (traditionellen Typs)[4], die die normative und institutionelle Basis der 'alten' Arbeiterbewegung bildete. Die traditionelle Industriearbeiterschaft ist bereits seit den 50er Jahren im Schrumpfen begriffen; seit den 70er Jahren war sie weiteren Rationalisierungs- und Verdrängungsschüben ausgesetzt. Vor diesem Hintergrund soll die Hypothese geprüft werden, ob vor allem die jüngere und 'traditionslose', durch Arbeitnehmerorganisationen herkömmlicher Art nicht mehr eingebundene Arbeiterschaft als Modernisierungsverlierer zum Rekrutierungsreservoir rechtsradikaler und populistischer Parteien und Bewegungen werden kann (Vester 1997). Der 'Pfad' in die rechtsradikale Mobilisierung verliefe demnach folgendermaßen: Durch technische Modernisierung und betriebliche Rationalisierung, auch als Folge von Produktionsverlagerungen alt-industrieller Fertigungsbetriebe 'ins Ausland' (vor allem in Billiglohnländer außerhalb der OECD), gibt es auf regionalen und nationalen Arbeitsmärkten, z.b. bei Stahl und Kohle, herkömmlichen Massenkonsumgütern, Werften etc., neuerdings auch beim Werkzeugmaschinenbau (Hirsch-Kreisen 1997), einen rasanten Abbau von Arbeitsplätzen, der nicht mehr allein die Reserve von Arbeitskräften in prekären Segmenten der Arbeitsmärkte (wie z.B. 'Gastarbeiter') betrifft, sondern auch die etablierten Kernbelegschaften sowie nachwachsende Auszubildende, die nicht mehr in den regulären Arbeitsmarkt eintreten können.

Dank der spezifischen Qualifikationsstruktur der bedrohten Arbeitsplätze und anderer 'Inflexibilitäten' können diese Arbeitskräfte nicht mehr in andere Branchen und Regionen umgelenkt werden (wie beim Übergang von der Agrar- zur Industriegesellschaft bzw. von der Industrie- zur Dienstleistungsgesellschaft), sondern sie bilden einen perpetuierlichen Bodensatz unbeschäftigter Arbeiter, die als Beschäftigte in prekären Teilzeitverträgen, Langzeitarbeitslose, 'Schwervermittelbare' und abhängige Sozialhilfeempfänger auf Dauer 'überflüssig' werden. Zugleich hat sich die Fähigkeit der Wohlfahrtsstaaten, Arbeitslosigkeit kurz- und mittelfristig zu kompensieren, nachhaltig verschlechtert. Leistungen an nicht-einheimische Empfänger sozialer Transfers, vor allem Asylbewerber und Flüchtlinge, werden in diesem Zusammenhang als ungerecht betrachtet.

Dieser 'starke' politisch-soziale Wandel wird als einschneidender persönlicher Verlust empfunden, d.h. die Betreffenden verlieren den Glauben, jemals wieder in ihre früheren Rangpositionen im Arbeitsmarkt zurückkehren und vor allem den damit verbundenen sozialen Abstieg wieder wettmachen zu können – sie werden mutlos und apathisch. Diese Disposition strahlt auf Arbeitskräfte aus, die noch im geschützten Arbeitsmarkt integriert sind, aber ebenfalls mit Entlassung, Statusverlust und Entwertung ihrer Qualifikation zu rechnen haben. Mitgliederverluste der Gewerkschaften, bedingt durch Massenarbeitslosigkeit und Deregulierung (mit einer wachsenden Zahl von Teilzeit- und Unterbeschäftigten), sowie Organisationsdefizite in Randbereichen des Arbeitsmarktes schwächen die kollektive Verhandlungsmacht der Belegschaften und damit die Attraktivität kollektiver Aktion. (Drohende) Arbeitslosigkeit wird als individuelles Schicksal begriffen und mit individuellen Strategien bekämpft.

Ein Teil der gefährdeten und bedrohten Arbeitskräfte reagiert nicht bloß passiv, sondern identifiziert – unter Vornahme 'sozialer Vergleiche' (Festinger 1957) – andere soziale Gruppen als Verursacher der eigenen Misere. Dank der Anonymität und Großflächigkeit des sozialen Wandels, der in abstrakten Formeln (Modernisierung, Rationalisierung, Globalisierung etc.) vermittelt wird, zielt ihre Handlungs- und Protestbereitschaft gegen solche, die als vermeintliche Profiteure ihres sozialen Abstiegs infrage kommen – vor allem Einwanderer, die zu niedrigeren Löhnen auf dem einheimischen Arbeitsmarkt zu arbeiten bereit sind bzw. als Problemgruppen selbst soziale Leistungen in Anspruch nehmen.

Immigranten sind das bevorzugte Agitationsziel bisher noch marginaler rechtsradikaler Gruppen, die restriktive oder exklusive Immigrations-Politiken propagieren. Die 'Verlierer' orientieren sich nicht mehr an den kollektiven Gegnern der alten Arbeiterbewegung (Arbeit versus Kapital) oder der umwelt- und friedenspolitischen Bürgerinitiativen (Bürger versus Technokratie), sondern übernehmen die normativ-ideologischen Rahmenangebote rechtsradikaler, xenophober Parteien und Bewegungen. Diese erhalten damit eine gewisse Massenbasis und prägen das öffentliche Meinungsklima weit über ihre unmittelbare Anhängerschaft hinaus. Modernisierungsverlierer werden nunmehr bevorzugte Adressaten und Träger rechtsradikaler Bewegungen (außerparlamentarische Aktion) und Parteien (Stimmabgabe bei Wahlen), die, obwohl als Außenseiter im parlamentarischen Betrieb und in der öffentlichen Meinung stigmatisiert, vor allem in der Flüchtlings-, Immigrations- und Europapolitik auf indirekte Erfolge ihrer Agitation verweisen können und damit den Handlungskalkülen ihrer potentiellen Anhängerschaft eine gewisse Rationalität verleihen. Damit wird die Zuordnung bzw. das Bekenntnis zur radikalen Rechten enttabuisiert.

4. 'Panik in der Arbeiterschaft' – wer wählt rechts?

Wenn dieser Pfad in die rechtsradikale Mobilisierung von nicht mehr nur marginalen Teilen der Bevölkerung postindustrieller Dienstleistungsgesellschaften beschritten wird, eröffnet sich eine für die liberalen Demokratien bedrohliche Perspektive: Die kapitalistische Entwicklung brächte neue soziale Bewegungen hervor, die sich zunehmend aus den Reihen der traditionellen, nach 1945 mittelständisch akkomodierten Industriearbeiterschaft rekrutieren und diese in ihrer politisch-ideologischen Orientierung nach rechts verlagern. Vor allem diese tendenzielle Reorientierung und Reformierung einst proletarischer Bewegungen in Richtung Nationalpopulismus verdient Aufmerksamkeit (dazu allgemein Betz 1995, 1997 und für Österreich Ulram 1997[5]).

Zur Illustration der vorgestellten Indizienkette wird in Literatur und Publizistik vor allem eine markante Zielgruppe präsentiert: die „angry white young men", die sich geradezu symbolisch als Opfer aller beschriebenen Entwicklungen stilisieren lassen. 'Wütende weiße junge Männer' waren es in der Tat, die Gewaltaktionen gegen Einwanderer initiierten oder sich daran beteiligten und auch die Reihen rechtsorientierter, xenophober 'Skinhead'-Gruppen füllten. Zugleich stellen sie neuerdings wieder einen beachtlichen Teil der Wähler und Mitglieder rechtsradikaler und -populistischer Parteien, die ein patriarchalisches und rassistisches Gesellschaftsbild propagieren.

Der sich in jüngsten Wahlen in Europa, Nordamerika und Ozeanien erhärtende Sachverhalt, daß rechtsradikale Parteien und Bewegungen einen nennenswerten Anteil von (jungen) Arbeitern für sich gewinnen, muß in historischer Perspektive jedoch genauer untersucht werden. Qualifizierte Facharbeiter bildeten im 19. und in der ersten Hälfte des 20. Jahrhunderts die genuine Klassenbasis reformistischer und revolutionärer Arbeiterorganisationen, die in der Regel, sofern nicht alternative (religiöse, ethnische oder andere) Orientierungen vorherrschten, politisch-ideologisch nach links tendierten. Weltbild und Aktionsformen der Arbeiterorganisationen (Gewerkschaften, Parteien, gesellige Verbände) waren demgemäß, wenn auch nicht ausschließlich, am Klassengegensatz zwischen lohnabhängigen Arbeitern und Kapitalbesitzern ausgerichtet, was im Wahlverhalten der betreffenden sozialen Gruppen zum Ausdruck kam. Sozialdemokratische, sozialistische und kommunistische Parteien besaßen eine relativ homogene Klassenbasis, die sie in Richtung auf alle lohnabhängigen Schichten (wie z.B. Angestellte) auszudehnen bemüht waren.

Diese sozialstrukturelle Gleichung gilt seit Mitte des 20. Jahrhunderts nicht mehr. Zwar blieb die Industriearbeiterschaft mehrheitlich linksgerichteten Parteien und Verbänden verbunden, aber Nivellierungs- und Individualisierungstendenzen moderner Industriegesellschaften sowie die wachsenden Einkommens- und Aufstiegschancen in der Prosperitätsphase hatten bereits seit 1945 zur nachhaltigen Entkoppelung von Sozialstruktur und politischer Orientierung geführt, die sich nun in der krisenhaften Modernisierung des Kapitalismus weiter fortsetzt, aber in Gestalt eines 'plebejischen' Rechtspopulismus auch neu formiert. Begünstigt war dies von der nachlassenden Organisationsbereitschaft der traditionellen Kerngruppen der Arbeiterbewegung und einer entsprechend schwindenden Organisationskapazität von Gewerkschaften und Arbeiterparteien, die unter der Erosion sozial-moralischer Milieus und der Individualisierung weit stärker litten als andere soziale Verbände, zumal diese sich auf die – eher an ethnischen, sexuellen und kulturellen Lebensstilen orientierte – Restrukturierung moderner Gesellschaften schlechter einstellen konnten. Die strukturellen Umstellungen der kapitalistischen – und mehr noch die Auflösung der staatssozialistischen – Gesellschaften hinterließen ein Orientierungsvakuum vor allem bei den nachwachsenden Generationen Lohnabhängiger, die sich an den Freiheits- und Modernitätsgewinnen der Individualisierung nicht erfreuen und beteiligen konnten, aber gleichwohl individualistische, zum Teil sozialdarwinistische Strategien der Bewältigung der Krise der Arbeitsgesellschaft wählten. Diese Anfälligkeit des erodierten Arbeitermilieus für konservative und xenophobe Einstellungs- und Handlungsmuster bringt im übrigen Traditionen des Arbeiter-Autoritarismus (Lipset 1983) und des 'weißen Suprematismus' an die Oberfläche. Sie waren in den Arbeiter-Organisationen immer virulent, traten aber klarer hervor, seit ihre progressistische Hülle gefallen ist. 'Sozialkonservativ' war die traditionelle Arbeiterbewegung in bezug auf die Verteidigung von Qualifikationen und Privilegien gegen die kapitalistische Transformation vom Beginn des 19. Jahrhunderts an, und der Widerstand gegen Immigranten als 'Lohndrücker' und ein Überlegenheitsgefühl gegenüber nicht-weißen Teilen der Bevölkerung gehören fest zur Geschichte der klassischen Arbeiterbewegung des 19. und 20. Jahrhunderts. Auch der im Eingangsmotto angesprochene Antisemitismus, als Kritik an 'Plutokraten' und 'Bonzen', war in ihr virulent.

Dieses Szenario spricht für die oben aufgeworfene Niedergangs-These, wonach eine sich bedroht fühlende (und zahlenmäßig ohnehin schrumpfende) Industriearbeiterschaft – über Einzelfälle und Randgruppen hinaus – in ähnlicher Weise zur Basis und Beute der radikalen Rechten wird, wie dies in den 20er und 30er Jahren, in abgemilderter Form auch nach dem Zweiten Weltkrieg, bei der 'Panik im Mittelstand' (Theodor Geiger), der Fall war. Die bevorzugte Basis der alten Rechten war der alte Mittelstand – kleine Gewerbetreibende und Bauern, Handwerker und Händler, auch Angestellte in unteren und mittleren Positionen. Wenn sich die erodierte Arbeiterbewegung aller sozialistischen Traditionen entledigt und ihren Antikapitalismus auf neue Gegner projiziert, könnte der globale Strukturwandel der kapitalistischen Volkswirtschaften unter den 'Überflüssigen' von heute, den marginalisierten Teilen der Arbeiterschaft, ähnliche Panik- und Protestreaktionen auslösen. Daß unter diesen, anders als in den 50er bis 70er Jahren, signifikant mehr Angehörige junger (männlicher) Generationen zu finden sind, deutet auf eine intergenerationelle Verschiebung der dominanten Weltanschauungsmuster und Lebensstile hin, d.h. betriebs- und nachbarschaftszentrierte Solidaritäts- und Mobilisierungstraditionen der Arbeiter-Organisationen werden nicht mehr 'vom Vater auf den Sohn' vererbt und weitergegeben.

Diese Fragestellung muß einer komparativen empirischen Prüfung unterzogen werden, was an dieser Stelle nicht geschehen kann. Ich werde mich hier auf Daten und Erklärungsansätze beschränken, die in bezug auf die herausgearbeiteten Problemgruppen (statusbedrohte Arbeiter und Arbeitslose, ausländer- und immigrationsfeindlich eingestellte Gruppen, Jugendliche und junge Männer) als Rekrutierungsbasis der radikalen Rechten vorgelegt worden sind.

Bisher war noch undifferenziert von rechtsradikalen Bewegungen und Parteien die Rede, weil das Wahlverhalten bzw. die Mitgliederstruktur rechtsradikaler Parteien weit besser erforscht sind als Aktions- und Perzeptionsmuster sozialer Milieus und Bewegungen. Auch wenn im Mittelpunkt dieser Betrachtungen proto-soziale Bewegungen rechtsradikalen Typs stehen, die sich typischerweise durch ihre Distanz zu Parteien und parlamentarischer Aktivität auszeichnen, können Daten zu den Erfolgschancen der Parteien der radikalen Rechten – in einem vorsichtigen Analogieschluß – Aufschluß geben über die Zusammensetzung rechtsradikaler Bewegungskeime, zumal 'Partei' und 'Bewegung' eher heuristische Differenzierungen darstellen, die in der Wirklichkeit sozialer Bewegungen erfahrungsgemäß weniger trennscharf vorzunehmen sind.

In Europa und Nordamerika haben rechtsradikale und nationalpopulistische Parlaments- und Präsidentschaftsbewerber seit Ende der 80er Jahre sich fast durchgängig aus ihrer seit 1945 bestehenden, nur selten unterbrochenen Marginalität befreien und beachtliche, zum Teil spektakuläre Wahlerfolge erzielen können. Es ist ihnen damit seit langem zum ersten Mal wieder gelungen, das als 'normale Pathologie' (Scheuch/Klingemann 1967) moderner Gesellschaften bezeichnete autoritäre, ethnozentrische, antidemokratische und nationalistische Einstellungspotential in der Bevölkerung liberaler Demokratien in Form konventioneller politischer Beteiligung zu mobilisieren. Die Parteien- und Wahlforschung hat die regional und zeitlich höchst spezifischen politisch-kulturellen Voraussetzungen dieser Erfolge deutlich gemacht. Dabei gilt für alle erfolgreichen Parteien, daß sie sich nicht (mehr nur) als Protestparteien verstehen lassen und ebensowenig auf ein single issue (Immigration) fixiert sind, sondern eine eigenständige Wählerschaft hinter sich gebracht haben, die zur Verstetigung ihrer elektoralen Präferenz neigt. So hat sich fast überall eine neue Rechte etabliert, wobei diese Bezeichnung nicht auf Intellektuellenzirkel wie die Nouvelle Droite beschränkt ist.

In bezug auf 'structural strains' interessiert vor allem die sozialstrukturelle Komposition des nationalpopulistischen und rechtsradikalen Elektorats sowie die Faktoren, die die These von der relativen Deprivation der 'Modernisierungsverlierer' stützen oder widerlegen können. Zu berücksichtigen ist dabei, daß auch stigmatisierte Parteien der radikalen Rechten sich im Parteienwettbewerb – trotz der von ihnen bewußt vorgenommenen Polarisierung – als catch-all parties oder kleine Volksparteien präsentieren, d.h. eine große Palette von Wählern aus allen Schichten und Lebensstilmilieus ansprechen. Der originäre Kern dieses Elektorats rekrutierte sich, wie die Wahlerfolge der frühen Freiheitlichen Partei Österreichs (FPÖ) und des 'Front National', aber auch der NPD der 60er Jahre belegen, zunächst aus mittelständisch-bürgerlichen Milieus, d.h. aus jenen Schichten, die bereits die alte Rechte angesprochen hatte und die sich von den Parteien der gemäßigten Rechten distanzierten. Dabei spielten Faktoren wie die Entfremdung von der politischen Elite und der Legitimationsverlust staatlichen Handelns eine große Rolle, auch ein ausgeprägter Regionalismus (wie im Fall des 'Vlaams Blok' und der 'Lega Nord'). Doch zeigte sich, daß die erfolgreichsten Rechtsaußen-Parteien in Europa ('Front National' und FPÖ) auch in der Arbeiterschaft dieser Länder Fuß faßten und heute in überproportionalem Maße Facharbeiter, unqualifizierte Lohnabhängige, Personen mit geringem Bildungsabschluß, auch Arbeitslose und nicht zuletzt männliche Jungwähler für sich gewinnen konnten. Damit drangen sie tief in die Bastionen der traditionellen Arbeiterparteien (Sozialisten und Kommunisten) ein. Nur so gelang es ihnen, sich aus der Nische der Bedeutungslosigkeit abzusetzen, jenseits des alten Mittelstands, von 'Abtrünnigen' der gemäßigten Rechten und gelegentlichen Protestwählern. Zum Teil haben sie dabei, wie im Fall des 'Front National' in Südfrankreich, die lokalen Organisationskeime der alten Arbeiterbewegung übernommen und transformiert. Diese vor allem in Frankreich und Österreich zu beobachtende Entwicklung ist deshalb interessant, weil dort traditionalistische und stark etatisierte Arbeiterkulturen länger Bestand hatten, die nach dem Zweiten Weltkrieg und vor allem mit dem Ende des Ost-West-Konflikts gewissermaßen implodierten, während sich in der Bundesrepublik und in Skandinavien die alten, milieunahen Arbeitnehmer-Parteien in weniger weltanschaulich gebundene catch-all-parties auflösten.

Historische und aktuelle wahlökologische Analysen belegen eine signifikante Korrelation sozialstruktureller Muster mit den Erfolgen rechtspopulistischer Parteien. Erwerbslose spielen dabei in der Regel keine herausragende Rolle, eher sind es die formal weniger gebildeten 'Pessimisten' unter den Arbeitsplatzinhabern, die die äußerste Rechte wählen, also Personen, die für sich selbst wie für die Gesellschaft insgesamt schlechte Zukunftsaussichten artikulieren und Gefühle sozialer Benachteiligung hegen. Konkurrenzängste auf dem Arbeits- und Wohnungsmarkt, drohender oder imaginierter Statusverlust und soziale Isolation verstärken deren Neigung, radikal rechts zu wählen. Soziale Isolation bedeutet auch schwache Interessenvertretung durch etablierte Parteien und Organisationen, ein generelles Mißtrauen in bestehende politische Institutionen und geringe konventionelle wie unkonventionelle Beteiligung im politischen System. Wähler des Front National bekunden beispielsweise, mit Angehörigen des gleichen Geschlechts, der Nachbarschaft bzw. Region, in der sie leben, und der Schicht, der sie angehören, wenig gemeinsam zu haben, d.h. sie haben ein explizit niedriges Kollektiv- und Solidaritätsbewußtsein auch mit gleichgelagerten Gruppen (Mayer 1996). Auch weisen sie eine geringere Bindung an Kirchen und andere freiwillige Vereinigungen und Gemeinschaften auf. Somit lassen sich objektive und subjektive Deprivations- und Isolationserfahrungen durchaus als Faktoren erkennen, die eine Wahl rechtsradikaler und nationalpopulistischer Parteien bzw. Kandidaten begünstigen.

Diese Beobachtungen treffen auch auf Deutschland zu, wo rechtspopulistische und -radikale Parteien bisher weniger erfolgreich waren. Als idealtypischen Rechtswähler in Westdeutschland bezeichnet Falter „einen verheirateten Mann über 45, der in einer Klein- oder Mittelstadt lebt, einer christlichen Kirche angehört, aber selten oder nie zur Kirche geht, Volks- oder Hauptschulabschluß besitzt, als Arbeiter oder einfacher Angestellter in einem festen Arbeitsverhältnis steht, sich (bisher) um seinen Arbeitsplatz nicht unmittelbar sorgt und weder selbst noch über ein anderes Mitglied seines Haushalts mit der Gewerkschaftsbewegung verbunden ist", als ostdeutschen Idealtyp dagegen „einen jüngeren, alleine lebenden Mann aus einer eher kleineren Gemeinde, der einen mittleren Schulabschluß vorzuweisen hat, Arbeiter, und zwar öfter Facharbeiter als an- oder ungelernter Arbeiter ist, der seinen Arbeitsplatz häufiger als sein westdeutsches Pendant als gefährdet ansieht, im Gegensatz zu diesem keiner Konfession angehört und außerdem, wie sein Gegenpart aus den alten Bundesländern, kein Gewerkschaftsmitglied ist" (1994: 106f.). Perspektivisch fragt sich, ob bei anhaltender und zahlenmäßig auch in Westeuropa wachsender Massenarbeitslosigkeit der 'ostdeutsche' Rechtswähler nicht der 'modernere' Idealtypus sein wird. Dies gilt auch für das Sozialprofil der neuen Rechten in den USA (Leggewie 1997) und in anderen westeuropäischen Ländern (Kitschelt 1995; Betz 1994) sowie, mit anderen historischen Vorzeichen, für die neuen Demokratien in Ostmitteleuropa (von Beyme 1996).

Erklärungsbedürftig ist noch der Umstand, warum sich eine signifikante Zahl von Erst- und Jungwählern von der radikalen Rechten angesprochen fühlt. Um wieder die 'avancierten' Fälle heranzuziehen: Sowohl die Partei des (alternden) Le Pen als auch die des (betont jugendlich wirkenden) Haider haben, mit kontinuierlich steigender Tendenz, überproportional männliche Jungwähler gewonnen, d.h. in diesen Fällen ist, ähnlich wie in Italien, die Verjüngung der radikalen Rechten gelungen; dabei hat die erwähnte Geschlechterpolarisierung, die für das Wahlverhalten in fast allen liberalen Demokratien zu beobachten ist, die Orientierung männlicher Jungwähler an der radikalen Rechten animiert. Jüngere Frauen weisen seit den 70er Jahren eine generell stärkere Neigung nach links auf und sind der radikalen Rechten gegenüber immuner als ihre männlichen Peers, wobei sich dies stärker in bezug auf Handlungsformen (Stimmabgabe, Gewaltausübung etc.) als auf der Einstellungsebene zeigt. Die radikale Rechte bemüht sich jedoch derzeit, ihr 'Frauendefizit' auszugleichen.

5. Bewegung von rechts – jung, gewalttätig, rechtsradikal

Nachdem die Aufmerksamkeit bis jetzt überwiegend auf den sozialstrukturellen Wandlungsprozessen und politischen Gelegenheitsstrukturen rechtspopulistischer Parteien lag, wird sich dieser Abschnitt mit den eher unkonventionellen Formen politischer Beteiligung im vornehmlich außerparlamentarischen Bereich, der eigentlichen Domäne sozialer Bewegungen, beschäftigen. Dabei kann man eine soziale Bewegung als „mobilisierte Netzwerke von Individuen, Gruppen und Organisationen, die mittels Protest grundlegenden sozialen Wandel herbeiführen oder verhindern wollen" (Koopmans/Rucht 1996: 270), definieren, also als dichte Kommunikations- und Kooperationszusammenhänge ohne formelle Mitgliedschaft mit schwacher Hierarchie und Arbeitsteilung, deren Mobilisierung auf grundlegende Veränderungen der gesellschaftlichen und politischen Ordnung hinzielen.

Unabhängig von der Frage, inwieweit es sich bei dem xenophoben Protest der 80er und 90er Jahre in West- und Ostdeutschland tatsächlich um eine neue soziale Bewegung von rechts handelt (siehe dazu Leggewie 1993; Willems u.a. 1993; Rucht 1997), sollen nun drei Elemente dieses Protests näher beleuchtet werden, die sozialstrukturell von Bedeutung sind: (1) die auffällige Dominanz Jugendlicher und junger Erwachsener männlichen Geschlechts unter den Aktivisten; (2) das hohe Maß an Militanz dieser Aktivisten und (3) ihr szenenartiges Gefüge, sichtbar vor allem in den internen Kooperations- und Kommunikationszusammenhängen der Skinhead-Gruppen.

(1) Willems u.a. (1993, 1994) haben die Tatverdächtigen der fremdenfeindlichen Aktionen der frühen 90er Jahre auf sozialstrukturelle Merkmale hin analysiert und dabei vier Tätertypen herausgearbeitet: Rechtsextreme mit gefestigtem Weltbild, Ethnozentristen, Schläger und Mitläufer. Die Beteiligten an fremdenfeindlichen Gewaltakten zu Beginn der 90er Jahre waren zu mehr als 85% unter 30 Jahre und hier wiederum zu fast zwei Drittel zwischen 15 und 20 Jahre alt. Es dominierten sehr deutlich männliche junge Leute, und zwar solche mit niedrigem formalen Bildungsstatus und aus kleinstädtischen und dörflichen Milieus. Wollte man das Phantombild einer sozialen Gegenbewegung zu den neuen sozialen Bewegungen der 70er und 80er Jahre skizzieren, dann wäre es dieses; denn die Anhänger der Frauen-,

Umwelt- und Friedensbewegungen waren durchweg älter, mittelständischer, gebildeter und mit einem deutlich höheren Frauenanteil. Diese Gegenüberstellung deutet auf einen intergenerationellen 'backlash', jedenfalls aber ein Interaktionsverhältnis zwischen den 'VeteranInnen' der 60er und 70er Jahre und den rechtsradikal Mobilisierten von heute hin. Der jugendliche Charakter dieser Aktionen läßt nicht den Schluß zu, es handele sich um eine neue Jugendbewegung; denn die Haltungen der ganz überwiegenden Zahl junger Leute zu Ausländern bzw. Asylbewerbern und zur Gewalt als Mittel sozialer und politischer Konfliktaustragung stehen völlig konträr zu dieser Minderheit unter den Jugendlichen, und die Gewalttäter werden auch unter den Gleichaltrigen als Verletzer allgemein anerkannter Normen entsprechend stigmatisiert. Was Anfang der 90er Jahre geschehen ist, deutet vielmehr auf eine Polarisierung auch innerhalb der Alterskohorte der 13- bis 30jährigen insofern hin, als nach repräsentativen Befragungen – in einem generell friedfertigen, kosmopolitischen und toleranten Sozialklima – acht Prozent der westdeutschen und 18 Prozent der ostdeutschen Jugendlichen Verständnis für gewalttätiges Vorgehen gegen Ausländer (dabei vor allem Asylbewerber) bekundeten und sich im übrigen mehr als die Hälfte für eine Beschränkung der Immigration nach Deutschland aussprachen (IPOS 1993, 1995). Eine solche Position ist nicht pauschal als 'Ausländerfeindlichkeit' charakterisierbar, da sie der Position aller europäischen Regierungen (und der meisten Oppositionsparteien) entspricht. Aber es besteht ein starker Zusammenhang zwischen Ausländerfeindlichkeit und Gewaltbereitschaft (Hoffmann-Lange 1995), und insofern agierten gewalttätige 'Ausländerfeinde' in einem Klima genereller und generationsbezogener Zustimmung – eine Voraussetzung für die Entwicklung sozialer Bewegungen und Verallgemeinerung anfänglicher Minderheitspositionen. In diesem Zusammenhang ist zu beobachten, daß in bestimmten, zumeist ländlich-marginalisierten Regionen, aber auch in exponierten Vierteln mittlerer und größerer Städte, rechtsorientierte Jugendliche Hegemoniebestrebungen an den Tag legten, die ihnen dort, trotz ihrer zahlenmäßigen Schwäche, eine Vormachtstellung in jugendlichen Lebenswelten verschafft haben (Zentrum Demokratische Kultur 1997; Kühn 1993; Kühnel 1994).

Wendet man sich nun den (allenfalls ansatzweise erforschten) Ursachen dieser Verjüngung der rechtsradikalen Parteien und Bewegungen zu, wird man kaum auf bio-soziale Merkmale der betreffenden Alterskohorte oder problematische Lebenslagen Jugendlicher im allgemeinen zurückgreifen können. Man muß vielmehr intergenerationelle Verhältnisse und Beziehungen ins Auge fassen, die eine nach rechts orientierte Jugendszene entstehen liessen. Auch faschistische Bewegungen der Zwischenkriegszeit waren 'jung', und als dezidierte Jugend-Bewegungen setzten sie sich von der alten, bürgerlichen Welt ab; erst nach der Stigmatisierung der radikalen Rechten nach 1945 waren sie den 'Ewiggestrigen' vorbehalten. Um dies am deutschen Beispiel zu illustrieren: Rechtsaußen war seit den 40er Jahren nachhaltig tabuisiert oder, im Jargon der Jugendszenen, 'out', und sowohl die 'apolitische' Generation der ersten Nachkriegsjahre, die sogenannte 'Flakhelfer-Generation' in Deutschland, als auch die dezidiert politische Generation der Studenten- und neuen

sozialen Bewegungen setzten sich von rechtsradikalen Haltungen und Organisationen ab, im bewußten Gegensatz zur Eltern-Generation. Dies gilt für das Gros der jugendlichen 'Postmaterialisten' auch heute noch; zugleich ist in einem beachtlichen und wachsenden Teil der heutigen Jugendlichen das Tabu, 'rechts' oder auch 'rechtsradikal' zu sein, gefallen. Dies hat mit der historischen Entfernung vom Nationalsozialismus zu tun, auch mit Reaktionen auf eine ritualisierte 'Bewältigung' der Vergangenheit; es spiegelt aber auch eine Distanzierung der Jüngeren, deren intellektuelle Sprecher sich bereits explizit als 'Anti-68er' stilisieren, von den erwähnten Generationen wider, und enthüllt einen Bruch in der intergenerationellen politischen Sozialisation. Trifft diese Annahme eines impliziten (und expliziter werdenden) Interaktionsverhältnisses zu, dann spricht dies für das Szenario eines Bewegungszyklus und auch für das Aufkommen von sozialen Bewegungen neuen Typs, darunter einer 'Szene', die nach rechts und rechtsaußen orientiert ist.
(2) Gewaltausübung gegen Sachen und Personen, darunter auto-destruktive Handlungen und gewalttätige Konfliktaustragung in der eigenen Gruppe, sind ein herausragendes Sozialisationsmittel und Symbol dieser Szene. Schwere Straftaten, von Sachbeschädigung über Körperverletzung bis zu Mord, haben die fremdenfeindlichen Ausschreitungen charakterisiert, d.h. sie waren nicht die Extremform bewegungsförmigen Protestes (wie z.B. bei der Umweltbewegung), sondern bildeten seinen identifikatorischen Kern. Sie richteten sich dabei nicht gegen die 'starke' Staatsgewalt, die legitime politische Gewaltakte monopolisiert (und nicht generell in Zweifel gezogen wird), sondern gegen 'schwache' gesellschaftliche Minderheiten mit geringem Sozialprestige. Auch hier wird man wieder nach den Ursachen der Attraktivität von Gewalthandlungen fragen müssen. Reduziert man die Analyse dieser Gewalteskalation, die seit 1994 abgeebbt, aber keineswegs verschwunden ist, nicht auf Persönlichkeitsmerkmale des individuellen 'Gewalttäters', rücken makro- und mikrosoziale Umweltbedingungen in den Vordergrund. Als Ursachen für die kriminellen Gewaltakte und Straftaten der frühen 90er Jahre hat man wieder soziale Desintegration und anomische Individualisierung ins Feld geführt; Heitmeyer spricht von einer 'Paralysierung' der sozialen Netzwerke (Familie, Schule, Nachbarschaft, Beruf), der Jugendliche allgemein ausgesetzt seien und in deren Folge einige auf soziale und familiäre Spannungen, berufliche Mißerfolge, Erfahrungen sozialer Ungleichheit und Ungerechtigkeit, Deklassierungserlebnisse usw. mit Gewalt reagiert hätten. Wenn die Zunahme individueller Optionen und Biographiekonstruktionen als 'Stress' und Bedrohung empfunden wird, suchen Jugendliche nach weniger komplexen Identifikationsinstanzen; daraus erklären sich die ethno-nationalistische Präferenz von „Deutschsein" gegenüber „Fremden", aber auch die 'Raumkämpfe', die zwischen Jugendlichen um die Vorherrschaft in parochialen Territorien ausgefochten werden. Als weiteres Erklärungsmuster wird der Verlust sozialer Kontrolle angeführt, der mit der Erosion der genannten Milieus und Institutionen verbunden ist und ein Abgleiten individueller Frustrationen und Aggressionen in Gewaltakte weniger stark sanktioniert als früher. Schließlich ist jugendliches Gewalthandeln als Eskalation eines in Wettbewerbsgesellschaften weitverbreiteten Konkurrenzmusters

angesehen worden, wonach man seinen individuellen Vorteil um jeden Preis, darunter mit dem Einsatz physischer oder psychischer Destruktion von Konkurrenten, Rivalen und Gegnern, suchen muß.

Träfen diese Hypothesen zu, müßten jugendliche Gewalttäter erhebliche Desintegrations- und Deprivationserfahrungen aufweisen und als subjektive Gründe (bzw. Entschuldigungen) für ihr zum Teil exzessives Gewalthandeln ausgeben. Dieses ist allerdings in dieser allgemeinen Weise nicht der Fall; vielmehr zeigen die erwähnten Täteranalysen, daß ein Teil der straffällig gewordenen Jugendlichen sozial bestens integriert war, der dem eigenen Gewalthandeln, sofern dafür überhaupt nachvollziehbare Gründe angegeben wurden, ein rationales Handlungsmotiv unterlegte: Wenn in Deutschland „zuviele Ausländer" leben – worüber in politischen Eliten, den Massenmedien und der öffentlichen Meinung Konsens bestehe –, der Staat aber nicht „handele", treten sie gewissermaßen als Stellvertreter auf, da sie sich subjektiv ja im Einklang mit der offiziellen Linie der Politik bzw. den Meinungsführern ihrer Umgebung wähnen. Dies trifft vor allem bei der Gruppe der politisch motivierten Täter und überzeugten 'Ethnozentristen' zu, aber in verschwommener, kaum explizit gemachter Form auch bei den 'Schlägertypen' und 'Mitläufern'. Allein in der Gruppe der 'Ethnozentristen' und 'Schläger' findet man eine Häufung von Desintegrationsphänomenen wie Mißerfolg in der Schule, familiäre Katastrophen, Arbeitslosigkeit und Beziehungsprobleme, und überdies ein Höchstmaß an subjektiver Isoliertheit, die keinerlei Solidarität oder Zugehörigkeitsgefühl zu Kollektiven, von der eigenen Peer-Gruppe bis zu Angehörigen der eigenen Schicht, des Betriebs, der Nachbarschaft usw. kennt. Bei den übrigen Gruppen kann man höchstens Antizipationen gesellschaftlicher Desintegration und der Verschlechterung der eigenen Zukunftsperspektiven annehmen, die aggressiv auf vermeintliche Konkurrenten projiziert werden. Und für alle Gruppen wird man eine Lockerung der sozialen Kontrolle annehmen dürfen, die einmal von Familien, Freundescliquen und Nachbarschaften ausging und bei manchen Jugendlichen, in einem generellen Klima propagierter und praktizierter Friedfertigkeit, Gewaltakte als Bagatelldelikte erscheinen läßt.

In dieser Richtung müssen also Anomie- und Individualisierungtheoreme spezifiziert werden. Die Hoffähigkeit von Gewaltausübung in privaten und öffentlichen Konflikten hängt nur vermittelt mit sozialer Desintegration zusammen, es sei denn, man wollte die Entzauberung der modernen Welt schlechthin als solche auffassen oder würde Nachahmungseffekte konstruieren, die angeblich von der 'Gewalt im Fernsehen' ausgehen. Sowohl im staatlichen Gewaltmonopol als auch in der familialen Kontrolle waren zivilisatorische Sperren eingebaut; deren Aufgabe wird in den Massenmedien bestenfalls gespiegelt, aber nicht erzeugt.

(3) In einer weiteren Engführung kann man Kooperationsbeziehungen und Kommunikationszusammenhänge im 'harten Kern' der rechtsradikalen Szene analysieren, für den Gewalt und extremer Nationalismus konstitutiv sind – bei den sog. Skinheads, einer aus Großbritannien auf den Kontinent übergesprungenen Subkultur von Jugendlichen aus dem erodierten Industriearbeitermilieu. Zu recht ist hier eine differenzierte Betrachtung angemahnt worden, da sich Skinheads – oft allein auf-

grund ihres martialischen Aussehens und Auftretens – als Sündenböcke geradezu angeboten haben (Farin/Seidel-Pielen 1993). Aber es gibt eine radikal xenophobe, misogyne und militante Skinhead- oder Fascho-Szene, die den aktiven Kern der fremdenfeindlichen Ausschreitungen der 90er Jahre bildete und sich seither, in lokkerer Form, rechtsradikalen Organisationen angenähert hat. Ursprünglich verband sie unpolitische Gesellungsformen wie Alkoholkonsum, Musik, Parties, rohe Sexualität und Fußballfanatismus. In Habitus, Erscheinung und Aktion verstießen sie radikal gegen die gesellschaftskonformen Regeln der „Spießer", aber sie verteidigten, als „Randgruppe mit Stolz", traditionelle Werte und Tugenden – Leistung, Disziplin, nationale Kultur – einer im Prozeß der Deindustrialisierung untergegangenen Arbeiter- und Kleine Leute-Kultur, die sich gegen den Wertewandel und die Alternativbewegung der 70er Jahre auflehnt. So gesehen, sind sie konformistische Rebellen, die sich gegen den Zeitgeist stellen. Ihre Aversion gegen Fremde rekurriert auf die überkommene Immigrationsfeindlichkeit der Arbeiterkultur, die sie in die heutigen Verhältnisse kulturpluralistischer Einwanderungsgesellschaften übertragen. In einer bestimmten Weise „verstehen sie die Welt nicht mehr", als seien sie 'Ewiggestrige'. Bei ihnen häufen sich in der Tat Symptome sozialer Desintegration, und der intergenerationelle Sozialisationsprozeß, der vormals die genannten Tugenden im Kontext progressistisch getönter Werte der Arbeiterbewegung und -kultur tradierte, ist außer Kraft gesetzt. Der dieser Gruppe von Jugendlichen wohlwollend nahegelegte Weg sozialen Aufstiegs, oft unter dem Streß sozialer Aufsteigerfamilien stehend, die eigene Erfolge auf ihre Kinder projizieren, kann überdies kaum noch gelingen. Der Chance wohlfahrtsstaatlicher Kompensation vertrauen sie ebensowenig wie dem Elitendiskurs pluralistischer und mediatisierter Massendemokratien.

Könnte man noch von der Existenz eines einigermaßen homogenen Proletariats ausgehen, würde man diese Jugendlichen kurzerhand als Lumpenproletarier klassifizieren – randständige Teile der Arbeiter(bewegung), die von deren Organisationen schwer zu integrieren und zu mobilisieren waren. Dieses Etikett wird bestätigt durch die geringe interne Identifikation und Solidarität dieser Szenen, deren Mitglieder sich selbst eher als Einzelkämpfer denn als Repräsentanten eines in sich konsistenten und gleichgerichteten Kollektivs begreifen. Kooperations- und Kommunikationsformen, die meist auf kurzfristig anberaumte und zeitlich kurze „Aktion" abzielen und sich um Musikereignisse und Freizeitvergnügungen, aber auch um Rituale wie dem Todestag von Rudolf Hess gruppieren, beruhen deswegen auf sehr lockeren, spontaner Gesellung dienenden Netzwerken, die durch Mund-zu-Mund-Progaganda, Informationen in Szenemagazinen mit geringer Auflage und Öffentlichkeit beruhen, teilweise aber auch durch die Interaktion in modernen Informationstechnologien zusammengehalten werden. Konsequenterweise ist die bevorzugte Demonstrations- und Protestform nicht die Großkundgebung, für die die besagte Szene viel zu klein und fragmentiert ist, sondern der Mob, in dem sich die Einzelkämpfer auch als Einzeltäter hervortun. Sie tun dies in der Regel nicht im Licht der (Medien-)Öffentlichkeit, sondern im Schutz der Dunkelheit. Der Kontrast zu den 'klassischen' sozialen Bewegungen könnte kaum größer sein.

6. Konklusion: Neo-Kapitalismus und Neue Rechte

Makrosoziale Analysen, die 'structural strains' postindustrieller Dienstleistungsgesellschaften in den Blick nehmen, haben einen begrenzten Erklärungswert für das Aufkommen neuer rechter Bewegungen und radikaler Rechtsparteien. Die Hypothese von den 'Modernisierungsverlierern' als Trägern dieser Parteien und Bewegungen muß entsprechend verfeinert und spezifiziert werden. Doch die neokapitalistische Dynamik, die die soziale und ethnische Polarisierung verschärft und – zumindest übergangsweise – einen wachsenden Teil der Bevölkerung ausgeschlossen hat, verbesserte die sozialen und politischen Gelegenheitstrukturen für rechten Protest. Für alle diskutierten Szenarien – die Transformation einer niedergehenden Arbeiterbewegung, das Aufkommen einer rechten Wählerschaft, einem von links nach rechts tendierenden Bewegungszyklus und die Entstehung kapillarer, 'individualisierter' Bewegungsformen – lassen sich Anzeichen und Belege finden. Nicht durchgängig hat der Neo-Kapitalismus relative Deprivations- und Anomieerfahrungen erzeugt, und ebensowenig begünstigen sie dort, wo sie vorliegen, allein eine soziale Bewegung von rechts (Leggewie 1998). Aber es gibt starke Anzeichen dafür, daß in der erodierten Industriearbeiterschaft, infolge eines intergenerationellen Sozialisationsbruches, Orientierungen und Handlungsmuster der radikalen Rechten an Bedeutung gewinnen und daß sowohl im subkulturellen Milieu als auch in der einkommensschwachen und geringer qualifizierten Wählerschaft ein Konkurrenzkampf zwischen herkömmlichen Arbeitnehmer-Organisationen und rechtspopulistischen und -radikalen Szene-Gruppen entbrannt ist. Auch zwischen den Orientierungs- und Handlungsmustern der mittlerweile institutionalisierten und zum Establishment gerechneten neuen sozialen Bewegungen und dieser fragmentierten Szene besteht ein untergründiges, hoch aversives Interaktionsverhältnis. Dabei muß man sich fragen, ob es sich hier tatsächlich um Verfallsformen sozialer Bewegung handelt, oder ob mit diesen Eigenschaften nicht eher die fragmentierte und individualisierte Bewegungsszene der Zukunft skizziert ist, die auch für anders orientierte Zielsetzungen wirksam werden könnte.

Werner Bergmann / Rainer Erb

„In Treue zur Nation"
Zur kollektiven Identität der rechtsextremen Bewegung

1. Einleitung

In den letzten Jahren hat sich in Absetzung und Ergänzung zu den klassischen *Structural Strains*-Theorien und zum Ressourcenmobilisierungsansatz in der Bewegungsforschung ein *Collective Identity*-Ansatz entwickelt, der Bewegungen stärker als kulturelle Phänomene in den Blick nimmt und analysiert, wie sich eine soziale Bewegung ihrer selbst versichert. Bewegungen müssen auch in ihrer Sozialdimension Einheit stiften, d.h. eine kollektive Identität ausbilden, indem sie eine Innen/Außen-Unterscheidung treffen, um nach außen als kollektiver Akteur auftreten zu können und nach innen den Anhängern eine gemeinsame Handlungsperspektive zu bieten, die über eine gemeinsame Problemdefinition hinausgeht und bestimmte Werte, Überzeugungen und Verhaltensstandards verbindlich macht. Dabei nehmen Protestbewegungen, um ihre kollektive Identität zu stiften, zumeist eine Grenzziehung innerhalb des Gesellschaftssystems vor, d.h., sie ziehen „eine Grenze in einer Einheit gegen eine Einheit" (Luhmann 1997: 848) und üben so an der Gesellschaft gleichsam Fundamentalkritik von außen. Diese Bewegungsgrenze ist also besonders scharf markiert, weil Bewegungen sich über ihren Protest im Konflikt mit der Gesellschaft konstituieren. Indem sie sich so geben, als müßten sie die Gesellschaft gegen ihr politisches System vertreten (856), unterscheiden sie sich von Organisationen wie Verbänden oder Parteien, die sich als Alternative innerhalb des politischen Systems verstehen.[1] Für Taylor und Whittier (1992) bilden deshalb Grenzziehungen (durch geographische, religiöse, rassische, kulturelle Markierungen) und ein Oppositionsbewußtsein zentrale Definitionsmerkmale der kollektiven Identität von Bewegungen, die eine öffentliche Selbstfestlegung auf spezifische Einstellungen, Werte, Deutungsmuster, Loyalitäten und Verhaltensregeln darstellt. Protest operiert mit einer Lagermentalität, einer Vorstellung von Zugehörigkeit ('Wir-Gefühl'), wobei der eigenen kollektiven Identität auf der Gegenseite ebenfalls eine homogene Identität zugeschrieben wird, „das System", so Hellmann 1996: 270, oder die 'Organisationen gegen Deutschland', so die Thule-Netz Homepage 1996), weil kein Versuch unternommen wird, die andere Seite zu verstehen.

Im folgenden soll am Beispiel des Rechtsextremismus geprüft werden, ob dieser Untersuchungsansatz, der ja vor allem in bezug auf die neuen sozialen Bewegungen entwickelt wurde, hier vergleichbare kulturelle Konstruktionsleistungen sichtbar machen kann. Wir beschäftigen uns also mit der Frage, wie Bewegungsorganisationen, aber auch einzelne Mitglieder des rechten Lagers operieren, um ein gemeinsames Bewußtsein als 'rechte Bewegung' zu schaffen, wobei natürlich auch die Definitionsmacht externer Akteure einzubeziehen ist. Dazu ist zu untersuchen, wie sich die Rechten in ihren Diskursen selbst beschreiben, z.B. welche Werte, Ideale und Ziele sie sich zuschreiben, und worin sie die Differenzen zu ihrer Umwelt sehen (Abschnitt 2); wie sie eine Geschichte als einheitsstiftendes Moment konstruieren (Abschnitt 3), welche subkulturellen Praktiken (Abschnitt 4), Interaktionsnetze (Abschnitt 5), Kommunikationsmedien sie entwickeln, um sich als soziale Einheit nach innen und außen darstellen zu können (Abschnitt 6) und welche Milieubindung sie aufweisen (Abschnitt 7). Als Quellen zur Analyse dieser einheitsstiftenden 'Erzählungen' und Praktiken dienen das rechtsextreme Schrifttum in seiner ganzen Breite, die Musikproduktion, Interviews und Feldforschungen in der rechten Szene sowie Ergebnisse der externen Beobachtung von seiten der Wissenschaft, des Staates (Verfassungsschutz) und der Massenmedien.

2. Die Definition von Bewegungsgrenzen: Wir/Sie-Unterscheidungen des rechten Lagers

Das rechte Lager, unter dem wir ein latentes, dauerhaftes Netzwerk von Personen, Gruppen, Diskussionszirkeln, kleinen Parteien und Verlagen verstehen, beschreibt sich selbst als eine 'nationale Bewegung' in Fundamentalopposition zur bestehenden Gesellschaft. Michael Kühnen, einer der profiliertesten Neonazi-Führer, hat diese Position bündig so formuliert: „Nicht das System hat einen Fehler, sondern das System ist der Fehler!" Was öffentlich als kollektive Identität einer Bewegung wahrgenommen wird, basiert jedoch nicht nur auf ihrer Selbstbeschreibung, sondern wird durch Definitionen seitens ihrer Opponenten oder anderer äußerer Beobachter mitbestimmt, da die Kontrolle über die allgemeine Berichterstattung typischerweise nicht in der Hand der Bewegung liegt (Diani 1992: 9). In unserem Fall steht das rechte Lager vor dem Problem, daß die negative Fremddefinition als verfassungsfeindlicher Rechtsextremismus seitens des Staates, der Parteien, der Massenmedien und von Oppositionsbewegungen dermaßen übermächtig ist, daß es mit seiner Selbstbeschreibung nicht durchdringt. Als Wahrnehmungsfolie des Rechtsextremismus dient der Öffentlichkeit der Nationalsozialismus, dessen verbrecherischer Charakter allgemein anerkannt ist. Damit sind die Erfolgschancen rechtsextremer Mobilisierung von vornherein beschnitten[2], und die Rechtsextremisten müssen viel Mühe auf die Apologie des Nationalsozialismus wenden. Deshalb finden wir auf der Rechten beständige Versuche, den Rahmen der Selbstbeschreibung so zu verändern (reframing), daß die Chancen für eine Rekrutierung neuer Anhänger sich verbessern. Gleichwohl schließen die Neonazis an die NS-Identifikation an und sehen in der Entwicklung der NSDAP von kleinsten Anfängen zur Massenbewegung das Modell für ihre eigene politische Arbeit und ihren zukünftigen Erfolg („Der 30. Januar 1933 ist für uns wie die 12 Jahre danach steter Antrieb für unsere Kraft", in: Modernes Denken 4/1997).

Die Selbstbeschreibung einer Bewegung ist untrennbar mit der Konstruktion ihres Bezugsproblems oder Protestthemas verbunden; an dieser Stelle sind also Ergebnisse des *Framing*-Ansatzes einzubeziehen. Die Rechten können sich nur als 'nationale Bewegung' definieren und als Fundamentalopposition begreifen, weil sie den zentralen Wert ihrer Identität (Volk oder Nation) durch die herrschenden Verhältnisse permanent verletzt sehen. Dieser Zentralwert ist die Existenz des ethnischen Kollektivs („objektiv gegebene Notwehrlage unseres Volkes", in: Einheit und Kampf 1992: 7).[3] Diesem Wert – dem Wohle des deutschen Volkes zu dienen – sind namentlich zwar auch Politiker und Beamte verpflichtet, aber nach Meinung der Rechten würden diese ihrer Verpflichtung nicht genügend nachkommen oder sie sogar bewußt verletzen.[4] Dieses wird als Skandal gesehen, der die eigenen Aktivitäten als Reaktion auf diesen unerträglichen Zustand rechtfertigt. Demgegenüber definieren sie sich selbst als die wahren Deutschen[5], die unkorrumpiert, selbstlos und treu als Sachwalter deutscher Interessen handelten: Sie wollen Verantwortung für die Gesellschaft tragen, aber gegen sie (Luhmann 1997: 853).[6] Ihren diagnostischen Rahmen, verknüpft mit ihrer Identität, verbindet die Rechte mit einem prognostischen Rahmen (siehe dazu Gessenharter in diesem Band). Sie erwartet, daß mit der Realisierung des Wertes, der Verwirklichung eines wahren Deutschtums und der Priorität des eigenen Volkes die Probleme der modernen Gesellschaft (Arbeitslosigkeit, soziale Ungleichheit, Parteienstreit, Kriminalität, Migration, Verlust an Nationalgefühl) verschwinden und eine homogene und gerechte Gesellschaft entsteht.[7] Dabei liegt die Attraktivität 'deutscher Werte' darin, daß die erlebte Krisenhaftigkeit der Gesellschaft auf deren Verletzung und damit auf eine Ursache reduziert werden kann. Übersetzt in konkrete Problemlösungen, bedeutet dies primär eine 'Lösung der Ausländerfrage'.[8]

Im Unterschied zu den neuen sozialen Bewegungen, die eher keine Ausschlußbedingungen kennen, impliziert die spezifische Fassung der kollektiven Identität der sich als ethnisch-deutsch verstehenden nationalen Rechten eine ethnische Schließung.[9] Diese Form der primordialen Identitätsbildung über vorgeblich naturale, objektive Gegebenheiten (Schmidtke 1995: 26) führt zu einer quasi natürlichen Abgrenzung von 'Ausländern'; sie muß aber auch eine Erklärung bereitstellen, wieso ethnisch Deutsche sich der Teilnahme an der rechten Bewegung verweigern und in den Augen der Rechten gegen das eigene Kollektiv handeln.[10] Hier wird ein Deutungsmuster der völkisch-nationalen Bewegung des späten 19. Jahrhunderts wieder aufgegriffen: Fremde kulturelle Einflüsse und Klassenkampfparolen seien dafür verantwortlich, daß Deutsche ihre natürlich begründete Identität verlören.[11] Gegenwärtig tragen diese fremden Einflüsse die Namen Amerikanismus, Euro-Wahn, Demokratismus, Multikulturalismus, Neue Weltordnung. Die neue Trennungslinie verläuft nach Meinung des Thule-Netzes nicht mehr zwischen rechts und links, sondern „zwischen den Anhängern des Kosmopolitismus und den Verfechtern der ethnokulturellen Identität" (19. Mai 1997). Die volksschädliche Politik des 'Bonner Systems' zeige, daß es unter diesem Einfluß handle. Wie schon im Kühnen-Zitat zum Ausdruck kam, ist dieses System der zentrale Konfliktgegner. Die kollektive Identität als 'wahre Deutsche' ist also Resultat einer näheren Qualifizierung und Verengung des Begriffes deutsch: Im Kern zählen also weniger Herkunft oder Staatsangehörigkeit als vielmehr die 'deutsche Gesinnung' und die Verfolgung deutscher Interessen.

Da man kollektive Identität nicht als ein feststehendes Ensemble aus Symbolen, Werten, Verhaltensregeln und Ritualen verstehen darf, sondern als eine im 'Lebenslauf' einer Bewegung ständig neu zu reproduzierende Einheit im Kontakt mit der Umwelt (Stoecker 1995: 113), gehen in die gegenwärtige Selbstbeschreibung der Rechten natürlich auch die Erfahrungen ihrer Bewegungsgeschichte ein. Die Tatsache, daß nach 1945 die Rechte in Deutschland politisch diskreditiert, in ihren extremistischen Formen verboten und strafrechtlicher Verfolgung ausgesetzt und weitgehend erfolglos war, hat ihre Identität entscheidend mitgeprägt. Sie begreift sich als verfolgte Minderheit, für die die Grundrechte der Verfassung (Meinungs- und Versammlungsfreiheit) nicht gelten.[12] Die politische Marginalisierung hat bei den älteren Rechten einen Identitätstypus produziert, der klagt, jammert, überall Verschwörungen entdeckt und Personen und Institutionen generell unter dem Verdacht der Gegnerschaft wahrnimmt. Von diesem Verdacht sind auch Personen und Gruppen des eigenen Lagers nicht ausgenommen, was die für das rechte Lager typische Tendenz zur Zersplitterung und zu persönlichen Animositäten erklärt.[13] Auch für die Gruppen rechter Jugendlicher der 80er und 90er Jahre, die wegen ihrer fremdenfeindlichen, nationalistischen und rechtsradikalen Parolen ausgegrenzt wurden, wurde diese Stigmatisierung nach Helmut Willems (1997: 418) zum zentralen Aspekt der kollektiven Identität. Hinzu kommt, daß sich rechts- und linksradikale Gruppen in Form eines *Movement-Countermovement*-Bezuges gegenüberstehen, was ebenfalls die interne Integration, Feindbestimmung und Radikalisierung beeinflußt.[14] Indem man sich als politisch verfolgte Bewegung stilisiert, wird der Gegner, vor allem der Staat, zum Verfolger und Unterdrücker, dem rechtsstaatliche und demokratische Qualitäten abgesprochen werden („Schluß mit dem Staatsterror", in: Neonazi Flugblatt 1996). Dies legitimiert den Kampf gegen das „Schweinesystem" unter dem Schlagwort „Befreiungsnationalismus", der die echte Volkssouveränität zum Ziel habe.[15] Die gemeinsame Erfahrung von 'Ungleichbehandlung' und 'Verfolgung' bildet wohl die wichtigste Klammer, die das rechte Lager zusammenhält.

Die innere Bewegungsgeschichte ist jedoch noch in anderer Weise für die Einheitsbildung wichtig, da Systemgeschichte generell Sinnfestlegungen für gegenwärtiges Handeln bietet und die Kontinuität der jeweiligen Gruppe sichert, indem sie das Bewußtsein ihrer Einheit und Eigenart auf Ereignisse oder exemplarische Persönlichkeiten der Vergangenheit stützt. Bewegungsgeschichte bildet also eine Ressource, indem vergangene Ereignisse so gruppiert und interpretiert werden, daß der Eindruck von Einheit entsteht (vgl. dazu zusammenfassend Bergmann 1981: 235ff.).

In der Analyse dieser Interpretationsprozesse berührt der Ansatz der 'Kollektiven Identität' den *Framing*-Ansatz, wobei letzterer eher den Außenaspekt (Problemdefinition), der erste den Innenaspekt der Bewegung im Auge hat.

3. Gemeinschaftsbildung durch Bewegungsgeschichte

Zur diskursiven Begründung der Identität besitzt das rechte Lager einen großen und differenzierten Fundus an Geschichten, Erzählungen, Helden- und Märtyrerlegenden. Dabei sind allen gemeinsame Überlieferungen von organisationsspezifischen Traditionen zu unterscheiden. Anders als die neuen sozialen Bewegungen, die zumeist über eine klar abgrenzbare und recht kurze Geschichte verfügen, wird im rechten nationalen Lager der Ursprung oft bis in die graue Vorzeit zurückverlegt, so daß die gesamte deutsche Geschichte für Beispiele nationaler Gesinnung und zur Beschreibung und Plausibilisierung immer wiederkehrender Konfliktlinien genutzt wird (Germanomanie). Die gegenwärtige Rezeptionswelle von Germanen, Kelten, Wikingern, nordischer Mythologie und Religion ist ein solcher Versuch, diese ethnisch-rassischen Wurzeln 'zu entdecken'. Darüber gerät die Rechte aber in Deutungskonkurrenz zur offiziellen Geschichtsschreibung. Man kann deshalb sagen, daß die rechte Identität ganz wesentlich auf einer der offiziellen, wissenschaftlich gestützten Geschichtsschreibung entgegengestellten Geschichtsinterpretation beruht.[16] Dabei wird das Geschichtsbewußtsein der Bundesrepublik, das von Schule, Medien, Wissenschaft und Politik vertreten wird, als Resultat der alliierten Umerziehung betrachtet, demgegenüber nur das rechte Lager an einer objektiven, der deutschen Geschichte gerecht werdenden Darstellung festhalte. Dieses Axiom bildet einen Identitätskern, von dem ausgehend einzelne Autoren und Gruppen voneinander abweichende Gewichtungen und Nuancierungen von Ereignissen und historischen Personen vornehmen.

In ähnlicher Weise wird ein weiteres Grundmuster 'nationaler' Geschichte gestrickt: Deutschland ist von Feinden eingekreist, und seine Geschichte stellt sich als eine Kette von äußeren Einflußnahmen (Christentum, Römisches Recht, die Ideen von 1789), Feindkoalitionen, Teilungen und Gebietsverlusten dar.[17] In dieses Schema werden der Erste und der Zweite Weltkrieg eingeordnet und auch die gegenwärtige Misere Deutschlands dem Einfluß internationaler Mächte zugerechnet („verkannte Opferschaft der Deutschen in Geschichte und Gegenwart", vgl. die biographischen Hinweise bei Inowlocki 1992: 64). Die Verfemung des nationalen Lagers als extremistisch paßt zwanglos in diese historisch generierte Erwartung, so daß man das eigene Erleben als Bestätigung und Variante eines historischen Musters verstehen kann; man fühlt sich als Mitglied „einer Bewegung, die hier ziemlich geknechtet wird" (Schiebel 1992: 72).

Die starke Zersplitterung des rechten Lagers hat allerdings zur Folge, daß kaum gemeinsame Gründungsheroen und politische Vorbilder existieren. Otto Ernst Remer, Adolf von Thadden oder Michael Kühnen sind zwar im Gedächtnis, bilden aber ganz sicher keine Identifikationsfiguren für das gesamte rechte Spektrum; ersatzweise wird auf den 'Landser' und Kriegshelden zurückgegriffen. Die 'Deutsche Volksunion' (DVU) betreibt bis heute einen Personenkult um den Flieger Ernst Rudel, für den sie einen eigenen 'Ehrenbund Rudel – Gemeinschaft zum Schutz der Frontsoldaten' unterhält. Die Neonazis wählten den 'Friedensmärtyrer' Rudolf Heß als Vorbild, dessen Todestag alljährlich einen wichtigen Mobilisierungsanlaß bildet.[18] Eingetragene Vereine und Gruppen verleihen regelmäßig, teilweise seit Jahrzehnten, Preise, Medaillen und andere Ehrungen an nationale Politiker, Autoren und Schriftsteller. Damit wird Traditionspflege betrieben; es werden Gratifikationen an Personen vergeben, die von der demokratischen Gesellschaft in der Regel nicht geehrt werden, und die Preisverleihungen bilden wiederum Anlässe für Zusammenkünfte und Berichterstattung, in denen das rechte Lager seiner selber ansichtig wird.[19] Einigen kann man sich jedoch nur auf wenige Gestalten deutscher Geschichte, die seit langem als Vorkämpfer für die Einheit und Stärke der deutschen Nation verehrt werden; die Reihe reicht von Bismarck über Ernst Moritz Arndt und Friedrich den Großen bis zu Ulrich von Hutten zurück. Diese nationale Ahnengalerie taugt jedoch nur sehr bedingt zur Einheitsstiftung im rechten Lager, da sie auch in der Gesellschaft insgesamt historisch anerkannt ist.

Das rechte Lager verfügt also offenbar nur sehr rudimentär über eine gemeinsame Bewegungsgeschichte, wie sie primär über gemeinsame (Protest-)Aktionen entsteht, da diese wegen der staatlichen Repression nur sehr selten und zumeist nur einige hundert Teilnehmer umfassen. Der Rekurs auf die NS-Bewegung als Vorgeschichte der eigenen Gruppierung ist somit stigmatisiert und selbst im rechten Lager umstritten, so daß als gemeinsame Klammer nur der Bezug auf nationale Heroen, Heldengeschichten und auf die 'Verfolgungs- und Unterdrückungsgeschichte' bleibt. Damit kann die Zersplitterung des rechten Lagers aber nicht überwunden werden.

4. Die Konstitution von Einheit über kulturelle Praktiken

Ist eine gemeinsame Bewegungsgeschichte als einheitsstiftende Ressource nur begrenzt verfügbar, gewinnt die gegenwärtige (sub-)kulturelle Praxis (eigene Rituale, Symbole, Mode, Sprache) für die kollektive Identität an Gewicht. Doch auch hier ist die Situation für das rechte Lager prekär, da es durch einen Generationsbruch gekennzeichnet ist, der die Ausbildung einer gemeinsamen Identität erschwert.

Im Unterschied zu den neuen sozialen Bewegungen, deren Anhänger überwiegend einer Altersstufe und Bildungsschicht angehören, sind im rechten Lager zur älteren Generation, die ihre politische Sozialisation im Oppositionsmilieu gegen die sozialliberale Koalition und deren Ostpolitik erfahren hat, sehr viele junge Leute hinzugekommen, deren Prägung durch Rockmusik, Konsum und Mode den Älteren fremd ist. Zu ihrer Generationserfahrung gehören der Zusammenbruch des Kommunismus, das Ende der DDR und die deutsche Einigung, die multikulturelle Gesellschaft und die strukturelle Arbeitslosigkeit im Zuge der Umstrukturierung der Weltwirtschaft. Diese unterschiedlichen Generationserfahrungen schlagen sich in ideologischen Differenzen, in der Militanz und Aktionsbereitschaft sowie im Symbolhaushalt nieder.

Die Älteren wählen im wesentlichen konventionelle Formen politischer Partizipation: Sie engagieren sich in rechten Parteien, in Vereinen und Verbänden sowie in der publizistischen Gegenöffentlichkeit. Typisch für diese traditionellen Gruppierungen ist die geschlossene Veranstaltung in den Hinterzimmern von Gaststätten. Die jüngere Generation der Rechtsextremisten verwendet dagegen – in Anlehnung an das Repertoire der linken Bewegungen – eher unkonventionelle Protestformen (Hausbesetzung, Demonstrationen, Aktionen kollektiver Gewalt). Erste öffentliche Aktionen, die vor allem von Michael Kühnen in den 70er Jahren unter der Parole „Kampf um die Straße" medienwirksam organisiert worden waren, hatten nur geringen Mobilisierungserfolg, etwa die 'Initiative für Ausländerbegrenzung' und die 'Aktion Ausländerrückführung. Volksbewegung gegen Überfremdung und Umweltzerstörung' in Hamburg 1977. Dennoch waren damit im rechten Lager erstmals Aktionsformen verwendet worden, die eine militante und erlebnisorientierte Jugendszene ansprachen. Seit den frühen 80er Jahren ist mit der Adaption von Rockmusik und Mode und mit ersten Ansätzen zu einer Gegenöffentlichkeit eine rechtsorientierte jugendliche Subkultur entstanden, die Chancen für eine kollektive Mobilisierung eröffnete.

Die politischen Umstände der Wende begünstigten die Aktivitäten rechter Gruppen. Die westdeutschen Rechtsparteien beteiligten sich mit Informationsmaterial an den Wahlkämpfen und mißverstanden die Neugier der Ostdeutschen als Wählersympathie. Neonazis und subkulturelle Veranstalter organisierten politische Aktionen (Aufmärsche, Protestdemonstrationen) und kulturelle Ereignisse (Konzerte mit Nazi-Rockmusik), zu denen sich Hunderte bis Tausende einfanden und sich ihrer Bedeutung und Stärke bewußt wurden. Dabei hatten die Massenmedien einen Verstärkereffekt; sie übernahmen, was die szeneeigenen Medien nicht leisten konnten, nämlich die nationale und internationale Verbreitung von Nachrichten über diese Ereignisse. Dies bedeutete eine Aufwertung sowohl für die als Interviewpartner auftretenden Führerfiguren als auch für die Szene insgesamt.

Innerhalb der rechten Bewegungsfamilie verwenden die einzelnen Gruppierungen Fahnen, Logos, Symbole und Rituale, in denen die ideologischen Kernüberzeugungen öffentlichen Ausdruck finden und die Anhänger sich wiedererkennen. Die rechten Parteien lehnen sich in ihrer Außendarstellung und bei Großveranstaltungen an die im politischen Mainstream üblichen Darstellungsformen an. Mit Fahnen und Marschmusik benutzen sie ein etabliertes, nationalkonservatives Formenrepertoire. Allerdings demonstrieren sie mit den Fahnen und Wappenschildern der ehemaligen deutschen Ostgebiete, daß sie revisionistische Forderungen aufrechterhalten. Mit diesen Fahnen wird ein Dissens zur 'kleindeutschen' Identität der Bundes-Deutschen (sprachlich als „Restdeutschland" verhöhnt) formuliert und der Anspruch auf 'Großdeutschland' symbolisiert.

Noch aggressiver wurde dieser Anspruch durch die Verwendung der Reichskriegsflagge bei den Neonazis erhoben. Damit wurde eine Reichsideologie demonstriert, die eine antidemokratische Staatsform beinhaltet, und die Selbstverpflichtung artikuliert, unter diesem Feldzeichen den Krieg nach innen und außen zur Wiederherstellung eines völkisch homogenen deutschen Reiches zu führen. Diese inzwischen verbotene Flagge war selbst schon ein Substitut für das Bekenntnis zum Nationalsozialismus unter der verbotenen Hakenkreuzfahne. Dies weist auf ein Spezifikum der neonazistischen Gruppierungen hin, da Kennzeichen des Nationalsozialismus als Zeichen verfassungsfeindlicher Organisationen in der Bundesrepublik verboten sind. Der öffentliche Gebrauch dieser Gesten und Zeichen hat einen besonderen Charakter: Einerseits stellt er eine Art 'Härtetest' für das Bekenntnis dar, Neonazi zu sein und in fundamentaler Opposition zum demokratischen Grundkonsens der Bundesrepublik zu stehen, andererseits besitzt er den extremsten Provokationswert. Wegen der Verfolgungsdrohung haben die Neonazis die inkriminierten Gesten und Symbole jedoch leicht abgewandelt: Anstelle des Hitlergrußes trat der 'Kühnen-' oder 'Widerstandsgruß', anstelle des Hakenkreuzes traten das Keltenkreuz, Sonnenräder und ähnliches, statt 'Mit deutschem Gruß' wird nun mit 'bestem' oder 'unserem Gruß' bzw. mit '88' unterzeichnet.[20]

Bewegungen können Zusammengehörigkeit auch über eine spezifische Kleidung demonstrieren; dies dürfte heute insbesondere für subkulturell geprägte Jugendbewegungen gelten. Der alte Rechtsextremismus nutzte diese Integrationsform sehr sparsam; er kleidete sich zivil, mit einer gewissen Vorliebe für Trachten, Loden, Kunstgewerbe und die Reformkleidung der 20er Jahre. Die Wiking-Jugend etwa stellte sich nicht nur ideologisch in die HJ-Tradition, sondern ahmte auch deren Kluft nach; demgegenüber waren Jeans verpönt.

Dagegen spielen im jugendlich geprägten rechtsextremen Milieu Kleidung und Mode als Erkennungszeichen für Gesinnungsgenossen eine weitaus größere Rolle. Es dominiert entsprechend der Identität als 'Kämpfer' ein Uniformfetischismus. Originale Wehrmachts- oder NS-Uniformstücke mit entsprechenden Abzeichen, Ordensschnallen und Schriftbändern bzw. deren Replikationen haben einen hohen Prestigewert und qualifizieren seinen Träger für Führungsaufgaben. Stiefel und Uniformteile der Bundeswehr, der US-Army (Bomberjacke) und der NVA ergänzen das martialische Erscheinungsbild, das durch den Haarschnitt, Glatze bzw. HJ-Schnitt komplettiert wird. Aus der Jugendmode werden Tatoos übernommen, wobei ein spezifischer Bilderkanon bevorzugt wird. Neben den inkriminierten NS-Symbolen treten Symbole der Wikingerkunst, Worte in Fraktur-Schrift usw. auf.

Die Neonazis und Skinheads stechen durch ihre Uniformierung, ihre Symbolik und Rituale besonders hervor. Dies lenkt das Medieninteresse auf sie, so daß sie in der Öffentlichkeit als pars pro toto für den Rechtsextremismus insgesamt stehen. Bei den Skinheads kommt als Stilmerkmal noch der demonstrative Konsum von Alkohol hinzu, der sich zu einem eigenen Trinkritual 'unter deutschen Männern' entwickelt hat. Drogenkonsum ist dagegen Teil des Lebensstils der Gegenseite, der Linken, der multikulturellen Welt, der Ausländer.

Da sich Selbstbeschreibung und öffentliches Auftreten entsprechen müssen, prägen das autoritär-militärische Prinzip und das national-deutsche Selbstverständnis auch die Form kollektiver Aktionen.[21] Neonazis marschieren bei ihren Demonstrationen, wenn möglich, geordnet in geschlossenen Blocks unter einheitlicher Führung. Dieses Bild der Geschlossenheit erreichen sie dadurch, daß im Unterschied zu Demonstrationen der Zivilgesellschaft bei ihnen kaum Frauen, Ältere und schon gar nicht Kinder 'mitmarschieren'. Diese Form der öffentlichen Konfrontation, die ja häufig durch Zusammenstöße mit Gegendemonstranten und der Polizei gekennzeichnet ist, widerspricht der konservativen, Ruhe und Ordnung präferierenden Wertorientierung des rechtsextremen Wahl- und Parteivolkes.

Während die 'Nationaldemokratische Partei Deutschlands' (NPD), insbesondere ihre stärker aktionsorientierte Jugendorganisation (JN), unkonventionelle Protestformen nutzt und dabei linksalternative Formen imitiert[22], beschränken sich die Parteien auf Saalveranstaltungen und organisieren nur gelegentlich öffentliche Kundgebungen. Die Identifikation der Mitglieder mit ihrer Partei bleibt oberflächlich und ist stark mit deren Erfolg verknüpft. In Phasen des Mißerfolgs kommt es zu großer Abwanderung und Fluktuation. Ihre Wertauffassung und ihre politischen Einstellungen ändern sie nicht, folgen aber in ihrem Engagement wahlstrategischen Kalkülen. Bei den organisierten Neonazis ist dagegen die Identifikation mit der Gruppe sehr groß, und ein Ausstieg ist daher nur als Bruch mit dem bisherigen Lebensstil zu vollziehen.[23] Wir finden hier bewegungstypische Differenzen zwischen Zentrum und Peripherie, zwischen den 'ideologischen Virtuosen' und quasi-professionellen Bewegungskernen, und einem action- und erlebnisbetonten Skinhead- und Jugendmilieu, das mitmacht, solange es Spaß macht und sich etwas bewegt, aber aussteigt, wenn es langweilig wird (Paris 1989: 326; Erb 1994: 58ff.).

Zum subkulturellen Lebensstil gehört ferner ein besonderer Sprachcode, der über Schlüsselbegriffe die ideologischen Kernüberzeugungen verdichtet ('ideological focusing') und zugleich über ein Oppositionsschema Zugehörigkeit und Ausschluß signalisiert (Taylor/Whittier 1992: 113; vgl. zum Begriff des 'ideological comparison' Downton/Wehr 1991: 121). Begriffe wie Volk, Gemeinschaft, Kampf und 'deutsch' (in allen Zusammensetzungen) markieren das rechte Lager als eine ideologische Gemeinschaft. In einer aggressiven und haßerfüllten Diktion werden die Gegner als Bedrohung dieser Überzeugungen hingestellt. Die politische Ordnung und ihre Repräsentanten werden unter dem Schlagwort 'System' zusammengefaßt, das durch bestimmte Zusätze weiter delegitimiert werden soll, um sie als Vertreter fremder Interessen zu stigmatisieren (Systempolitiker, Statthalter, Lizenzparteien und -presse, Judenrepublik, 'Holocaustdemokratie', Erfüllungspolitiker, Umerzieher, 'Sondergerichte'), denen gegenüber man sich selbst als wahre Vertreter des Volkes stilisiert (vgl. die Namen von Neonazi Rockbands wie 'Volkszorn' und 'Doitsche

Patrioten'). Politische Gegner im engeren Sinne, die Linke, Autonome, Antifas, Ausländer und Asylbewerber, werden mit herabsetzenden Beinamen versehen (Zekken, Rotfront, Fidschis, Krummnasen, Kanaken, Braunkohle usw.).

Wie ersichtlich, wird ein Teil des Vokabulars aus der völkischen, nationalsozialistischen und militärischen Terminologie entlehnt (artfremd, Überfremdung, Kraft durch Freude, Blut und Ehre, Sturmbann usw.). In diesen Kontext gehören auch der Rückgriff auf die Runenschrift oder die Verwendung altdeutscher Monatsnamen (die 'Nachrichten der HNG' schreibt als Erscheinungsmonat z.B. Oktober/Gilbhart). Um die Gegnerschaft zu verfassungs- und staatsrechtlichen Entscheidungen des 'Systems' zu demonstrieren und wach zu halten, werden sprachliche Anpassungen nicht nachvollzogen, etwa die Bezeichnung der neuen Bundesländer als Ostdeutschland. Statt dessen halten sie weiter an der geographischen Bezeichnung Mitteldeutschland fest. Städtenamen der jetzt polnischen, früher deutschen Ostgebiete werden grundsätzlich nur mit ihren alten deutschen Namen bezeichnet (Breslau, Danzig usw.).[24] Es gibt sogar die Bestrebung, englische Bezeichnungen, die in der Jugendkultur weit verbreitet sind, an sich aber als 'undeutsch' gelten, sprachpuristisch zu beseitigen. So wird vorgeschlagen, die Selbstbezeichnung 'Skinhead' durch Glatze oder T-Shirt durch T-Hemden zu ersetzen.[25] Ein schriftliches Mittel zur Selbstidentifikation der Skinheads ist außerdem die Buchstabenkombination 'oi', die häufig in den Namen von Bands und Fanzines auftritt ('Kraft durch Froide', 'Noie Werte', 'Proissens Gloria' usw.).

Bilden Symbole, das äußere Erscheinungsbild und bestimmte Verhaltensstandards die Chance, Gleichgesinnte zu erkennen, so benötigen soziale Bewegungen, soll es nicht bei Zufallskontakten bleiben, über ihre Organisationen hinaus bestimmte Orte und Zeiten, in denen ein faktischer Interaktionszusammenhang gegeben und damit ein Aufbau von informellen Netzwerken möglich ist.

5. Rechte Netzwerke: Treffpunkte und Aktionszeiten

Gerade die rechte Szene besitzt in ihrer Betonung von Volk und Heimat, die sich im Hinweis auf die regionale oder örtliche Herkunft wiederfindet, ein wichtiges Identifikationsmerkmal. Gruppen, Bands und Publikationen bezeichnen sich häufig über ihren Wohnort und drücken damit neben einem Heimatgefühl auch einen lokalen Herrschaftsanspruch aus ('Kameradschaft Beusselkietz' in Berlin, eine Magdeburger Neonazi-Band nennt sich 'Elbsturm', die 'Berlin Brandenburger Zeitung' (BBZ) hat weitere Regionalausgaben unter eigenen Titeln herausgebracht, wie 'Junges Franken', 'Neue Thüringer Zeitung'). Diesem territorialen Anspruch gemäß versucht die rechte Jugendszene, sich Treffpunkte wie Kneipen, Discos und Jugendtreffs zu schaffen, aus denen sie linke oder politisch-subkulturell nicht festgelegte Besucher verdrängt. Das Territorialprinzip, mit dem Dominanz angestrebt wird, dehnt sich auf öffentliche Plätze und Wohnquartiere bis hin zu Kleinstädten aus – 'Fürstenwalde – Dönerfreie Zone'.[26] Die Tatsache, daß sich die rechtsextremen Jugendlichen diese Orte durch Gewalt und Terror erkämpfen müssen, zeigt, daß ihnen keine Brückeninstitutionen zur Verfügung stehen, wie sie die Friedens- oder Anti-AKW-Bewegung in Universitäten oder kirchlichen Einrichtungen gefunden haben (Ohlemacher 1993). Kneipen und Discos mit überregionalem Einzug konnten bisher nur temporär als Orte regelmäßigen Wiedersehens und der Unterhaltung etabliert und 'gehalten' werden. Die als 'rechts' definierten Treffpunkte sind noch dünn gesät und zudem häufig von Schließung und Auftrittsverboten bedroht, so daß die Szene zur Aufrechterhaltung ihres Interaktionszusammenhangs zu hoher Mobilität gezwungen ist. Deshalb mußten sie ihre Treffen auch auf Privatgrundstücke verlegen, die als Geburtstags- bzw. Hochzeitsfeiern maskiert wurden.

Der Aufbau einer mit der linksalternativen Szene vergleichbaren Struktur von Kneipen, Läden, Buchhandlungen und Büros ist bisher nicht gelungen. Nur wenige Läden und Kneipen bieten regelmäßige Möglichkeiten der Interaktion. Ersatzweise hat sich ein lebhafter Versandhandel etabliert, der Kleidung, Tonträger und Schriften anbietet. Auf diese Weise läßt sich zwar Material, wenn auch zu sehr hohen Preisen (Nachnahmegebühr!), in der Szene verbreiten, doch Integrationseffekte über persönlichen Kontakt entstehen bei dieser Kommunikationsform nicht. Doch selbst dieser unpersönliche Kontakt wird weiter ausgedünnt, wenn die Szenemitglieder ihr *Hate*-Material aufgrund der strafrechtlichen Verfolgung aus dem Ausland beziehen müssen.

Versuche, Orte und Zeiten überregionaler Treffen bzw. Aktivitäten zu institutionalisieren, sind vor allem an der staatlichen Verbotspraxis gescheitert (das 'Heldengedenken' auf dem Soldatenfriedhof in Halbe bei Berlin, der Rudolf Heß-Gedenkmarsch usw.). Dennoch werden immer wieder herausragende Orte der Nationalgeschichte und der nationalen Mythen als Schauplätze 'nationaler Manifestation' vorgeschlagen. So wollte die NPD am 1. Mai 1997 eine Kundgebung am Völkerschlacht-Denkmal in Leipzig abhalten. Während für diese bis zu ihrem Verbot überregional mobilisiert wurde, sind viele Kundgebungen, z.B. vor dem Kyffhäuser, dem Hermanns-Denkmal im Teutoburger Wald oder am Deutschen Eck in Koblenz, im Ansatz regionale und gruppenspezifische Aktivitäten gewesen. Im Widerspruch gegen das herrschende Geschichtsbild werden jedoch von den Rechten auch neue Orte symbolisch besetzt, und zwar solche, an denen ihrer Meinung nach an die Verbrechen der Alliierten im Zweiten Weltkrieg und an die Leiden von Deutschen erinnert werden soll. Seit Öffnung der Mauer wurde in Dresden mehrmals an den Jahrestag der Bombardierung der Stadt erinnert, es gab Kranzniederlegungen auf den Rheinwiesen (hier hielten die Amerikaner 1945 eine große Zahl deutscher Soldaten gefangen, vgl. Overmans 1995), bei denen die Redner ein Denkmal für diese Opfer forderten. Damit revitalisieren sie in Ansätzen den nationalsozialistischen und völkischen Totenkult und widersetzen sich zugleich der kritischen Erinnerung an die Soldaten der Wehrmacht, die sie zu Helden und Opfern verklären.

Neben der Auszeichnung bestimmter Orte werden auch bestimmte Tage oder Zeiten im Jahr von den Rechtsextremen hervorgehoben, zu denen man sich entweder intern trifft oder öffentliche Auftritte inszeniert. Dazu gehören bestimmte historisch-politische Daten (Geburts- und Todestage) sowie pseudoreligiöse und naturzyklische Feiertage. Dabei sind die zur Winter- und Sommersonnenwende abgehaltenen Sonnwendfeiern weniger durch den Glauben an eine germanische Götterwelt und Neuheidentum motiviert als Anlässe für eine Zusammenkunft und dienen dazu, die *rites de passage* für neue Mitglieder zu vollziehen.[27]

Da für die Rechtsextremen die Erfahrung sozialer Einheit über große politische Aktionen durch die staatliche Verbotspraxis weitgehend blockiert ist, haben in der jugendlichen rechten Szene Musik und audiovisuelle Medien eine herausragende Bedeutung für die politische Sozialisation und Identitätsbildung gewonnen. Die älteren Rechtsextremen hatten sich dauerhaft an Verlage und deren Publikationen gebunden und rezipierten deren Produkte jeweils allein für sich ohne Kommunikation im gemeinschaftlichen Kontext. Heute dagegen sind nicht mehr Schriften oder Reden die wichtigsten Kommunikationsformen, sondern Musik und Liedertexte transportieren für die Jugendlichen die Ideologie.[28] Konzerte, die bis zu tausend Zuhörer anziehen, stabilisieren und entwickeln den Lebensstil: Die Besucher erfahren und kopieren, was aktuell ist, und erleben abweichendes Verhalten als normal. Der Vollzug ihrer Alltagskultur schließt Rassismus und Gewalt ein. Die Konzerte ermöglichen Kontakte, stärken das Zusammengehörigkeitsgefühl und zelebrieren die Einheit der Szene. Die Botschaft zahlreicher Liedertexte ist dementsprechend Kameradschaft, Treue, das Fortbestehen der Bewegung, das Einschwören auf Ziel und Aufgabe („Kameradschaftlich, nationalistisch, volkstreu. In Treue zur Nation", in: Modernes Denken 3/1997) und die Markierung der zu bekämpfenden Feinde; so lautet in dem Lied 'Sieg oder Tod' (CD Northeim Life) der Refrain „Für Deutschland kämpfen wir". Von daher wird deutlich, daß die Plazierung eines Hits weniger über die musikalische Qualität als über die Radikalität der Texte läuft („was nicht knallt, taugt nichts"), was eine Entwicklung zu immer aggressiveren Texten ausgelöst hat. Wie auch in der Popkultur generell, werden Sänger oder Bands zu Kultfiguren, denen eine Opinion Leader-Funktion zufällt; der verstorbene Ian Stewart von der englischen *Blood and Honour* Band 'Skrewdriver' hat diesen Status international für die Skinheadszene erlangt. Der nationale Liedermacher Frank Rennicke ist ein deutscher Star, der mit seinen Balladen sowohl in Skinhead-Konzerten als auch auf bunten Abenden der NPD auftritt und so die verschiedenen Milieus verklammert. Diese Musik findet weder seriöse Platten- noch Vertriebsfirmen noch wird sie im Rundfunk gespielt, dennoch ist sie weit verbreitet. Hier hat sich ein funktionierendes Untergrund-Vertriebssystem entwickelt; kleine, aber zahlreiche Versandfirmen mit Postfachadresse im In- und Ausland haben die Distribution übernommen; ihre wachsende Zahl ist ein Indikator für eine große Nachfrage.

6. Rechte Gegenöffentlichkeit: Szenemedien

Während diese rechtsalternative Musikszene, die Nutzung moderner Kommunikationstechniken (Mail Box, Internet) und zahlreiche neue Mitteilungsorgane und Zeitschriften erst in den letzten Jahren entstanden sind, gibt es rechtsextreme Periodika und Verlage schon seit Jahrzehnten ('Nationalzeitung' seit 1950, 'Nation und Europa' seit 1951). Sie haben in der politischen Kultur der Bundesrepublik eine alternative nationalistische Deutung der deutschen Geschichte und der aktuellen Politik gegeben und ihre Leser ideologisch bestärkt. Von diesen Blättern ging nur selten eine mobilisierende Wirkung aus; sie beschränkten sich auf Wahlempfehlungen (bzw. auf Wahlenthaltung in Ermangelung einer 'wählbaren' Partei). Von einer bewegungstypischen rechten Presse kann man dagegen erst seit Anfang der 90er Jahre sprechen, die zu Aktionen aufruft, Manöverkritik übt, Beiträge zur Strategie bringt, über den 'Gegner' berichtet (Anti-Antifa) und Verhaltensrichtlinien gegenüber der Polizei und den Behörden gibt, z.B. Rechtsberatung durch das Nationale Informationszentrum (NIZ). An Aufmachung und Inhalt ist ablesbar, daß hier linksalternative Medien kopiert werden. Viele dieser Blätter gehen auf die Initiative von Einzelpersonen und ihrem engeren Kameradenkreis zurück und sind aufgrund des Mangels von Ressourcen und Ideen oft kurzlebig, andere müssen ihr Erscheinen einstellen, weil ihre Herausgeber und Autoren mit dem Gesetz in Konflikt gerieten. Die ressourcenstärkeren Publikationen der Neonazi-Organisationen sind nach deren Verbot 1992/93 vom Markt verschwunden. Etliche ihrer Aktivisten meldeten sich jedoch bald wieder in Publikationsorganen legaler rechter Gruppierungen zu Wort, die damit ihre Position als politische Führer aufrechterhalten. Christian Worch, vormals 'Nationale Liste', ist mit Beiträgen in 'Recht und Wahrheit' und 'Sleipnir' vertreten, ähnliches gilt für Meinolf Schönborn. Eine Ausnahme bildet seit Mai 1996 das bundesweite, aber bereits wieder ins Stocken gerate Zeitungsprojekt deutscher Neonazis, die 'Berlin Brandenburgische-Zeitung der nationalen Erneuerung' mit ihren Regionalausgaben. Dieser Zeitungsverbund soll ein Forum für rechtsextremistische Organisationen und Meinungen bieten und versteht sich als Versuch, Gegenöffentlichkeit herzustellen. Unter der Überschrift „Dem Meinungsmonopol entgegentreten" wird die Notwendigkeit, daß die „nationale Opposition" sich ihre eigene Öffentlichkeit schaffen muß, mit dem Scheitern der Hoffnung begründet, die etablierte Presse würde „authentische Inhalte" vermitteln (April/Mai-Ausgabe 1996 der 'Westdeutschen Volkszeitung').

Neben den Bewegungssegmenten der Militanten und der politischen Aktivisten umfaßt das rechte Spektrum auch eine 'Abteilung Weltanschauung', die dem generellen Antiintellektualismus aber auch nicht abhelfen kann. Hier finden sich erfolgreiche neue Zeitschriftenprojekte. Vor allem die 'Junge Freiheit' ist hier zu nennen, die sich in zehn Jahren von einer süddeutschen Schülerzeitung zur auch im Zeitschriftenhandel erhältlichen nationalen Wochenzeitung entwickelt hat. Mit ihrem „Journalismus für Deutschland, nicht gegen Deutschland" (Selbstaussage) fühlt sie sich keiner der rechten oder rechtsextremen Strömungen zugehörig, ist aber mit ihrer Option für die Nation (und gegen ihre inneren und äußeren Gegner) dennoch Teil dieses ideologischen Spektrums.[29] Zum rechten Bewegungsmarkt gehören auch die Publikationen lebensreformerischer, neuheidnischer und ökonationaler Provenienz ('Bioregionalismus'), in denen sich ideologische Versatzstücke finden, wie Art, Rasse, Germanenmythos, die traditionell einen Teil der rechtsextremen Weltanschauung bilden.[30]

Es existiert also eine Vielzahl von populationsspezifischen rechten Medien, viele davon sind kurzlebig, haben nur geringe Auflagen und sind nicht leicht zugänglich. Angesichts der restringierten Mobilisierungschancen sind Musik und Schrifttum eine wesentliche Ressource für die Aufrechterhaltung einer gewissen Einheit des rechten Lagers, da sie einerseits über das interne Leben berichten, andererseits eine 'rechte' Thematisierung relevanter Ereignisse für die Anhänger bieten.

Man kann zusammenfassend sagen, daß die Identitätsarbeit der rechten Bewegung auf allen hier angesprochenen Feldern, der organisatorischen Stabilisierung in Form von Bewegungsorganisationen, der Mobilisierung in Aktionen, der lokalen Verdichtung und der kontinuierlichen Information durch eigene Medien, durch die staatliche Verbotspraxis und die gesellschaftliche Stigmatisierung stark behindert ist. Die Szene selbst nennt im Vorfeld ihrer Rudolf Heß-Kampagne im August 1997 für die letzten fünf Jahre 12 verbotene Organisationen, über tausend Verbote öffentlicher Versammlungen und zahllose verbotene Saalveranstaltungen (Nationales Info-Telefon Rheinland). Aus dieser Situation heraus läßt sich nur eine Identität als verfolgte und ungerecht behandelte Minderheit beziehen; ein Aufruf zum Besuch des Prozesses gegen NSDAP/AO-Chef Gary Lauck in den 'Nachrichten der HNG' (Februar-März 1996) wird sogar damit begründet, daß dieser Besuch durch „Leute der rechten Szene" auch bedeute, „den Antifas die Schranken ihrer Einschüchterungen und ihres Terrors aufzuzeigen".

Trotz gelegentlicher Erfolgserlebnisse und einzelner Ausnahmen scheint uns dies heute der herrschende Grundzug zu sein. 'Kollektive Identität' und 'Politische Gelegenheitsstrukturen' scheinen eng verzahnt zu sein, womit sich hier ein überlappendes Forschungsfeld mit dem Gelegenheitsstrukturansatz ergibt (siehe auch Koopmans in diesem Band). Um angesichts der minimal gebliebenen Handlungsspielräume ihren Anspruch als Systemalternative nicht aufgeben zu müssen, sind die Rechten „zur krampfhaften Selbstmotivation und zur Genügsamkeit bei der Definition von 'Erfolgen'" (Verfassungsschutzbericht Hamburg 1997: 60) gezwungen. Jede noch so kleine Aktivität wird als imposanter Kampfbeitrag zum Widerstand gegen das 'System' und zur Verwirklichung der politischen Ziele aufgeblasen. Man reagiert aber auch mit (zumindest verbaler) Radikalisierung: „Der Kampf wird härter – Gedanken zum eigenen Verhalten" (vgl. das Organ der Sauerländischen Aktionsfront 'Freie Stimme', 10-11/1996). In dieser desolaten Lage werden zur Aufrechterhaltung der Motivation die Wahlerfolge der rechten Parteien im In- und Ausland aufmerksam registriert, weil man sich einerseits durch eine im Parlament vertretene rechte Partei eine Verbesserung der politischen Gelegenheitsstrukturen verspricht, andererseits die Rechtswähler und die Nichtwähler als eigenes Mobilisierungspotential ansieht, das dann zu radikalisieren ist. Vor allem Jean Marie Le Pen und Jörg Haider mit ihren Parteien und Kampagnen („La France est occupé") haben Vorbildfunktion, weil sie zeigen, daß rechte Politik erfolgreich sein kann.

7. Kollektive Identität: die rechte Bewegung und ihr Milieu

In der Bewegungsforschung wird neuerdings diskutiert, ob die latente Funktion von Bewegungen nicht darin bestehen könnte, die kollektive Identität sozialer Milieus zu repräsentieren, und es wurde von Kai-Uwe Hellmann vorgeschlagen, die neuen sozialen Bewegungen als Ausdruck eines neuen 'middle class radicalism' (Parkin) oder eines 'Selbstverwirklichungsmilieus' zu verstehen (1996: 144ff.). An dieser Stelle stellt sich die Frage: Gibt es auch für die rechte Bewegung eine soziale Basis in einem bestimmten sozialen Kernmilieu? Ist es eine Protestbewegung sozial Benachteiligter, wofür das niedrige Bildungsniveau und das Berufsprofil sprächen, oder handelt es sich um die geschickte Manipulation ideologischer Funktionäre?

Unserer Auffassung nach ist der Rechtsextremismus nicht die politische Artikulation eines sozialstrukturell identifizierbaren Milieus. Die Funktionäre und Mitglieder der rechtsextremen Parteien, die Intellektuellen der Neuen Rechten, die Neonazis und rechtsorientierten Skinheads lassen sich nicht über die Strukturdimensionen wirtschaftliche Lage, kulturelle Orientierung, Lebensstil, regionale Tradition, Schicht oder Religion charakterisieren. Keine der rechtsextremen Organisationen oder Netzwerke kann die Gegensätze der Interessen und der Herkunft überbrücken. Abgrenzungsbeschlüsse und gescheiterte Einheitsforderungen (Sammlungsbewegungen) lösen sich seit Jahrzehnten ab (Stöss 1994). Gegen die Milieuthese spricht auch die labile Mitglieder- und Wählerbindung; hier spielen eher kurzfristige politische Enttäuschungen und Protestreaktionen eine mobilisierende Rolle. Zwischen dem parteiförmigen Rechtsextremismus und den Neonazismus mit seinen gewaltbereiten Anhängern besteht eine Kluft hinsichtlich Alter, Bildung, Lebensstil; allenfalls auf der Ebene der kleinbürgerlich-nationalistischen, autoritären Wertorientierung gibt es Gemeinsamkeiten. Den Hintergrund für den Anschluß an die rechte Szene bilden zwar Erfahrungen oder Befürchtungen sozialer Deklassierung, Gefühle von Ohnmacht und Ungerechtigkeitserfahrungen, doch erfolgt dieser Anschluß nicht kollektiv, sondern individuell. Die Gruppe und die Szene übernehmen dann die milieuspezifische Sozialisation auf weltanschaulich, rituell fundierter Basis. In der subkulturellen Binnenkommunikation wird das Interpretationsschema entwickkelt, als Deutscher gegenüber dem 'volksfeindlichen System' und den Ausländern ('Schmarotzer') relativ benachteiligt zu sein. Emotional transformiert die Subkultur Ohnmacht und Benachteiligung in Gefühle von Macht und Dominanz (Elitebewußtsein, Stärke und Männlichkeitskult, zugleich auch Flucht in Autorität). Hier liegt auch das Motiv für die Identifikation mit einem starken völkischen Staat, den man historisch im Dritten Reich verwirklicht sieht. Die kollektive Identität der rechten Bewegung wird also über Konflikte mit den Machthabern und Dritten konstituiert und weniger über die instrumentelle Verfolgung politischer Ziele. Sie ist von daher als eine gegenkulturelle Bewegung zu verstehen, die primär identitätsorientiert ist. Damit entspricht die rechte Bewegung dem von Michel Wieviorka beschrieben Typus der 'social anti-movement', deren Akteure ihre soziale Identität aufgeben und im Namen einer anderen Instanz (hier des Volkes) sprechen. Der Gegner ist nicht Konkurrent in einem Interessenkonflikt, sondern der 'Böse', mit dem kein Kompromiß möglich ist, mit dem man sich im Krieg befindet (1995: 94ff.). Dieses Selbstverständnis als Fundamentalopposition macht sie in einer pluralistischen Gesellschaft weitgehend politikunfähig, da für sie nur totale Lösungen akzeptabel sind; Teillösungen, Kompromisse und Koalitionen werden abgelehnt und sind allenfalls taktisch motiviert.

8. Resümee: Der *Collective Identity*-Ansatz und das rechte Lager

Aufgrund der großen Schwäche des rechten Lagers in der instrumentellen Zielverfolgung, da es geradezu davon abhängig ist, daß ihm die politische Entwicklung Themen zuspielt (z.Z. die Europa- und die 'Ausländerfrage'), und in organisatorischer Hinsicht gleicht der Protest von rechts eher einer 'kollektiven Episode' (Ohlemacher 1994). Betrachtet man diesen Protest dagegen mittels des auf den Innenaspekt konzentrierten Ansatzes der 'Kollektiven Identität', scheint es sich bei ihm durchaus um eine expressive, stark mit sich selbst befaßte Bewegung zu handeln. Der *Kollektive Identität*-Ansatz macht somit hinter der organisatorischen und ideologischen Heterogenität, den Unterschieden zwischen den Generationen, den Lebens- und Politikstilen dauerhafte Gemeinsamkeiten (im zentralen Wertbezug, in der Gegnerdefinition) sichtbar, die es erlauben, doch von einer 'kollektiven Identität' des rechten Lagers zu sprechen. Dadurch wird gerade der enge Zusammenhang von Innen- und Außenaspekten des rechten Protests sichtbar. Hier ergeben sich enge Verbindungen zum *Gelegenheitsstrukturen*- und zum *Framing*-Ansatz.

Im untersuchten Beispiel wird deutlich, wie sehr die Selbstdefinition durch konkurrierende Fremdzuschreibungen und die politische Gelegenheitsstruktur mitbestimmt wird. Letztere sind nur als Ergebnis eines historischen Lernprozesses zu verstehen, der in Kenntnis der katastrophalen Folgen der rechten Vorgängerbewegung, des Nationalsozialismus, ähnliche Entwicklungen künftig verhindern will. Die kollektive Identität der rechten Bewegung als Fundamentalopposition wird also vom politischen System erkannt und von diesem umgekehrt ebenso fundamental als extremistische Systemopposition ausgeschlossen. Eine ausschließliche Betrachtung

Zur kollektiven Identität der rechtsextremen Bewegung 165

von Protestthemen, Aktionen und Organisationen würde verkennen, daß sich aus dem Selbstverständnis des rechten Lagers eine politische Position ergibt, die sich von der der neuen sozialen Bewegungen unterscheidet, deren Themen und Ziele vom politischen System aufgegriffen und partiell in Reformpolitik umgesetzt werden können. Das demokratische System kann zwar bei einigen rechten Themen, die allerdings nicht exklusiv vom rechten Lager eingeführt worden sind, politisch handeln (zum Beispiel eine restriktive Asylpolitik treiben), doch bleibt das zentrale Anliegen, eine völkische Gesellschaftsordnung zu etablieren, davon ausgeschlossen. Mit diesem Anliegen kann die rechte Bewegung nicht 'sterben', indem sie nämlich ihr Ziel erreicht hätte, und sie kann mangels politischen Erfolgs auch nur 'schlecht und recht' leben. Diese Konstellation ist für moderne Bewegungen einmalig, und unsere Analyse der kollektiven Identität hat gezeigt, welche spezifischen Rückwirkungen sie auf die Konstitution und Kohärenz der sozialen Einheit einer rechten Bewegung und damit auf ihre Organisations- und Mobilisierungschancen hat.

Wolfgang Gessenharter

Rückruf zur 'selbstbewußten Nation'
Analyse eines neurechten Frames aus bewegungstheoretischer Sicht

1. Einleitung

Es ist mittlerweile schon zum Gemeinplatz geworden, daß es nicht mehr ausreicht, mit alltagsweltlichem Blick die Beschreibung einschlägiger Personen, abgrenzbarer Gruppen und Parteien vorzunehmen, um damit das rechte Lager hinreichend auszuloten. Schlagworte wie 'Vernetzung der rechten Szene', 'politische Mimikry' oder 'Extremismus der Mitte' weisen auf Entwicklungen hin, die sich immer einschneidender und schneller vollziehen und dabei oft zunehmend undeutlicher werden. Paradoxerweise scheint aber das rechte Lagers trotz dieser wachsenden Diffusion seine gesellschaftlich-politische Präsenz und seinen Einfluß auszudehnen. So ereignen sich z.B. rechte Gewalttaten inzwischen alltäglich; Sprüche, die Ausländer ausgrenzen, gehören nicht nur zum Sprachschatz des Spießers, sondern haben inzwischen auch Eingang in das Vokabular hochrangiger Politiker gefunden; eine zunehmend ausländerfeindlichere Politik folgt konsequent nach.

Diese Phänomene lassen sich mit den herkömmlichen Ansätzen der Rechtsextremismusforschung – Parteien-, Wahl-, Einstellungs- oder auch Totalitarismusforschung – nur wenig präzise fassen. Seit einiger Zeit wird nun auf theoretische Ansätze der Bewegungsforschung zurückgegriffen. Dabei spielt der Umstand, daß der Begriff 'Bewegung' im rechten Lager durchaus als Selbstbezeichnung dient, nicht die entscheidende Rolle; vielmehr erhofft man sich aus der Übernahme theoretischer Konzepte, die empirisch bisher auf die sog. Neuen Sozialen Bewegungen mit Nutzen angewandt wurden, auch für die empirische Analyse des rechten Bereichs Hilfe. Es geht also nicht in erster Linie um die Frage, ob Rechtsextremismus eine soziale Bewegung ist, sondern ob es sinnvoll ist, Konzepte der Bewegungsforschung in diesem Feld anzuwenden. In diesem Aufsatz geht es noch eingeschränkter um die Frage, ob und inwieweit das *framing*-Paradigma nützlich sein kann.

Als empirisches Feld soll dabei ein Aufruf dienen, der zum 50. Jahrestag der deutschen Kapitulation im 2. Weltkrieg in der Frankfurter Allgemeinen Zeitung erschien und von einer Initiative formuliert worden war, deren Mitglieder als Neue Rechte[1] bezeichnet werden. Mit dieser Bezeichnung soll darauf verwiesen werden, daß diese Initiatoren im 'Zwischenbereich' zwischen Rechtsextremismus und Konservatismus anzusiedeln sind. Bei allen Differenzen im einzelnen gilt für die Vertreter dieses Zwischenbereichs ein Selbstverständnis, das nicht sofort auf die Erringung politisch-institutioneller Macht ausgerichtet ist, sondern (zuerst) die sog. kulturelle Hegemonie erreichen will. Und genau hier deckt sich, jedenfalls vom Selbstverständnis her, das beabsichtigte Vorgehen mit den theoretischen Konzepten des *Framing*-Ansatzes.

Wenn Bewegungen Unterstützungsbereitschaft aus der Bevölkerung für ihre Ziele erhalten wollen, müssen sie – neben anderen in der Bewegungsforschung diskutierten Aspekten – das, wogegen oder wofür sie sich einsetzen, gegenüber dem Publikum deutlich in Szene setzen, denn öffentliche Aufmerksamkeit ist ein äußerst knappes Gut: Eine solche Inszenierung – die Bewegungsforschung spricht von *framing*, also der Erstellung eines Deutungsrahmens – muß nach Snow und Benford drei Kernaufgaben erfüllen: *diagnostic*, *prognostic* und *motivational framing* (Snow/Rochford/Worden/Benford 1986; Snow/Benford 1988; Snow/Benford 1992; Gerhards 1993). Wir stellen also an Texte, Aufrufe u. ä. etwa folgende Fragen:
- Was wird als Problem identifiziert, wie wird es inszeniert? Welche Verursacher werden benannt, wer ist verantwortlich dafür?
- Welche Problemlösungsvorschläge werden angeboten, welche Handlungsziele, Strategien und Taktiken?

Während Diagnose und Prognose also offenbar eng zusammenhängen und sich quasi gegenseitig konstituieren, bezieht der nächste Punkt die Adressaten selbst sehr viel stärker ein:
- Welche Motivierungsstrategien sind geeignet? Welche 'Moral'- bzw. 'Handlungsprinzipien' werden bei den Adressaten als grundlegend festgestellt, welche davon sollen angesprochen werden?

Um die Verbindung zwischen Mobilisierungsakteuren und -adressaten noch intensiver betrachten zu können, schlagen die Autoren weitere Kriterien vor, die sich vorrangig auf die innere Struktur eines Frames und gleichzeitig auf dessen Attraktivität in den Augen der Adressaten beziehen sollen: *centrality*, *range* und *interrelatedness*.
- Auf welcher Ebene der Wertehierarchie ist das Problem angesiedelt, wie zentral ist es? Welche Wertehierarchie wird angesetzt, definiert, als gegeben vorausgesetzt? Wie steht dieser Wertehorizont der Akteure zu dem der Adressaten?
- Wieviele und welche Werte und Lebensbereiche der Adressaten werden durch das Problem tangiert?
- Auf welche Weise und wie intensiv verknüpft sind die einzelnen Bestandteile des Frames? Hält er der Kritik, der Veränderung an einzelnen Elementen als ganzer stand oder bricht er dabei auseinander?

Noch stärker an den Lebenswelten der Adressaten orientiert sind die folgenden Kriterien, von denen Snow/Benford die Resonanz und Relevanz eines Frames abhängig sehen: *empirical credibility*, *experiential commensurability* und *narrative fidelity*.
- Inwieweit können die Adressaten den Frame an ihrer Erfahrungswelt überprüfen? Wie glaubwürdig in Bezug auf ihre eigenen 'empirischen' Erfahrungen sind die Deutungen des Frames?

- Für wie nachvollziehbar halten die Adressaten den Frame? Ist er beispielsweise zu abstrakt oder zu weit entfernt von diesen?
- Wieweit paßt sich der Frame in vorliegende 'selbstverständliche' Deutungsmuster ein, etwa in solche von den 'Deutschen als Zahlmeister der EU' oder von den 'immer zu kurz gekommenen Deutschen'?

Die folgenden vier Dimensionen von *frame alignment* lenken schließlich zusammenfassend den Blick auf die Verbindung von Absender- und Adressaten-Frame (Snow et al. 1986):

Von *frame bridging* sprechen die Autoren, wenn sich zwei (oder mehr) ideologisch kongruente, also nach den obigen Kriterien weitgehend zusammenpassende Deutungsmuster tatsächlich 'finden', vollzogen z.B. durch die Unterschrift eines Unterstützers unter einen Appell.

Frame amplification bedeutet die differenzierende Erweiterung und Klärung eines Frames in Bezug auf seine Elemente, um von Inhalt und Struktur her überzeugender zu werden.

Mit *frame extension* bezeichnen Snow et al. die inhaltliche Erweiterung eines Frames um solche Aspekte, die für ihn selbst eher nebensächlich, jedoch für potentielle Anhänger zentral sein könnten.

Frame transformation i.S. der grundlegenden Veränderung eines Frames kann dann eintreten, wenn die Unterschiede zwischen den Deutungsmustern von Absendern und Adressaten schier unüberwindlich groß sind; auf der individuellen Ebene wäre dies beispielsweise die Konversion.

Dieses Grundgerüst des theoretischen Inventars des *framing*-Ansatzes soll nun im folgenden auf eine ausgewählte Textkombination angewandt werden, die für eine neurechte politisch-kulturelle Mobilisierungsstrategie stehen könnte, um seine analytische und heuristische Fruchtbarkeit zu überprüfen.

2. Der 8. Mai 1995 – Skizze zur politischen Kultur in Deutschland

Der 8. Mai 1995 konnte in Deutschland kein Tag wie jeder andere sein, jährte sich da doch zum fünfzigsten Mal der Tag der deutschen bedingungslosen Kapitulation und damit das Ende des 2. Weltkrieges. Bereits zehn Jahre vorher hatte der damalige Bundespräsident Richard von Weizsäcker in einer vielbeachteten Rede die Verbindung des 8. Mai zum 30. Januar 1933, dem Tag der Übertragung der Macht durch die deutschen Eliten an Hitler, gezogen, des weiteren vom 'Wegschauen' und 'Schweigen' vieler Deutscher in den zwölf Jahren der NS-Diktatur gesprochen, und auch davon, daß dieser Tag 'von uns allen' als 'ein Tag der Befreiung' angesehen werden könne: „Er hat uns alle befreit von dem menschenverachtenden System der nationalsozialistischen Gewaltherrschaft". Diese Wertung des 8. Mai als 'Tag der

Befreiung' hatte in der rechten Szene sofort einen Sturm der Entrüstung ausgelöst. Hauptvorwurf: Mit dieser Bewertung werde alle Gewalt ausgeblendet, die in den nachfolgenden Vertreibungsjahren seitens der Siegermächte an den Deutschen ausgeübt worden sei; der Bundespräsident habe sich dagegen nur in „selbstgefälliger Zerknirschtheit" geübt.[2] Es war also erwartbar, daß dieser Tag auch 1995 umstritten sein würde, dies vor allem auch deshalb, weil seit der deutschen Einigung immer heftiger über die Frage diskutiert wurde, welche Identität denn das vereinte Deutschland haben wolle und solle. Im Jahr zuvor, im Herbst 1994, hatte ein Sammelband großes Aufsehen in der Öffentlichkeit erregt, der seine Antwort auf diese Frage bereits im Titel trug: 'Die selbstbewußte Nation' (Schwilk/Schacht 1994). Herausgegeben von zwei Journalisten aus dem Hause Springer, Heimo Schwilk und Ulrich Schacht, vereinte dieser Band Autoren, die einem nationalkonservativen und neurechten politischen Spektrum zugeschrieben werden können (Gessenharter 1995). Mit diesem Band zeigte sich ein weiteres Mal, wie im rechten Lager immer stärker eine Strategie verfolgt wurde, die sich etwa im Leitblatt der Neuen Rechten, der 'Jungen Freiheit', in einer Artikelüberschrift wie folgt las: „Die stille Revolution – Konservative und ‚Neue Rechte' brauchen langen Atem" (JF 20/95), oder in den Worten eines JF-Autors: „Kurzfristiger politischer – nämlich parteipolitischer – Erfolg ohne metapolitische Dominanz, ohne entsprechende Kulturrevolution also, ist wertlos" (Mölzer JF 19/95).

Die Versuche der Neuen Rechten, auf diese Art Einfluß auf das Denken der Menschen und damit auf die politische Kultur zu nehmen, hatten bereits in Teilen der Öffentlichkeit scharfe Kritik hervorgerufen. Sie wies vor allem immer wieder auf die Nähe dieser Neuen Rechten zu antiliberalen und autoritären Staatstheoretikern wie beispielsweise Carl Schmitt oder anderen Vertretern der Konservativen Revolution der Weimarer Republik hin (Gessenharter 1994; Pflüger 1994). Ab 1994 kümmerten sich dann sogar Verfassungsschützer um diese Richtung. Gleichwohl blieben intensive Verbindungen zwischen Neuen Rechten und angesehenen konservativen Politikern, Publizisten und Wissenschaftlern weiterhin keine Ausnahme, sondern häuften sich. Das Wort von der zunehmenden 'Erosion der Abgrenzung' zwischen Konservativen und Neuen Rechten fiel immer öfter. Als dann der Appell '8. Mai 1945 – Gegen das Vergessen' am 7. April 1995 in der FAZ erschien, unterzeichnet von einer bunten Schar von etwa dreihundert Personen aus den genannten Kreisen, war die Irritation in der Öffentlichkeit groß. Nur drei Einschätzungen seien erwähnt: Während die Initiatoren sich selbst als „Konservative und kritische Liberale"[3] bezeichneten, fuhr Ignatz Bubis im WDR-Hörfunk (lt. taz vom 8./9. April 1995) schweres Geschütz auf: Die Unterzeichner zählten zu den „Ewiggestrigen, die am liebsten alles, was zwischen 33 und 45 passiert ist, fortsetzen würden – vielleicht in einer gemäßigteren Form, ohne gleich Völkermord zu betreiben" (taz vom 10. April 1995). Dagegen verteidigte Wolfgang Schäuble (lt. Die Welt vom 2. Mai 1995) den Aufruf der seiner Meinung nach „rechtskonservativen Initiative"; auf die Frage, warum er selbst ihn nicht unterschrieben habe, meinte er, er sei „gar nicht gefragt" worden.

3. Zur Absicht und zur politisch-ideologischen Stellung der Initiatoren des Aufrufs

Bereits am Erscheinungstag des Appells schrieb die rechte Wochenzeitung 'Junge Freiheit' über diesen Aufruf und dabei auch über die Beweggründe der Initiatoren Rainer Röhl, Ulrich Schacht, Heimo Schwilk und Rainer Zitelmann, die sich selbst als 'Initiative 8. Mai' bezeichneten: Die Initiatoren „bestreiten" nicht, daß dieser Vorgang „zu sehr an die Appelle der Linken aus den 70er und 80er Jahren erinnere"; aber es gehe dabei eben um die „Formierung eines alternativen Meinungslagers". Im Verlauf der weiteren Diskussion formulierten die vier Initiatoren ihre Absicht auch als „Zusammenschluß selbstbewußter Bürger" mit einem bestimmten, noch weiter unten zu erläuternden Ziel.

Neben Schwilk und Schacht war der dritte Initiator, Rainer Zitelmann, Cheflektor des Ullstein-Verlages, der damals noch dem rechten Verleger Herbert Fleissner gehörte. Unter der Ägide Zitelmanns waren neben Sammelbänden wie 'Die selbstbewußte Nation' viele weitere Publikationen erschienen, die im gesamten rechten Lager regelmäßig mit Begeisterung begrüßt wurden.[4] Der vierte Initiator, Klaus Rainer Röhl, publizierte ebenfalls bei Fleissner/Zitelmann. Als ehemaliger Konkret-Herausgeber und gewendeter Linker galt er als besonders bekannt und exzentrisch.

Bereits am 28. September 1994, etwa gleichzeitig mit dem Erscheinen des Bandes 'Die selbstbewußte Nation', hatten Schacht, Schwilk und Zitelmann den sog. 'Berliner Appell' veröffentlicht, den damals schon etwa 200 Unterzeichner – etwa aus demselben Spektrum[5] wie die des Appells zum 8. Mai 1995 – unterstützten. Der 'Berliner Appell' nahm einen im gesamten rechten Lager zentralen Begriff auf, nämlich 'Vergangenheitsbewältigung', verwendet ihn aber jetzt ausschließlich für „die kritische Auseinandersetzung mit der über Jahrzehnte betriebenen Verharmlosung und Schönfärberei der SED-Diktatur durch Politiker, Medien und Intellektuelle der alten Bundesrepublik". Für die 'Junge Freiheit' (vom 7. Oktober 1994, S. 13) war der gesamte Vorgang nichts weniger als „ein Generalangriff auf alles, was das Selbstverständnis der Bonner Republik in den letzten 40 Jahren ausgemacht hat". Und ein anderer Autor desselben Blattes lag wohl nicht ganz daneben, als er den drei Initiatoren die Absicht zuschrieb, „Konservative in die Offensive zwingen (zu wollen). Was als ‚rechte Selbstbeschwörung' (taz) beginnt, könnte in einer bisher ungekannten geistigen Mobilisierung enden" (JF vom 30. September 1994, S. 1).

4. Inhalt des Aufrufs

Am 7. April 1995 erschien also in der FAZ der unten wiedergegebene Text als Anzeige. Unter ihm standen die Namen aller Erstunterzeichner. Im Zusammenhang mit diesem Aufruf veröffentlichen dieselben Initiatoren noch zwei weitere Anzeigen (FAZ vom 28. April und 5. Mai 1995), wobei sie dem gesamten Originaltext vom 7. April 1995 weitere knappe Formulierungen hinzufügten, jedoch auf weitere Unterschriftenlisten verzichteten; sie baten dabei um Verständnis, „daß wir die zahlreichen hinzugekommenen Unterzeichner nicht alle namentlich aufführen können".

Der Originaltext beginnt mit der auffällig gedruckten Schlagzeile „8. Mai 1945 – Gegen das Vergessen" und fährt dann fort: „*'Im Grunde genommen bleibt dieser 8. Mai 1945 die tragischste und fragwürdigste Paradoxie für jeden von uns'*. Die Paradoxie des 8. Mai, die der erste Bundespräsident unserer Republik, Theodor Heuss, so treffend charakterisierte, tritt zunehmend in den Hintergrund. Einseitig wird der 8. Mai von Medien und Politikern als 'Befreiung' charakterisiert. Dabei droht in Vergessenheit zu geraten, daß dieser Tag nicht nur das Ende der nationalsozialistischen Schreckensherrschaft bedeutete, sondern zugleich auch den Beginn von Vertreibungsterror und neuer Unterdrückung im Osten und den Beginn der Teilung unseres Landes. Ein Geschichtsbild, das diese Wahrheiten verschweigt, verdrängt oder relativiert, kann nicht Grundlage für das Selbstverständnis einer selbstbewußten Nation sein, die wir Deutschen in der europäischen Völkerfamilie werden müssen, um vergleichbare Katastrophen künftig auszuschließen."

5. Analyse des Aufrufs als Frame

Den Appell zum 8. Mai 1945 mit den Konzepten des *Framing*-Ansatzes zu analysieren, bedeutet, ihn als eine bestimmte Art von Konstruktion von Wirklichkeit zu sehen, die dazu dienen soll, das im Frame zum Ausdruck gebrachte Problem als solches öffentlich zu inszenieren, um damit Menschen zu mobilisieren, sich für die Lösung des Problems zu engagieren. Im folgenden werden jene Kriterien der Reihe nach in bezug auf den Appell abgefragt, die im Kap. 1 im Zusammenhang knapp vorgestellt wurden.

Der *diagnostische* Aspekt des Aufrufs, also die Formulierung des Problems, tritt schon in der Balkenüberschrift deutlich hervor: Mit dem 8. Mai 1945 droht ein Vergessen! Daß es sich dabei aber nicht darum handelt, daß – etwa im Zusammenhang mit Klagen über eine zunehmende Geschichtslosigkeit nachwachsender Generationen – der 8. Mai 1945 als Tag der deutschen Kapitulation im 2. Weltkrieg und damit als Zäsur deutscher Geschichte vergessen werden könnte, ergibt sich sofort aus den ersten Textzeilen: „In Vergessenheit zu geraten" drohe etwas, das mit einem Zitat des allseits geehrten Theodor Heuss als „die Paradoxie des 8. Mai" benannt wird. Während aber dieses Zitat im Original von einem zu diesem Datum bereits erreichten Zustand von Erlösung und Vernichtung spricht, nämlich erlöst von der Diktatur der Nazis und gleichzeitig vernichtet durch sie (z.B. in moralischer, politischer, staatlicher Hinsicht), interpretiert der Appell den 8. Mai als „den Beginn von Vertreibungsterror und neuer Unterdrückung im Osten und den Beginn der Teilung unseres Landes", sowie ferner als „das Ende der nationalsozialistischen Schreckensherrschaft". Herausgestellt werden also bestimmte Folgen für Deutschland, die als „Wahrheiten" bezeichnet werden, die allerdings ein bestimmtes Geschichtsbild „verschweigt, verdrängt oder relativiert". Das Problem, das dieser Appell also diagnostiziert, ist die drohende Unterschlagung bestimmter 'Wahrheiten'. Es sei hervorgerufen von „Medien und Politikern", die den 8. Mai „einseitig" als „Befreiung" charakterisierten, und stehe damit in deren Verantwortung. Verantwortlich seien diese Medien und Politiker aber auch dafür, daß sie ein „Selbstverständnis" forcierten, das nicht für eine „selbstbewußte Nation" tauge, die „wir Deutschen" „werden müssen, um vergleichbare Katastrophen künftig auszuschließen". Indem diese Medien und Politiker also die Genese Deutschlands zu einer 'selbstbewußten Nation' verhinderten, seien sie verantwortlich für künftige Katastrophen.

Die Diagnose i.S. einer konstruierten Sicht von Wirklichkeit ist also deutlich geworden. Sie enthält explizit bzw. im Kern alle Elemente, die bei dieser Funktion für einen erfolgreichen Frame genannt werden. So gibt es benennbare Verantwortliche für dieses Problem: Bestimmte Medien und Politiker, die lediglich von Befreiung sprechen. Diesen wird eine Absicht unterstellt, nämlich 'uns' davon abzuhalten, eine 'selbstbewußte Nation' zu werden. Damit sind, so kann gefolgert werden, ihre Absichten nicht im allgemeinen Interesse, sondern partikulär, wodurch ihr Verhalten moralisiert wird: Denn ihre partikularen Interessen, ihr Verschweigen von Wahrheiten und das Heraufbeschwören zukünftiger Katastrophen können von niemandem gebilligt werden.

Gegenüber der differenzierten diagnostischen Funktion des Frames treten seine prognostischen und motivationalen Funktionen in den Hintergrund bzw. sind nur indirekt zu erschließen. Das *prognostic framing* i.S. detaillierter Erarbeitung von Problemlösungsvorschlägen, Handlungszielen, Strategien und Taktiken fällt im Aufruf sehr knapp aus, selbst wenn man die geplante Abhaltung einer Veranstaltung in München am Vortag des 8. Mai 1995 hier schon miteinbezieht. Im Grunde geht es der Initiative um die Deutungshegemonie in bezug auf den 8. Mai, die sie durch Unterschriftswerbung verstärken und durch geeignete Publikation in der Öffentlichkeit möglichst wirkmächtig werden lassen möchte. Ein direkter Handlungsappell an bestimmte Mobilisierungsgruppen oder -potentiale ist nur insoweit erkennbar, als am Ende des Appells um Spenden auch für weitere Anzeigen gebeten wird. Jedoch wird in allgemeiner Form davon gesprochen, daß „wir Deutschen" eine „selbstbewußte Nation ... in der europäischen Völkerfamilie werden" müßten, „um vergleichbare Katastrophen künftig auszuschließen". In diesem letzten Teilsatz kann man den Ausdruck der *motivationalen* Funktion des Appells erkennen, nämlich Engagement durch Hinweis auf moralische Prinzipien hervorzulocken: Denn wer wollte sich schon dem Wunsch verschließen, Katastrophen zu verhindern! Wer also den Deutschen verweigere, eine 'selbstbewußte Nation' zu werden und damit katastrophale europäische Entwicklungen heraufbeschwöre, sich somit also nicht nur an

Deutschland, sondern auch an Europa vergehe, der müßte mit harten Attacken davon abgehalten werden.

Nun könnte der bisherigen Analyse der Vorwurf gemacht werden, daß der Text des Appells viele der Interpretationen schon wegen seiner Kürze nicht hergebe, sie vielmehr arg konstruiert seien. Nimmt man jedoch aus der *Framing*-Literatur die nächsten Kriterien der Analyse hinzu, nämlich Zentralität, Reichweite und Systematik (interrelatedness), ergibt sich ein empirisch deutlicheres Bild.

Zentralität meint, daß ein Frame mit seiner Hauptbotschaft Menschen möglichst an den Punkten erreichen muß, die ihnen wichtig, zentral sind. So ist beispielsweise immer wieder behauptet worden, daß rechte Deutungsmuster mit ihrer Betonung von Sicherheit und Ordnung jene Menschen besonders ansprächen, die sich Sorge um die Befriedigung ihrer materiellen Bedürfnisse machen bzw. sich durch andere in ihrer Existenz bedroht fühlen. Fragt man, ob der Appell zum 8. Mai einen derartigen zentralen Anknüpfungspunkt bietet, wird man fündig, sofern man diesen Appell in einen erweiterten Diskussionszusammenhang stellt. Der Appell zieht nämlich seine ganze normative Kraft aus der Zielvorstellung einer 'selbstbewußten Nation', „die wir Deutschen in der europäischen Völkerfamilie werden müssen, um vergleichbare Katastrophen künftig auszuschließen". Mit dem Begriff 'selbstbewußte Nation' knüpfen die Initiatoren an eine Debatte an, die sie, wie oben schon erwähnt, selbst einige Monate vorher durch den gleichnamigen Sammelband in die Öffentlichkeit gebracht hatten, ohne sie allerdings damit erst zu beginnen. Eher könnte diese Debatte als (vorläufiger) Höhepunkt einer von neurechten und nationalkonservativen Intellektuellen vorangetriebenen längerfristigen Auseinandersetzung um die Identität Deutschlands angesehen werden. Diese Diskussion hatte schon in den 70er Jahren begonnen, sich in den 80ern zunehmend erweitert und nach 1989 mit dem an Deutschland gerichteten „Rückruf in die Geschichte"[6] eine immer stärker werdende machtpolitische Dimension erhalten.

Der Sammelband 'Die selbstbewußte Nation' selbst avancierte in der Tat schnell zum „Manifest der konservativen Intelligenz in Deutschland" – und zwar nicht nur im Klappentext. Sein Erscheinen wurde in vielen einschlägigen rechten und rechtsextremen Publikationen begrüßt. Das Buch kann tatsächlich als bekannteste und bedeutendste Sammlung von Texten gelten, die eine Neue Rechte in ihrer Scharnierfunktion zwischen Rechtsextremismus und Neokonservatismus zeigen (Gessenharter 1995). Dabei ist nun unter *framing*-theoretischen Gesichtspunkten nicht überraschend, daß der Inhalt dessen, was die 'selbstbewußte Nation' in diesem Buch ausmacht, durchaus nicht einheitlich ist. Auf der einen Seite sind mit den wichtigsten Charakteristiken der 'selbstbewußten Nation' für das ganze rechte Spektrum zentrale Zielvorstellungen angesprochen: möglichst große ethnische bzw. kulturelle Homogenität statt Multikulturalität, Orientierung an „bewährten" deutschen Tugenden statt an einer eher westlichen „Frauenmoral"; darüber hinaus „Nationalbewußtsein", „Opferbereitschaft" und Entwicklung eines machtpolitischen Selbstbewußtseins anstelle des auch noch über 1989 hinaus geltenden politischen „Verzwergungswunsches" und des „gebrochenen deutschen Selbstvertrauens" (Schwilk/ Schacht 1994).

Betrachtet man jedoch die Reichweite des Zielbereichs, stellt man fest, daß das Konzept 'selbstbewußte Nation' auf der anderen Seite sehr unterschiedlichen Richtungen Anknüpfungspunkte bietet. So ist etwa der von Karlheinz Weißmann dem Band beigesteuerte Aufsatz trotz seiner eher weichen Formulierungen eine knallharte Hommage an Carl Schmitt; und seine Vorstellungen von einem autoritären, homogenen und sich auf Kampf gegen innere und äußere Feinde einstellenden Machtstaat Deutschland sind derart, daß sie auch für Rechtsextreme oder Neonazis prinzipiell akzeptabel sind, wenngleich sie für diese nur einen Teil ihrer Ideologie ausmachen.

Aus den Analysen zur Kampagne gegen die Tagung des Internationalen Währungsfonds und der Weltbank im September 1988 in Berlin wissen wir, daß deren Initiatoren bei der Gestaltung ihres Aufrufs durchaus bewußt auf ideologische Pluralität setzten und damit über ihr *framing* eine große Integrationsleistung erzielen konnten (Gerhards/Rucht 1992: 571; ausführlicher Gerhards 1993: 124ff.). Dieser Zusammenhang von ideologischer Pluralität und Mobilisierungswirksamkeit scheint auch für rechte Mobilisierungsaktivitäten zu gelten. Jedenfalls muß nicht aus der Tatsache ideologischer Inhomogenität zwangsläufig auf ein reduziertes Ausmaß gesellschaftlich-politischer Wirkmächtigkeit geschlossen werden.[7] Diese Pluralität dürfte aber nur so weit auszudehnen sein, daß immer noch ein alle gemeinsam verbindender Fundus existiert, der trotz großer Reichweite in sich genügend Zusammenhang aufweist. Schwilk und Schacht als Herausgeber des Sammelbandes haben diesem Zusammenhang schon dadurch größte Aufmerksamkeit geschenkt, daß sie zum einen dem Buch als alle Aufsätze verbindende Klammer den Text von Botho Strauß 'Anschwellender Bocksgesang' voranstellten und es zum zweiten unter das Motto stellten, daß das „deutsche Selbstvertrauen" derzeit „gebrochen" sei, Normalität aber erst wieder vorliege, wenn die Nation eine „selbstbewußte Nation" sei (Schwilk/Schacht 1994: 11f.).

Die Frage, was es mit dem ideologischen Pluralismus in einem Rahmentext gerade der rechten Szene auf sich hat, verdient noch weitere Erörterung. Denn ideologische Unterschiedlichkeit wird, wie schon erwähnt, oft nur als Schwäche des rechten Lagers angesehen – zum Teil aus guten Gründen: Vor allem fehlt nämlich herkömmlicherweise der rechten Szene die für einen solchen Pluralismus nötige Toleranz; vielmehr ist große ideologische Zerstrittenheit zu finden, weil üblicherweise jede Gruppierung behauptet, den einzig richtigen Weg zu kennen. Von daher rühren auch die ständigen Forderungen nach Geschlossenheit im rechten Lager, die immer wiederkehrende Mahnung, persönliche Eitelkeiten zurückzustellen und sich der gemeinsamen Aufgabe unterzuordnen, und neuerdings auch der lauter werdende Ruf nach gemeinsamen 'Runden Tischen'.[8] Wenn jedoch nicht alles täuscht, schickt sich seit einigen Jahren ein hauptsächlich an Carl Schmitt orientierter etatistischautoritärer Nationalismus an, zu einer Art Fundament der Ideologie des rechten Lagers zu werden (Uhrlau 1996; Verfassungsschutzberichte der Länder Hamburg und

Nordrhein-Westfalen seit 1994; Gessenharter 1994). Gleichwohl kann nicht von einer vollständigen Einmütigkeit gesprochen werden: Es gibt gleichsam eine gemeinsame Bibel, dazu aber eine Reihe von Exegeten, die sich um die richtige Auslegung streiten und ihre jeweils eigene am liebsten auch autoritär durchsetzen würden. Diese Haltung wird wiederum dadurch begünstigt, daß die Weltsicht der Rechten generell davon ausgeht, daß sie selbst über einen unverfälschten Zugang zur gesellschaftlich-politischen Realität verfüge, während davon abweichende Sichtweisen in böswilliger Absicht hergestellte Verfälschungen seien. Dem politischen Gegner auf der Linken etwa wird diese diabolische Aktivität der 'Umerziehung' der Mächte des verderbten Universalismus eines liberal-individualistischen und demokratischen Aufklärertums zugeschrieben, der man durch Gegenaufklärung oder durch einen sog. Verismus das Wasser abgraben will (Weißmann 1994; kritisch dazu Gessenharter 1995). Dieser Verismus bedient sich auch gerne der Argumentation, daß er sich an den Erfahrungen ganz alltäglicher Menschen orientiere, die diese im harten Leben gewonnen hätten. Dies, nämlich dem 'einfachen Volk aufs Maul zu schauen' und dem so Wahrgenommenen zum Durchbruch zu verhelfen, ist die Grundlage für jenen Populismus, der gerne in Gegensatz zu intellektuellem, 'politisch korrektem' Denken gestellt wird.

Sieht man sich den rechten Gesamtdiskurs noch weiter an, darf man schließlich nicht außer acht lassen, daß er sich immer auch nahe, auf oder sogar manchmal auch außerhalb der Grenzlinie gesellschaftlich-politischer oder sogar verfassungsrechtlicher Sanktionierung befindet. Um den dadurch entstehenden Schwierigkeiten zu entgehen, sind dann in veröffentlichten Texten oft Doppeldeutigkeiten, gewollte Unklarheiten, Weglassungen, Maskierungen[9], insgesamt also „politische Mimikry"[10] als Reaktionen auf politisch widrige Gelegenheitsstrukturen nötig und insofern erwartbar. Wie sehr sich allerdings solche Gelegenheitsstrukturen im Laufe der Zeit ändern können, dadurch etwa Randpositionen auch zu Positionen in der Mitte des gesellschaftlich-politischen dominanten Diskurses werden können, ließe sich beispielsweise an der deutschen Asyldiskussion seit den 80er Jahren gut nachzeichnen (Münch 1993; Gessenharter 1994, Kap. 7).

Inwieweit erfüllte der Appell bzw. sein zentraler Begriff der 'selbstbewußten Nation' nun jene weiteren drei Kriterien, mit denen Snow/Benford die Analyse frameinterner Aspekte vertiefen, soweit sie auf die persönlichen Erinnerungen, Erfahrungen und Idiosynkrasien möglicher Adressaten ausgerichtet sind? Denn danach muß ein Frame nämlich empirisch glaubwürdig sein, dem eigenen Erfahrungshorizont entsprechen und Überzeugungen enthalten, die dem Adressaten als ganz selbstverständlich gelten.

Der Originaltext des Appells erfüllt diese Kriterien in unterschiedlicher Weise. Natürlich knüpft er an die Erfahrungshorizonte jener (älteren) Menschen an, die Vertreibung und/oder SED-Staat miterlebten. Für die jüngeren Menschen aber enthält er, abgesehen von der Behauptung, daß bestimmte Medien und Politiker den 8. Mai nur noch als Tag der 'Befreiung' sehen wollen, kaum weitere Elemente, die auf die unmittelbare Erfahrungswelt der Adressaten eingehen; dafür ist er insgesamt zu kurz, zu abstrakt, zu theoretisch. Faßt man jedoch die beiden Nachfolge-Anzeigen in der FAZ (vom 28. April und 5. Mai 1995) mit dem Originalappell (vom 7. April 1995) zu einem Gesamtvorgang zusammen, was schon allein dadurch sinnvoll erscheint, daß in diesen jeweils auch der Originaltext wiederabgedruckt wurde, so fällt auf, daß dort nun unmittelbar an jene Erfahrungswelt angeknüpft wird, die alle, die sich nicht der herrschenden Praxis 'politisch korrekter' Denkungsart unterordnen wollen, nach Meinung der Initiatoren miteinander verbindet. So werden dort wörtliche Zitate aus Stellungnahmen von ZEIT und von Ralph Giordano abgedruckt, die die Schlußfolgerung untermauern sollen: „... in der Auseinandersetzung mit Konservativen und kritischen Liberalen scheint in Deutschland alles erlaubt". Dabei wird dann auch vom „Meinungsterror der ‚political correctness'" (28. April 1995) gesprochen, oder auch derart: „Eine aggressive Kampagne linker Medien versuchte von Anfang an, das Anliegen der Initiative zu diffamieren" (5. Mai 1995). In derselben Anzeige wird auch noch auf einen anderen, offenbar als gemeinsam angesehenen, Erfahrungsschatz abgehoben: Die Absage des CDU-Abgeordneten Alfred Dregger als Redner bei der Münchner Veranstaltung am 7. Mai wird nicht nur der „aggressiven Kampagne" der linken Medien zugerechnet, sondern auch dem „Mangel an Standfestigkeit" seitens der „Führung der Union" gegenüber der „linken Polit- und Medien-Agitation", der auch „schon den ‚Fall Heitmann' kennzeichnete". Genau dieses immer wieder erfahrene Versagen der Union soll all jenen die Unterstützung des Appells erleichtern, die sonst eher den Konservativen nahestehen. Durch den Hinweis, daß ein „ungeheurer Zuspruch ... uns aus allen Schichten der Bevölkerung erreicht hat", soll eine gemeinsame Erfahrungswelt aufgebaut werden, die den einzelnen ermutigt, „das Deutungsmonopol der veröffentlichten Meinung auch künftig nicht mehr hinzunehmen. Eine selbstbewußte Nation muß vor allem ein Zusammenschluß selbstbewußter Bürger sein, die sich in ihrem Engagement für die geistige Freiheit durch keinerlei Diffamierungskampagne beirren lassen". Gerade dieser letzte Satz bindet noch einmal eigene Erfahrung und den Zentralbegriff der 'selbstbewußten Nation' zusammen. Dabei zeigt sich ein weiteres Mal, daß dieser Begriff gerade auch im Zusammenhang mit der Auseinandersetzung um 'political correctness' einen weiten Bereich von Deutungsalternativen aufspannt, der selbst auch noch die typisch rechtsaußen verortete Klage über die 'Umerziehung' der Deutschen umfaßt.

Mit dem zentralen Leitwert der 'selbstbewußten Nation' konnten die Initiatoren des Appells also auf ein Konzept zurückgreifen, das in der Öffentlichkeit, nicht zuletzt durch eigene publizistische Tätigkeit, allgemein bekannt war, im rechten Lager durchaus als ein wichtiger Begriff von hoher Zentralität gelten konnte und gleichzeitig genügend ideologischen Spielraum ließ, also gute Anschlußmöglichkeiten bot und dennoch genügend eingewoben war in den Kreis anderer rechter Zentralbegriffe. Es konnte somit in keiner Weise, zumindest nicht auf den ersten Blick, mit gesellschaftlichen oder gar verfassungsrechtlichen Sanktionen überzogen werden, sondern auch all jenen aus dem Herzen sprechen, die nach der deutschen Vereinigung endlich ein selbstbewußtes Auftreten auf der internationalen politischen (und

Rückruf zur 'selbstbewußten Nation' 177

militärischen) Bühne anmahnten, und schließlich auch noch jenen Bereich, wenngleich in nur geringem Ausmaß, umfassen, der sich auf die Erfahrungsschätze seiner Adressaten bezieht.

6. Zur Mobilisierungsfähigkeit des Aufrufs

Wie die Unterschriftenliste des Originalaufrufs zeigt, haben die Initiatoren es vermocht, Unterstützung in einem erstaunlichen Umfang[11] und in einer noch erstaunlicheren Bandbreite zu erhalten (*motivational framing*). Was letztere betrifft, handelt es sich sowohl um Personen, die als z. T. führende Mitglieder von Parteien, Verbänden, Organisationen oder Medien auftreten, als auch um solche, die offenbar nur für ihren eigenen Namen stehen. Besonders häufig sind Mitglieder der Unionsparteien CDU und CSU, der FDP, des Bundes Freier Bürger (BFB), der Deutschen Sozialen Union (DSU) und der Vertriebenenverbände vertreten. Dabei handelt es sich oft um hochrangige Führungspersonen bis hin zu amtierenden Bundesministern und Bundestags- bzw. Landtagsabgeordneten.[12] Es ist den Initiatoren also offenbar gelungen, einen Frame zu entwickeln, der von konservativen SPD-Mitgliedern bis hin zu ebensolchen aus CDU, CSU, FDP, DSU oder BFB übernommen wurde (*frame bridging*), jedenfalls insoweit, als die Unterschrift Unterstützung signalisiert.[13] Aber auch in den neurechten Bereich hinein gelang das *frame bridging*, wenn man an manche – insbesondere hessische – FDP-Abgeordnete und an weitere typisch neurechte Autoren denkt.[14] Unterstützung kam aber auch – und wurde auch angenommen – aus Personenkreisen, die durchaus dem rechtsextremen Spektrum zugeordnet werden können. So wurde kurz nach der Veröffentlichung des Aufrufs bekannt, daß sich gerade unter jenen Unterzeichnern, die ohne Funktionsbezeichnungen firmierten, Personen feststellen ließen, die hochrangige Funktionen etwa bei den 'Republikanern' innehatten[15] oder in anderer Weise bis in die vom Verfassungsschutz beobachtete rechtsextreme Szene hinein eingebunden waren.[16]

Sieht man sich über die Unterschriftenliste hinaus die Medienlandschaft, insbesondere die konservative und rechte, daraufhin an, inwieweit positiv auf den Text Bezug genommen und Unterstützung für den Inhalt signalisiert wurde, ergibt sich ein strukturell ähnliches Bild: Konservative (z.B. FAZ, Die Welt, Focus, Wochenpost) und neurechte Medien (z.B. Junge Freiheit), aber auch manche aus dem rechtsextremen Spektrum (z.B. Nation&Europa oder 'Europa vorn'[17]) zeigen gelungenes *frame bridging*, wogegen etwa bei Gerhard Freys Deutscher Nationalzeitung, bei NPD-nahen und bei (eher) neonazistischen Blättern die ausschließlich ablehnende Haltung zum 8. Mai 1995 ohne Wenn und Aber feststand: „Nur Narren und Vaterlandsverräter feiern den ‚8. Mai' als Tag der Befreiung! Wir nicht!!!".[18]

Als nach der Veröffentlichung des Appells Informationen über die teilweise extrem rechtslastige Zusammensetzung bekannt wurden, entstand Empörung in Teilen der veröffentlichten Meinung; selbst in eher konservativen Medien zeigte sich vorübergehend vorsichtige Distanz.[19] Als sich dann aber abzeichnete, daß mit der Absage des Hauptredners der geplanten Münchner Veranstaltung am Vorabend des 8. Mai, des CDU-Politikers Alfred Dregger, ein Einbruch bei der Unterstützungsbereitschaft konservativer Personen und Gruppen drohen könnte, verfaßten die Initiatoren den ersten Folgeaufruf, der wiederum in der FAZ (vom 28. April 1995) erschien. Dieser Aufruf zeigt alle Elemente von *frame amplification*. Die Unschärfe des ersten Aufrufs, die ja offenbar bereits einige irritiert hatte[20], wurde nun in einer Weise korrigiert, die beim konservativen Teil wiederum Akzeptanz hervorrufen konnte. Daß dadurch aber bei viel weiter rechts stehenden Menschen wieder Distanzierung riskiert wurde, nahm man wohl angesichts der ohnehin nicht überwältigenden Unterstützungsbereitschaft in diesem Spektrum hin. Eingebettet zwischen einer scharfen Kritik am linksliberalen „Meinungsterror der ‚political correctness'" und einem Aufruf an „alle Demokraten – von links bis rechts", eben diesem Terror entgegenzutreten, findet sich eine Passage, die nun – entgegen sonstigen Gepflogenheiten im neurechten und natürlich vor allem im rechtsextremen Bereich – ausdrücklich von der „1933 einsetzenden Vertreibung der Juden aus Deutschland und dem späteren Massenmord an den europäischen Juden und an anderen Minderheiten" spricht und sich gegen die „Unterstellung" wehrt, daß man diese Ereignisse durch den Hinweis auf „Vertreibungsterror und kommunistische Diktatur nach 1945 ... relativieren oder verharmlosen wolle". Je nachdem übrigens, wie die Initiatoren zur Einführung dieser Passage standen, läßt sich dieser Vorgang allerdings auch als *frame extension* fassen, nämlich dann, wenn es sich hier nur um die inhaltliche Erweiterung des Frames um solche Aspekte handelte, die für ihn selbst eher nebensächlich, jedoch für konservative Anhänger zentral sein würden. Von den Medien des eher rechtsextremen Spektrums wurde dieser Vorgang denn auch als Anbiederung an den konservativen mainstream prompt scharf sanktioniert: So wurde gegenüber diesen „Umfallern" z.B. der „Opfertod des Reinhold Elstner" als Vorbild dargestellt[21]; und die NPD setzte sich in scharfen Gegensatz zu den „feinen, wertkonservativen' Kräften".[22]

Der zweite Folgeaufruf der Initiatorengruppe (FAZ vom 5. Mai 1995) versuchte offenbar wieder, über das Ansprechen gemeinsamer Erfahrungen seine Mobilisierungskraft zu erhöhen und zu erweitern. Gleichzeitig stellte er den Übergang zu späteren Mobilisierungsaktivitäten her: Gegenüber dem Erfolg der „aggressiven Kampagne linker Medien", nämlich die geplante Münchner Veranstaltung vereitelt zu haben, was nur durch den „Mangel an Standfestigkeit" der „Führung der Union" möglich wurde, wurde der eigene Erfolg gesetzt, nämlich die Thematisierung der „Vertreibungsverbrechen" in den öffentlichen Debatten durchgesetzt zu haben. Der zukünftige Kampf gegen das linke „Deutungsmonopol der veröffentlichten Meinung" war nun das Hauptthema: „Eine selbstbewußte Nation muß vor allem ein Zusammenschluß selbstbewußter Bürger sein, die sich in ihrem Engagement für die geistige Freiheit durch keinerlei Diffamierungskampagne beirren lassen. Wir machen alle weiter".

In einem Rundschreiben Ende November 1995 skizzierte einer der Initiatoren, Heimo Schwilk, diese zentrale Absicht der Mobilisierungsaktivitäten folgendermaßen: „Die von der ‚Initiative 8. Mai' ausgelöste Debatte zum 50. Jahrestag des Kriegsendes hat gezeigt, daß ein großer Teil der Deutschen die ‚politisch korrekten' Geschichtslügen nicht mehr hinnehmen will. Erstmals formiert sich in Deutschland eine intellektuelle und demokratische Rechte, die das linke Weltanschauungskartell offensiv in Frage stellt und durch Medien-Aktionen in Bedrängnis bringt. Mit dem Berliner Appell, der Publikation des Sammelbandes 'Die selbstbewußte Nation', dem 'Aufruf 8. Mai 1945 – Gegen das Vergessen' sowie der Aktion zum '17. Juni 1953 – Gegen das Vergessen' hat unsere Initiative im In- und Ausland ein breites Medien-Echo bewirkt, das die Neue demokratische Rechte zu einer nicht mehr zu übersehenden Kraft in der deutschen Politik macht. Mit der Gründung des Vereins ‚Arbeit für Deutschland' e. V. (AFD) in diesen Wochen setzen wir unsere Arbeit auch im Neuen Jahr zielstrebig und selbstbewußt fort, um alle national gesinnten Kräfte in Deutschland zusammenzuführen".[23] Hier wird die zentrale Zielsetzung der Initiatoren ganz deutlich: Es geht um die Zusammenführung aller „national gesinnten Kräfte in Deutschland", um die „Neue demokratische Rechte" zu einem „unübersehbaren" Machtfaktor werden zu lassen und damit „das linke Weltanschauungskartell" aus seinen Machtpositionen zu vertreiben. Dies ist insofern ein neuer Ton in der neurechten Debatte, als nicht mehr 'nur' die kulturelle Hegemonie angestrebt wird, sondern darüber hinaus auch Schritte zur politischen Vorherrschaft anvisiert werden.[24] Ob wir hieran eine Richtungsänderung im Sinne einer Transformation des Frames ablesen können, bedürfte weiterer Analysen, die allerdings über den hier zugrunde liegenden empirischen Fall der FAZ-Appelle hinausgreifen müßten. Aus der Sicht des Jahres 1997 wissen wir, daß die Einflußnahme dieser Gruppe und ihrer Unterstützer etwa auf die FDP und den BFB tatsächlich immer stärker wurde, wenngleich bislang nicht allzu erfolgreich.[25]

7. Zusammenfassende Würdigung des *Framing*-Ansatzes bei der Analyse rechter Texte

Bei der Analyse des Appells zum 8. Mai 1995 konnten wir alle im *Framing*-Ansatz herausgearbeiteten Dimensionen sinnvoll anwenden. Dadurch wurde eine durchaus differenzierte Analyse dieses empirischen Falles möglich. Bei aufwendigeren Analysen könnten also auch Vergleiche zum empirisch weitaus besser aufgearbeiteten Feld der Neuen Sozialen Bewegungen herangezogen werden, ohne sofort in die ideologischen Fallstricke eines totalitarismustheoretischen Ansatzes hineinzugeraten.[26]

Gegenüber eher herkömmlichen ideologiekritischen Textinterpretationen verweisen die *Framing*-Kategorien sehr stark auf das Wechselspiel von Frame-Konstrukteuren und -Adressaten; denn Frames werden ja hergestellt, um Protest zu formulieren und um Unterstützungsbereitschaft zu mobilisieren. Insofern werden Forderungen, die in der Rechtsextremismusforschung seit langem erhoben werden, nämlich Rechtsextremismus immer in seinem Wechselspiel zur Gesamtgesellschaft zu sehen[27], hier durchaus eingelöst.

Im Gegensatz zum *Framing* im Bereich der Neuen Sozialen Bewegungen ist das *Framing* im rechten Lager inhaltlich wohl schwieriger zu analysieren, weil dort produzierte Texte nicht ohne weiteres zum 'Nennwert' zu nehmen sind. Inwiefern nämlich manche Inszenierung aus dem rechten Bereich sich härter liest, weil mit ihr bewußt gegen die Forderung nach 'pc' verstoßen wird, oder weicher ausfällt, weil dadurch möglichen politischen bzw. juristischen Sanktionen aus dem Weg gegangen werden soll, kann nur mit Bezug auf die jeweiligen Akteure und ihre Wahrnehmungen der relevanten politischen Gelegenheitsstrukturen analysiert werden. Texte aus dem rechten Bereich einfach für sich sprechen zu lassen, verbietet sich also – und zwar nicht nur, weil, wie bei den Neuen Sozialen Bewegungen auch, immer die potentiellen Adressaten mitgedacht werden sollten. Darüber hinaus gilt dies vor allem für jenen neurechten Bereich, dem – im Gegensatz zum Neonazismus – die Tatsache, von der Gesellschaft nicht ausgegrenzt zu sein, noch wichtig ist.[28] Ein weiterer Unterschied zu den Neuen Sozialen Bewegungen dürfte wohl darin liegen, daß die ideologische Komponente im rechten Frame eine größere Rolle spielt. Die autoritäre, letztlich nicht verhandelbare Fixierung auf die eigene homogene Nation steht im Gegensatz zu einem ideologisch eher pluralistischen Bewegungsansatz bei Mobilisierungsprozessen neuer sozialer Bewegungen. Nimmt man eine der herkömmlichen Definitionen von 'soziale Bewegung', wonach grundlegender sozialer Wandel herbeigeführt oder verhindert werden soll[29], so läßt sich in der Tat fragen, ob wir überhaupt sinnvoll von 'rechten sozialen Bewegungen' sprechen können. Denn diesen geht es eigentlich nicht um Protest, der prinzipiell anderes neben sich stehen lassen kann, sondern um eine letztlich gewaltsame Totalveränderung der 'Nation'.[30] Im Gegensatz zu den rechtsextremen Aktivisten und Gruppierungen, die von der Mobilisierung insbesondere des 'kleinen Mannes' träumen, setzen die neurechten Ideologen eher auf die Mobilisierung gesellschaftlicher und politischer Eliten, und zwar möglichst aus dem nicht-sanktionierten ideologischen Spektrum. Dieses Ziel hat sowohl für den Inhalt und die Form des Frames eine große Bedeutung als auch dafür, daß Mobilisierungserfolge nicht an der bloßen Anzahl der Sympathisanten und Unterstützer gemessen werden können[31], sondern daran, in welchem Umfang und in welcher Intensität Themen und Begriffe in der Öffentlichkeit besetzt werden. Dafür aber sind Analysen der politischen Kul-tur eines Landes für den *Framing*-Ansatz unverzichtbar.

Bert Klandermans

Ausländerfeindliche Bewegungen und Parteien im Vier-Länder-Vergleich
Ressourcenmobilisierung, Kosten/Nutzen-Relationen, Organisationen und soziale Netzwerke

1. Einleitung

Die Theorie der *Resource Mobilisation* (RM) war eine Reaktion auf die *breakdown*-Theorien. Sie wurde von Bewegungsforschern entwickelt, die häufig selbst an der Bürgerrechts- oder der Studentenbewegung der 60er Jahre in den USA teilgenommen hatten und diese Bewegungen nicht mehr im Sinne der *breakdown*-Theorien wahrnahmen, wie Le Bons Theorie des Massenverhaltens, Kornhausers Theorie der Massengesellschaft, Smelsers Theorie des kollektiven Verhaltens oder Gurrs Theorie der relativen Deprivation. Diese Theorien haben gemeinsam, daß sie davon ausgehen, Unzufriedenheit bewirke Protest, und daß Protestierende spezifische psychologische oder gar psychopathologische Merkmale aufwiesen. Solche Untersuchungen verstanden Protest nicht als ein politisches Phänomen, sondern als eine Begleiterscheinung sozialen Wandels. In der Tat wurden soziale Bewegungen eher als Formen kollektiven Verhaltens gesehen denn als eine 'Politik mit anderen Mitteln'.

Der RM-Ansatz bedeutete eine grundsätzliche Abkehr von den klassischen Theorien kollektiven Verhaltens. Die Teilnahme an Bewegungen wurde danach nicht länger als eine irrationale Antwort auf 'structural strains' verstanden, sondern als eine rationale Entscheidung, sich an unkonventionellem politischem Verhalten zu beteiligen, um politische Ziele zu erreichen. Soziale Bewegungen wurden als rationale politische Akteure betrachtet, die von Bewegungsorganisationen geleitet wurden, deren strategische Entscheidungen den Bewegungserfolg bestimmen. Von daher gab die RM-Theorie der Bewegungsforschung eine entscheidende Wendung, indem das Studium der Beteiligung an sozialen Bewegungen von dem Feld des kollektivem Verhaltens auf die Analyse rationaler politischer Akteure verschoben wurde.

Interessanterweise sehen wir mit dem Auftreten von Bewegungen, die manchen Bewegungsforscher persönlich wenig reizen, wie rechtsextreme Bewegungen (oder Hassbewegungen, wie sie in den USA genannt werden), eine Tendenz, den irrationalen Charakter dieser Bewegungen und die Irrationalität der Beteiligung an ihnen erneut zu betonen. Es scheint die Neigung zu geben, jene Bewegungen, die wir mögen, als rational zu beschreiben, und jene, die wir ablehnen, als irrational. Offensichtlich sind Bewegungen so rational oder irrational wie jeder andere politische Akteur auch; ebenso verhält es sich mit den Bewegungsteilnehmern. Rechtsextremismus ist somit keine Ausnahme von dieser Regel; was von der einen Perspektive aus aber als rational erscheint, wird von der anderen aus als irrational bewertet. Rationalität muß somit immer innerhalb eines spezifischen Kontexts definiert werden; zudem erfordert Rationalität und Irrationalität die Kenntnis der bewegungsspezifischen Perspektive.

Wie stellt sich nunmehr der Kontext dar, wie er von den rechtsextremen Bewegungen definiert wird? Wenn Rationalität immer innerhalb eines solchen Kontexts definiert wird, liegt es nahe, mit einer kurzen Darstellung der Kernelemente der Ideologie dieser Bewegungen zu beginnen, bevor wir uns der RM-Theorie zu- und sie auf den Rechtsextremismus anwenden.

2. Die Ideologie des Rechtsextremismus

Mehrere Autoren haben Untersuchungen zur Ideologien rechtsextremer Organisationen vorgenommen (Falter/Schumann 1989; Mudde 1995; de Witte/Billiet/Scheepers 1994). Nun vermutet de Witte (1996), daß sich die rechtsextreme Ideologie durch fünf Elemente unterscheiden läßt:
(1) *Biologischer Rassismus*, der in dem Glauben besteht, daß Rassenunterschiede auf Vererbung beruhen, die zu Ungleichheiten zwischen den Menschen aufgrund biologischer Unterschiede führen;
(2) *Nationalismus*, mit einer starken Betonung einer homogenen ethnischen oder nationalen Gemeinschaft, deren 'Nationalcharakter' in einer positiven und sehr romantischen Weise dargestellt wird; diese nationale Gemeinschaft wird als eine starke, in sich einige Gruppe verstanden, der sich die Individuen unterordnen;
(3) der *Glaube an die Notwendigkeit autoritärer Führerschaft*;
(4) die *Ablehnung der parlamentarischen Demokratie*, die als ein schwaches oder ineffizientes Regierungssystem angesehen wird; dieser Anti-Parlamentarismus steht auch in Verbindung mit antidemokratischen Ansichten;
(5) die *militante Gegnerschaft gegenüber politischen Rivalen*, die sich in rigorosem Anti-Sozialismus, Anti-Kommunismus und einem Widerstand gegen jede Form von Fortschrittlichkeit äußert.

De Witte betont, daß diese fünf Elemente miteinander in Beziehung stehen und verschiedene Facetten einer einzigen Ideologie repräsentieren, mit ihrer spezifischen Eigenlogik. Zum Beispiel gehören biologischer Rassismus und extremer Nationalismus zusammen, wenn jemand die 'Blutbindung' als etwas betrachtet, das den Zusammenhalt der 'ethnischen Gemeinschaft' stiftet und sie von anderen Völkern unterscheidet. Die Kohärenz der verschiedenen Facetten der rechtsextremen Ideologie ist jedoch nicht schlicht gegeben; letztlich gehen sie jedoch auf ein einfaches Konzept zurück: den Glauben an die grundsätzliche Ungleichheit der Menschen, Gruppen und Völker. Völker können daher aufgrund genetischer Unterschiede innerhalb des Kontinuums Überlegenheit/Unterlegenheit eingestuft werden, während die Gesellschaft hierarchisch geordnet werden sollte.

De Wittes Beschreibung der Ideologie des Rechtsextremismus betont die interne Kohärenz der Ansichten, wie sie von rechtsextremen Organisationen vertreten werden. Demnach rechtfertigen aktive Mitglieder dieser Organisationen ihre Mitarbeit durch solche Ansichten (Linden/Klandermans 1997). In der Tat mag sich deren Verhalten, auch wenn es Außenseitern als irrational erscheint, aus der Innenwahrnehmung als durch und durch rational darstellen. Dies besagt auch der Grundsatz der RM-Theorie, wonach soziale Bewegungen politische Akteure sind, die selbst nicht mehr oder weniger rational oder irrational sind als andere politische Akteure auch. Somit steht dem Versuch nichts im Wege, das Erklärungskonzept der Ressourcenmobilisierung auch auf diese Bewegungen anzuwenden. Natürlich genügt nie eine einzige Theorie für die vollständige Erklärung eines konkreten Phänomens; deshalb versuchen wir einzuschätzen, in welchem Ausmaß die RM-Theorie in der Lage ist, das Auftreten des Rechtsextremismus zu erklären.

3. Die Ressourcenmobilisierungstheorie

Anders als *Breakdown*-Theorien beginnt die RM-Theorie mit der Annahme, daß Protest als eine Reihe von rationalen kollektiven Handlungen aufgefasst werden kann, die von ausgeschlossenen Gruppen zur Durchsetzung ihrer Interessen angewendet werden. Wegen der unterstellten Rationalität kollektiven Handelns wurde Mancur Olsons Buch 'The Logic of Collective Action' (1968) von Generationen von Bewegungsforschern großes Interesse entgegengebracht, und dies vor allem deshalb, weil es als ein brauchbares Angebot erschien, um kollektives Handeln aus dem Blickwinkel rational handelnder Individuen zu erklären. Außerdem bot es eine Erklärung dafür, weshalb rational handelnde Individuen gerade nicht an sozialen Bewegungen teilnehmen, auch wenn diese in ihrem Interesse handeln, oder warum unzufriedenene Gruppen manchmal überhaupt keine kollektive Aktion zur Besserung ihrer Lage unternehmen.

Dies ist nicht der Rahmen für eine ausführliche Darstellung von Olsons Theorie und der Art und Weise, wie die Bewegungsforschung Olson rezipiert hat (siehe Marwell/Oliver 1993). Mein Punkt ist vielmehr, daß sowohl Theoretiker kollektiven Handelns (wie Opp 1989) als auch Theoretiker der Ressourcenmobilisierung (wie Oberschall 1973, 1994; Gamson 1975; Tilly 1978; McCarthy/Zald 1977) kollektives Handeln als ein Mittel zur Erreichung eines Ziel begreifen, und zwar als ein Mittel, das aus einem Repertoire von Handlungsmöglichkeiten ausgewählt werden muß, wie es in einer jeden Gesellschaft zur Verfügung steht.

Mit der Betonung auf die Mittel und Prozesse, die damit verbunden sind, nahm das Interesse an der Unzufriedenheit, das kollektivem Handeln zugrunde liegen mag, deutlich ab. Denn derartige Unzufriedenheit wurde als allgegenwärtig und nicht als hinreichender Grund für kollektives Handeln betrachtet. Nicht die Frage nach den Ursachen der Unzufriedenheit erschien somit als wichtig, sondern jene, was unzufriedene Menschen zu kollektivem Handeln zusammenführt. Die Antworten auf diese Frage sind in zwei Richtungen gesucht worden: (1) Auf der individuellen Ebene ging es um die Wahrnehmung von Kosten/Nutzen-Relationen bezüglich der Teilnahme, während es sich (2) auf der gesellschaftlichen Ebene um die Verfügbarkeit über Ressourcen drehte, insbesondere hinsichtlich der jeweiligen Organisationen und Netzwerke.

3.1 Die Einschätzung von Kosten und Nutzen

Die Teilnahme an einer sozialen Bewegung schließt die Beteiligung an konkreten und spezifischen Tätigkeiten ein: an einer Versammlung oder Demonstration teilzunehmen, Geld zu spenden, einen Streik zu unterstützen oder ein Büro auszustatten. Weil Einschätzungen von Kosten und Nutzen immer mit spezifischen Beteiligungsformen verbunden sind, können wir nicht davon ausgehen, daß jemand, der motiviert ist, an einer spezifischen Aktion mitzumachen, auch an anderen Aktionen der Bewegung teilnehmen wird. Die wahrgenommenen Kosten und Nutzen hängen demnach nicht nur von der jeweiligen Aktion ab, sondern richten sich auch nach den besonderen Umständen eines jeden einzelnen, nach seinem Temperament und Neigungen. In der Tat ist es sehr wahrscheinlich, daß eine Unterstützung, die als relativ unaufwendig betrachtet wird, jemand anderem als äußerst kostenintensiv erscheint.

Bei der Frage, warum jemand an kollektivem Handeln teilnimmt oder nicht, spielen kollektive und selektive Anreize eine wichtige Rolle, entsprechend der Rezeption von Olson durch die Bewegungsforscher. Dabei hat die Rede von Anreizen und die Unterscheidung zwischen kollektiven und selektiven Anreizen viel Aufregung und Diskussion innerhalb der Bewegungsforschung bewirkt (Buechler 1993; Hooghe 1997). Besonders das Argument, nur selektive Anreize würden imstande sein, rationale Akteure zum Handeln zu bewegen, wurde von vielen Bewegungsforschern bestritten. So beobachtete Oliver (1980) zutreffend, daß Olsons Annahme über selektive Anreize das grundsätzliche Problem kollektiven Handelns nicht löst, zumindest nicht, sofern es soziale Bewegungen im allgemeinen betrifft. Olsons Überlegungen, so Oliver, bedeuteten, daß Bewegungsorganisationen – wie andere Akteure auch – Ressourcen brauchten, um selektive Anreize für Bewegungsanhänger anbieten zu können. Diese Ressourcen müßten wiederum von Bewegungsunterstützern zur Verfügung gestellt werden, die das Olsen zufolge nur tun, wenn sie durch selektive Anreize dazu motiviert werden, und dies ad infinitum.

Entgegen Olsons Argument, daß rationale Akteure an kollektivem Handeln nicht teilnehmen, sondern eher 'trittbrett-fahren', sofern keine selektiven Anreize angeboten werden, haben doch unzählige Menschen an kollektivem Handeln teilgenommen, und dies von links wie von rechts. Bedeutet das, daß sie alle irrational oder durch selektive Anreize motiviert waren, oder beruhte Olsons Behauptung nur auf einem zu einfachen Modell der Wirklichkeit? Eine wiederkehrende Kritik lautet, daß Olsons Modell davon ausgeht, Individuen würden ihre Entscheidungen isoliert treffen, so als ob es keine anderen Personen gäbe, mit denen sie sich beraten würden, mit denen sie sich solidarisch fühlen, denen gegenüber sie Versprechungen halten müßten, durch die sie unter Druck gesetzt werden. Kurzum, es wird so getan, als ob alle diese sozialen Faktoren, die Menschen dazu bringen, zusammen zu handeln, gar nicht existieren würden. Aber genau deshalb, weil sich die Menschen über das Dilemma kollektiven Handelns bewußt sind, und wegen der Gefahr, daß es nie zu kollektivem Handeln käme, wenn alle nur abwarten würden, daß andere an ihrer Statt zur Tat schreiten, entscheiden sie sich, teilzunehmen und *versuchen sicherzustellen, daß andere das Gleiche machen.* Hier betonen wiederum Ferree (1992) und Gamson (1992a) die Wichtigkeit kollektiver Identität, um dieses Dilemma zu überwinden. Ferner weisen Marwell/Oliver (1993) auf die Bedeutung der Bewegungsunternehmer hin, die wissen, wie und wer innerhalb eines Netzwerkes zu mobilisieren ist. Offenbar sind es derartige soziale Faktoren, die aus diesem Dilemma helfen.

3.2 Der Begriff der Ressourcen

Entsprechend der RM-Theorie entstehen soziale Bewegungen nicht, weil die Unzufriedenheit zunimmt, sondern weil es eine Zunahme der Verfügbarkeit über Ressourcen für die Betroffenen gibt, die es Bewegungsorganisationen erlauben, selektive Anreize anzubieten. Aus dieser Sicht stellen Organisationen, insbesondere solche, die bereits vor der kollektiven Aktion in der betroffenen Gruppe existieren ('indigenous organizations'), selbst eine Ressource dar (McAdam 1982; Morris 1984; Schwartz 1976), und zwar eine von entscheidender Bedeutung. Solche Organisationen mögen lange vor dem Auftreten einer Bewegung bestehen, wie die Kirchen der Schwarzen im Süden der USA im Falle der Bürgerrechtsbewegung oder die protestantischen Kirchen im Falle der Friedensbewegung in Europa. Bewegungsorganisationen sind Mittel zur Zielerreichung. Ohne Organisationen können Bewegungen nicht überleben (McAdam 1982), und nur, wenn eine Gruppe in der Lage ist, Organisationen auszubilden und deren Bestand zu sichern, kann sie das Potential entwickeln, gesellschaftliche und kulturelle Verhältnisse zu ändern. Andere Ressourcen sind etwa Möglichkeiten, Teilnehmer mit selektiven Anreizen zu versorgen oder Medienkampagnen zu bewerkstelligen. Zum Teil bilden sich aus den Ressourcen, die einer Bewegung zur Verfügung stehen, Mobilisierungsstrukturen, d.h. formale oder informale, bewegungsförmige oder andere Strukturen, die die Mobilisierung in bestimmten Bahnen führen (McCarthy 1996). In der Tat wird behauptet, daß Mobilisierung oft en bloc auftritt, d.h. Personen innerhalb derselben formalen oder informalen Struktur werden gemeinsam, als Gruppe, mobilisiert.

Daß die RM-Theorie die Bedeutung von Organisation und sozialen Netzwerken derart betont, ist erneut eine klare Reaktion auf die *breakdown*-Theorien, die Protestverhalten als spontan und unstrukturiert und Bewegungsteilnehmer als entfremdet, isoliert und marginalisiert beschreiben. Dabei können Bewegungsorganisationen durchaus nur lose gekoppelte Netzwerke von Gruppen und Organisationen darstellen; eine nicht geringe Zahl von Protestbewegungen in der Vergangenheit und noch heute weist aber zentralisierte, professionelle Organisationen auf, und es wird sogar behauptet, daß insbesondere solche Organisationen den Erfolg von Protest wahrscheinlicher machen (Gamson 1975, 1992; siehe dagegen Piven/Cloward 1977). Das Konzept der Ressourcenmobilisierung hat eine Reihe von Studien ausgelöst, die immer wieder gezeigt haben, daß – entgegen den Behauptungen der *breakdown*-Theorien – Teilnehmer an sozialen Bewegungen in die Gesellschaft durchaus integriert sind. Aus naheliegenden Gründen sind jene, die solchen Netzwerken angehören, die mit sozialen Bewegungsorganisationen verbunden sind, mit größerer Wahrscheinlichkeit auch das Ziel von Mobilisierungsbemühungen. In der Tat neigt jeder Bewegungsunternehmer dazu, zuerst einmal nach Teilnehmer innerhalb seines engeren Umfeldes Ausschau zu halten. Denn wenn die benötigte Unterstützung schon auf diesem Wege erwirkt werden kann, warum sollte er noch woanders suchen?

Entsprechend den Theoretikern des RM-Ansatzes sind Bewegungsverbündete wichtige Ressourcenlieferanten. Die Ressourcen, mit denen eine Bewegungsorganisation ausgestattet wird, sind sowohl materieller (Geld, Raum, Sachleistungen etc.) als auch immaterieller Natur (organisatorische Erfahrung, Führung, strategische und taktische Kenntnisse, ideologische Rechtfertigungen etc.). Noch wichtiger ist, daß derartige Allianzsysteme soziale Bewegungsorganisationen mit weitgefächerten Kommunikations- und Rekrutierungsnetzwerken ausstatten. Besonders Verbindungen, die eine Bewegungsorganisation mit einer Vielzahl von anderen Organisationen in Kontakt bringen, die wiederum eine ganz andere Mitgliedschaft aufweisen, sind entscheidende Vermittler, da über solche 'sozialen Relais' neue Anhänger erreicht werden können (Ohlemacher 1993). Verbindungen zu Netzwerken außerhalb der Bewegung erweisen sich für die Konsensus- und Aktionsmobilisierung als besonders wichtig, vor allem zu Beginn einer Mobilisierung (Klandermans 1988).

Ferner ist die Stärke der Bindungen für den Mobilisierungserfolg ein ähnlich wichtiger Faktor. Netzwerke setzen sich aus starken und schwachen Bindungen zusammen. Starke Bindungen sind beispielsweise Freundschaften. Die meisten Menschen suchen ihre Freunde sehr sorgfältig aus; denn starke Bindungen bilden sich gewöhnlich zwischen gleichgesinnten Personen aus. Schwache Bindungen bestehen dagegen zwischen Menschen, die sich nur gelegentlich treffen. Oft sind zwei Freundescliquen miteinander verbunden durch eine oder mehrere schwache Bindungen, indem sich Mitglieder der einen Gruppe mit Mitgliedern der anderen treffen. Dabei werden offenbar gerade diese schwachen Bindungen benötigt, damit Informationen oder Mobilisierungsversuche von einer Gruppe zur anderen wandern können. Daher kommen Rosenthal et al. (1985) aufgrund ihrer Untersuchung der Frauenreform in New York im neunzehnten Jahrhundert zu der Schlußfolgerung, daß schwache Bindungen im Organisationsnetzwerk vorrangig als Kommunikationsnetzwerke fungieren, während starke Bindungen eher den Austausch von Ressourcen ermöglichen.

Theoretiker des RM-Ansatzes haben behauptet, daß die Entwicklung der externen Versorgung mit Ressourcen eine notwendige Bedingung für effektive Bewegungsorganisationen ist (McCarthy/Zald 1977). McAdam (1982) und Morris (1984) haben dagegen argumentiert, daß interne Ressourcen wichtiger sind als externe, besonders in der Startphase einer Bewegung. Externe Unterstützung ist zwar relevant, aber in der Regel steht diese erst nach ersten Erfolgen der Bewegung zur Verfügung. Externe Unterstützung mag den Niedergang einer Bewegung sogar beschleunigen. Jenkins/Eckert (1986) haben für die Bürgerrechtsbewegung entsprechende Befunde erbracht: Externe Patronage zielt darauf, Protest unter Kontrolle zu bringen. Sie betonen aber, daß die Effekte von Patronage weniger eindeutig verlaufen, als eine einfache Vorstellung sozialer Kontrolle vermuten liese: Die professionalisierten Formen, in die Patronage die Bürgerrechtsbewegung gelenkt hat, haben der Bewegung nicht notwendigerweise geschadet.

Es ist natürlich unmöglich, den RM-Ansatz in seinem ganzen Umfang zu erläutern (glücklicherweise gibt es einige gute Zusammenfassungen, siehe etwa McAdam/McCarthy/Zald 1988, 1996; Buechler 1993). Ich hoffe, die bisherigen Ausführungen befähigen uns dazu, den nächsten Schritt zu machen, also die Frage zu beantworten, inwieweit sich dieses Konzept auf rechtsextreme Bewegungen anwenden läßt. Im besonderen werde ich dieses Konzept dazu nutzen, um zu verstehen zu suchen, warum rechtsextreme politische Parteien in Belgien und Frankreich so erfolgreich gewesen sind bei der Mobilisierung ihrer Anhänger, während dies für Deutschland und den Niederlanden nicht der Fall war.

4. Die Mobilisierung gegen Ausländer

Die Mobilisierung der extremen Rechten während der letzten zehn Jahre ist in hohem Maße eine Mobilisierung gegen Ausländer gewesen. Deshalb werde ich mich im folgenden auf den Teil der extremen Rechte konzentrieren, der dieses Ziel bei Wahlen verfolgt hat. Innerhalb des Kontextes der Ideologie dieser Bewegung ist die Mobilisierung gegen Ausländer ein logischer Schritt. In weiten Teilen beschäftigt sich diese Ideologie mit der Bestreitung gleicher Rechte für Ausländer. So macht die Bewegung darauf aufmerksam, daß Ausländer kollektive Güter in Anspruch nehmen (Arbeit, Wohnen, soziale Sicherheit etc.), die ihnen eigentlich nicht zustehen.

Sie wirft Regierungen vor, derartige Güter Ausländern zur Verfügung stellen, während 'die eigenen Leute' diese Güter entbehren müssen. So betrachtet, werden bestehende soziale Probleme durch die Bewegung so inszeniert, als ob 'die eigenen Leute' gegenüber den Ausländern Nachteile erleiden müßten.

4.1 Die extreme Rechte in Belgien, Frankreich, Deutschland und den Niederlanden

Tabelle 1 zeigt die Wahlergebnisse der europäischen und nationalen Wahlen von vier Ländern seit 1984: Belgien (genauer Flandern), Frankreich, Deutschland und die Niederlande. Offensichtlich unterscheiden sich die Ergebnisse für Belgien und Frankreich einerseits, Deutschland und die Niederlande andererseits. Während in den 90er Jahren in den ersten beiden Ländern mehr als 10 % der Bevölkerung für eine rechtsextreme Partei stimmten, waren es für die beiden anderen nie mehr denn 5 %.

Tabelle 1: Wahlergebnisse der extremen Rechten in vier Ländern (in %)

Wahl	Flandern	Frankreich	Deutschland	Niederlande
Europawahl 1984	1,5	11,0	0,8	2,5
Nationale Wahl 1986	-	9,7	-	0,5
Nationale Wahl 1987	1,5	-	0,6	-
Präsidentenwahl 1988	-	14,4	-	-
Nationale Wahl 1988	-	9,7	-	-
Europawahl 1989	6,6	11,8	8,7	0,8
Nationale Wahl 1989	-	-	-	0,9
Nationale Wahl 1990	-	-	2,4	0,5
Nationale Wahl 1991	10,6	-	-	-
Nationale Wahl 1993	-	12,4	-	-
Europawahl 1994	12,6	10,5	4,1	1,0
Nationale Wahl 1994		-	1,9	2,5
Präsidentenwahl 1995		15,0	-	-
Nationale Wahl 1995	12,4	-	-	-

Auf den nächsten Seiten werde ich versuchen, diesen unterschiedlichen Erfolg der Bewegungen in diesen Ländern aus der Sicht des RM-Ansatzes zu erklären.

4.2 Zur Zeitgeschichte

Die extreme Rechte hat ihre eigene Geschichte in jedem dieser vier Länder. Die Kenntnis dieser Geschichte hilft uns, die heutigen Bewegungen besser zu verstehen. Deshalb werde ich einen kurzen historischen Abriß dieser Bewegungen geben.

4.2.1 Flandern

Rechtsextremismus war in Flandern immer mit dem flämischen Nationalismus verbunden (de Witte 1996). Dies gilt sowohl für den 'Vlaams Blok', die jetzige rechtsextreme Partei in Flandern, als auch für die faschistischen Organisationen vor, während und direkt nach dem Zweiten Weltkrieg. In deren Nachfolge sind Verbindungen zu den rechtsextremen Vorkriegsorganisationen und deren Führern in Flandern weniger kompromittierend als in anderen Ländern. So kann es sich zum Beispiel der 'Vlaams Blok' leisten, ihre historischen Führer und Vorbilder öffentlich zu feiern, ohne dafür bestraft zu werden.

Der flämische Nationalismus wurzelt in der Tatsache, daß Belgien in einen französisch und einen flämisch sprechenden Teil getrennt ist. Die sprachliche Konfliktlinie ist der Kristalisationspunkt für viele zentrale Konflikte in der Vergangenheit gewesen (de Witte/Verbeeck 1998). Entsprechend der größeren Affinität zur germanischen als zur französischen Kultur war der flämische Nationalismus immer sehr aufnahmefähig für die großgermanischen Mythen, wie sie vom Nationalsozialismus gepredigt wurden. Während des Zweiten Weltkriegs ergab sich daraus eine Kollaboration mit dem NS-Regime.

Der 'Vlaams Blok' kann als Erbe der rechtsextremen Parteien und Bewegungen vor dem Zweiten Weltkrieg betrachtet werden. Ideologisch beruft sich diese Partei auf die Schriften der rechtsextremen Vorkriegsorganisationen in Flandern, die als autoritär, anti-demokratisch und dem Faschismus nahestehend eingeordnet werden können. Von diesen Organisationen gibt es eindeutige Verbindungen zu den rechtsextremen Organisationen der 60er und 70er Jahre. Beinahe alle Personen, die für den 'Vlaams Blok' ins Parlament gewählt wurden, waren zuvor in früheren rechtsextremen Organisationen aktiv. Eine Reihe von Schlüsselfiguren im 'Vlaams Blok' haben führende Positionen in diese Organisationen inne gehabt, so zum Beispiel Karel Dillen, der eine entscheidende Rolle bei der Zusammenführung der verschiedenen Fraktionen der flämischen Rechtsextremen nach dem Krieg gespielt hat.

4.2.2 Frankreich

Der gegenwärtige Rechtsextremismus in Frankreich ist unausweichlich mit Le Pens 'Front National' verbunden, obgleich die Partei bestreitet, eine rechtsextreme Bewegung zu sein (Mayer/Perrineau 1996; Veugelers 1997). Gegründet im Jahre 1972, war der 'Front National' der Versuch eines Comebacks der französischen Rechtsextremen qua Partei, inspiriert durch den Wahlerfolg der italienischen neofaschistischen Partei. Die extreme Rechte war jedoch aufgrund der Kollaboration vieler ihrer Mitglieder während der deutschen Besatzung und dem Vichy-Regime nicht sehr erfolgreich bei ihren Bemühungen, politische Repräsentation zu gewinnen. Die zwei Ausnahmen waren Poujades Bewegung der verärgerten Geschäftsinhaber in den 50er und die Bewegung für das Verbleiben Algeriens bei Frankreich in den späten 50er und frühen 60er Jahren.

Der 'Front National' begann als ein Bündnis aller Gruppierungen der französischen Rechtsextremen, und es ist sicherlich Le Pens Verdienst zuzuschreiben, daß dieser disparate 'Haufen' zusammenblieb und sich in eine effektive, professionelle politische Maschine gewandelt hat. So umfaßte der 'Front National' zu Anfang Vichy-Nostalgiker, Antigaullisten, Poujadisten und Neofaschisten. Einige jener, die gleich zu Beginn dabei waren, arbeiteten mit den Deutschen zusammen, andere waren wiederum frühere Poujadisten, aber die Mehrheit entwickelte ihr Interesse erst während des Algerienkriegs, als sie in den unzähligen nationalistischen Organisationen gegen die Unabhängigkeit Algeriens kämpften, mitunter sogar gewalttätig und illegal. Einige dieser Gruppen waren erkennbar neo-nationalsozialistisch, andere setzten sich überwiegend aus Antigaullisten zusammen, die manchmal in der Resistance gegen die Deutschen gekämpft hatten. Somit haben mehr oder weniger alle der extremen Rechten sich der 'Front National' angeschlossen, von den katholischen Fundamentalisten bis zu den Solidaristen, die für ethnische Reinheit eintraten, und andere radikale Gruppen.

Obgleich der 'Front National' offiziell bestreitet, irgendeine Art von Verbindung zu Neonazis oder neofaschistischen Gruppen in Frankreich oder anderswo in Europa zu haben, gibt es davon sehr viele, insbesondere bei der radikalen Jugendbewegung, dem 'Front National de Jeunesse'.

4.2.3 Deutschland

Naheliegenderweise bezieht sich der Rechtsextremismus in Deutschland immer noch sehr stark auf den Natonalsozialismus. Die Nachkriegsgeschichte der deutschen Rechtsextremen liest sich wie eine fortlaufende Abfolge von Gruppen, die kommen und gehen. Einige Gruppen verblassen, andere werden verboten, andere tauchen wiederum mit neuen Namen auf. Anders als in Flandern oder Frankreich, wo charismatische Führer es verstehen, die extreme Rechte zusammenzubringen und auch zusammenzuhalten, dämmert die extreme Rechte in Deutschland als eine verstreute Ansammlung von Gruppen und unbedeutenden Organisationen vor sich hin.

Bezogen auf Wahlen, war die extreme Rechte niemals in der Lage, in bundesweiten Wahlen die 5 %-Hürde zu nehmen (ausgenommen die Republikaner bei der Europawahl 1989); dafür waren verschiedene Parteiformationen imstande, um die 5 %-Hürde in regionalen und lokalen Wahlen zu überwinden, so 1949 die Deutsche Reichspartei, 1950 die Deutsche Gemeinschaft, 1951 die Sozialistische Reichspartei (die neofaschistische Flügel der Deutschen Reichspartei), die Nationaldemokratische Parei Deutschlands zwischen 1966 und 1968 sowie 1989 die Republikaner. Zusätzlich zu diesen politischen Parteien wurden viele Gruppen und Organisationen seit 1945 gegründet, Jugend-, Sport-, Bauern-, Vertriebenen- oder auch nationalistische Verbände.

Es ist nicht schwierig, die personellen und ideologischen Verbindungen zwischen dem heutigen Rechtsextremismus und dem Nationalsozialismus in Deutschland zu ermitteln. Einige der Gründer oder Mitglieder dieser Organisationen waren früher Nazis, manchmal gibt es auch ideologische Bezüge zum Nationalsozialismus oder selbst zum Antisemitismus. Aber wenn sie sich selbst zu öffentlich als Nationalsozialisten oder antisemitische Organisationen zeigen, laufen sie Gefahr, verboten zu werden. Ferner spielen auch Flüchtlinge aus den früheren deutschen Ostgebieten eine nicht unwesentliche Rolle in den rechtsextremen Organisationen.

4.2.4 Niederlande

Ähnlich wie in Deutschland gelang es dem holländischen Rechtsextremismus niemals, aus dem Stadium der internen Grabenkämpfe der weitgehend unbedeutenden Organisationen herauszukommen. So werden ständig neue Organisationen gegründet, während andere wieder verschwinden, die wiederum aufgeteilt und dann mit anderen Namen der Öffentlichkeit erneut vorgezeigt werden. Dies hat teilweise mit der holländischen Gesetzgebung zu tun, da ebenso wie in Deutschland offen propagierter Antisemitismus, Nazismus oder Rassismus in den Niederlanden verboten sind. Daraus folgt, daß die Organisationen vorgeben, sich politisch korrekt zu verhalten, so daß sich ihr äußeres Erscheinungsbild von ihren eigentlichen Absichten unterscheidet. Nichtdestotrotz wurden einige Organisationen verboten (z.B. die 'Nederlandse Volksunie'), oder werden als kriminelle Organisation eingestuft (wie es zuletzt einer der rechtsextremen Splitterparteien widerfuhr).

Van Donselaar (1991) hat darauf aufmerksam gemacht, wie über persönliche Kontakte die heutigen Organisationen mit denen aus der Kriegszeit und den 60er Jahren verbunden sind. Es besteht dort offensichtliche Kontinuität, sowohl personell als auch ideologisch. Die erste etwas erfolgreichere politische Organisation der extremen Rechten, in der sich viele Rechtsextreme wieder zusammen gefunden haben, war die Bauernpartei ('Boerenpartij'), obgleich sich diese Partei niemals offen für Nazismus oder Faschismus ausgesprochen hat. Die Bauernpartei konnte in den 60ern einige Wahlerfolge für sich verbuchen, aufgrund interner Konflikte begann sie jedoch in den 70ern wieder auseinanderzufallen. Die nächste Phase der Wahlerfolge begann in den 90er Jahren, die vor allem durch die 'Centrum Democraten' errungen wurden, die von Janmaat geführt wird. Diese Partei wurde als die 'Centrum Partij' 1979 gegründet. Sie konnte einige Sitze im nationalen Parlament und besonders in regionalen und lokalen Wahlen gewinnen. Zugleich ist die Geschichte dieser Partei von unausgesetzten Konflikten, Spaltungen und Namenswechsel gekennzeichnet. Ein Führer mit mehr Charisma als Janmaat wäre vielleicht in der Lage, die Situation weitgehend unter Kontrolle zu halten, aber selbst geringe Chancen für Wahlerfolge wurden von der Partei immer wieder selbst vor oder nach den Wahlen zunichte gemacht.

Rechtsextreme Bewegungen, vor allem aber rechtsextreme Parteien, haben zwei Gesichter. Offiziell täuschen sie vor, politisch einwandfreie Organisationen zu sein, und mitunter bestreiten sie sogar, rechtsextrem zu sein. Sie bevorzugen Bezeichnungen wie Zentrum, Demokraten oder Nationalisten. Hinter den Kulissen stellt es sich freilich anders dar, nicht nur in Ländern wie Deutschland oder den Niederlanden, wo das politische Klima repressiver ist.

4.3 Nicht Unzufriedenheit, sondern Resourcen, Kosten und Nutzen

Eine zentrale Annahme der RM-Theorie war immer gewesen, daß es keinen direkten Bezug zwischen Unzufriedenheit und Protest gibt. Unzufriedenheit allein ist nicht konfliktfähig. Diese Einsicht bestätigt sich in mehrerlei Hinsicht. Zuallererst ist der Anteil der Bevölkerung, der rassistische Einstellungen aufweist, in allen vier Ländern etwa gleich groß (etwa 20 %). Zieht man das etwas moderatere Einstellungsmuster des Ethnozentrismus heran, so bewegt sich diese Zahl sogar bei ca. 40 %. Demgegenüber befinden sich die Stimmenanteile der entsprechenden Parteien deutlich darunter, selbst in Flandern und Frankreich; insofern scheint kein Zusammenhang zwischen Einstellungs- und Stimmenanteilen zu bestehen. Zum zweiten wählen viele, die sich zu rassistischen oder ethnozentristischen Ideen bekennen, deshalb nicht auch automatisch rechtsextreme Parteien. Dies gilt offensichtlich für Deutschland und Holland, aber ebenso für die beiden anderen Länder. So entschied sich in Flandern der größte Teil jener, die rassistischen oder ethnozentristischen Ideen zuneigen, für die Christdemokratische oder Sozialdemokratische Partei, den beiden größten Parteien dieses Landes. Umgekehrt gilt, daß 80 % der Wähler des 'Vlaams

Blok' entsprechende Einstellungsmuster aufwiesen, deutlich mehr als bei den anderen Parteien (de Witte 1996).

Dies zeigt, daß sehr viel mehr Personen sich für entsprechende Ideen und Themen der rechtsextremen Bewegungen aussprechen als sich tatsächlich dafür engagieren, entweder in Form der Stimmabgabe für eine jener Parteien, die diesen Bewegungen nahestehen, oder in anderer Weise, was die klassische Frage des RM-Ansatzes aufwirft: Was macht den Unterschied aus zwischen jenen, die sich dafür aussprechen, und jenen, die sich dafür engagieren? Auf diese Frage lautete die entsprechende Antwort der RM-Theorie immer: die Verfügbarkeit über Ressourcen und das Verhältnis von Kosten und Nutzen der Teilnahme.

4.4 Bewegungsorganisationen, soziale Netzwerke und charismatische Führer

In jedem der vier Länder stellt die extreme Rechte ein Archipel von Gruppen und Organisationen dar, das ständig seine Größe und Zusammensetzung ändert. Neue Gruppen und Organisationen tauchen auf und verschwinden in kurzer Zeit. Einer der wichtigsten Unterschiede zwischen Flandern und Frankreich einerseits und Deutschland und den Niederlanden andererseits besteht darin, daß die Organisationen in den ersten beiden Ländern dabei Erfolg hatten, eine starke Koalition zustande zu bringen, während dies in den beiden anderen mißlang. Die Konsequenz ist, daß die Bewegungen in Deutschland und Holland kontinuierlich als ein Konglomerat von kleinen, unbedeutenden und oft chaotischen Gruppen erscheinen, die die meiste Zeit damit verbringen, miteinander im Clinch zu liegen – anders als in Frankreich und Flandern, wo die Gruppen das Image von professionellen, effektiven und durchschlagskräftigen Organisationen besitzen. Dies ist ursprünglich auch abhängig von einer weiteren wichtigen Ressource, nämlich charismatischen Führern wie Le Pen in Frankreich oder Dillen in Flandern. Nicht zufällig war die Stimmenanzahl für Le Pen immer höher als für den 'Front National' (siehe Tabelle 1; für Flandern gibt es leider keine entsprechenden Daten). Darüber hinaus müssen die rechtsextremen Organisationen in den vier Ländern mit einer Reihe von historischen Hypotheken klar kommen.

Rechtsextremismus ist kein neues Phänomen, ebenso verhält es sich mit Rassismus oder Fremdenfeindlichkeit. Nun ist es nicht ungewöhnlich für soziale Bewegungen, sich in Zyklen zu entwickeln (Tarrow 1994). Verta Taylor (1989) hat die Aufmerksamkeit auf den Umstand gelenkt, daß ein sogenannter 'Dämmerzustand' („abeyance structures") hilft, die Phasen zwischen zwei Zyklen zu überbrücken. Innerhalb eines solchen Dämmerzustandes gibt es Gruppen von erklärten Aktivisten, die ihre eigene Nische gefunden haben und dadurch das Aktivennetzwerk und die Handlungsrepertoires, Ziele, Taktiken und kollektiven Identitäten aufrechterhalten.

Ein solcher Dämmerzustand sichert die Kontinuität einer Bewegung ab und ist für zukünftige Mobilisierungskampagnen nützlich. In jedem der vier Länder treten die rechtsextremen Bewegungen das Erbe ihrer Vorgängerbewegungen an; sämtliche Organisationen und Netzwerke, auf denen sie aufruhen, pflegen noch den einen oder anderen Kontakt zu Vorkriegsorganisationen. Entsprechend müssen sie die Hypotheken der Vergangenheit mittragen, wenngleich diese freilich nicht immer dieselben sind.

In Deutschland und den Niederlanden liest sich die Nachkriegsgeschichte des Rechtsextremismus als eine fortlaufende Abfolge von neu auftauchenden Organisationen, die mit der Zeit wieder auseinanderfallen. In Deutschland haben sich seit 1945 fast jährlich neue Organisationen gebildet; viele von diesen sind wieder verschwunden oder wurden von den Behörden aufgelöst. Diese Behörden werden immer dann aktiv, wenn eine Organisation öffentlich mit Zeichen des Nazismus, des Antisemitismus oder dergleichen hantiert. Etwas ähnliches läßt sich für die Niederlande beobachten, obgleich die holländischen Behörden weniger restriktiv sind. Aus diesem Grund laufen deutsche und holländische rechtsextreme Organisationen und Netzwerke laufend das Risiko, mit dem Nazismus der Vorkriegszeit in Zusammenhang gebracht zu werden, was sich sehr schnell zu einem Nachteil entwickeln kann, entweder, weil es den Verlust öffentlicher Unterstützung bedeutet, oder, weil die Behörden sich überlegen oder gleich entscheiden, die Organisation zu verbieten, wie es häufig deutschen und gelegentlich auch holländischen Organisationen widerfuhr.

In Frankreich und Flandern bestehen vergleichbare Verbindungen zum Rechtsextremismus der Vorkriegszeit, aber in beiden Ländern ist der Rechtsextremismus auch mit einer anderen historischen Episode verbunden: dem Befreiungskrieg in Algerien, was Frankreich anbelangt, und dem flämischen Nationalismus in Flandern. Dies hat zur Folge, daß die rechtsextremen Organisationen nicht nur auf eine unrühmliche, sondern auch auf eine für vielen Leute achtenswerten Vergangenheit zurückgreifen können, weshalb die Netzwerke und Organisationen der extremen Rechten in Frankreich und Flandern für die Mobilisierung gegen Ausländer weitaus besser geeignet sind als jene in Deutschland und Holland.

4.5 Kosten und Nutzen der Teilnahme an rechtsextremen Bewegungen

In Deutschland und sicherlich auch in den Niederlanden kann offene Unterstützung für rechtsextreme Organisationen recht teuer kommen. Jemand mag deshalb arbeitslos werden, seine Freunde verlieren oder die guten Beziehungen mit der Nachbarschaft aufs Spiel setzen. In keiner Weise gilt dies so für Flandern oder Frankreich. Demgegenüber läßt sich sowohl in Deutschland als auch in Holland mit einer derartigen Unterstützung kaum etwas gewinnen. Politisch kommt rechtsextremen

Ausländerfeindliche Bewegungen und Parteien im Vier-Länder-Vergleich

Parteien, Organisationen und deren Repräsentanten kaum nennenswerter Einfluß zu. Im Gegenteil, sie werden ignoriert, boykottiert und lächerlich gemacht. In Flandern und Frankreich werden die rechtsextremen Parteien, Organisationen und deren Repräsentanten dagegen ernst genommen und manchmal sogar respektiert. Und in jenen Regionen, in denen sie stark sind, verfügen sie über reale Macht, die sie auch zeigen, und auch zeigen, daß sie damit umgehen können. Das bedeutet nicht, daß die Teilnahme an rechtsextremen Organisation in Deutschland oder in den Niederlanden keinerlei Nutzen bringt. In Tiefeninterviews, die wir für beide Länder durchführen, haben die Bewegungsaktivisten zum Ausdruck gebracht, was es ihnen bedeutet, mit Gleichgesinnten zusammen zu sein, und wie wichtig es ihnen ist, ihre Prinzipien in die Tat umzusetzen.

4.6 Zur Dynamik der Selbstverstärkung

Auf eine bestimmte Weise wirken die Verfügbarkeit über Ressourcen und die Kosten und Nutzen der Teilnahme wie selbstverstärkende Faktoren. Starken Organisationen gelingt es besser, günstigte Kosten/Nutzen-Relationen zu schaffen, was es vielen Sympathisanten wiederum erleichtert, an ihnen teilzunehmen, was wiederum die Organisationen stärkt. In der Tat mag genau diese Dynamik den Unterschied zwischen der Stärke der Bewegungen in Flandern und Frankreich einerseits und der Schwäche der Bewegungen in Deutschland und den Niederlande andererseits erklären. Festzuhalten ist, daß eine Regierungspolitik, die Organisationen – wie in den letzten beiden Ländern – davon abhält, zu wachsen, diese Dynamik unterbindet.

5. Eine kritische Bewertung

Die Ressourcenmobilisierungstheorie hat sich in Reaktion auf die *breakdown*-Theorien entwickelt. Genau diese direkte Beziehung, wie sie von diesen Theorien zwischen Unzufriedenheit und Protest unterstellt wird, läßt sich im Falle des Rechtsextremismus nicht nachweisen. Unter diesem Gesichtspunkt erweist sich der RM-Ansatz als leistungsfähiger. Außerdem gibt es noch weitere Stärken dieses Ansatzes, die ich nochmals kurz zusammenfasse, bevor ich auf dessen Schwächen zu sprechen komme.

Vielleicht liegt der wichtigste Beitrag der RM-Theorie darin, daß sie soziale Bewegungen wieder unter der Devise 'Politik mit anderen Mitteln' betrachtet und nicht als ein plötzlich auftauchendes Phänomen, das lediglich auf *Structural Strains* reagiert. Denn dadurch können soziale Bewegungen empirisch sehr leicht untersucht werden, da wir es dann mit etwas zu tun haben, das eine gewisse Dauer, eine gewisse Organisation und Teilnehmer, aber auch Individuen aufweist, die sich der Teilnahme gerade entziehen, womit eine Fülle von Fragen aufgeworfen ist: Fragen nach Merkmalen von Bewegungsorganisationen, dem Rekrutierungsnetzwerk, den wahrgenommenen Kosten und Nutzen der Teilnahme, dem Einfluß ermöglichender und verhindernder Faktoren für das Schicksal einer sozialen Bewegung sowie über deren Erfolgschancen. Entsprechend hat eine Ausweitung der Forschung stattgefunden, die mit vielen zumeist ungeprüften Annahmen, die die Literatur bis dahin bevölkerten, überzeugend Schluß gemacht hat, wie der der Marginalität oder der Irrationalität der Bewegungsteilnehmer, der Entstehung sozialer Bewegungen durch externe Agitatoren oder durch die unvermittelte Verdichtung unzufriedener Menschen und dergleichen mehr. Zuletzt hat es geholfen, das Paradox zu verstehen, weshalb sich die meisten unzufriedenen Menschen an Protestbewegungen gerade nicht beteiligen, weil ihnen nämlich die Verfügung über Ressourcen und die Fähigkeit zu ihrer Mobilisierung aufgrund ihrer Situation gerade nicht gegeben ist. Anders herum wird dadurch verständlicher, weshalb oft jene, denen es besser geht, häufig protestieren, eben weil sie über Ressourcen verfügen, die sie zur Durchsetzung ihrer Interessen einsetzen können.

Das bedeutet aber nicht, daß alle Probleme gelöst wären. Klar ist, daß die *breakdown*-Theorien wenig dazu beizutragen haben, zu erklären, warum so viele unzufriedene Personen an Protestbewegungen nicht teilnehmen; die RM-Theorie hat wiederum wenig zu der Frage zu sagen, warum so viele Menschen unzufrieden sind. Denn woher kommt es, daß 20 bis 40 Prozent der Bevölkerung in diesen vier Ländern rassistischen oder fremdenfeindlichen Ideen anhängen? Zugestandenermaßen sind solche Ideen kein hinreichender Grund für die Erklärung von Rechtsextremismus, aber es leuchtet doch ein, daß es sich bei diese Ideen um eine notwendige Bedingung handelt, was wiederum die Frage aufwirft, weshalb so viele solchen Ideen anhängen, aber auch, warum es soviele gerade nicht tun.

Offenbar kümmert sich die RM-Theorie um solche Fragen nicht. Tatsache ist, daß sich das theoretische Konzept nicht sehr gut eignet, um derartige Kombinationen von makro- und mikrorelevanten Fragen zu behandeln. Auf der Makroebene handelt es sich um Fragen nach den Migrationsmustern, den globalen ökonomischen Verflechtungen, Arbeitslosigkeit und sozialer Sicherheit sowie die Art und Weise, wie diese Aspekte auf die sozialen Lebensverhältnisse größerer Gruppen in industrialisierten Gesellschaften Einfluß haben. Noch wichtiger ist die Frage, wie die von diesen Prozessen gespeiste Unzufriedenheit zu Rassismus und Fremdenfeindlichkeit führt. Dies richtet die Aufmerksamkeit auf Prozesse wie Konsensusmobilisierung und Framing, Prozesse, die der RM-Ansatz niemals in Rechnung stellte. Die Menschen leben in einer konstruierten Wirklichkeit, wie Sozialpsychologen immer wieder betonen. Die Konsequenz daraus ist, daß die Konstruktion von Bedeutungen und die Überzeugung durch Kommunikation ein zentraler Faktor bei der Mobilisierung durch Bewegungen sind.

Die RM-Theorie hat großen Wert auf die materielle Seite der Ressourcen wie Organisation und die Kosten/Nutzen-Relation bei der Teilnahme an sozialen Bewegungen gelegt und sich dabei von sogenannten 'sozialpsychologischen' Erklärungsmustern sozialer Bewegungen distanziert. Verschiedene Autoren mahnen nun an, man solle das Kinde nicht mit dem Bade ausschütten (Cohen 1985; Klandermans 1984). Über die letzten zehn Jahre hat daher eine Rehabilitation des sozialpsychologischen Ansatzes in der Bewegungsforschung eingesetzt, wie etwa die schnell wachsende Aufmerksamkeit für Identität und Kultur zeigt, Aspekte, die der RM-Ansatz schlichtweg außer Acht gelassen hat. So weiß man bisher wenig über die kulturellen Bedingungen des Rechtsextremismus. Sicherlich trifft zu, daß rechtsextreme Bewegungen auf den Prozeß der kulturellen Pluralisierung reagieren, wie er momentan in den meisten Industriestaaten stattfindet. Ob kulturelle Faktoren tatsächlich dazu beitragen können, um solche länderspezifischen Unterschiede zu erklären, wie sie hier erörtert wurden, muß die weitere Forschung zeigen. In jedem Fall scheinen aber Symbole, Rituale, heldenhafte Erzählungen und dergleichen eine wichtige Rolle für die Kultur der rechtsextremen Bewegungen zu spielen. Taylor/Whittier (1995) vermuten, daß solche kulturellen Elemente auch bei der Aufrechterhaltung kollektiver Identität bedeutsam sind. Interviews mit Aktivisten (Blee 1996; Linden/Klandermans 1997) haben gezeigt, daß sich Teilnehmer rechtsextremer Bewegungen natürlich mit ihren Bewegungen identifizieren. Tatsache ist, daß viele aktive Teilnehmer ihre Brücken zur Normalität abgebrochen haben und daß die Teilnahme an diesen Bewegungen beträchtlich zu ihrer sozialen Identität beiträgt.

Schließlich hat die RM-Theorie mit ihrer Konzentration auf Organisationsressourcen und die Kosten/Nutzen-Rechnung das politische System aus den Augen verloren. Dies ist umso überraschender, als es gerade diese Theorie war, die soziale Bewegungen als eine 'Politik mit anderen Mitteln' verstand. Die systematische Integration politischer Faktoren war erst dann möglich, als die politische Prozeßtheorie begann, politische Gelegenheitsstrukturen in ihrer Konzeption zu berücksichtigen. Gerade der Vergleich der vier Ländern bestätigt unzweifelhaft die Wichtigkeit politischer Gelegenheitsstrukturen. So konnte gezeigt werden, daß die Regierungspolitik in Deutschland und in den Niederlanden im Vergleich mit der Frankreichs und Flanderns einen entscheidenen Unterschied ausgemacht hat. Inzwischen haben diese Schwächen der Ressourcenmobilisierungstheorie zu einer Reihe von Erweiterungen, Verbesserungen und Korrekturen geführt, die in den anderen Beiträgen dieses Buches vorgestellt werden.

Die Übersetzung besorgte *Kai-Uwe Hellmann*.

Ruud Koopmans

Rechtsextremismus, fremdenfeindliche Mobilisierung und Einwanderungspolitik
Bewegungsanalyse unter dem Gesichtspunkt politischer Gelegenheitsstrukturen

1. Einleitung

In der ersten Hälfte der 90er Jahre erlebte Deutschland einen starken Anstieg rechtsextremer und ausländerfeindlicher Mobilisierung, der sich vor allem in einer Welle von Gewalttaten gegen Asylbewerber und andere Bevölkerungsgruppen ausländischer Herkunft niederschlug, die 1991 und 1992 ihren Höhepunkt erreichte. Ab 1993 ging die Zahl der Gewalttaten dann wieder stark zurück.

Solche auffälligen Unterschiede im Grad der Mobilisierung sozialer Bewegungen sind meistens der Ausgangspunkt für Studien, die sich des politischen Gelegenheitsstruktur-Ansatzes bedienen. Dabei kann es sich, wie in diesem Fall, um (Längsschnitt-)Unterschiede zwischen verschiedenen Zeiträumen, aber auch um Querschnittsvergleiche zwischen Ländern oder Regionen, oder auch um auffällige Unterschiede zwischen einzelnen Bewegungen handeln. Der zu erklärende Unterschied kann sowohl das Ausmaß der Mobilisierung als auch die benutzten Aktionsformen, den Grad der Institutionalisierung oder die Erfolgsquote sozialer Bewegungen betreffen. Stärker als die anderen in diesem Band behandelten Theoriestränge ist der politische Gelegenheitsstruktur-Ansatz denn auch auf komparative Fragestellungen gerichtet: Warum schafft es eine Bewegung in einem bestimmten Land, Hunderttausende auf die Beine zu bringen, während sie in einem anderen Land kaum Resonanz findet? Warum blieb eine andere Bewegung erfolglos, während die Forderungen einer dritten Bewegung vom politischen System übernommen wurden? Warum bediente sich eine Bewegung in den 70er Jahren radikaler Aktionsformen, während sie heute durch eher konventionelle Strategien gekennzeichnet ist?

Um solche Fragen zu beantworten, geht der politische Gelegenheitsstruktur-Ansatz von der Annahme aus, daß soziale Bewegungen eine Herausforderung des politischen Systems durch relative Außenseiter darstellen (Gamson 1968; Tilly 1978). Im Vergleich zu etablierten Akteuren des politischen Systems wie Regierungen, politischen Parteien oder Großverbänden verfügen sie über eine relativ beschränkte Ressourcenbasis, haben keinen geregelten Zugang zu Entscheidungsträgern oder den Medien und vertreten eine inhaltliche Position, die oft mit den Interessen mächtiger Gegner konfligiert und zumeist vom 'normalen', akzeptierten gesellschaftlichen Diskurs abweicht. Diese Ausgangssituation erklärt, warum Teilnehmer an sozialen Bewegungen sich überhaupt dieser Form der politischen Auseinandersetzung bedienen: Würde die betreffende Gruppe über umfangreiche Ressourcen verfügen, hätte sie einen leichteren Zugang zu Entscheidungsträgern, und wären ihre Anliegen gesellschaftlich akzeptiert, dann könnte sie sich auf konventionelle Politikformen wie Lobbying, Verhandlungen oder Mitarbeit in einer politischen Partei beschränken, und es wäre nicht notwendig, den relativ unsicheren, langwierigen, und oft risikoreichen Weg der Protestmobilisierung zu gehen.

Dennoch gelingt es mancher sozialer Bewegung, trotz dieser strukturellen Nachteile Massen auf die Beine zu bringen, Medienaufmerksamkeit zu gewinnen und manchmal sogar ihre Forderungen durchzusetzen. Aus der Sicht des politischen Gelegenheitsstruktur-Ansatzes sind solche erfolgreichen Mobilisierungen nur unter bestimmten strukturellen Voraussetzungen möglich, die die Machtbilanz zwischen Bewegungen und etablierten politischen Akteuren – meistens nur für einen begrenzten Zeitraum – zugunsten der Herausforderer verändern. Ein exemplarisches (und extremes) Beispiel für die Eröffnung eines solchen 'Gelegenheitsfensters' (window of opportunity) bilden verlorene Kriege, die oft zu einer Delegitimierung und Zersplitterung der herrschenden politischen Kräfte führen. Viele der großen historischen Revolutionen und Protestwellen haben sich aus solchen Regimekrisen entwickelt: die russischen und die deutschen Revolutionen am Ende des Ersten Weltkrieges, die Dekolonisierungsbewegungen in Asien nach dem Zweiten Weltkrieg, oder die Bürgerrechts- und Studentenbewegungen in den USA während des Vietnamkrieges.[1]

Für die Analyse der externen politischen Bedingungen, die die Mobilisierung sozialer Bewegungen einschränken oder fördern, ist der Begriff 'politische Gelegenheitsstrukturen' geprägt worden. Tarrow (1994) definiert diese als „consistent – but not necessarily formal or permanent – dimensions of the political environment that provide incentives for people to undertake collective action by affecting their expectations for success or failure" (85). In der Literatur findet sich allerdings eine erhebliche Zahl unterschiedlicher Operationalisierungen dieses Begriffes (siehe auch den Beitrag von Rucht in diesem Band), die sich aber in zwei Gruppen ordnen lassen. Auf der einen Seite findet man Operationalisierungen, die auf die Erklärung von Mobilisierungsunterschieden zwischen relativ stabilen, nationalen (oder auch regionalen oder lokalen) politischen Kontexten zugeschnitten sind (Brand 1985a; Kitschelt 1986). Dabei wird zum Beispiel der Einfluß zentralistischer oder föderalistischer politischer Systeme oder von repressiven oder konsensuellen Traditionen der Konfliktbearbeitung durch politische Eliten auf die Mobilisierung betont. Dagegen forciert die zweite Variante Faktoren, die Veränderungen innerhalb eines gegebenen politischen Systems erklären können (McAdam 1982; Tarrow 1994). Dabei sind insbesondere die Verfügbarkeit etablierter Allianzpartner sowie Konflikte innerhalb der politischen Elite als wichtige fördernde Bedingungen für Bewegungsmobilisierungen hervorgehoben worden.[2]

In diesem Kapitel werden wir uns auf diese zweite Anwendungsvariante des Begriffs der politischen Gelegenheitsstruktur konzentrieren, da es uns hier darum geht, eine Erklärung für den plötzlichen Anstieg der rechtsextremen Mobilisierung und deren anschließenden Rückgang in Deutschland in den 90er Jahren zu finden.[3] Dabei werden wir unsere Aufmerksamkeit vor allem auf die Interaktionen zwischen rechtsextremer Mobilisierung und der in der etablierten Politik geführten Debatte zur Einwanderungs- und insbesondere zur Asylpolitik richten.

Bevor wir zu dem empirischen Teil übergehen, ist es aber notwendig, auf eine Schwachstelle in der Literatur zu politischen Gelegenheitsstrukturen aufmerksam zu machen. Die meisten Anwendungen des Begriffs haben nämlich den Nachteil, daß sie unzureichend klar machen, wie und warum solche Strukturmerkmale auf die Mobilisierungsentscheidungen kollektiver Akteure einwirken. Dementsprechend findet man in der Literatur oft entgegengesetzte Hypothesen über die Auswirkungen bestimmter struktureller politischer Konstellationen auf die Mobilisierung sozialer Bewegungen. Während manchmal offener Zugang zum politischen System als ein mobilisierungsfördernder Faktor gedeutet wird (Amenta/Zylan 1991; McAdam 1982; Tarrow 1994), ist die umgekehrte Behauptung, nämlich daß Mobilisierung als eine Reaktion auf geschlossene Strukturen gesehen werden kann, ebenfalls geläufig und plausibel (Offe 1985; Roth/Rucht 1986).

Das Problem eines solchen direkten Kurzschlusses von abstrakten Strukturen und Mobilisierung ist, daß es an intermediären Konzepten fehlt, die sowohl auf politischen Strukturen bezogen werden können als auch eine konkrete Bedeutung für die Entscheidungen von Bewegungsakteuren haben. Wenn wir davon ausgehen, daß Protestteilnehmer rationale Akteure sind, die die Realisierungschancen und den Nutzen ihrer kollektiven Ziele gegen die Erwartung der mit kollektiver Aktion verbundenen Kosten abwägen, so lassen sich zwei Typen von Kosten/Nutzen-Bilanzen ableiten: (1) Die erwarteten Kosten und Nutzen in bezug auf das kollektive Ziel, das die Bewegung anstrebt, und (2) die Kosten und Nutzen der kollektiven Aktion selbst. Weiter ist es wichtig einzusehen, daß Mobilisierungsentscheidungen immer auf einer Auswahl aus verschiedenen Handlungsalternativen beruhen. Soziale Bewegungen haben erstens immer die Wahl zwischen verschiedenen Strategien (Lobbying, Demonstrationen, Gewalt usw.) und werden sich für jene Strategie entscheiden, die mit den geringsten Kosten die größten Chancen zur Realisierung des kollektiven Ziels bietet. Zweitens können sie sich auch dafür entscheiden, überhaupt nicht zur kollektiven Aktion überzugehen, etwa wenn keine der zur Verfügung stehenden Strategien in bezug auf das kollektive Ziel Erfolg verspricht, oder wenn die Kosten kollektiver Aktion, z.B. durch die Erwartung harter Repression, als zu hoch eingeschätzt werden.

Diese Kosten/Nutzen-Bilanzen lassen sich in vier Faktoren zusammenfassen, die ich als 'konkrete Gelegenheiten' (concrete opportunities) bezeichne (siehe auch Tilly 1978; Koopmans 1995)[4]:

(1) Die Einschätzung der Erfolgschancen der Mobilisierung, also die perzipierte Chance, daß die Aktion zur Erreichung des kollektiven Ziels beitragen wird. Je hö-

her die Erfolgschancen eingeschätzt werden, desto größer ist die Wahrscheinlichkeit, daß zur kollektiven Aktion übergegangen wird.
(2) Die Bilanz von erwarteten externen Reformen und Drohungen, d.h. die Chance, daß das kollektive Ziel auch ohne kollektive Aktion erreicht wird bzw. daß das bereits Erreichtes verloren gehen würde, gäbe es keine Gegenaktion. Wird mit externen Reformen gerechnet, z.B. weil eine Regierung selbst schon Maßnahmen, die das kollektive Ziel näherbringen, unternimmt, wird kollektive Aktion als weniger notwendig erscheinen. Werden aber die schon erreichten kollektiven Ziele einer Bewegung bedroht, etwa weil eine feindlich gesinnte Regierung an die Macht kommt, so erhöht sich die Wahrscheinlichkeit kollektiver Aktion, nicht so sehr, weil die politischen Gelegenheiten jetzt besonders günstig sind, sondern weil sich die Attraktivität kollektiver Aktion gegenüber der Alternative erhöht, nichts zu unternehmen.
(3) Die externe Förderung (facilitation) kollektiver Aktionen, d.h. die Kostensenkungen oder Belohnungen, die von außerhalb der Bewegung für kollektive Aktion bereitgestellt werden. Werden z.B. bestimmte Formen kollektiver Aktion durch Subventionierung oder formelle Mitbestimmungsverfahren staatlich gefördert, oder stellen Allianzpartner ihre Unterstützung in Aussicht, werden diese Formen kollektiver Aktion kostengünstiger und dadurch attraktiver.
(4) Genau umgekehrt ist der Effekt von Repression, also von jeder Form der Kostenerhöhung oder Bestrafung kollektiver Aktion, die durch die Intervention externer Akteure bewirkt wird. Solche Aktionsformen, die mit staatlicher Repression rechnen können oder zu negativen Sanktionen anderer Akteure führen, werden dadurch unattraktiv.

Die theoretische Relevanz dieser konkreten Gelegenheiten liegt darin, daß sie – im Gegensatz zu eher abstrakten, strukturellen Faktoren wie 'Elitendissenz' oder 'offene Input-Strukturen' – eine konkrete Bedeutung für die Entscheidungen von Bewegungsakteuren haben. Zugleich lassen sie sich aber leicht mit solchen mehr abstrakten politischen Gelegenheitsstrukturen verbinden. So kann die mobilisierungsfördernde Wirkung von Elitendissenz jetzt leicht deutlich gemacht werden. Wenn politische Eliten sich über das Anliegen der Bewegung streiten, dann erhöhen sich erstmal ganz allgemein die Erfolgschancen der Mobilisierung durch die Tatsache, daß sich die Medien- und Publikumsaufmerksamkeit für das Bewegungsthema und damit die Resonanz der Mobilisierung verstärken. Darüber hinaus bietet sich die Chance, daß durch Mobilisierung die relative Machtposition jenes Teils der politischen Elite, der der Bewegung günstig gesinnt ist, verstärkt und damit das Bewegungsziel erreicht werden kann. Zugleich verhindern der Dissenz innerhalb der Elite und die gegenseitige Blockade, die sich daraus ergibt, aber auch, daß es zu einer Situation der Reform kommt, die Mobilisierung überflüssig machen würde. Auch die Förderung der Mobilisierung könnte zunehmen, da es dann, wenn die Bewegung zu einer ernstzunehmenden Kraft anwächst, für Teile der politischen Elite interessant wird, Allianzen mit der Bewegung einzugehen, um so ihre Machtposition ihren politischen Gegnern gegenüber zu verstärken. Schließlich kann noch ein günstiger Effekt von Elitendissenz auf die von der Bewegung erfahrene Repression erwartet werden. Wenn Teile der Elite der Bewegung mit Repression gegenübertreten, andere Teile solche Versuche aber verurteilen oder die konsequente Implementation der Repression verhindern, so untergräbt dies die Effektivität und Legitimität der Repression. In der Folge kann Repression kontraproduktiv werden, da sie zwar zur Stärkung des internen Zusammenhangs der Bewegung und Solidarisierung der Bevölkerung mit der Bewegung beiträgt, ohne aber effektiv und konsequent genug zu sein, um die Bewegung einzuschüchtern.

Gerade durch diese Verbindung der hier vorgestellten konkreten Gelegenheiten mit der strukturellen Ebene wird die Trivialität vermieden, die mit vielen herkömmlichen Erklärungen kollektiver Aktion aus der Perspektive des 'rational choice' oft verbunden ist. Zu zeigen, daß kollektive Aktion unternommen wird, weil sie den Teilnehmern attraktiv erscheint, wird erst theoretisch interessant, wenn die Erklärung verbunden wird mit einer Antwort auf die Frage nach den strukturellen Bedingungen, die dafür sorgen, daß das, was gestern unmöglich schien, heute plötzlich Gebot der Stunde ist. Umgekehrt wirkt eine solche strukturelle Analyse erst dann überzeugend, wenn gezeigt werden kann, wie und warum die veränderten strukturellen Bedingungen in die Mobilisierungsentscheidungen von Bewegungsakteuren eingehen.

2. Die Entwicklung rechtsextremer und ausländerfeindlicher Mobilisierung in den 1990er Jahren

Die spektakuläre Zunahme rechtsextremer Mobilisierung Anfang der 90er Jahre zeigt sich deutlich in den vom Bundesamt für Verfassungsschutz veröffentlichten Daten zur Zahl rechtsextremer Gewalttaten. Wie Schaubild 1 zeigt, bewegte sich die Zahl solcher Gewalttaten in den 80er Jahren auf einer relativ niedrigen Ebene, mit nur leicht steigender Tendenz. Das Jahr 1991 verzeichnete aber eine fast fünffache Erhöhung des Gewaltniveaus, die sich im folgenden Jahr weiter fortsetzte. Ab 1993 nahmen die Gewalttaten dann wieder deutlich ab, blieben aber deutlich über dem Niveau der 80er Jahre.

Während die Verfassungsschutzberichte für den Zeitraum bis 1991 nur Gesamtzahlen rechtsextremer Gewalttaten auflisteten, lassen sich ab 1992 fremdenfeindliche und sonstige rechtsextremistische Gewalttaten (antisemitische Gewalt, Gewalt gegen linke Gruppen sowie Gewalt mit sonstigen rechtsextremen Zielsetzungen oder Gruppenhintergrund) in den Statistiken unterscheiden (siehe Schaubild 1). Eine Betrachtung dieser Daten macht klar, daß die undifferenzierte Rede von einer Welle 'rechtsextremer' Gewalt in den 90er Jahren deutlich relativiert werden muß. Der 92er Höhepunkt der Gewalt läßt sich fast ausschließlich auf fremdenfeindliche Gewalttaten zurückführen, und der Rückgang des Gesamtvolumens der Gewalt seit 1993 wird ebenfalls vor allem durch eine Abnahme der fremdenfeindlich motivier-

Rechtsextremismus, fremdenfeindliche Mobilisierung, Einwanderungspolitik 203

ten Gewalt verursacht. Dagegen war die Zahl sonstiger rechtsextremer Gewalttaten nicht nur deutlich geringer, sondern bewegte sich zwischen 1992 und 1996 – von kleineren Schwankungen abgesehen – auf einem relativ konstanten Niveau.

Schaubild 1: Entwicklung rechtsextremer Gewalt, 1984-1996

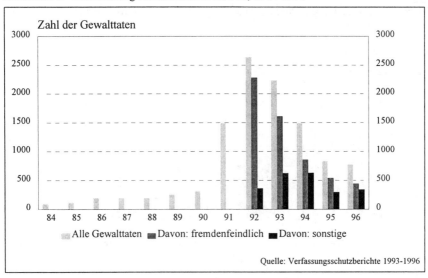

Dieser Eindruck wird bestätigt, wenn wir die Ergebnisse aus einem anderen Datensatz hinzuziehen, der eine differenziertere Betrachtung der rechtsextremen und ausländerfeindlichen Mobilisierung erlaubt. Diese Daten wurden im Rahmen des am Wissenschaftzentrum Berlin (WZB) betriebenen Forschungsprojektes 'Einwanderungspolitik, Staatsbürgerschaft und die Mobilisierung ethnischer Unterschiede' gesammelt. Sie beruhen auf einer Auswertung der in Tageszeitungen berichteten Mobilisierungen mit rechtsextremem und/oder ausländerfeindlichem Hintergrund.[5] Im Gegensatz zu den Verfassungsschutzdaten umfassen die im Schaubild 2 gezeigten Daten nicht nur Gewalttaten, sondern auch andere Formen der Mobilisierung wie Demonstrationen und Versammlungen. Allerdings machen diese mit einem Anteil von ungefähr 25 Prozent nur eine Minderheit der rechtsextremen und ausländerfeindlichen Mobilisierung aus.

Auch hier sehen wir, daß der Anstieg der Mobilisierung in den Jahren 1991 und 1992 wie auch der Rückgang ab 1993 ganz überwiegend auf das Konto fremdenfeindlicher Mobilisierung gehen. Mobilisierungen mit antisemitischem Hintergrund und auch gegen linke Gruppen gerichtete Proteste blieben im ganzen Zeitraum auf einem relativ niedrigen, mehr oder weniger konstanten Niveau. Eine ungefähre Verdopplung gegenüber dem 1990er Niveau läßt sich bei den sonstigen Mobilisierungen durchaus feststellen. Dabei geht es überwiegend um rechtsextreme Aufmärsche, bei denen keine konkrete Zielsetzung erkennbar war oder auch um Gewalttaten gegen Sachen (Autos, Schaufenster usw.) oder nicht-ausländische Personen (z.B. Skinheadangriffe auf Kneipen- und Diskothekenbesucher). Solche Mobilisierungen erreichten ihren Höhepunkt aber erst im Jahre 1994, d.h. zwei Jahre nach dem Höhepunkt der Mobilisierungswelle.

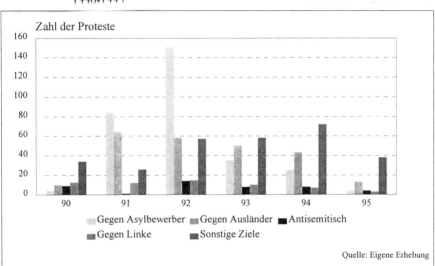

Schaubild 2: Zielrichtung rechtsextremer und ausländerfeindlicher Mobilisierung, 1990-1995

Quelle: Eigene Erhebung

Gegenüber den Verfassungsschutzdaten lassen die im Schaubild 2 wiedergegebenen Daten darüber hinaus eine Differenzierung innerhalb der Kategorie fremdenfeindlicher Mobilisierungen zu. Dabei zeigt sich, daß der Anstieg fremdenfeindlicher Mobilisierungen in hohem Maße auf eine Zunahme von gegen Asylbewerber gerichteten (fast ausschließlich gewaltförmigen) Aktionen zurückgeführt werden kann. Während im Jahre 1990 nur vier Angriffe auf Asylbewerber und ihre Unterkünfte erfaßt wurden, stieg diese Zahl bis 1992 um das 25-fache auf mehr als 150 an. Ab 1993 nahmen die Gewalttaten gegen Asylbewerber dann wieder stark ab, um 1995 wieder auf das Ausgangsniveau zurückzukehren. Auch bei den gegen sonstige Ausländergruppen gerichteten Aktionen läßt sich ein, allerdings deutlich weniger ausgeprägter Anstieg feststellen. Anfang der 90er Jahre richteten sich solche Aktionen vor allem gegen die Vertragsarbeiter aus Vietnam, Mosambik und Angola in der ehemaligen DDR, später wurden auch die in Deutschland lebenden Türken öfter zum Opfer ausländerfeindlicher Gewalttaten.

Insgesamt läßt sich festhalten, daß die Welle 'rechtsextremer' Mobilisierung ganz überwiegend auf einen Anstieg fremdenfeindlicher Aktionen zurückgeht. Auf sonstige Ziele und Opfergruppen gerichtete Mobilisierungen waren nicht nur deutlich geringer in der Anzahl, sondern stiegen im Laufe der 90er Jahre auch nur in geringem Maße an. Dies gilt nicht nur für die diffuse Gewalt gegen Sachen und Personen, sondern in besonderem Maße auch für genuin rechtsextremistische Mobilisierungen mit antisemitischen, antilinken oder revisionistischen Zielsetzungen. Ein ähnliches Bild ergibt sich, wenn wir die Entwicklung der von rechtsextremen und neonazistischen Organisationen getragenen Aktionen betrachten. Der Anteil solcher Mobilisierungen war nicht nur gering (weniger als 10 Prozent aller Aktionen), sondern auch hier läßt sich nur ein geringer Anstieg feststellen. Dagegen wird die Zunahme der Zahl der Aktionen in den Jahren 1991 und 1992 vor allem vom Anstieg der (Gewalt-)Aktionen mit unbekannten Tätern verursacht. Wie andere Forschungen festgestellt haben, ging es bei solchen anonymen Übergriffen oft um, meist nächtlich und in betrunkenem Zustand begangenen Aktionen von zwar ausländerfeindlich motivierten, aber ansonsten eher unpolitischen Jugendlichen, die meistens nicht über Kontakte zu explizit rechtsextremen Kreisen verfügten (Willems et al. 1993).

Bei der Erklärung der Mobilisierungswelle aus der Perspektive des politischen Gelegenheitsstruktur-Ansatzes liegt es angesichts dieser Befunde nicht auf der Hand, nach Gelegenheitsstrukturen zu suchen, die 'neonazistische' oder 'rechtsextremistische' Gruppen und Zielsetzungen gefördert haben könnten, und zwar aus dem einfachen Grund, daß solche Mobilisierungen nur einen geringen Anteil an der Mobilisierungswelle hatten. Außer den militanten 'antifaschistischen' Gruppen, die die deutsche politische Kultur immer auf der Kippe zum Faschismus sehen, ließen sich solche Gelegenheiten auch schwer nachweisen. Explizit neonazistische oder antisemitische Gruppierungen und Äußerungen stoßen sowohl in der deutschen Politik als auch bei der Bevölkerung auf eine breite Ablehnungsfront und werden mit einem Ausmaß an Repression konfrontiert, das deutlich über die Praxis in den meisten europäischen Nachbarländern hinausgeht. Demgegenüber bietet es sich viel eher an, nach Bedingungen zu suchen, die die Mobilisierungschancen für ausländerfeindliche Ziele erhöht haben könnten, wobei insbesondere die Konzentration dieser Mobilisierung auf die Opfergruppe der Asylbewerber erklärt werden müßte. Eine solche Perspektive müßte nicht nur den Anstieg dieser Mobilisierungswelle in den Jahren 1991 und 1992, sondern zugleich auch deren Rückgang seit 1993 erklären können.

3. Einwanderungspolitik, Asyldebatte und ausländerfeindliche Mobilisierung

Man braucht keine tiefgehende wissenschaftliche Analyse, um festzustellen, daß die hier untersuchte Mobilisierungswelle in einem brisanten einwanderungspolitischen Kontext stattfand, der schon von vielen Beobachtern mit dem Anstieg rechtsextremer und ausländerfeindlicher Proteste in Verbindung gebracht wurde. Mit dem Zusammenbruch der Ostblockregime setzte ab Ende der 80er Jahre eine Massenwanderung von Ost- nach Westeuropa ein, von der Deutschland wegen seiner europäischen Mittellage in besonders starkem Maße betroffen war. Innerhalb eines relativ kurzen Zeitraums zogen Millionen Menschen nach Deutschland. Zwischen 1988 und 1994 reisten ungefähr 1,7 Millionen Asylbewerber in Deutschland ein, die sich auf das bis zur Grundgesetzänderung im Jahre 1993 relativ großzügige deutsche Asylrecht beriefen. Die große Mehrheit (ungefähr zwei Drittel) dieser Asylbewerber kam aus osteuropäischen Ländern (u.a. Polen, Rumänien und Ex-Jugoslawien), der übrige Teil aus verschiedenen asiatischen und afrikanischen Ländern. Im gleichen Zeitraum nahm Deutschland eine noch etwas größere Zahl (fast zwei Millionen) deutschstämmiger Aussiedler aus Osteuropa (u.a. Polen und Rumänien) und der ehemaligen Sowjetunion auf, die einen verfassungsrechtlich begründeten Anspruch auf die deutsche Staatsbürgerschaft geltend machen konnten.

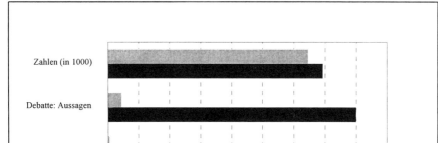

Schaubild 3: Zahlen von, Aussagen zu und Gewalttaten gegen Asylbewerber(n) und Aussiedler(n), 1990-1994

Ein erstes Indiz für die Bedeutung politischer Gelegenheitsstrukturen für die Entfaltungschancen fremdenfeindlichen Protests läßt sich aus den sehr unterschiedlichen Reaktionen auf diese beide Einwanderungsströme ableiten (siehe Schaubild 3). Trotz des vergleichbaren Umfangs der Asylbewerber- und Aussiedlereinwanderung, den teilweise überlappenden Herkunftsländern und der Tatsache, daß vielen Aussiedlern die deutsche Sprache und Kultur nicht weniger fremd waren als vielen Asylbewerbern, löste nur die Asylbewerbereinwanderung eine stark polarisierte und emotionalisierte politische Debatte aus. Das heißt nicht, daß die Politik nicht darum bemüht war, den Anstieg der Aussiedlerzahlen in den Griff zu bekommen. Anders als bei der Asylfrage wurde die Aussiedlerzuwanderung aber ohne größere öffentliche Auseinandersetzungen durch eine Verfahrensänderung unter Kontrolle gebracht, die die betreffenden Verfassungsartikel unberührt ließ. Seit dem Inkrafttreten der neuen Regelung im Jahre 1990 wird die Zahl der Aussiedler dadurch auf ungefähr 200.000 pro Jahr begrenzt (Bade 1992).

Im Gegensatz dazu wurde die Asylbewerberzuwanderung zum Gegenstand einer langwierigen Debatte, die die deutsche Politik fast zwei Jahre lang dominierte (Stark 1994; Koopmans 1996a). Wie Schaubild 3 zeigt, waren im Untersuchungszeitraum Asylbewerber 18-mal häufiger als Aussiedler Gegenstand öffentlicher Auseinandersetzungen. In der politischen Debatte wurden die Asylbewerber darüber hinaus oft negativ dargestellt ('Scheinasylanten', 'Asylbetrug') und ihre Aufnahme in Zeiten von Arbeitsplatz- und Wohnraumknappheit als eine zu große Belastung für Staat und Bevölkerung dargestellt. Dagegen war die Politik in bezug auf Aussiedler vor allem um die Herstellung von Akzeptanz bemüht; daß dabei Kampagnenlosungen wie 'Aussiedler sind keine Ausländer' benutzt wurden zeigt, daß die Akzeptanz der Aussiedler als 'Deutsche' keineswegs selbstverständlich war. Die unterschiedliche politische Bearbeitung und öffentliche Darstellung der beiden Einwanderergruppen spiegelte sich in der Problemwahrnehmung der Bevölkerung wider. Trotz der Tatsache, daß Aussiedler wegen ihrer privilegierten Behandlung in bezug auf Ausbildung, Sozialleistungen und Wohnraum ernsthaftere Konkurrenten um knappe Ressourcen waren als die Asylbewerber, nannte nur eine geringe Zahl der Bundesbürger die Aussiedler als wichtiges politisches Problem. Dagegen wurden Asylbewerber zwischen Oktober 1991 und August 1993 von den Westdeutschen ununterbrochen als das wichtigste politische Problem überhaupt genannt, während das 'Asylproblem' in Ostdeutschland nach der Arbeitslosigkeit an zweiter Stelle rangierte.[6]

Fügt man hinzu, daß die Asylbewerberzuwanderung zwar von Politikern immer wieder problematisiert wurde, die zerstrittene politische Elite es aber zugleich nicht schaffte, dieses Problem durch wirksame Maßnahmen in den Griff zu bekommen, läßt sich daraus auf eine günstige Gelegenheitsstruktur für gegen Asylbewerber gerichtete Mobilisierung schließen. Damit ließe sich erklären, warum – wie Schaubild 3 zeigt – Asylbewerber ungleich viel häufiger Opfer fremdenfeindlicher Übergriffe wurden als Aussiedler. Durch die Prominenz der Asyldebatte in der Öffentlichkeit konnten Gewalttaten gegen Asylbewerber mit einer hohen Medienaufmerksamkeit rechnen, und der Problemstatus der Asylbewerber legitimierte zwar nicht die gewaltförmigen Mittel, aber doch wenigstens das Ziel der Täter. Aus der Sicht der oben diskutierten konkreten Gelegenheiten konnten die Gewalttäter dadurch mit guten Erfolgsaussichten rechnen, während sich zugleich die Handlungsblockade in der Politik eine Situation der 'Reform', die durch wirksame Maßnahmen zur Beschränkung der Asylbewerberzuwanderung der Gewalt den Boden hätte entziehen können, nicht einstellte. Eine solche Situation kam erst im Dezember 1992 zustande, als die Regierungsparteien und die SPD sich auf den sogenannten 'Asylkompromiß' einigten, der dann im Mai 1993 vom Bundestag beschlossen wurde und im Juli 1993 in Kraft trat. Die Grundgesetzänderung stellte sich in der Folge als eine wirksame Maßnahme heraus: schon in der zweiten Hälfte des Jahres 1993 gingen die Asylbewerberzahlen stark zurück und blieben auch in den folgenden Jahren deutlich unter dem Niveau des Beginns der 90er Jahre.

Schaubild 4: Entwicklung von Asylbewerberzahlen, rechtsextremer Mobilisierung, Einwanderungsdebatte und einwanderungspolitischen Entscheidungen, 1990-1994

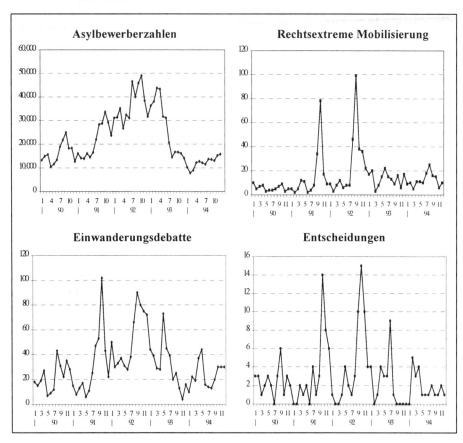

Die Bedeutung der politischen Debatte und des Entscheidungsprozesses in bezug auf Einwanderung und Einwanderer für die Entfaltungschancen ausländerfeindlicher und rechtsextremer Mobilisierung läßt sich auch durch eine Längsschnittanalyse einwanderungspolitischer Konflikte zwischen 1990 und 1994 belegen. Im Schaubild 4 ist die Entwicklung von vier in dieser Hinsicht wichtigen Variablen auf Monatsbasis wiedergegeben.[7] Für die Analyse wurde die Zahl rechtsextremer und ausländerfeindlicher Proteste als abhängige (d.h. zu erklärende) Variable genommen. Als erklärende Variablen wurden die Zahl einwanderungspolitischer Aussagen als Indikator für die Erfolgsaussichten der Mobilisierung sowie die Zahl der Entscheidungen, die die Rechte von Einwanderern und Ausländern beschränken, als Indikator für 'Reform' mit einbezogen. Wie Schaubild 4 zeigt, läßt sich schon optisch feststellen, daß diese drei Variablen zeitlich eng miteinander verknüpft waren. Dieser Zusammenhang müßte aber nicht unbedingt die Folge einer kausalen Verknüpfung im Sinne des Gelegenheitsstrukturmodells sein, sondern könnte auch darauf zurückgehen, daß sowohl die Mobilisierung als auch die Debatte sowie der Entscheidungsprozeß auf die objektive Entwicklung der Problemlage reagierten. Dies würde eine Erklärung der Mobilisierung im Rahmen der Theorie relativer Deprivation implizieren. Um diese alternative Möglichkeit zu überprüfen, wurde die Zahl der Asylbewerberzahlen als Kontrollvariable in die Analyse einbezogen.[8] Um ein einfaches entweder/oder bei der Gegenüberstellung von Gelegenheitsstruktur- und Deprivationserklärungen zu vermeiden, wurde schließlich auch ein Interaktionsfaktor aufgenommen, der dem Produkt von Asylbewerberzahlen und politischer Einwanderungsdebatte entspricht.[9] Mit dieser Variable kann der Frage nachgegangen werden, ob das Zusammentreffen von hohen Einwanderungszahlen und einer intensiven politischen Debatte die Mobilisierung gespeist hat.

Die Daten wurden mit einem Regressionsmodell analysiert. Da Ursachen logischerweise Wirkungen zeitlich vorgelagert sein sollten, wurden die erklärenden Variablen dabei jeweils mit einer Rückverschiebung von einem Monat gemessen. Nur für die Asylbewerberzahlen ergaben sich bei einer Rückverschiebung von zwei Monaten stärkere Effekte. Dies könnte darauf zurückzuführen sein, daß sowohl in der Politik als auch bei der Mehrheit der Bevölkerung Anstiege oder Abnahmen der Asylbewerberzahlen erst mit der Veröffentlichung der jüngsten Monatszahlen – die der Wirklichkeit immer einen Monat hinterherläuft – wahrgenommen werden.

In Zeitreihenanalysen muß darüber hinaus immer auch die abhängige Variable mit einer zeitlichen Rückverschiebung als erklärende Variable aufgenommen werden; dies, weil viele soziale Prozesse eine Eigendynamik kennen, die Werte einer Variable zu einem bestimmten Zeitpunkt also auch von dem vorangegangenen Niveau abhängen. Gerade in bezug auf die Entwicklung rechtsextremer Gewalt wurde mehrmals auf eine solche Eigendynamik hingewiesen (Brosius/Esser 1995). Um dieser Möglichkeit Rechnung zu tragen, wurde die Zahl der rechtsextremen und ausländerfeindlichen Proteste im Vormonat als mögliche erklärende Variable hinzugezogen.

Tabelle 1: Regressionsanalyse der Bedingungen ausländerfeindlicher und rechtsextremer Mobilisierung, Beta-Koeffizienten (Signifikanzniveau in Klammern), Januar 1990- Dezember 1994

Erklärende Variablen:		Abhängige Variable: Mobilisierung t=0	
Mobilisierung	t=-1	.50	(.0009)
Einwanderungsdebatte	t=-1	.39	(.0130)
Restriktive Entscheidungen zur Einwanderung	t=-1	-.41	(.0039)
Zunahme / Abnahme der Asylbewerberzahlen	t=-2	.09	(.4311)
Interaktion: (Einwanderungsdebatte t=-1) * (Zunahme/Abnahme der Asylbewerberzahlen t=-2)		.45	(.0002)
R^2=.57, F=13.50 (Signifikanz: .0000), N=60			

Tabelle 1 faßt die Ergebnisse der Analyse zusammen. Es zeigt sich, daß die rechtsextreme und ausländerfeindliche Mobilisierung in der Tat von einer starken Eigendynamik gekennzeichnet war: Die wichtigste erklärende Variable für das Mobilisierungsniveau in einem bestimmten Monat war das Ausmaß der Mobilisierung im Vormonat. Die Erklärung solcher Eigendynamiken ist in der Bewegungsforschung eine noch weitgehend offene Frage, die auch hier nicht weiter geklärt werden kann.[10] Dem Gelegenheitsstrukturmodell entsprechend, finden wir weiter einen positiven Effekt der Einwanderungsdebatte sowie einen negativen Effekt von restriktiven politischen Entscheidungen auf die Mobilisierung. Das heißt, daß die politische Debatte zur Einwanderung (und insbesondere zur Asylproblematik, die die große Mehrheit der einwanderungspolitischen Aussagen auf sich zog) in der Tat als eine Gelegenheitsstruktur interpretiert werden kann, die die Erfolgsaussichten für rechtsextreme und ausländerfeindliche Gruppierungen gesteigert hat. Dagegen hatten Entscheidungen, die die Rechte von Einwanderern und Ausländern beschränkten, einen demobilisierenden Effekt. Aus dieser Sicht muß gerade die Kombination der öffentlichen Problematisierung von Asylbewerbern mit dem langen Ausbleiben einer wirksamen politischen Lösung des Problems als mobilisierungsfördernder Faktor gedeutet werden.

Demgegenüber läßt sich kein signifikanter Effekt der Entwicklung der Asylbewerberzahlen nachweisen. Der 'objektive' Anstieg der Einwanderung kann demnach auch nicht als eine Erklärung für die Zunahme ausländerfeindlicher Mobilisierung gesehen werden. Dies wurde auch schon durch den Vergleich der Reaktionen auf die Asylbewerber- und Aussiedlerzuwanderung gezeigt. Das heißt aber nicht, daß die Entwicklung der Asylbewerberzahlen für die Mobilisierung bedeutungslos war. Die nach der Eigendynamik wichtigste Erklärung für die Entwicklung der Mobilisierung ist nämlich die Interaktion zwischen der Entwicklung der Asylbewerberzahlen und der politischen Debatte. Dies bedeutet, daß die Entwicklung der Asylbewerberzahlen nur unter der Bedingung einer öffentlichen Problematisierung des Asylthemas einen Effekt auf die Entwicklung der Mobilisierung hatte. Ein großer Teil der Bevölkerung, der selbst nicht direkt mit Asylbewerbern konfrontiert wurde, dürfte sogar erst durch die öffentliche Debatte auf die steigenden Asylbewerberzahlen aufmerksam gemacht worden sein. Erst nach dem Beginn der Asyldebatte im Sommer 1991 wurden auch die monatlichen Asylbewerberzahlen zum festen – und oft prominenten – Bestandteil der Medienberichterstattung.

Umgekehrt gilt aber auch, daß die Wirkung der Einwanderungsdebatte auf die Mobilisierung deutlich geringer ausgefallen wäre, wenn sie nicht mit einem realen Anstieg des Problemdrucks verbunden gewesen wäre. Zwar gibt es auch einen eigenständigen Effekt der Debatte auf die Gewalt, unabhängig von der 'realen' Entwicklung der Einwanderung, dennoch entfaltet die Debatte ihre stärkste Wirkung, wenn sie mit einem tatsächlichen Anstieg der Einwanderung verbunden ist. Theoretisch bedeutet dies eine gewisse Relativierung der Erklärungskraft politischer Gelegenheitsstrukturen. Hätte eine ähnliche politische Problematisierung der Einwanderung in einer Situation stattgefunden, die keine objektiven Anhaltspunkte für einen gestiegenen Problemdruck geboten hätte, wären fremdenfeindliche Mobilisierungen zwar nicht ausgeblieben, aber doch deutlich geringer ausgefallen, nicht zuletzt deshalb, weil es den Gewalttätern an potentiellen Angriffsobjekten wie Asylbewerberheime gefehlt hätte.

4. Schlußbetrachtung

In diesem Kapitel haben wir den politischen Gelegenheitsstruktur-Ansatz auf die Erklärung der rechtsextremen und ausländerfeindlichen Mobilisierungswelle angewendet. Dabei wurde versucht, die Ebene der politischen Gelegenheitsstrukturen durch ein Ensemble von Kriterien (Erfolgsaussichten, Reform/Drohung, Förderung und Repression), die ich konkrete Gelegenheiten genannt habe, mit den Mobilisierungsentscheidungen von Bewegungsakteuren zu verbinden. Es konnte gezeigt werden, daß sowohl der rasche Anstieg der Mobilisierung in den Jahren 1991 und 1992 als auch der Rückgang der Zahl der Proteste seit 1993 eng mit Entwicklungen in der Einwanderungs- und insbesondere in der Asylpolitik verknüpft waren. Der Elitendissenz während der Asyldebatte, die vom Sommer 1991 bis Ende 1992 die deutsche Politik dominierte, steigerte die Erfolgsaussichten fremdenfeindlicher Mobilisierung. Obwohl die Zuwanderung von Asylbewerbern immer wieder als Problem dargestellt und von der Bevölkerung auch so perzipiert wurde, zeigte sich die offizielle Politik über längere Zeit unfähig, für dieses Problem wirksame Lösungen durchzusetzen, was zur Folge hatte, daß sich eine mobilisierungshemmende Situation der Reform von oben nicht einstellte. Aus der Sicht fremdenfeindlicher Gewalttäter erschienen Übergriffe auf Asylbewerber so nicht nur als erfolgversprechend und legitim, sondern angesichts der Handlungsunfähigkeit der etablierten Politik auch als notwendige Selbsthilfe.

Im Rahmen dieses Beitrages war es nicht möglich, auch auf die Bedeutung der beiden Kriterien 'Förderung' und 'Repression' einzugehen. Direkte Unterstützung von fremdenfeindlichen oder rechtsextremen Organisationen und Aktionen durch andere politische Akteure hat es aber kaum gegeben, so daß dieser Faktor in dem hier untersuchten Fall keine große Rolle gespielt haben dürfte. Die Entwicklung anderer, mehr gemäßigter Bewegungen kann aber stark durch die Unterstützung von etablierten Allianzpartnern beeinflußt werden. So wäre die Massenmobilisierung der Friedensbewegung in den 80er Jahren ohne die Unterstützung der Kirchen, Gewerkschaften und politischen Parteien kaum denkbar gewesen (siehe den Beitrag von Rucht in diesem Band).

Über den Effekt staatlicher Repression auf die Entwicklung des Rechtsextremismus wäre viel mehr zu sagen. Während in der Anfangsphase der Mobilisierungswelle die staatlichen Kontrollorgane oft zögernd und unsicher auf rechtsextreme und fremdenfeindliche Proteste reagierten, wurde nach dem Anschlag in Mölln im November 1992 die Repression unter anderem durch Verbote mehrerer rechtsextremer Organisationen und immer häufiger ausgesprochener Demonstrations- und Versammlungsverbote stark intensiviert. An anderer Stelle habe ich gezeigt, daß diese Intensivierung der Repression tatsächlich einen Beitrag zum Rückgang der Mobilisierung geleistet hat (Koopmans 1997). Allerdings fällt dieser Beitrag im Vergleich zu den hier diskutierten Faktoren eher bescheiden aus. Dies dürfte wohl damit zusammenhängen, daß die Repression vor allem den organisierten harten Kern des Rechtsextremismus traf, der nur für einen geringen Teil der fremdenfeindlichen Übergriffe verantwortlich war.

Zusammenfassend kann man festhalten, daß sich politische Gelegenheitsstrukturen für den hier untersuchten Fall als ein wichtiger Erklärungsfaktor bewährt haben. Sowohl der Anstieg als auch der Rückgang der Mobilisierung sowie die Fokussierung der Proteste auf Ausländer und insbesondere auf Asylbewerber lassen sich durch die von der etablierten Einwanderungspolitik hervorgebrachten Mobilisierungschancen weitgehend erklären. Damit soll nicht gesagt sein, daß die politische Gelegenheitsperspektive auf alle relevanten Fragen in bezug auf die Welle rechtsextremer und ausländerfeindlicher Mobilisierung eine Antwort parat hält. So hat dieser Ansatz zu der Frage, wer an fremdenfeindlichen und rechtsextremen Protesten teilnimmt, wenig zu melden. Auch die Frage, weshalb die Mobilisierung in bestimmten Regionen und vor allem in den neuen Bundesländern so viel stärker war als anderswo, läßt sich höchstens teilweise durch regional unterschiedliche Gelegenheitsstrukturen erklären. Hier könnten andere Ansätze, wie z.B. die sozialstrukturelle und die Ressourcenmobilisierungsperspektive, eine größere Erklärungskraft besitzen.

Schlußbetrachtung

Ruud Koopmans

Konkurrierende Paradigmen oder friedlich ko-existierende Komplemente?
Eine Bilanz der Theorien sozialer Bewegungen

1. Einleitung

Mehr als viele andere Subdisziplinen in den Sozialwissenschaften ist die Geschichte der Bewegungs- und Protestforschung von einer Auseinandersetzung und Gegenüberstellung von verschiedenen 'Schulen', 'Ansätzen' und 'Paradigmen' geprägt. Wie John Lofland (1997: 4) bemerkt, läßt sich in dieser Hinsicht eine auffällige Parallelität zwischen der Bewegungsforschung und ihren Gegenstand Soziale Bewegungen feststellen. Nur selten wurden Gemeinsamkeiten und Komplementaritäten mit dem theoretischen 'Gegner' betont. Statt dessen wütete ein 'clash of competing ideologies', wobei neue Ansätze sich vor allem in Opposition zu ihren (vermeintlich) hegemonialen Vorgängern durchzusetzen versuchten. Dabei wurden letztere oft für null und nichtig erklärt und eine 'Neue Ordnung' geschaffen, deren Anziehungskraft nicht zuletzt darauf beruhte, daß sie das genaue Gegenteil des 'alten' Paradigmas beinhaltete.

Besonders deutlich trat dieses Muster in den 70er Jahren hervor, als der Ressourcenmobilisierungsansatz (RM) die bis dahin dominanten Theorien mit ihrer Betonung von Anomie, struktureller Spannung und relativer Deprivation vom Thron stieß. Wo die 'klassischen' Theorien vermeintlich von der Irrationalität, Spontanität und Diskontinuität von Protestverhalten ausgingen, betonten die Anhänger der Ressourcenmobilisierung den rationalen und organisierten Charakter von sozialen Bewegungen, die aus dieser Sicht nichts anderes als eine Fortsetzung der konventionellen Politik mit anderen Mitteln darstellten. Die Relevanz von Unzufriedenheit und Deprivation wurde einfach wegdefiniert: Unzufriedenheit gebe es immer und überall und könne darum keine Erklärung für das relativ seltene Auftreten von Protestbewegungen bieten. Bis auf dem heutigen Tag läßt sich der aus dieser Auseinandersetzung hervorgegangene Graben in einer Spaltung zwischen einer 'collective behavior' und einer 'social movements' (oder 'collective action') Schule – jeweils mit eigenen Zitierkreisen und Treffen – in der amerikanischen Bewegungsforschung nachweisen.

Eine ähnliche Trennung in 'zwei Nationen' ging aus der (vor allem europäischen) Forschung zu Neuen Sozialen Bewegungen (NSB) hervor. Auf der einen Seite stehen hier diejenigen, die den RM-Ansatz aufgriffen, auf die NSB anwendeten und, vor allem in Richtung politischer Gelegenheitsstrukturen weiterentwickelten. Auf der anderen Seite findet man eine Schule meistens von (post)marxistischen Traditionen geprägten Forschern, die stark von den Arbeiten Alain Touraines, Alberto Meluccis und Manuel Castells' beeinflußt wurden. Auch hier lassen sich mangelnde Kommunikation und geschlossene Zitierkreise beklagen: In der Internationalen Soziologengesellschaft (ISA) haben die beiden Lager sogar ihre eigenen, fast gleichnamigen Sektionen, zwischen denen es nicht viel mehr Kommunikation gibt als zwischen Protestanten und Katholiken in Nordirland.[1]

Damit wurden nur die zwei wichtigsten Gegensätze in der Bewegungsforschung angesprochen. Teils quer zu diesen beiden lassen sich noch mehrere andere feststellen, so z.B. zwischen denen, die aus den Identitäts- und Framingperspektiven Bewegungen vor allem als kulturelle Phänomene deuten, und denen die aus der Gelegenheitsstrukturperspektive die politische Rolle von Protest betonen. Auch hier besteht stark die Neigung, in Kategorien wie wahr/falsch oder entweder/oder zu denken. Insgesamt hat dieser Paradigmenstreit zur Folge gehabt, daß sich einen Großteil der empirischen Forschung zu sozialen Bewegungen als 'theory-driven' (Green/Shapiro 1994) bezeichnen läßt. D.h., oft ist eine Theorie Ausgangspunkt der Analyse, und Daten werden herangezogen, um diese Theorie zu bestätigen bzw. konkurrierende Theorieangebote zu widerlegen. Dagegen sind 'problem-driven'-Analysen, die von einer konkreten empirischen Frage ausgehen und zu deren Erklärung eine Kombination verschiedener theoretischer Ansätze heranziehen, weniger verbreitet. Angesichts dieser Lage muß es nicht wundern, daß in letzter Zeit der Ruf nach einer Integration der verschiedenen Perspektiven immer lauter geworden ist (u.a. Klandermans 1997; Lofland 1997; McAdam/Tarrow/Tilly 1996; Neidhardt/Rucht 1993). Dabei wurde darauf hingewiesen, daß die verschiedenen Perspektiven häufig aneinander vorbeireden, da sie in ihrem gegenseitigen Profilierungsdrang geneigt sind, zu übersehen, daß sie unterschiedliche Forschungsfragen und Typen und Aspekte sozialer Bewegungen behandeln.

Auf dem ersten Blick erscheint die Konzeption dieses Bandes mit ihrer Gegenüberstellung verschiedener Perspektiven vielleicht im Widerspruch zu diesem Ruf nach theoretischer Integration zu stehen. Uns ging es aber bei dieser Vorgehensweise nicht darum, die 'Überlegenheit' eines bestimmten Ansatzes zu 'beweisen'. Viel eher wollten wir anhand der Anwendung der verschiedenen Ansätze auf den gleichen Untersuchungsgegenstand (Neue Soziale Bewegungen bzw. Rechtsextremismus) Möglichkeiten *und* Grenzen, Akzentuierungen *und* blinde Flecken der jeweiligen Theorien zeigen. Durch die Anwendung der Paradigmen auf zwei in vieler Hinsicht sehr unterschiedliche 'Bewegungsfamilien' (Della Porta/Rucht 1995) wollten wir darüber hinaus der Frage nachgehen, ob bestimmte Paradigmen vielleicht für den Rechtsextremismus ergiebiger sind als für die NSB, oder auch umgekehrt. Erst auf der Basis einer solchen Bestandsaufnahme läßt sich aus unserer Sicht die Frage nach den Möglichkeiten und Unmöglichkeiten einer theoretischen Integration fruchtbar beantworten. Im nachfolgenden werde ich zuerst zusammenfassend die Ergebnisse des Theorienvergleichs darstellen. Dann vergleiche ich kurz die Ergebnisse in bezug auf Rechtsextremismus bzw. NSB. Abschließend geht es um die Frage, inwieweit eine Integration der theoretischen Perspektiven möglich und wünschenswert ist.

2. Stärken und Schwächen der fünf Paradigmen

2.1 Sozialstrukturelle Spannungen

Aus den Beiträgen von Karl Werner Brand und Claus Leggewie wird deutlich, daß sich die sozialstrukturelle Ansätze, die wir unter dem Begriff 'structural strains' zusammen gefaßt haben, vor allem auf zwei Fragenkomplexe richten. Erstens wird die Frage gestellt, warum NSB bzw. Rechtsextremismus überhaupt auftreten. Zweitens geht es darum, die 'soziale Verortung' dieser Bewegungen zu untersuchen, d.h. die Frage zu beantworten, warum bestimmte soziale Gruppen für die Mobilisierungsversuche dieser Bewegungen besonders anfällig sind. Die Antwort auf beide Fragen wird im strukturellen Transformations- oder Modernisierungsprozeß moderner Gesellschaften gesucht. Insbesondere wenn dieser Prozeß besonders rasch verläuft und es zu 'Modernisierungsbrüchen' und 'Ungleichgewichtszuständen' kommt, ist es wahrscheinlich, so die These, daß aus neuen Problem-, Interessens- und Konfliktlagen soziale Bewegungen heranwachsen. Die Trägerschaft solcher Bewegungen läßt sich dann vor allem bei solchen sozialen Gruppen verorten, die von den relativen Deprivationen, die durch die gesellschaftliche Transformation hevorgebracht werden in besonderem Maße betroffen sind, entweder weil sie zu den 'Verlierern' der Modernisierung gehören (so die These in bezug auf Rechtsextremismus) oder weil ihre Interessen und Wertemuster mit der Richtung des Modernisierungsprozesses konfligieren (so die Postmaterialismusthese in bezug auf die NSB).

Mit seiner Fokussierung auf die sozialstrukturellen Ursprünge der Mobilisierung liefert das sozialstrukturelle Paradigma einen Beitrag zur Erklärung von NSB und Rechtsextremismus, der von keinem der anderen Ansätzen abgedeckt wird. Am deutlichsten gilt dies für die Ressourcenmobilisierungs-, Framing- und Gelegenheitsstrukturperspektiven, die alle ein latentes Mobilisierungspotential in der Gesellschaft voraussetzen, das durch geschickte Mobilisierung von Ressourcen und Deutungsmustern oder die Öffnung politischer Gelegenheitsstrukturen in manifeste Mobilisierung transformiert werden kann. Die Frage, weshalb z.B. Umwelt, Frauenemanzipation oder die Anwesenheit von Ausländern und ethnischen Minderheiten in fast allen modernen Gesellschaften überhaupt zum Thema gesellschaftlicher Mobilisierung geworden sind, bleibt in diesen Ansätzen weitgehend ausgeklammert. Andererseits wird, wie sowohl Brand als auch Leggewie hervorheben, das sozialstrukturelle Paradigma von einer 'empirischen Unschärfe' gekennzeichnet und ist kaum geeignet zu erklären, warum solche Mobilisierungsthemen zu bestimmten Zeiten in bestimmten konkreten Formen aufsteigen und wieder abebben, und warum sie in manchen Ländern eine viel größere Bedeutung errungen haben als in anderen – Fragen, die sich viel besser mit dem theoretischen Instrumentarium anderer Ansätze beantworten lassen.

Das Verhältnis des sozialstrukturellen Paradigmas zu Theorien kollektiver Identität ist weniger komplementär und beinhaltet teilweise konkurrierende Hypothesen zum Entstehen sozialer Bewegungen. Während im sozialstrukturellen Paradigma implizit oder explizit von objektiven Interessens- und Konfliktlagen ausgegangen wird, betont das Identitätsparadigma die Nicht-Selbstverständlichkeit der Transformation von sozialstrukturellen Schichtungen 'an sich' in mobilisierungsfähige Gruppen, Milieus und Netzwerke 'für sich'. Darüber hinaus betont das Identitätsparadigma die expressive, identitätsstiftende Seite der Teilnahme in sozialen Bewegungen, die sozialen Wandel und Gruppenbildung eher als Ergebnis statt als Ausgangspunkt der Mobilisierung erscheinen läßt.

In bezug auf die Frage der sozialen Verortung von Bewegungsteilnehmern läßt sich auch ein Konkurrenzverhältnis zum RM-Ansatz feststellen. Während das sozialstrukturelle Paradigma generell der Idee verhaftet bleibt, daß Protest die Domäne der (relativ) Deprivierten ('Modernisierungsverlierer', 'need defence') ist, läßt die Theorie der Ressourcenmobilisierung eher einen hohen Mobilisierungsgrad bei solchen Gruppierungen erwarten, die über die notwendigen Ressourcen für einen erfolgreichen Protest verfügen. So läßt sich z.B. fragen, warum sich trotz der strukturellen Massenarbeitslosigkeit und der Entwicklung in Richtung 'Zwei-Drittel-Gesellschaft' bisher kaum eine Protestbewegung der 'Neuen Armen' entwickelt hat. Auch hier zeigt sich die empirische Unschärfe des sozialstrukturellen Paradigmas: Es ist zwar geeignet, gewissermaßen 'post hoc' die tieferen gesellschaftlichen Ursachen manifest gewordener Konflikte zu deuten, greift aber zu kurz wenn es darum geht, zu erklären, warum sich nicht alle 'structural strains' gleichermaßen in einer Mobilisierung niederschlagen: schließlich kommt es nicht bei allen sozialen Gruppierungen, die aufgrund ihrer strukturellen Lage und Interessen 'Grund' zu Protest hätten, auch tatsächlich zur (erfolgreichen) Mobilisierung.

2.2 Kollektive Identität

Ein Grund für diese Unschlüssigkeit des sozialstrukturellen Paradigmas ist, wie schon erwähnt, die Vernachlässigung des Prozesses der Herausbildung (oder auch Nicht-Herausbildung) kollektiver Identitäten, die in der Formulierung von Roland Roth den „Kitt" darstellen, "der gemeinsames oppositionelles Handeln ermöglicht und ... auf Dauer stellt". Die Leistungsfähigkeit von Theorien kollektiver Identität wird allerdings von Roth in bezug auf den NSB deutlich geringer veranschlagt als Bergmann und Erb dies für den Rechtsextremismus tun.

Die Suche nach einer gemeinsamen kollektiven Identität der NSB hat zwar lange Zeit die (europäische) Forschung zu NSB dominiert, ist aber im Endergebnis weitgehend erfolglos geblieben. Eher läßt sich bei den NSB ein Pluralismus feststellen, der teilweise bewußt gewollt ist und als einer der Gründe für die breiten Mobilisierungserfolge dieser Bewegungen gesehen werden kann. Die (relativ wenigen) empirischen Untersuchungen zur kollektiven Identität, die vor allem von Touraine und Melucci durchgeführt wurden, zeigen sogar auf der Ebene individueller Bewegungsgruppen ein äußerst uneinheitliches Spektrum auf. Zwar konnten diese Untersuchungen die These, daß NSB vor allem auf die Entwicklung alternativer Lebensstilen und Identitäten gerichtet sind, teilweise bestätigen, dieses Ergebnis beruht aber nicht zuletzt auf der Auswahl der untersuchten Gruppen, die vor allem bei Melucci eher die subkulturelle Alternativszene als nach außen agierende Bewegungs- und Protestorganisationen repräsentierten. Aus dieser Sicht dürfte der Identitätsansatz noch am ehesten für die Teile der NSB ertragreich sein, bei denen Ziele der Selbstverwirklichung (z.B. Schwulenbewegung, Alternativbewegung, Teile der Frauenbewegung) oder auch eine Fundamentalopposition zum herrschenden 'System' im Vordergrund stehen, in der sich eine Identität über Feindbilder herausbildet (z.B. Autonome).

Von den Erträgen die der Identitätsansatz für solche Typen von Bewegungen bringen kann, bietet die Analyse der Rolle kollektiver Identität im rechtsextremen Lager von Werner Bergmann und Rainer Erb – "eine expressive, stark mit sich selbst befaßte Bewegung" – ein gutes Beispiel. Die geringe Mobilisierungskraft des rechten Lagers (auf jeden Fall in bezug auf Massenmobilisierung) läßt sich in hohem Maße auf die Identitätsprobleme dieser Bewegung zurückführen. Dabei dürfte der Generationsbruch in der Bewegung noch das geringste Problem sein: Das Beispiel der NSB zeigt, daß innerer Pluralismus der Mobilisierung keineswegs schaden muß. Viel gravierender für die Mobilisierungschancen des Rechtsextremismus ist die äußerst negative Fremddefinition der Bewegung und die damit einhergehende starke Repression von Organisationen, Treffen und bewegungseigenen Medien. Die Bewegung schafft es so kaum, eine positive Identität zu entwickeln, befindet sich in ständigem Rechtfertigungszwang gegenüber ihrer eigener Geschichte und entwickelt im Gegenzug eine fundamentaloppositionelle Lagermentalität, die eine Mobilisierung, die über die kleine Gruppe von eingeweihten 'true believers' hinausgeht, erheblich erschwert, wenn nicht unmöglich macht.

Insgesamt läßt sich festhalten, daß kollektive Identität als eigenständiger Erklärungsfaktor für die Entwicklung von sozialen Bewegungen vor allem bei bestimmten Typen von Bewegungen (die man als subkulturell oder gegenkulturell bezeichnen kann, siehe Koopmans 1995) eine wichtige Rolle spielt. Wie das Beispiel des Rechtsextremismus zeigt, ist es aber wichtig einzusehen, daß auch bei solchen Bewegungen kollektive Identität immer ein interaktives Produkt von Selbst- und Fremddefinition ist. Über letztere ergibt sich damit die Notwendigkeit einer Kombination des Identitätsansatzes mit Theorien, die eher auf die Außenbeziehungen sozialer Bewegungen fokussieren, wobei insbesondere die Problematik der politischen Gelegenheitsstrukturen zu beachten ist.

Für breitere Massenbewegungen wie die meisten NSB muß die Tragfähigkeit des Identitätsansatzes aber deutlich geringer veranschlagt werden. Solche Bewegungen leben gerade von der Pluralität und einer relativ 'weichen' kollektiven Identität, die es ermöglicht, ganz unterschiedliche Organisationen und Bevölkerungskreise für einen beschränkten Zeitraum auf ein konkretes Ziel zu vereinen. Ihre Handlungsfähigkeit entleihen solche Bewegungen weniger einem gemeinsamen Selbstbild oder Lebensstil als einem überzeugenden Angebot an Problemdefinitionen und Lösungsvorschlägen sowie einer effektiven Mobilisierung von Ressourcen.

2.3 Framing

Damit sind wir in der Domäne des *Framing*-Ansatzes gelandet. Die von Snow und seinen Mitarbeitern formulierten Dimensionen des Framing bewähren sich in den Beiträgen von Wolfgang Gessenharter und Tibor Kliment als sehr hilfreich bei der Beschreibung der Deutungs- und Überzeugungsanstrengungen von Bewegungsgruppen in bezug auf Protestziele, Lösungsvorschläge und die Auswahl von Aktionsmitteln. Beide Autoren kommen aber zu dem Schluß, daß der *Framing*-Ansatz in seiner jetzigen Form nicht ausreichend in der Lage ist, die wichtige Frage nach den Erfolgsbedingungen solcher Deutungsleistungen zu beantworten. Das Konzept 'frame resonance' bietet hier zwar einen Ausgangspunkt, ist bisher aber zu wenig ausgearbeitet und in überprüfbare Hypothesen spezifiziert worden. Dadurch läßt sich nur post hoc am Erfolg der Mobilisierung feststellen, ob und inwieweit ein bestimmtes Frame 'resoniert' hat, ohne daß deutlich wird, ob die Qualität des Framing für diesen Erfolg ausschlaggebend gewesen ist.

Der problematische Charakter des *Framing*-Ansatzes, wenn es um die Erklärung von Erfolg und Scheitern der Mobilisierung geht, wird nicht zuletzt auch dadurch verstärkt, daß sowohl Gessenharter als auch (emphatischer) Kliment feststellen müssen, daß sich die im *Framing*-Ansatz als Erfolgsvoraussetzung behauptete Notwendigkeit umfassender, integrierter und unterschiedlicher Gruppen vereinender Deutungsmuster nicht empirisch bestätigen läßt. Im Gegenteil: Die vorgefundenen Frames wurden oft bewußt vage und unvollständig gelassen, weil nur so inhaltliche und strategische Differenzen innerhalb der Bewegung in Grenzen gehalten werden konnten. Darüber hinaus zeigt der von Kliment untersuchte Fall der Anti-WAA-Bewegung, daß eine, wiederum bewußt gewollte Pluralität von verschiedenen gruppenspezifischen Deutungsmustern mit nur minimalen Verknüpfungen nebeneinander stand. Die von Snow und seinen Kollegen auf der Basis empirischer Arbeiten zu einzelnen Bewegungsorganisationen und -gruppen entwickelten Hypothesen dürften

Konkurrierende Paradigmen oder friedlich ko-existierende Komplemente? 221

im Licht dieser Ergebnisse weniger geeignet sein, breitere Koalitionsbewegungen zu erklären, die oft auf einen Minimalkonsens beruhen. Bei solchen Bewegungen könnten Strategien der Integration und des 'bridging' von Frames leicht negative Folgen für die Mobilisierung haben. So kann es durchaus strategisch klug sein, an diagnostische Frames keine prognostische oder motivationelle zu binden (oder auch umgekehrt), da sich der Minimalkonsens in bezug auf das Protestziel durch Meinungsdifferenzen innerhalb der Bewegung in bezug auf Lösungen und Aktionsmittel leicht auflösen könnte. Ähnliches kann für frame bridging gelten. So lehnten die bürgerlichen Gruppen im WAA-Konflikt ein – inhaltlich leicht herzustellendes und auf der Hand liegendes – frame bridging in Richtung anderer NSB bewußt ab, da sie vermuteten, daß der potentielle Gewinn einer solchen Strategie nicht die Gefahr einer Spaltung in den eigenen Reihen aufwiegen würde. Insgesamt hat es den Anschein, daß der von Snow u.a. vorgestellte 'Idealframe' mit seiner Verknüpfung von diagnostischen, prognostischen und motivationellen Elemente und seinen vielen 'Brücken' zu anderen Deutungsmuster und Wertvorstellungen nicht nur realitätsfern, sondern in vielen Fällen auch strategisch verfehlt sein dürfte. Angesichts dieser Defizite erscheint es notwendig, *Framing*-Konzepte mit strukturelleren Ansätze zu verknüpfen, die z.B. deutlich machen können, ob Deutungsangebote einer Bewegung Anschluß an sozialstrukturell bedingten Deprivationen und Interessen finden können, oder sie es der Bewegung erlauben, an herrschende Deutungsmuster, die in der politischen Kultur eines Landes kursieren, anzuknüpfen und dadurch erfolgreich zu sein.

2.4 Ressourcenmobilisierung

In dieser Hinsicht ergibt sich eine Parallele zwischen den Stärken und Schwächen der *Framing*- und RM-Ansätze. Beide befassen sich mit der aktiven Gestaltung der Mobilisierung durch Bewegungsorganisationen und -unternehmern, wobei im Falle des Framing-Ansatzes eher die 'Konsensusmobilisierung' (Klandermans) und symbolische, ideologische Ressourcen im Vordergrund stehen, während es bei dem RM-Ansatz eher um die 'Aktionsmobilisierung' und materielle, organisationelle Ressourcen geht.

Im Vergleich mit dem sozialstrukturellen und dem Identitätsparadigma, die sich vor allem mit der Analyse der allgemeinen Entstehungs- und Mobilisierungsbedingungen sozialer Bewegungen beschäftigen, stehen in den beiden Beiträgen, die sich dem RM-Ansatz widmen, konkretere Fragen an zentraler Stelle. Karl-Dieter Opp geht es um eine Erklärung des Auf- und Abschwungs der Ökologiebewegung in Deutschland, während Bert Klandermans untersucht, warum rechtsextreme Bewegungen und Parteien in Frankreich und Belgien so viel stärker sind als in Deutschland und den Niederlanden. Zur Beantwortung solcher Fragen setzt die Theorie der

Ressourcenmobilisierung auf zwei Ebenen an: Erstens geht es um Kosten und Nutzen kollektiver Aktion, wie sie von den mit den Zielen einer Bewegung sympathisierenden Individuen wahrgenommen werden, zweitens um die Anstrengungen von Bewegungsorganisationen und -unternehmern, solche Individuen und ihre Ressourcen an sich zu binden. Dabei geht der RM-Ansatz dezidiert von einem Modell instrumentellen rationalen Handelns aus und grenzt sich damit deutlich sowohl vom Identitätsparadigma mit seiner Betonung der expressiven Funktion kollektiver Aktion als auch von sozialstrukturellen Ansätzen ab, die Mobilisierung als eine mehr oder weniger direkte Reaktion auf Deprivationserfahrungen auffassen.[2]

In beiden untersuchten Fällen bietet die RM-Perspektive eine in vielen Hinsichten plausible Erklärung für die untersuchten Mobilisierungsunterschiede im Zeit- und Ländervergleich. Als besonders wichtiger Beitrag muß dabei die Einbeziehung der Individualebene hervorgehoben werden. Das Abwägen von Kosten und Nutzen, die Individuen dazu bringen, eine Bewegung zu unterstützen oder ihr fern zu bleiben, bleibt in anderen Ansätzen meistens implizit und wird damit als unproblematisch dargestellt. Gerade das berühmte 'Dilemma der kollektiven Aktion', wie es von Mancur Olson formuliert wurde, macht aber klar, daß der Schritt von 'Sympathie haben' für eine Bewegung und ihre Ziele bis zur tatsächlichen Unterstützung keineswegs selbstverständlich ist.

Zugleich hat das RM-Modell auch deutliche Grenzen: Entwicklungen, die zu veränderten Einschätzungen von Kosten und Nutzen auf individueller Ebene führen, werden meistens nicht auf dieser Ebene produziert. Wenn Klandermans z.B. das unterschiedliche Ausmaß an Repression, mit dem Teilnehmer in rechtsextremen Gruppen in den vier Ländern konfrontiert werden, betont, oder Opp die Institutionalisierung des Umweltthemas als wichtigste Bedingung der Abnahme von Umweltprotesten identifiziert, so handelt es sich um Bedingungen, deren Veränderung oder unterschiedliche Ausprägung sich nicht im Rahmen des RM-Ansatzes erklären oder analysieren lassen. In der Folge bleibt die Analyse bei einer Beschreibung der veränderten Mobilsierungsbedingungen stecken. Das heißt, die Leistung des Ansatzes liegt vor allem darin, daß er deutlich machen kann, wie solche Veränderungen auf individueller Ebene in Mobilisierungsentscheidungen 'übersetzt' werden. Mehr im allgemeinen gilt für Theorien der rationalen Wahl, daß sie relativ gut im Stande sind, anzugeben, wie Individuen und Gruppierungen unter bestimmten 'constraints' und 'opportunities' eine Entscheidung für eine der zur Verfügung stehenden Handlungsalternativen treffen. Für eine Analyse der Entstehung und Veränderung solcher Kontextbedingungen bietet dieses Modell aber keine theoretischen Konzepte. Diese können eher mit dem theoretischen Instrumentarium des sozialstrukturellen Ansatzes oder des Gelegenheitsstrukturansatzes analysiert werden.

Darüber hinaus beschränkt die Betonung des instrumentellen Charakters kollektiver Aktion die Reichweite des RM-Paradigmas auf eine Art und Weise, die sich spiegelbildlich zu den Beschränkungen der Theorien kollektiver Identität verhält. Es ist wahrscheinlich nicht zufällig, daß Opps Analyse sich auf die am meisten institutionalisierte NSB – die Ökologiebewegung – richtet, während Klandermans sich mit rechtsextremen Parteien, und nicht z.b. mit den eher gegenkulturellen Skinheads und neonazistischen Gruppierungen befaßt. So wie der Identitätsansatz nur schlecht zurecht kommt mit breiten Massenbewegungen, so eignet sich die Theorie der Ressourcenmobilisierung schlecht zur Erklärung von Bewegungen, für die Mobilisierung mehr ist als nur ein Mittel zum Zweck. Wenn 'the medium is the message', können Handlungsziele nicht länger als Gegebenheiten aufgefaßt werden, die gewissermaßen 'vor' der kollektiven Aktion stehen. Für eine Analyse der Herkunft von Zielen, Interessen und Identitäten ist der RM-Ansatz, wie auch die Theorie kollektiven Handelns, mit der er eng verbunden ist, ungeeignet. Auch hier gilt, daß der Ansatz hilfreich ist, wenn es darum geht zu zeigen, warum Menschen unter Vorgabe bestimmter Zielvorstellungen, Interessenlagen und Identifikationsmuster zur kollektiven Aktion übergehen oder auch passiv bleiben. Warum Menschen solche Zielvorstellungen entwickeln, ihre Interessen auf eine bestimmte Art und Weise definieren und eine bestimmte kollektive Identität entwickeln, vermag die Theorie der Ressourcenmobilisierung aber nicht zu erklären. Außerdem sind die 'constraints' und 'opportunities', die den Erfolg der Mobilisierung mitbestimmen, selbst nicht Gegenstand der Analyse. Vordergründig geht es im RM-Ansatz – wie auch im *Framing*-Ansatz – um die Handlungsspielräume auf der Akteursebene ('agency') und deren mehr oder weniger gute Ausschöpfung durch soziale Bewegungen. Selbstverständlich ist dies eine äußerst wichtige Frage. Nicht einmal die überzeugtesten Strukturalisten oder Systemtheoretiker würden behaupten, daß Strukturen das Handeln von Akteuren einfach determinieren. Politische Gelegenheiten zur Mobilisierung sind z.B. nicht einfach gegeben, sondern müssen erstmal als solche wahrgenommen und gedeutet werden (framing), müssen dann noch effektiv genutzt werden (resource mobilization) und können schließlich durch erfolgreiche Mobilisierung auch noch geändert werden.

2.5 Politische Gelegenheitsstrukturen

Die Tatsache, daß solche Handlungsspielräume aber auch ihre Grenzen haben, ist Ausgangspunkt des politischen Gelegenheitsstruktur-Ansatzes. Während RM- und *Framing*-Theorien vor allem auf das Handeln der Protestierenden fokussieren, wird hier die Aufmerksamkeit auf den politisch-institutionellen Kontext, in dem Bewegungen agieren, sowie auf ihre Interaktionen mit Verbündeten, Gegnern, staatlichen Kontrollorganen und Entscheidungsträgern gerichtet. Sozialstrukturelle Entwicklungen wirken aus dieser Sicht nicht direkt, sondern indirekt auf die Mobilisierung ein, indem sie zu einer Restrukturierung der politischen Machtverhältnisse führen.

Die Leistungsfähigkeit dieses Ansatzes wird in den Beiträgen von Dieter Rucht und Ruud Koopmans unterschiedlich bewertet. Dies hat nicht zuletzt damit zu tun, daß die beiden Autoren von unterschiedlichen theoretischen Operationalisierungen des Begriffs 'politische Gelegenheiten' ausgehen. Wie auch der *Framing*-Ansatz, handelt es sich hier um einen im Vergleich zu den anderen Paradigmen relativ jungen Theoriezweig, dessen theoretischer Status und empirische Operationalisierung sich noch nicht hinreichend herauskristallisiert haben.

Der von Rucht gewählte theoretische Ausgangspunkt entspricht am deutlichsten der bisher dominanten rein strukturalistischen Anwendung der Theorie. Dabei wird versucht, die politischen Bedingungsfaktoren der Mobilisierung auf eine beschränkte Zahl von politischen Strukturmerkmalen zurückzuführen, die unabhängig vom Anliegen der Bewegung und der konkreten politisch-kulturellen Kontext formuliert werden. Gerade diese – von Rucht kritisch bewertete – Vorgehensweise erweist sich beim Versuch, die Entwicklung der NSB in der Bundesrepublik zu erklären, als defizitär. Zwar gibt es durchaus Aspekte dieser Entwicklung, die sich fruchtbar aus solchen allgemeinen Strukturmerkmalen des politischen Systems erklären lassen, andererseits bieten diese kaum eine überzeugende Antwort, wenn es darum geht, die teilweise sehr unterschiedlichen Entwicklungen der einzelnen NSB zu verstehen. Eine genauere Betrachtung der Friedens- und Anti-AKW-Bewegung weißt dagegen eher auf die Bedeutung von kontingenten mobilisierungsfördernden Ereignissen ('precipitating incidents') hin, wie den NATO-Doppelbeschluß oder die Reaktorkatastrophe in Tschernobyl. Allerdings betont Rucht, daß solche Ereignisse wahrscheinlich nur dann einen starken Mobilisierungseffekt haben werden, wenn sie auf 'fruchtbaren Boden' fallen, d.h. wenn sie mit günstigen Gelegenheitsstrukturen zusammentreffen. Ein deutliches Beispiel dafür bietet die Mobilisierung der Anti-Atomkraft-Bewegung nach der Tschernobyl-Katastrophe, die zwar in Deutschland eine massive Mobilisierungswelle auslöste, die Bewegung im Kontext der geschlossen atomfreundlichen französischen Politik aber nicht beleben konnte (Koopmans/Duyvendak 1995).

Diese Hypothese findet Unterstützung in den Befunden, die Koopmans in bezug auf die Entwicklung fremdenfeindlicher Mobilisierung vorlegt. Der relativ plötzliche, starke Anstieg der Asylbewerberzahlen Anfang der 1990er Jahre, den man als 'precipitating incident' oder 'suddenly imposed grievance' sehen kann, hatte nur in Kombination mit der in der deutschen Politik geführten Asyldebatte einen Effekt auf die rechtsradikale Mobilisierung. Ähnlich hatte der genauso starke Anstieg der Aussiedlerzahlen keinen Effekt auf die Mobilisierung, da diese Einwanderergruppe in Politik und Öffentlichkeit als unumstritten und unproblematisch galt. Allerdings muß sich Koopmans, um zu diesem Ergebnis zu kommen, auf einer anderen theoretischen Ebene bewegen als Rucht. Statt allgemeiner Gelegenheitsstrukturen, deren Gültigkeit 'bewegungsunabhängig' definiert ist, spielen hier politische Umgebungsfaktoren eine zentrale Rolle ('Einwanderungsdebatte', 'einwanderungspolitische Entscheidungen'), die auf die Erklärung der untersuchten Bewegung zugeschnitten sind. Ein wichtiger Vorteil ist dabei, daß solche spezifizierten Kontextbedingungen leichter empirisch meßbar sind als eher abstrakte Strukturmerkmale. Wie Rucht anmerkt, sind empirische Operationalisierungen von politischen Gelegenheitsstrukturen bisher in der Literatur selten geblieben.

Konkurrierende Paradigmen oder friedlich ko-existierende Komplemente? 225

Das Risiko einer solchen bewegungsspezifischen Operationalisierung von Gelegenheitsstrukturen ist aber, daß sie eine Generalisierung von Befunden über den untersuchten Fall hinaus erschwert. Um diesen Nachteil zu umgehen, führt Koopmans den Begriff 'konkrete Gelegenheiten' (Erfolgschancen, Reform/Drohung, Unterstützung sowie Repression) ein. Diese an sich nicht im strikten Sinne 'strukturellen' Faktoren lassen sich auf der einen Seite aus politischen Strukturen erklären, haben aber zugleich eine konkrete Bedeutung für Mobilisierungsentscheidungen von Bewegungsakteuren. Damit wird eine Brücke geschlagen zwischen dem Gelegenheitsstrukturmodell und akteursbezogenen Theorien kollektiven Handelns, wie sie im RM-Ansatz von zentraler Bedeutung sind.

Auch in dieser erweiterten Form hat das Paradigma der politischen Gelegenheitsstrukturen aber seine Grenzen. Wie der RM-Ansatz ist er vor allem auf die Erklärung politischer Bewegungen zugeschnitten und weniger geeignet für die Analyse von Bewegungen mit überwiegend kultureller Stoßrichtung. Die antreibende Kraft stark auf sich selbst bezogener Identitätsbewegungen ist nicht in erster Linie abhängig von den Reaktionen der (politischen) Umgebung. Die Anwendung des politischen Gelegenheitsstrukturansatzes auf solche Bewegungen reduziert sie leicht auf einen politisch ausgerichteten und sichtbaren Teil, der nicht unbedingt aus der Sicht der Bewegungen selbst im Mittelpunkt steht. Melucci hat in diesem Kontext von einer Neigung zum 'political overload' (politischen Überhang) gesprochen. So läßt sich die Gelegenheitsstrukturperspektive erfolgreich anwenden, um die Aktivitäten der Frauenbewegung zu erklären, die sich auf die politische Forderung zur Legalisierung der Abtreibung richteten (Rucht 1994). Es ist aber deutlich, daß die Bedeutung der Frauenbewegung weit über dieses Thema hinausreicht. Da sich die Aktivitäten der Bewegung, die sich auf eine Veränderung der Geschlechterverhältnisse richten, nur in sehr begrenztem Maße in Forderungen an das politische System und öffentlicher Mobilisierung niedergeschlagen haben, wird hier die Leistungsfähigkeit des politischen Gelegenheitsstrukturansatzes deutlich begrenzt. Darüber hinaus hat der politische Gelegenheitsstrukturansatz mit der Theorie der Ressourcenmobilisierung gemein, daß er geneigt ist, Prozesse der Perzeption und Definition zu vernachlässigen. Daß politische Gelegenheiten erstmal als solche perzipiert und definiert werden müssen, um Einfluß auf das Handeln von Akteuren zu nehmen, bleibt dadurch ebenso außerhalb des Blickfeldes wie die Tatsache, daß dominante politische und kulturelle Deutungsmuster selbst Teil des strukturellen Kontext sind, in dem Bewegungen operieren.

Tabelle 1 gibt nochmals eine zusammenfassende Übersicht über die jeweilige Fokussierung der fünf Paradigmen auf bestimmte Erklärungsfaktoren, die wiederum auf die Erklärung bestimmter Bewegungstypen und bestimmter Aspekte sozialer Bewegungen zugeschnitten sind. Damit soll nicht gesagt werden, daß die jeweiligen Paradigmen nicht auch einen Beitrag zur Erklärung anderer Bewegungstypen oder zur Beantwortung anderer Forchungsfragen liefern könnten. Die Tabelle gibt aber an, wo die Hauptstärke der jeweiligen Ansätze liegt und zu welchen Fragen sie am ehesten imstande sind, eine Antwort zu geben.

Tabelle 1: Übersicht der fünf Paradigmen der Bewegungsforschung

	Structural Strains	Kollektive Identität	Framing	Ressourcen-mobilisierung	Politische Gelegenheits-struktur
Zentrale Erklärungsfaktoren	Deprivationen; Interessenlagen; Wertemuster	Identität; Selbstverwirklichung	Perzeption; Deutungsmuster; symbolische Ressourcen	(materielle) Ressourcen; Kosten- und Nutzenkalküle	Politische Gelegenheiten; Reaktionen von Staat, Verbündeten und Gegnern
Bevorzugter Bewegungstypus	'Epochale' Bewegungen	Kulturelle Identitätsbewegungen	Ideologische Strömungen	Professionelle Bewegungsorganisationen	Politische Reformbewegungen
Bevorzugter Aspekt von Bewegungsentwicklung	Auftreten	Selbst- und Fremddefinitionen	Ideologische Konsensmobilisierung	Strategiewahl; Aktionsmobilisierung	Unterschiede im Zeit- und Ländervergleich

Sozialstrukturelle Ansätze (structural strains) sind am meisten geeignet allgemeine Fragen nach den Bedingungen des Auftretens von breiten, 'epochalen' Bewegungsclustern wie NSB oder Rechtsextremismus zu beantworten, so lange man nicht in erster Linie an konkreten Fragen nach der Stärke und Ausprägung dieser Bewegungen in spezifischen Kontexten interessiert ist. Theorien kollektiver Identität eignen sich vor allem für die Analyse eher kultureller Bewegungen, bei denen es nicht so sehr um Forderungen an das politische System geht, sondern um die Gestaltung persönlicher und kollektiver Identitäten und die Veränderung von Selbst- und Fremddefinitionen der betroffenen Gruppen. Die Stärke des RM-Ansatzes liegt vor allem bei der Analyse eher professioneller und verbandsmäßig organisierter Bewegungsorganisationen (z.B. Greenpeace oder rechtsradikale Parteien) und deren Strategien in bezug auf die Mobilisierung von Teilnehmern und Unterstützern. *Framing*-Konzepte eignen sich am besten, um ideologische Strömungen wie die Neue Rechte oder den 'grünen' Ökologiediskurs und deren Deutungsmuster und Überzeugungsstrategien zu untersuchen. Schließlich sind Theorien politischer Gelegenheitsstrukturen vor allem auf die Erklärung solcher Bewegungen zugeschnitten, deren Forderungen sich hauptsächlich an das politische System richten. Dabei eignen sie sich besonders, um Unterschiede im Ausmaß, den Formen und Effekten der Mobilisierung zwischen verschiedenen politischen Kontexten im Zeit- und Ländervergleich zu untersuchen.

3. Die Erklärungskraft der Paradigmen bei Neuen Sozialen Bewegungen und Rechtsextremismus im Vergleich

Wie aus den einzelnen Kapiteln wohl klar geworden ist, handelt es sich bei den NSB und dem Rechtsextremismus um sehr unterschiedliche Bewegungscluster, die in vielen Hinsichten diametral entgegengesetzte Merkmale aufweisen. Darüber hinaus sind NSB und Rechtsextremismus teilweise direkte Konfliktgegner, die in einem Verhältnis von Mobilisierung und Gegenmobilisierung stehen (Schlägereien zwischen Neonazis und Autonomen, Lichterketten gegen ausländerfeindliche Übergriffe usw.). Während NSB im Kern in den neuen Mittelschichten verwurzelt sind, rekrutiert der Rechtsextremismus seine Anhänger hauptsächlich aus der alten Mittelschicht und dem immer größer werdenden Teil der Arbeiterklasse, der nicht in sozialdemokratische und gewerkschaftliche Strukturen eingebunden ist. Die NSB zeichnen sich dabei durch meistens universalistische und postmaterielle kollektive Identitäten, Zielvorstellungen und Deutungsmuster aus, während der Rechtsextremismus auf einem partikularistischen Wohlstandschauvinismus beruht, der mit der Verteidigung primordialer, ethnischer Identitäten legitimiert wird. Auch in bezug auf Organisationsformen und Mobilisierungsstrategien lassen sich deutliche Unterschiede feststellen. Bei den NSB dominieren relativ inklusive Bürgerinitiativen und Verbände, die durch eine starke Öffentlichkeitsarbeit und Aktionsformen wie Demonstrationen und gewaltfreien zivilen Ungehorsam gekennzeichnet sind. Dagegen stützt sich der Rechtsextremismus vor allem auf politische Parteien und militante, geschlossene Kaderorganisationen und benutzt Gewalt als bevorzugtes Mittel außerparlamentarischer Mobilisierung.[3] Schließlich werden NSB und Rechtsextremismus auch mit unterschiedlichen Gelegenheitsstrukturen konfrontiert. Während die NSB mittlerweile über starke Verbindungen zum Staat, zu politischen Parteien und gesellschaftlichen Organisationen wie Kirchen und Gewerkschaften verfügen, wird der Rechtsextremismus mit einem hohen Ausmaß an Repression und Ausgrenzung konfrontiert – der allerdings manchmal mit einer gleichzeitigen Übernahme von gegen Einwanderer und Ausländer gerichtete Forderungen durch die etablierte Politik einhergeht.

Angesichts dieser großen Unterschiede stellt sich die Frage, inwieweit sich die von uns untersuchten theoretischen Paradigmen unterschiedlich bewerten lassen bei der Erklärung der einen oder der anderen Bewegungsfamilie. So wurde mehrmals die Hypothese aufgeworfen, daß der Rechtsextremismus mit dem sozialstrukturellen Modell und Erklärungsfaktoren wie Anomie und Deprivation besser zu erklären sei, während Ressourcenmobilisierung und Gelegenheitsstrukturen für die NSB ergiebiger seien. Wie Klandermans in seinem Beitrag anmerkt, dürfte hier wohl eine Rolle spielen, daß Wissenschaftler nicht frei sind von der Neigung, ihnen sympathische Bewegungen als rationale, strategisch handelnde Akteure zu deuten, während unsympathische (und für sie 'unverständliche') Formen der Mobilisierung leicht als unreflektiert und von irrationalen Impulsen getrieben abgestempelt werden.

Wie dem auch sei, der vielleicht überraschende Befund, der sich aus den Beiträgen in diesem Band destillieren läßt, lautet, daß sich NSB und Rechtsextremismus im großen und ganzen mit dem gleichen theoretischen Instrumentarium analysieren lassen. Auf jeden Fall ergibt sich kein Muster, bei dem sich bestimmte Paradigmen deutlich besser bewähren bei der Analyse des einen oder des anderen Bewegungsclusters. Am ehesten ist dies vielleicht noch der Fall beim Identitätsansatz, der sich bei der Erklärung des Rechtsextremismus besser zu bewähren scheint – ein angesichts der Ursprünge dieses Ansatzes in der Forschung zu NSB überraschender Befund.[4] Der Grund für diesen Unterschied dürfte wohl darin liegen, daß der Identitätsansatz, wie oben angedeutet, weniger geignet ist, um breite, reformorientierte Koalitionsbewegungen (wie die meisten NSB) zu analysieren. Dagegen entspricht der Rechtsextremismus in seiner fundamentaloppositionellen Haltung und zentralen Betonung von Fragen nationaler kultureller und ethnischer Identität viel eher den Bewegungstypus, für dessen Erklärung die Konzepte des Identitätsparadigmas am geeignetsten sind.

4. Schlußbemerkung: Die schwierige Gratwanderung zwischen Berücksichtigung und Reduktion von Komplexität

Keiner der untersuchten Ansätze ist also alleine im Stande, eine vollständige Erklärung für das Auftreten, die Entstehung und Entwicklung sozialer Bewegungen zu liefern. Zugleich ist deutlich geworden, daß die in den fünf Paradigmen zentral stehenden Erklärungsfaktoren jeweils notwendige Voraussetzungen für eine erfolgreiche Protestmobilisierung darstellen. Protest ist immer ein Produkt sozialer Veränderungen, die neue Konfliktlinien, Interessenlagen oder Wertemuster hervorbringen, die den 'Rohstoff' (Neidhardt/Rucht 1993) für Mobilisierung ausmachen. So lange aber die potentiellen Teilnehmer einer Bewegung die daraus hervorgehenden Deprivationen als individuelles Schicksal betrachten, wird es nicht zur Mobilisierung kommen. Erst wenn Individuen ihre Lage und Interessen mit denen einer größeren Gruppe identifizieren, kann sich daraus eine kollektive Identität mit der dazu gehörenden Gruppensolidarität und Abgrenzung von einem gemeinsamen Gegner entwickeln. Aus dem latenten handlungsfähigen Kollektiv, das sich daraus ergibt, entsteht aber erst durch Prozesse der Mobilisierung eine manifeste soziale Bewegung. Dazu muß eine bestimmte organisationelle Infrastruktur geschaffen werden, die die in der Gruppe vorhandenen Ressourcen zusammenbringt, Unterstützung wichtiger anderer Gruppen und Organisationen mobilisiert und Strategien entwickelt, die diese Ressourcen zur Herbeiführung des kollektiven Ziels einsetzen. Eine effektive Ressourcenmobilisierung ist aber nur dann möglich, wenn es Bewegungsorganisationen und -unternehmern gleichzeitig gelingt, Deutungsmuster zu entwickeln, die überzeugende Problemdiagnosen, Kausalattributionen und Lösungsvorschläge beinhalten und darüber hinaus deutlich machen, wie kollektive Aktion zur Realisierung des kollektiven Ziels beitragen kann. Solche Mobilisierungsversuche finden aber immer in einem politischen und kulturellen Kontext statt, der bestimmte Möglichkeiten und Grenzen definiert, die auch die effektivste Ressourcenmobilisierung und das geschickteste Framing nicht zu überschreiten vermag. In der Folge werden in jeder

Gesellschaft bestimmte Formen der Mobilisierung von bestimmten Gruppen ermöglicht oder gefördert, während andere ausgegrenzt oder zumindest erschwert werden.

Es wäre verfehlt, diese Auflistung der notwendigen Voraussetzungen für erfolgreiche Mobilisierung als ein hierarchisches Ablaufmodell zu interpretieren, in dem die Voraussetzungen auf einer 'niedrigeren' Ebene erfüllt sein müssen, bevor eine nächste Ebene ins Spiel kommt (wie dies z.B. in den Theorien von Smelser (1962) oder Rammstedt (1978) geschieht). Die Reihenfolge, in der die fünf Paradigmen und ihre Erklärungsfaktoren oben aufgelistet wurden, läßt sich genauso gut umdrehen (oder auch beliebig vermischen). Gelegenheitsstrukturen zeigen nicht nur die Grenzen von bereits abgelaufenen Mobilisierungsprozessen auf, sondern sind zugleich deren Bedingung. Effektive Mobilisierung, ob materiell, strategisch oder symbolisch, beruht nicht nur auf vorhandenen kollektiven Identitäten, sondern verändert sie auch und stiftet neue Identifikationen. Solche Identifikationen gehen wiederum nicht nur auf gemeinsame, gewissermaßen 'objektive' Interessenlagen und Deprivationen zurück, sondern bringen auch neue Problemdefinitionen und Erfahrungen hervor, die Ausgangspunkt für eine neue Welle der Mobilisierung sein können. Ganz allgemein gilt, daß Protest und soziale Bewegungen nicht nur eine Reaktion auf sozialstrukturelle Veränderungen, sondern auch Träger und Auslöser sozialen Wandels sind.

Diese komplexen Zusammenhänge machen deutlich, daß eine Fortsetzung des Paradigmenstreits mit seinen einfachen Gegenüberstellungen von Erklärungsfaktoren der Komplexität von sozialen Bewegungen nicht gerecht werden kann. Zugleich muß aber hervorgehoben werden, daß diese Theorienkonkurrenz durchaus sinnvoll gewesen ist für die Entwicklung der Bewegungsforschung. Die einseitige Betonung bestimmter Erklärungsfaktoren hat nicht nur die Möglichkeiten, sondern auch die Grenzen der jeweiligen Ansätze deutlich hervortreten lassen und damit alternative Perspektiven herausgefordert. Das breitgefächerte theoretische und konzeptionelle Instrumentarium, das uns heute zur Verfügung steht, wäre wahrscheinlich ohne diesen Wettbewerb so nicht entstanden.

Dennoch ist klar, daß diese Art der Weiterentwicklung der Bewegungsforschung mittlerweile ihre beste Zeit hinter sich hat. Mit den fünf Paradigmen und ihren jeweiligen Sichtweisen scheint das Spektrum der relevanten Erklärungsfaktoren erstmals abgedeckt zu sein. Damit sind die Bedingungen einer 'Normalisierung' der Bewegungsforschung gegeben. Ob allerdings der nächste Schritt eine umfassende Integration des Theorieangebots sein sollte – wie dies in letzter Zeit immer wieder gefordert wird – ist durchaus fragwürdig. Bei dem heutigen Stand unserer Kenntnisse würde eine solche 'Bewegungstheorie' leicht darauf hinauslaufen, die fünf, in sich wieder komplexen Erklärungsangebote einfach jede für sich als notwendige Bedingung der Mobilisierung nebeneinander zu stellen – die einander auch noch in allen möglichen Richtungen gegenseitig beeinflussen (siehe exemplarisch Bader 1991). Die Frage ist, ob es ein großer Erkenntnisgewinn wäre, wenn ab sofort jede Analyse sozialer Bewegungen zu dem Schluß kommen würde, daß ihre Entwicklung von sozialstrukturellen Voraussetzungen, kollektiven Identitäten, Deutungsmustern,

Ressourcen und Gelegenheitsstrukturen – selbstverständlich in einem komplexen Zusammenspiel – abhängt. Eine solche 'Theorie' wäre zwar nicht falsch und vielleicht auch realitätsnah, sie würde zugleich aber nichts von dem möglich Relevanten ausschließen und damit die Komplexität des Gegenstandes, den sie untersucht, nur theoretisch reproduzieren. Damit würde die Bewegungsforschung eine wichtige Aufgabe von Wissenschaft verfehlen, nämlich die Reduktion von Komplexität. Letztendlich geht es nicht nur darum, im allgemeinen festzustellen, was die wichtigen und notwendigen Bedingungen der Mobilisierung sind, sondern vielmehr auch darum, zu zeigen, wann, unter welchen Bedingungen, und bei welchen Forschungsfragen was wie wichtig und notwendig ist, vor allem auch im Vergleich zu anderen möglichen Erklärungen. Darüber hinaus würde sich eine solche theoretische Vorgehensweise gegen Kritik immunisieren: Wer würde wohl bestreiten, daß die soziale Welt komplex ist und daß alles mit allem zusammenhängt? Damit wäre der vielleicht in der Vergangenheit etwas überhitzte Motor des theoretischen Wettbewerbs völlig lahmgelegt und könnte die Bewegungsforschung in Bewegungslosigkeit erstarren.

Wie immer wird die optimale Strategie wohl irgendwo in der Mitte, zwischen Berücksichtigung und Reduktion von Komplexität liegen. Zwei theoretische Strategien erscheinen dabei als für die nächste Zukunft besonders erfolgversprechend. Erstens hat der Paradigmenstreit dazu geführt, daß wir zwar viel über die Effekte einzelner Faktoren, dafür aber wenig über ihre Verbindungen zueinander wissen. Dabei ist es, wie gesagt, nicht ratsam, den ganzen Bereich von Erklärungsfaktoren auf einmal in die Analyse mit einzubeziehen, sondern vorerst erscheint eine paarweise Strategie am angemessensten. Zu fragen wäre zum Beispiel, wie Gelegenheitsstrukturen und Framing zusammenhängen und sich gegenseitig beeinflussen, oder welche Rolle Identität in Mobilisierungsprozessen und Deutungsstrategien spielt. Damit entstehen komplexere theoretische Modelle, die aber hoffentlich immer noch 'schlank' genug sind um nicht in zuviel Komplexität oder einem beliebigen Theorienrelativismus zu 'ertrinken'. Zwischen verschiedenen solcher 'Kombinationstheorien' könnte sich durchaus wieder eine 'gesunde' Konkurrenz entwickeln.

Eine zweite Strategie wäre die Entwicklung stärker integrierter, aber 'domänenspezifischer' Theorien (siehe dazu auch McAdam/Tarrow/Tilly 1996; Lofland 1997), deren Reichweite sich erstmal auf abgegrenzte Phänomene und Forschungsfragen beschränkt. Diese könnten sich auf bestimmte Formen kollektiver Aktion (Revolutionen, Bewegungsorganisationen usw.), bestimmte Typen von Bewegungen (terroristische Gruppen, ethnische Mobilisierung usw.), bestimmte Aspekte von Bewegungsentwicklung (Protestzyklen, internationale Unterschiede usw.) oder auch bestimmte historische Zeiträume und Regimetypen (z.B. westliche Demokratien) richten. Der Zweck einer solchen Vorgehensweise wäre wiederum der Gefahr der Trivialität zu entgehen, in der allgemeine Theorien, die das gesamte Spektrum der Formen kollektiver Aktion unter allen möglichen Bedingungen abdecken wollen, leicht verfallen. Wie wir gesehen haben, sind für eingeschränktere Fragestellungen manche Erklärungsfaktoren besser geeignet als andere, was zu der Erwartung führt, daß für sie selektive, handhabbare 'Teiltheorien' entwickelt werden können. Dabei muß eine Gegenüberstellung verschiedener Paradigmen nicht unbedingt vermieden werden: Zwar hat in der breiteren Bewegungsforschung jede Perspektive ihren berechtigten Platz, dies muß aber nicht unbedingt auch in dem gleichen Ausmaß für spezifische Domäne dieses Feldes gelten.

Wie wir in diesem Band versucht haben, darzustellen, hat die Bewegungsforschung seit den relativ einfachen massenpsychologischen und marxistischen Theorien, die noch bis in den 60er Jahren dominant waren, wesentliche Fortschritte erzielt. Die teils politisch begründeten Grabenkämpfe zwischen einzelnen Paradigmen, die das Feld in den 70er und 80er Jahren kennzeichneten, haben in jüngster Zeit stark nachgelassen und einer Komplementarität der verschiedenen Paradigmen Platz gemacht. Der weiter fortbestehende theoretische Pluralismus muß dabei eher als ein Vorteil betrachtet werden: Er ist nicht sosehr ein Indiz für eine 'Unreife' der Bewegungsforschung, sondern eine angemessene Antwort auf die Komplexität, Vielförmigkeit, Veränderlichkeit und Flüssigkeit von Protest und sozialen Bewegungen.

Anmerkungen

Anmerkungen zum Beitrag von *Kai-Uwe Hellmann* (S. 9-30)

1 Vgl. Rammstedt 1978: 33ff.; ferner: „Ab 1844 kann der Begriff 'sociale Bewegung in den sozialkritischen Schriften als bekannt vorausgesetzt werden; Marx und Ruge verwenden ihn, ohne ihn zu erläutern; in den Arbeitervereinigungen und -verbrüderungen wird er unablässig gebraucht." (53)
2 Hofmann 1971: 13; vgl. auch Pankoke 1970: „Im Zusammenhang der Problemgeschichte von 'socialer Bewegung' kommt der Marxschen Revolutionstheorie die zentrale Stelle gerade deshalb zu, weil Marx mit seiner Analyse der ökonomischen Basis gesellschaftlicher Klassenbildung den Wirkungsmechanismus zwischen der 'Bewegung der Produktion' und den 'Bewegungen der Gesellschaft' thematisierte und weil sein Programm einer sozialevolutionären Umgestaltung der industriekapitalistischen Produktionsverhältnisse zwischen den Bewegungsgesetzen der Produktion und den Bewegungszielen der Geschichte eine Beziehung herstellte." (30)
3 Rammstedt 1978a: 108; vgl. auch Pankoke 1970: „Die Wende von der ideologischen zur soziologischen Beurteilung sozialer Bewegungen läßt sich an L. v. Stein aufzeigen, welcher den Antagonismus der Klassenideologien als einen Dualismus von Klasseninteressen zu interpretieren und den systemsprengenden 'Konflikt' zwischen Liberalismus und Sozialismus als eine systemimmanente 'Koexistenz' der relativen Interessenlagen von 'Kapital' und 'Arbeit' zu institutionalisieren suchte." (36f.) Siehe dagegen Rammstedt 1978: „Eine erste soziologische Reflexion des Begriffs 'soziale Bewegung' findet sich jedoch erst in der 3. Auflage des Buches [*Communismus und Socialismus in Frankreich*], erst nach der Revolution von 1848, als von Stein sein Engagement für den Sozialismus zurücknimmt." (70)
4 Hier handelt es sich natürlich um Engels Arbeit 'Die Entwicklung des Sozialismus von der Utopie zur Wissenschaft' von 1892.
5 Vgl. folgende Anmerkung Helmut Königs zur Auffassung Le Bons: „In der Masse werfe der einzelne die mühsam errungenen zivilisierten Normen ab und werde wieder ganz der, der er immer war: ein Stück Natur, ein animalisches Triebwesen, unkalkulierbar, wild, enthemmt, rücksichtslos, nicht mehr zurechnungsfähig, nicht rational ansprechbar." (König 1997: 34)
6 Vgl. Morris/Hering 1987: „Marx's theory ... made the case that participation in movements is intendly rational, purposive activity." (140)
7 So sprechen Klandermans und Tarrow bei ihrer Diskussion des amerikanischen RM-Ansatzes und des europäischen 'new social movement approach' von „two major new paradigms" (Klandermans/Tarrow 1988: 2); ebenso Tarrow 1988: 423; Lahusen 1996.
8 Siehe eine der wenigen Ausnahmen McAdam 1982: 36ff.
9 Dabei hat schon der für Neil Smelser so einflußreiche Talcott Parsons mit der Unterstellung des Irrationalismus gearbeitet: „It is a generalization well established in social science that neither individuals nor societies can undergo major structural changes without the likelihood of producing a considerable element of 'irrational' behavior." (Parsons 1955: 127)
10 Natürlich gelingt es mittlerweile nicht nur, die Motivation solchen kollektiven Verhaltens, das sich vor allem der Unterstellung von Irrationalität ausgesetzt sah, sondern auch das Verhalten selbst als zweckrational zu begründen. „They may indeed become rebellious, but while their rebellion often appears chaotic from the perspective of conventional American Politics, or from the perspective of some organizers, it is not chaotic at all; it is structured political behavior. When people riot in the streets, their behavior is socially patterned, and within those patterns, their actions are to some extent deliberate and purposeful." (Piven/Cloward 1977: 18)

11 Vgl. die wenig schmeichelhafte Feststellung von Doug McAdam zur Einschätzung der „collective behavior theorists" über ihren Gegenstand, denen zufolge „the social movement is effective not as political action but as therapy." (McAdam 1982: 10)
12 Zur Vereinbarkeit von Bewegung und Organisation siehe neuerdings Rucht/Blattert/ Rink 1997.
13 Vgl. Tarrow 1988: „By no means all the Europeans were advocates of the NSM approach, nor were all the Americans adherents of RM. But whatever their theoretical orientation, most of the former looked to larger structural and/or cultural issues, while the latter developed their research at the organizational, group and individual levels." (423)
14 Vgl. auch Parsons 1955 zu 'Social Strains in America'.
15 Übrigens kommt Klandermans fast zu derselben Einteilung: „Grievances, resources and opportunities and meaning construction and identity formation are all indispensable concepts for the explanation proposed here of why and how people become involved in social movements." (Klandermans 1997: 210)
16 Der Reihenfolge, in der die Ansätze vorgestellt werden, liegt die Überlegung zugrunde, daß (3.1) kaum eine soziale Bewegung gänzlich ohne externen Anlaß zustande kommt. Für die Mobilisierung bedarf die Bewegung vor allem aber (3.2) einer kollektiven Identität, die auf eine Wir/Die-, mitunter sogar Freund/Feind-Unterscheidung hinausläuft. Diese muß jedoch (3.3) erst noch aktuell konstruiert oder auch reaktiviert werden. Für die erfolgreiche Mobilisierung braucht es überdies (3.4) Organisation und Ressourcen wie Zeit und Geld, und nicht zuletzt ist (3.5) das sozio-politische Umfeld der Bewegung in hohem Maße mit entscheidend für den Mobilisierungserfolg. Diese Reihenfolge ist somit heuristisch gemeint, keineswegs kausal- oder genealogisch.
17 Vgl. Rucht 1995: 12
18 Vgl. Japp 1993: 235.
19 Vgl. Hellmann 1996: 241.
20 Vgl. die drei Punkte, die Piven/Cloward für „the conviction that formal organization is a vehicle of power" anführen: „First, formal organization presumably makes possible the coordination of the economic and political resources of large numbers of people who separately have few such resources. Second, formal organization presumably permits the intelligent and strategic use of these resources in political conflict. And third, formal organization presumably ensures the continuity of lower-class mobilization over time." (Piven/Cloward 1977: x)
21 Bei der Realisierung dieses Vorhabens sind wir in der Endphase sehr konstruktiv von Verena Rösner vom Wissenschaftszentrum Berlin unterstützt worden. Dank an sie.

Anmerkungen zum Beitrag von *Karl-Werner Brand* (S. 33-50)

1 Rothgang kommt z.B. aufgrund eines Vergleichs der Umwelt- und Friedensbewegung in Großbritannien mit dem NSB-Konzept zu dem Ergebnis, daß die in diesem Konzept postulierten „gemeinsamen Eigenschaften, die es erlauben, von einem speziellen, neuen Typus zu sprechen, dort nicht vorliegen" (1988: 196). Somit sei es geboten, vom Konzept der 'neuen sozialen Bewegungen' Abschied zu nehmen.
2 Einen der überzeugendsten Neuansätze stellte in dieser Hinsicht Claus Offes Reformulierung der Marxschen Klassentheorie dar, die durch eine systemtheoretisch konzipierte "politische Krisentheorie" ersetzt wird (Offe 1969, 1972, 1976). Diese spürt den Herrschaftscharakter spätkapitalistischer Gesellschaften in der spezifischen Selektivität pluralistisch-repräsentativer Formen der Interessenvertretung auf und macht zugleich die Überlagerung der alten Klassenungleichheiten durch neue 'horizontale Disparitäten' sichtbar.
3 Rucht (1994: 152f.) begreift die Studentenbewegung und die Neue Linke allerdings nicht als genuinen Teil der neuen sozialen Bewegungen sondern als historisches 'Binde-glied' zwischen der Arbeiterbewegung und den 'neuen' Bewegungen. Die 'proletarische Wende' bietet den diversen Nachfolgeorganisationen der Studentenbewegung m.E. aber nur

4   eine ideologische Identifikationshülse, die dem revolutionären Selbst(miß)verständnis dieser Gruppen den Schein einer 'objektiven' Basis verleiht.
4   So versucht die Hannoveraner Forschungsgruppe um Michael Vester (Vester u.a. 1993) in einer an Bourdieu orientierten Perspektive die Konstitution der neuen Bewegungsmilieus im Gesamtzusammenhang der Neustrukturierung der sozialen Beziehungsgefüge in den Nachkriegsjahrzehnten zu rekonstruieren. Dabei rücken die Sozialisationseffekte der unterschiedlichen Herkunftsmilieus stärker ins Blickfeld, die in den Ab- und Ausgrenzungen, in den internen Spannungen und Differenzierungen der neuen Milieus in 'modernisierter Form' weiterwirken.
5   Unter 'Zeitgeist' verstehe ich dabei eine spezifische, in einer bestimmten Phase vorherrschende kulturelle Gestalt des Denkens und Fühlens, des ästhetischen Empfindens und moralischen Urteilens; eine spezifische Konfiguration von Ängsten und Hoffnungen, von Zukunftserwartungen oder Befürchtungen, von Sicherheits- oder Krisengefühlen, von Optimismus oder Pessimismus.
6   Dieses Gesellschaftsmodell wird – in ähnlicher Weise – im Rahmen der Regulationstheorie als 'fordistisches' Modell beschrieben, vgl. Hirsch/Roth 1986.

Anmerkungen zum Beitrag von *Roland Roth* (S. 51-68)

1   Vgl. Bader 1991: „Potentielle Konfliktgruppen werden zu aktuellen Konfliktgruppen und sozialen Bewegungen erst dann, wenn sie eine kollektive Identität entwickeln" (104).
2   Vgl. Bader 1991: „Kollektive wie individuelle Identitäten sind nichts Natürliches, Unveränderliches, Statisches, Ein-für-allemal Gegebenes. Sie sind das Resultat von Prozessen sozialer Definition und Identifikation und Ausgrenzung. Kollektive Identität ist aber deshalb nicht einfach willkürlich und beliebig definierbar und veränderbar" (105).
3   Aus der Fülle der Literatur sei exemplarisch auf die ausgezeichnete Studie von Lindenberger 1995 zum Berliner Straßenprotest zu Beginn des Jahrhunderts verwiesen. Eindrucksvolle Einzelstudien zu den Ambivalenzen von Arbeiterkulturen in Deutschland in diesem Jahrhundert haben z.B. Lidtke 1985 und Lüdtke 1989 vorgelegt.
4   Die Geschichte der Massenpsychologie haben u.a. Moscovici 1984 und König 1992 aufbereitet.
5   Einen Einblick in die recht junge Geschichte des Identitätsbegriffs und seine politisch-intellektuellen Nutzanwendungen bietet Niethammer 1994. Dort findet sich auch die Warnung: „Identität ist heute geradezu das Leitbeispiel jener 'Plastikwörter', die Uwe Pörksen als das Wechselgeld der Medien- und Expertengesellschaft analysiert hat. Sie entziehen den Sachen und Erfahrungen ihren spezifischen Sinn und suchen ihn auf einer abgehobenen, der Steuerung und dem interfraktionellen Verkehr, den Expertenkonferenzen, Talkshows und Zeitungskommentaren zugänglichen Ebene wieder neu zu stiften. Es gibt nur weniges, was heute nicht unter den Identitätsbegriff gepackt werden kann: vor allem natürlich die Biografie, fast alle Lebenskrisen, aber auch das Design, das ein multinationales Unternehmen wiedererkennbar machen soll; nicht nur die Zugehörigkeit zu allen möglichen Kollektiven und Institutionen, sondern auch diese selbst, von der lokalen über die regionale und nationale bis zur kontinentalen Ebene" (378).
6   In einer Analyse von 'frames', die die politische Berichterstattung in den US-Medien dominieren, wird deutlich, wie voraussetzungsvoll kollektive Identitäten sind. Sie entstehen erst, wenn ein 'aggregate frame' überwunden wird, der das 'Wir' als bloße Ansammlung von Individuen faßt, die allein durch persönliches Verhalten etwas bewirken können. Dieser Blockierung kollektiver Handlungsfähigkeit arbeitet ein ausgeprägter Individualismus in der Deutung sozialer Probleme zu (Gamson 1992: 85f.).
7   Identitäten sozialer Bewegungen „are constructed, reinforced, and transformed by the interactions between and among movement participants and outsiders" (Hunt/Benford 1994: 489).

8 Diese Konstellation wird durch einen Spruch verdeutlicht, der auf Strassendemonstrationen der 60er und 70er Jahre häufiger zu hören war: „Bürger laßt das Gaffen sein, kommt herunter, reiht euch ein!"
9 Diese Beobachtung stand schon unter dem Stichwort 'rebellische Subjektivität' im Zentrum der Beiträge von Herbert Marcuse über die Protestbewegungen der 60er und 70er Jahre; vgl. Roth 1985.
10 Zu diesen mit Blick auf nationale Identitäten entwickelten Unterscheidungen siehe Giesen 1993.
11 Lediglich Balistier (1996: 263) widmet dem Thema 'Identität' ein eigenes Kapitel, allerdings ohne auf die von Touraine und Melucci entwickelten Konzepte und die internationale Debatte näher einzugehen.
12 Sie prägte auch die erste Runde der Kontroversen, die in der Rubrik 'Bewegungswissenschaft in der Diskussion' des Forschungsjournals Neue Soziale Bewegungen seit Heft 4/1988 ausgetragen wurden.
13 Weitergehende Hinweise finden sich bei Roth 1983 und Rucht 1991, zur internationalen Rezeption vgl. Dubet/Wieviorka 1995.
14 Vgl. die einleitende Zwischenbilanz der Herausgeber in Roth/Rucht 1991.
15 Eine Gesamtwürdigung der Arbeiten Touraines und seiner Forschungsgruppe steht noch aus. Genauere Informationen und Kritiken bieten u.a. Amiot 1980, Roth 1983, Rüdig/Lowe 1984, Rucht 1991a.
16 Rainer Paris (1989) hat diese Beobachtung zur These verdichtet, neue soziale Bewegungen seien „situative Bewegungen", „die bei aller Schärfe der Auseinandersetzungen kaum dauerhafte Identitifikationsmuster generieren" (326).
17 Neuere Ländervergleiche (Rucht 1994; Kriesi et al. 1995) haben dafür sensibilisiert, daß die Konturen neuer sozialer Bewegungen und ihr Gewicht innerhalb des nationalen Protestsektors durchaus unterschiedlich ausfallen. Für Italien wäre zu bedenken, daß kulturelle Alternativen aufgrund des großen Gewichts klassenkämpferischer Traditionen ('Arbeitermilitanz') erst vergleichsweise spät in den Protestmilieus an Gewicht gewannen und dann als jugendbewegter Bruch in der zweiten Hälfte der 70er Jahre artikuliert wurden (Tarrow 1989; Lumley 1990). Möglicherweise ist dies eine Ursache für die geringe protestpolitische Aufladung der Alternativszenen und ihre überwiegend kulturelle Orientierung zu Beginn der 80er Jahre.
18 Ohne auf die Einzelbefunde einzugehen, die sich meist kollektiven Forschungen verdanken, verdient vor allem Castells analytische Unterscheidung von drei kollektiven Identitätsformen weiteres Interesse:
• 'Legitimizing identity' gründet sich auf den herrschenden Institutionen einer Gesellschaft und schafft jene Sphäre, die in der Tradition von Antonio Gramsci mit 'civil society' bezeichnet wird.
• 'Resistance identity' ist dagegen auf Widerspruch gegen spezifische Formen des sozialen Ausschlusses gegründet und mündet in der Bildung von Gemeinschaften der Ausgeschlossenen, die gesellschaftliche Werturteile umkehren ('gay pride' etc.).
• 'Project identity' entsteht dann, wenn Akteure nach neuen Identitäten streben, die eine Transformation zentraler politischer und gesellschaftlicher Institutionen voraussetzen bzw. zum Ziel haben (Castells 1997: 8ff.).
19 Die Bewertung dieser Entwicklung fällt unterschiedlich aus, wobei Castells für eine äußerst optimistische Lesart steht, da diese vielfältige Identitätspolitik kein Zeichen der Schwäche sei, sondern im Gegenteil Ausdruck ihrer Stärke. Indem z.B. die feministischen Bewegungen in ihren Praxisformen und Diskursen weibliche Identitäten in vielen Sphären de/re/konstruieren und damit den geschlechtsspezifischen Zuschnitt gesellschaftlicher Institutionen aufbrechen, praktizieren sie Gegenmacht im „world wide web of life experiences" (1997: 202).
20 Wie z.B. im Wyhl-Konflikt, wo es um die Balance zwischen einer städtischen, teilweise linksradikal orientierten Bewegungsszene in Freiburg mit einem eher bodenständigen und mittelständischen Protest am Kaiserstuhl ging; vgl. Poppenhusen 1990.
21 Politische Identitäten neuer sozialer Bewegungen erscheinen einerseits sehr heterogen – sie sind für die zumindest in ihren Anfängen bewegungsnahen Grünen gut untersucht

(Raschke 1993), aber verglichen mit anderen Parteien wirken sie wiederum relativ homogen, wie etwa eine Studie zu rot-grünen Bündnissen auf lokaler Ebene zutage förderte, in der die SPD die zerrissenere Partei war (Zeuner/Wischermann 1995).

22 Für die neue Friedensbewegung der 80er Jahre hat Schmitt (1990) die Amalgamierung verschiedener Motive der neuen sozialen Bewegungen mit dem Thema Frieden herausgearbeitet.

23 In der 'klassischen' Definition von Raschke: „Geringer Grad organisatorischer Verfestigung, Bürokratisierung und Zentralisierung in Verbindung mit Führerfeindlichkeit" (1985: 412).

24 Kenner der 'autonomen Szene' gehen z.b. von einer durchschnittlichen Verweildauer von zwei Jahren aus.

25 Ein gutes Beispiel ist die Studie von Hunt/Benford 1994.

Anmerkungen zum Beitrag von *Tibor Kliment* (S. 69-89)

1 Der von Snow et al. (1986: 477) entwickelte Begriff der *frame resonance* bezeichnet die Notwendigkeit, daß zwischen den angebotenen Deutungsmustern und allgemeinen gesellschaftlichen Orientierungen - und seien es auch nur diffuse Unzufriedenheiten - eine Kongruenz oder zumindest eine Anknüpfungsmöglichkeit vorhanden sein muß.

2 Nicht zur Bewegung gezählt wurden jene Organisationen, die nicht dem mobilisierten Kern des Widerstands angehörten, auch wenn sie mit den Zielen der Bewegung übereinstimmten. Sie markierten als Verbündete und Sympathisanten den Kontext der Bewegung, nicht sie selbst. Dieses waren beispielsweise die SPD, Kirchen oder Gewerkschaften, welche die Ziele der Bewegung teilweise übernahmen, ohne mit ihr fest zusammenzuarbeiten. Vgl. dazu auch die Unterscheidung von Verbündeten, Sympathisanten und Bewegung bei Raschke 1985: 339f.

3 Auf der Ebene der dem politischen oder pragmatischen Umweltschutz verpflichteten, bundesweit tätigen Organisationen wurden die Mitgliederzeitungen des Bundesverbandes Bürgerinitiativen Umweltschutz (BBU-Aktuell, BBU-Info-Dienst, Umwelt-Magazin, BBU-Magazin) sowie des Bundes Umwelt und Naturschutz Deutschland (NATUR & UMWELT) einschließlich seiner niedersächsischen und bayerischen Landesverbände BUND-Niedersachsen und BN-Bayern analysiert. Aus dem Parteienbereich wurden die Mitgliederzeitungen der Grünen Niedersachsen ('Grüne Illustrierte', 'Grüne Information'), der Grünen Bayern ('Grüne Zeiten'), der Bundespartei Die Grünen (Grüner Basisdienst) sowie das Organ der Grünen im Bundestag (Grünes Bulletin) erfaßt. Der Zugriff auf die Bürgerinitiativen und Aktionsgruppen erfolgte anhand jener Zeitschriften, denen nach Auflagenhöhe, Größe des Verbreitungsgebiets sowie nach Einschätzung von Aktivisten besondere Bedeutung für die interne Verständigung zugeschrieben wird. Als das zentrale Informations- und Diskussionsforum der bundesdeutschen Anti-AKW-Initiativen gilt die vom Göttinger und Lüneburger Arbeitskreis gegen Kernenergie (GAK/LAK) herausgegebene Zeitschrift ATOM. Sie wurde einschließlich ihrer Vorläufer 'Atom Express', 'Atommüllzeitung' und 'Gorleben Aktuell' analysiert. Für die bayerische Anti-AKW-Bewegung, die nach 1985 weitgehend mit der Anti-WAA-Bewegung zusammenfiel, wurde die von der Nürnberger Initiative gegen Atomanlagen (NIGA) im Auftrag der Landeskonferenz der Bayerischen Anti-AKW-Initiativen (LaKo) herausgegebene und umfangreich berichtende Zeitschrift 'Radi-Aktiv' untersucht. Von den am vorgesehenen Standort Wackersdorf ansässigen, bürgerlichen Initiativen kam die von der Amberger Bürgerinitiative gegen die WAA herausgegebene Zeitung 'Der Oberpfälzer' in die Auswahl, ferner die von Autonomen Gruppen produzierten Blätter 'Wackerland News' und 'Der Opferpfälzer'.

4 Da die Aktionsgruppen keine Beiträge mit Sachargumenten als Hauptthema präsentierten, werden sie hier ausgeklammert.

5 Im Ergebnis zeigte sich eine Vielzahl von statistisch voneinander unabhängigen Argumentationsdimensionen.

6 Aus Gründen der Anschaulichkeit wurden die Zeiträume nach Jahren zusammengefaßt. Die Berechnung der Zeitreihenkorrelationen erfolgte auf Basis von Quartalen, womit eine ausreichende Anzahl von Meßpunkten (48) gegeben war.
7 Verschlüsselt wurde die Thematisierung der Friedens-, Frauen-, Ökologie-, Bürgerrechts-, Dritte-Welt-, Hausbesetzer- und Startbahn-West-Bewegung, sowie 'sonstige' Bewegungstypen.

Anmerkungen zum Beitrag von *Karl-Dieter Opp* (S. 90-108)

1 Dieser Beitrag wurde während meines Aufenthaltes als 'Visiting Scholar' 1996/1997 bei der Russell Sage Foundation (New York City) verfaßt. Ich möchte der Stiftung für die großzügige Unterstützung herzlich danken.
2 Die grundlegenden theoretischen Arbeiten sind McCarthy/Zald 1973, 1977, Oberschall 1973 und Tilly 1978. In Zald/McCarthy 1987 werden eine Reihe von Aufsätzen dieser beiden Autoren wieder abgedruckt. Grundlegende Aufsätze enthält auch der von Zald/McCarthy herausgegebene Band von 1979 (Zald/McCarthy 1979). Zusammenfassende Darstellungen findet man bei Buechler 1993, Jenkins 1983, Opp 1993, Pichardo 1988. Zur Kritik der RM-Perspektive vergleiche neben den genannten Arbeiten auch Piven/Cloward 1991.
3 Mit 'Olson's challenge' ist die im folgenden behandelte These Olsons gemeint, daß große Gruppen nicht handeln, um ihre Ziele zu erreichen. Dies ist eine 'Herausforderung', da vor allem in der Soziologie oft davon ausgegangen wird, daß Personen auch dann, wenn sie Mitglieder großer Gruppen sind, gemäß ihren Interessen handeln.
4 Zu dieser Theorie liegt mittlerweile eine umfangreiche Literatur vor. Eine umfassende Darstellung und Diskussion dieser Literatur findet sich in Lichbach 1995, 1996.
5 Siehe hierzu Opp/Voss/Gern 1993: Kap. II; vgl. allgemein Lichbach 1995, 1996.
6 'Soziale Bewegung' ist ebenfalls eine Variable mit den Werten 0 (eine soziale Bewegung besteht nicht) und 1 (eine soziale Bewegung besteht). Das Modell in Abbildung 1 impliziert, daß eine Bewegung natürlich nur größer oder kleiner werden kann, wenn sie existiert. Andernfalls wird der Wert 0 zugeordnet und das Produkt der drei Variablen wird null.
7 Vgl. zur Darstellung der Struktur und Entwicklung der Ökologiebewegung Brand et al. 1986: 85ff.; Rucht 1994: Kap. 6.
8 Vgl. zur Entwicklung der BBU insbesondere Koopmans 1995: 217ff..
9 Vgl. zum folgenden ausführlicher Opp 1996: 351ff..
10 Siehe die Zusammenstellung bei Rucht 1994:281, insbesondere Statistisches Bundesamt 1994: Teil II, Kap. 4.
11 'Investition in Umweltschutz' heißt ein Verhalten, das dem Ziel dient, Umweltschutz zu verbessern. Zu diesen Verhaltensweisen gehören: umweltfreundliches Verhalten (z.B. Trennung von Hausmüll), Kauf oder Verwendung umweltfreundlicher Güter, Spenden an Umweltschutzgruppen, Teilnahme an Protesten für Umweltschutz, Mitgliedschaft in Umweltgruppen, Gründung einer Umweltgruppe.
12 Einige der im folgenden behandelten Anreize haben sich in einer Reihe von empirischen Untersuchungen als bedeutsam für die Erklärung von *Protesten* erwiesen; vgl. zusammenfassend Opp 1993. Diese Anreize werden im folgenden erweitert, um auch andere Arten umweltbezogenen Verhaltens zu erklären; vgl. zu diesen Anreizen auch Lüdemann 1997, Diekmann/Franzen 1995, Diekmann/Jaeger 1996.
13 Das Modell, das in diesem Abschnitt vorgestellt wird, wird weit detaillierter dargestellt in Opp 1996. Dort wird im einzelnen dargelegt, auf welche *Arten* von Anreizen die im folgenden zu beschreibenden Faktoren in welcher Weise wirken. Dort finden sich auch genauere Ausführungen zu der Beziehung zwischen Umweltqualität und Unzufriedenheit mit der Umwelt. Gegenstand des genannten Aufsatzes ist die Erklärung von *Protest*. Da es im folgenden generell um die Übertragung von Ressourcen an die Ökologiebewegung geht, mußte das in Opp 1996 dargestellte Modell leicht verändert werden.

14 Ein weiterer Faktor, der generell zum Niedergang sozialer Bewegungen führt, soll hier nur erwähnt werden: *Redundanzkosten*; d.h. wenn keine neuen Argumente gegenüber Politikern oder keine neuen Protestformen gefunden werden, sinken die Anreize, Ressourcen an die Ökologiebewegung zu übertagen. Wir wollen diesen Faktor hier nicht im einzelnen behandeln; vgl. Opp 1996.
15 Vgl. Statistisches Bundesamt 1994: Teil I, Kapitel 19.
16 Zusammenfassend Statistisches Bundesamt 1994: Teil II, Kap. 16.

Anmerkungen zum Beitrag von *Dieter Rucht* (S. 109-127)

1 Während Alain Touraine die politische Ebene als gegenüber dem Zentralproblem von 'Historizität' nachgeordnet betrachtet und in neueren Schriften die Bedeutung kultureller Faktoren für soziale Bewegungen immer stärker betont, hat Melucci (1984: 822) im Hinblick auf Tarrows Akzentuierung von political opportunity structure kritisch von einem 'political overload' der Bewegungsforschung gesprochen.
2 Zur Definition neuer sozialer Bewegungen vgl. Rucht 1994: 153ff..
3 Vgl. hierzu die Begriffe 'opportunity structure', die sich laut Merton (1959) bis auf ein unveröffentlichtes Papier von Sutherland aus dem Jahr 1944 zurückverfolgen lassen, sowie 'structural conduciveness' bei Smelser 1962. Auch in den organisationssoziologischen Arbeiten von Crozier/Friedberg (1977) wird auf die Bedeutung der 'structuration de l'environnment' hingewiesen.
4 Im Ergebnis ermittelt Eisinger (1973) eine kurvilineare Beziehung zwischen offenen und geschlossenen opportunity structures und Protest. 'Mittlere' und widersprüchliche Strukturen erzeugen viel Protest, weitgehend offene oder aber geschlossene Strukturen führen zu wenig Protest, da dieser entweder bereits im Frühstadium absorbiert wird oder aber als völlig aussichtslos erscheint.
5 Brand (1985: 319) hebt folgende Variablen hervor:
"– das jeweilige Gewicht und die Mobilisierungskraft der traditionellen Konfliktlinien, insbesondere der Links-Rechts-Achse;
– damit verbunden der Umfang und die konfliktpazifierende Wirkung sozialstaatlicher Regelungen;
– die Zugänglichkeit bzw. Geschlossenheit des politischen Systems (abhängig insbesondere von den institutionalisierten Partizipationschancen, von der Art des Parteiensystems, vom Wahlsystem, von der Zentralisierung oder Dezentralisierung des staatlichen Apparats und vom Ausmaß der korporatistischen Einbindung etablierter gesellschaftlicher Interessen);
– die vorherrschenden Muster politischer Kultur."
6 Kitschelt sucht die unterschiedlichen Strategien und Effekte von Anti-Atomkraftbewegungen in Frankreich, der Bundesrepublik, Schweden und den USA ausschließlich mit Hilfe invarianter, länderspezifischer Gelegenheitsstrukturen zu erklären, aber übersah, daß sich auch die Strategien und Effekte der Bewegungen in diesen Ländern deutlich wandelten (Rucht 1990).
7 Wie vor ihm schon Tarrow betont McAdam, daß die politische Gelegenheitsstruktur auch als eine *abhängige* Variable betrachtet werden kann, sofern sie ein Objekt der strategischen Intervention von sozialen Bewegungen bildet (McAdam 1996: 35).
8 An anderer Stelle habe ich darauf hingewiesen, daß manche Bewegungstypen bzw. Bewegungsgruppen auch Formen *qualitativer* Mobilisierung bevorzugen (Rucht 1988). Maßstab ist dann die Intensität des Engagements, das nicht in singulären und evtl. höchst beiläufigen Unterstützungsleistungen möglichst vieler Menschen (z.B. einer Unterschrift), sondern in tiefgreifenden Überzeugungen und entsprechend konsequenten Lebensweisen zum Ausdruck kommt. Ein solches Engagement findet sich bevorzugt bei der Figur des 'true believer' (Eric Hoffer).
9 Zu Grundlagen des Projekts vgl. Rucht/Ohlemacher 1992, Rucht/Hocke/Oremus 1995.
10 Die Gesamtheit neuer sozialer Bewegungen setzt sich nach Koopmans (1995: 51) und Kriesi et al. (1995: 20) aus zehn Komponenten zusammen: nuclear weapons, other peace

movements, nuclear energy, other ecology movement, anti-racism, other solidarity movement (= überwiegend Dritte-Welt-Bewegung), squatters movement, other countercultural, homosexual movement und women's movement.

11 Für einen der wenigen solcher Versuche siehe Amenta/Zylan 1991.
12 Dies legen auch die Daten von Kriesi et al. (1995: 130) nahe, wenngleich die Autoren den Zuwachs von Verbündeten eher als Folge denn als Ursache wachsenden Protests interpretieren.
13 Die prozentualen Anteile im einzelnen: Frieden 25,4%; Ökologie 15,5%; Atomenergie 17,4%; Frauen 1,7%.
14 Hierbei gilt es zu beachten, daß aufgrund vorerst unvollständiger Erhebungen für die Phase von 1970 bis 1978 nur Wochenendproteste, für 1979 bis 1992 dagegen Wochenendproteste und die Proteste an den Werktagen jeder vierten Woche enthalten sind.
15 Genauer handelt es sich um Proteste pro Frieden, gegen Atomkraft, pro Ökologie und pro Frauen, die hier als Proteste der jeweiligen Bewegungen behandelt werden, obgleich nicht auszuschließen ist, daß einzelne Proteste auch von Gruppen getragen werden, die außerhalb dieser Bewegungen stehen.
16 Hinter Veränderungen innerhalb dieser Grobkategorien stehen Veränderungen einzelner spezifischer Themen. Die Zuwächse im Jahr 1981 beruhen vor allem auf Protesten zugunsten von Befreiungsbewegungen in Lateinamerika, Protesten gegen Polizeiübergriffe (z.B. im Zusammenhang mit Rekrutenvereidigungen und Hausbesetzungen) und Protesten zur Verbesserung der Haftbedingungen von Linksterroristen.
17 Bereits im Verlauf dieser 1977/78 geführten Debatte entstand in der Bundesrepublik eine kleinere Zahl neuer lokaler Friedensgruppen (Cooper 1996: 205).
18 Von den 91 Protestereignissen in diesem Themenbereich im Jahr 1981 entfallen 47 (51,6%) auf Westberlin.
19 Der Eindruck mancher Autoren, die Friedensbewegung sei bereits 1986 nicht mehr existent gewesen, ist allerdings nicht begründet. Zwar kam schon ab Beginn 1985 die Mobilisierung gegen die Raktenstationierung fast zum Erliegen, doch blieben Teile der Friedensbewegung mit Blick auf andere Friedenstheman aktiv. Die Gesamtmobilisierung der Bewegung lag jedoch nach 1983 auf deutlich niederigerem Niveau als in den Jahren davor.

Anmerkungen zum Beitrag von *Claus Leggewie* (S. 131-148)

1 Um die normativ und ideologisch aufgeladene verwendeten Rechtsextremismus-Terminologie der deutschen Literatur zu vermeiden (dazu Leggewie/Meier 1995), verwende ich im folgenden den aus dem amerikanischen Sprachgebrauch entlehnten, neutraleren Begriff der radikalen Rechten. Der Versuch, eine einheitliche RE-Terminologie und -Theorie zu entwickeln, ist auch bei Falter u.a. 1996 und Kowalsky/Schröder 1994 nicht überzeugend gelungen. Zum Rechtspopulismus siehe FN 3.
2 Jaschkes These lautete, daß wir es „heute nicht mehr, wie noch bis in die 80er Jahre, mit einer politischen Subkultur von Außenseitern und Ewiggestrigen zu tun (haben), die auf breite Ablehnung in der Mehrheitsgesellschaft stößt und in ihrem abgeschotteten politisch-sozialen Milieu verbleibt ... Verschiedene Anzeichen deuten darauf hin, daß nach der Studentenbewegung ... und den ‚neuen sozialen Bewegungen' nun eine neue, von ihren Zielen her ganz andersartige, nun von rechts kommende Bewegung ihren Anfang nimmt" (1992: 1443). „Anzeichen" waren für ihn das Aufgreifen von Alltagsinteressen, aktionistische Militanz, Breitenwirksamkeit und Dezentralität der rechten'Szene', dazu Leggewie 1993, 1994, Koopmans/Rucht 1996; dagegen Stöss 1994, Ohlemacher 1994, Butterwegge 1994 und Neureiter 1996.
3 Rechtspopulismus bezeichnet rechtsorientierte Einstellungen und Organisationen, die mit ihrer doppelten Stoßrichtung gegen die politische Klasse und die Masseneinwanderung über das herkömmliche Spektrum der radikalen Rechten hinausreichen und auf eine neue Konfliktlinie im, sozialen und politischen System gründen, dazu Kitschelt 1996, Betz

1995 und Leggewie 1992. Populismus ist dabei eine doppelte De-Thematisierung von Differenz: Populisten postulieren eine interessenunspezifische, klassenübergreifende Konstellation des „Volkes" (oder auch der „kleinen Leute") gegen die „politische Klasse", deren innere Heterogenität ebenso geleugnet wird.

4   Die 'End of Work'-These wird vertreten z.B. von Rifkin 1995, Greider 1997, Forrester 1996, Martin/Schumann 1996, siehe auch Hirsch-Kreisen 1997 und vielen anderen.
5   Vgl. auch den Spiegel-Bericht "Junge wählen rechts" (40/1997) über den Erfolg rechtsradikaler Parteien bei den Hamburger Bürgerschaftswahlen 1997, der sich auf Studien der Forschungsgruppe Wahlen und der Hans-Böckler-Stiftung stützt.

Anmerkungen zum Beitrag von *Werner Bergmann* und *Rainer Erb* (S. 149-165)

1   Klar formuliert diese Position die Zeitschrift 'National Journal' in einer Schlagzeile: „Sie sind gegen die Nationalen, weil die Nationalen für euch sind. Nicht die Nationalen haben euch belogen!" (Nr. 1, Januar 1996). Man will gegen eine „antinationale, auslandshörige Regierung" (Staatsbriefe 1996) eine „volkstreue Politik" machen (Junges Forum 3-4, 1996).
2   Vgl. die Analyse von Adair (1996) zu den Problemen einer sozialen Bewegung, die die Kontrolle über ihre kollektive Identität an externe Definitionskonkurrenten verloren hat. So klagt in der Ausgabe 9/1996 von 'Nation und Europa' der Neu-Rechte Alfred Mechtersheimer, daß sich in „unserem Land ein quasi-totalitärer Ungeist etabliert" habe, „der alle patriotischen und nationalen Bemühungen als 'rechtsextrem' diffamiert und verfolgt".
3   Die Tatsache, daß die Rechten in ihrem Zentralwert übereinstimmen, impliziert nicht eine Homogenität von Ideen und Orientierungen. Vielmehr ist die kollektive Identität Gegenstand ständiger Aushandlungen zwischen den Bewegungsanhängern (ähnlich Diani 1992: 8f.).
4   Nach Benford/Hunt (1992) verwenden Bewegungen ein Rollenset zur Charakterisierung ihrer eigenen Rolle und der ihrer Antagonisten, des Publikums und der Opfer. Der Antagonist spielt die Rolle des 'Verräters', während man selbst die des 'Widerständlers' übernimmt. So werden dem Kanzler und dem Bundespräsidenten dementsprechend Eidbrüchigkeit vorgeworfen: „Herr Herzog, Sie haben einen Eid abgelegt" ('National Journal' 16/1997: 4) und „Meineidkanzler" (Verfassungsschutzbericht Hamburg 1997: 39). Karl Richter, Chefredakteur von 'Nation und Europa', weist der deutschen Rechten die Aufgabe einer Fundamentalopposition gegen die volkszerstörerischen herrschenden Kräfte zu und fordert zu gemeinsamem konsequenten Handeln gegen die BRD-Macht-haber auf (in: 'Europa vorn', Juni 1997). Das eigene Handeln wird als Widerstand gedeutet: „Trotz Repressions-Terror und Verbot: Der nationale Widerstand marschiert auch 1997" (Titel der JN-Zeitschrift 'Einheit und Kampf' 1996); vgl auch die neonazistische Szenezeitschrift 'Widerstand. Die Zeitung der volkstreuen Deutschen'.
5   Dieser kollektiven Identität paßt sich die personale Identität an: Der Prozeß der Zugehörigkeit beginnt damit, sich biographisch als „schon immer national denkend" (Inowlocki 1992: 54) zu reinterpretieren. Das Bestreben, das neue Selbstbild zu bestätigen, ist ein starkes Motiv, sich an kollektiven Aktionen der Bewegung zu beteiligen, vgl. Friedman/McAdam 1992: 169.
6   Der vom völkischen Freundeskreis Berlin (VFK) herausgegebene Schulungsbrief (Nr. 16/ 1995: 4) endet mit dem Schlachtruf: „Alles für die Bewegung – alles für Deutschland!" Entsprechend wird auch ein gemeinsamer Gegner behauptet: „Ein Gegner Hitlers und seiner Bewegung ist somit auch ein Gegner des deutschen Volkes" (Schulungsbrief 14/1994: 3). Noch selbstloser gibt sich die Zeitschrift 'Europa vorn' mit ihrem Slogan: „Nichts für uns – Alles für Deutschland".
7   In den 'Staatsbriefen' wird etwa die staufische Reichsidee zum Allheilmittel aller Gegenwartsprobleme, wie Sozialabbau, Massenarbeitslosigkeit, Kriminalität und Ausländerzustrom. Mit dieser Analysefähigkeit und ihrer Wunschqualität tritt die Rechte heute erfolgreich in Konkurrenz zur Linken. Besonders unter Jugendlichen hat die Deutung der

sozialen Frage als nationale Frage an Plausibilität gewonnen. Die Rechte reagiert darauf und stellt system- und kapitalismuskritisch heute wirtschaftliche und soziale Fragen in den Vordergrund. Anscheinend ist die Linke weder krisenanalytisch noch mit einer Gesellschaftsutopie bei den Jugendlichen präsent.

8 Die Republikaner führen gesellschaftliche Mißstände pauschal auf die Ausländerpolitik zurück. In einem Rundschreiben des Kreisverbandes Mark in NRW (MK-REPort 1996) äußerte sich ein stellvertretender Landesvorsitzender wie folgt: „Wer immer auch eines der Probleme unseres Landes lösen will, muß sich der Ausländer/Einwanderungspolitik widmen. Wer die sich aus der Masseneinwanderung ergebenden Probleme verniedlicht, betreibt bewußte Umvolkung" (Verfassungsschutzbericht NRW 1997: 48).

9 Bei den Republikanern kam es in NRW zu einem Eklat, als die Landesvorsitzende Winkelsett vorschlug, in begründeten Einzelfällen auch Ausländer mit deutscher Muttersprache aufzunehmen. Der NRW-Landesverband zog nach tumultartigen Szenen und einer kontroversen Debatte den Antrag wieder zurück (Verfassungsschutzbericht NRW 1997: 44).

10 Kohlstruck hat in seiner Analyse des rechten Slogans „Ich bin stolz, ein Deutscher zu sein" diese doppelte Grenzziehung herausgearbeitet, die sich einerseits von den in Deutschland lebenden Nicht-Deutschen abgrenzt, andererseits aber auch von denjenigen, die sich schämen, Deutsche zu sein, oder die zumindest auf ihre Nationalität nicht stolz sind (1995: 133). In jedem Fall steht dieses Bekenntnis in einem Kontext, der es zur Antithese gegen eine andere (herrschende) Identitätskonstruktion macht. Die rechte Bewegung oder die Wir-Gruppe der „stolzen Deutschen" hat als Gegner die Ausländer und die deutsche Meinungselite (141). Der primäre Gegner sind nicht die 'Ausländer', die Schuld liegt bei denen, die die Zuwanderung fördern bzw. nicht einschränken. „Für das drohende und immer sichtbarer werdende Chaos im Lande sind nicht 'die Ausländer' verantwortlich, sondern diejenigen, die immer noch von der Mehrheit der Wähler gewählt werden" ('Unabhängige Nachrichten' 7/1997: 2).

11 Die BBZ spricht von der „fremdgeistigen Separatistenclique um Adenauer" (Nr. 22, Mai/Juni 1996: 6); im Augsburger Programm der Republikaner ist in der Präambel von der „geistigen babylonischen Gefangenschaft der Deutschen" nach 1945 die Rede.

12 „Soll der Rechtsstaat still und heimlich sterben? Veranstaltungen und Demonstrationen für nationale Interessen sind in der BR Deutschland kaum mehr möglich – die Grundrechte werden praktisch außer Kraft gesetzt" (UN 7/1997: 5). Vgl. den in rechten Blättern verbreiteten 'Appell der 300', in dem die Novellierung des Volksverhetzungsparagraphen gegen die Verbreitung der 'Auschwitz-Lüge' als „Sondergesetz" kritisiert wird, das die grundgesetzlich garantierte Meinungsfreiheit, insbesondere in Fragen der Zeitgeschichte, einschränke.

13 Als kurios-extremer Fall ist hier der Verdacht zu nennen, der DVU-Vorsitzende Gerhard Frey sei Freimaurer. Sogar ureigenste Veranstaltungen, wie der Rudolf-Heß-Marsch in Worms 1996, geraten in den Verdacht, von antideutschen Kräften bestellt worden zu sein, weil das brutale Auftreten der Demonstranten letztlich den Deutschen schade ('Rudolf-Heß-Marsch – Wem nutzt es?', im Thule-Netz, November 1996).

14 Della Porta beschreibt diesen Effekt der physischen Konfrontation zwischen Rechts- und Linksradikalen in Italien: „Solidarity increased among the members of each of the conflicting groups, together with the hate for the members of the opposite group ... On both sides, the ties inside the group represented an 'island of human relationships in the desert of metropolis'" (1992: 92). Insbesondere die 'streetfighter' sind eher durch diese erlebte Konfrontation als durch ideologische Überzeugungen an die Bewegung zu binden.

15 „Man darf die liberalistische Demokratie nicht mit Volksherrschaft verwechseln. Demokratie ist politischer Kapitalismus, der amerikanische Kolonialimperialismus zwingt der Welt mit der Demokratie den Kapitalismus auf" ('Sleipnir', Heft 1, 1997: 9).

16 Für das Zustandekommen rechtsextremer Orientierungen bei Jugendlichen ist besonders die Bezugnahme auf die Familiengeschichte und die kollektive Erfahrungsgeschichte mit ihren Abweichungen vom offiziellen Geschichtsbild von sinnstiftender Bedeutung (Inowlocki 1992: 58). So weit unsere Kenntnisse reichen, gilt dieses Muster auch für die Rechtsextremen in den neuen Bundesländern. Auch hier wird die DDR-Geschichts-schreibung und ihr

Antifaschismus abgelehnt und auf Originalquellen des Nationalsozialismus, vor allem auf Erinnerungen von Kriegs- und Nachkriegsveteranen zurückgegriffen.

17 Vgl. die einschlägige Publikation von Gustav Sichelschmidt: Der ewige Deutschenhaß. Hintermänner und Nutznießer des Antigermanismus. Arndt Buchdienst, Kiel o.J.

18 Versuche einiger Gruppierungen, den Tod von Mitgliedern zur Einrichtung eines Märtyrerkultes zu nutzen, sind gescheitert bzw. haben kaum Außenwirkung erlangt. Die Ritualisierung der Erinnerung an Rainer Sonntag (in Form von Trauermärschen), der 1991 in Dresden im Rotlichtmilieu von einem griechischen Zuhälter erschossen wurde, ist nicht gelungen, und der Fall des Schülers Hans Münstermann, an dessen Tod die NPD mit einem jährlichen Schweigemarsch in Aschaffenburg erinnert, ist allenfalls von lokaler Bedeutung. Auch die 'Knast-Kampagnen', die linke Mobilisierungsformen imitieren, konnten keine vergleichbare Resonanz in der Öffentlichkeit erzielen, obwohl es für die Gefangenenbetreuung etliche Organisationen und Komitees gibt, darunter die bekannte 'Hilfsorganisation für nationale politische Gefangene und deren Angehörige e.V.' (HNG). Solidarität sollte eingeworben werden für Gary Lauck, Markus Bischoff, Gottfried Küssel u.a. Die HNG spielt aber eine gewisse Rolle für die bundesweite Kontaktpflege und die Organisation von Solidarität, Briefkontakten etc.

19 Als Beispiel sei hier die von der 'Gesellschaft für Freie Publizistik' gestiftete Ulrich-von-Hutten-Medaille genannt, über deren Verleihung an den einstigen Goebbels-Pressereferenten Wilfred von Oven die Zeitschrift 'Europa vorn' in ihrem Juni Heft 1997 berichtete.

20 Das Kürzel '88' bezeichnet zweimal den achten Buchstaben des Alphabets und meint 'Heil Hitler', so wie '18' für Adolf Hitler steht.

21 Benford/Hunt weisen in ihrem 'dramaturgischen Ansatz' darauf hin, daß „one central dramatistic task, ... , involves the staging of performances that are consistent with the script" (1992: 43).

22 JN-Angehörige imitierten Greenpeace, indem sie einen stillgelegten Förderturm einer Zeche in Marl besetzten und dabei Transparente mit ihrem Logo und Aufschriften wie „Deutsche Arbeitsplätze für deutsche Arbeitnehmer" und „Gegen System und Kapital – unser Kampf ist national" zeigten und die Aktion zum Teil von Spiegel-TV filmen ließen (Verfassungsschutzbericht NRW 1997: 82).

23 Öffentlichkeit und Wissenschaft interessiert vor allem der Einstieg neuer Mitglieder in die Neonazi-Szene (Inowlocki 1992; Schiebel 1992), während für den Ablösungs- und Ausstiegsprozeß außer einigen populär gewordenen Bekenntnisbüchern (Ingo Hasselbach/Winfried Bonengel 1993: Die Abrechnung. Ein Neonazi steigt aus, Berlin) wenig Erkenntnisse vorliegen, da laufende Forschungen Mitte der 80er Jahre wieder abgebrochen wurden. Vgl. als neueres Beispiel Hafeneger 1992.

24 Eine typische Distanzierungsform besteht darin, Begriffe in Anführungszeichen zu setzen, um damit die Faktizität eines Ereignisses zu bezweifeln („Reichskristallnacht", in BBZ).

25 Der Rundbrief 'Modernes Denken. Zeitung der Kameradschaft Oberhavel' widmet in seiner Ausgabe 4/1997 eine ganze Seite dem Kampf gegen Anglizismen. „Ich bin der Ansicht, daß unsere Muttersprache oft mit Füßen getreten wird. Es ist wirklich ein Trauerspiel, wie wir Deutschen uns Stück für Stück von unserer schönen deutschen Muttersprache abzwacken lassen ..."

26 In einzelnen brandenburgischen Städten, etwa in Schwedt, Wurzen und Fürstenwalde, sollen die Neonazis die Sozialisation der Jugend übernommen haben; dort schufen sie 'befreite Zonen'. Vgl. Burkhard Schröder: Im Griff der rechten Szene. Ostdeutsche Städte in Angst, Reinbek 1997.

27 Diese Treffen sind ebenso wie die Aufmärsche Rituale, d.h. gemeinschaftsbildende Ereignisse, in denen *commitment* und Loyalität bewiesen werden. Deren höchste Form stellt das 'Opfer' für die Bewegung dar, etwa indem man für seine Aktionen oder Überzeugungen ins Gefängnis geht, vgl. dazu Downton/Wehr 1991: 128ff.

28 Die Zahl der Skinhead-Bands und ihrer Konzerte hat in den letzten zwei Jahren deutlich zugenommen (Focus 30/1997), und die NPD verfolgt die Strategie, diese Musik als Einstiegsdroge für „neue Kameraden aus der Skinheadszene" zu nutzen: „Wir wollen unsere nationalen Botschaften durch die Musik transportieren" (37). Vgl. zur Analyse der 'Ra-

vers' als ein über Musik und Konzerte integriertes bewegungsähnliches Phänomen Jordan 1995.
29 In einer Selbstbeschreibung zum zehnjährigen Bestehen gibt die 'Junge Freiheit' eine Definition ihrer alternativen Position: „Die JF ist nicht nur einfach eine Zeitung. Sicher: Sie bringt Nachrichten, die andere verschweigen. Sie läßt Menschen zu Wort kommen, die woanders keine Stimme haben" (Leserwerbung in der Sonderbeilage 1996).
30 Eine prominente 'Brückenfigur' zwischen neuheidnischer Runenmystik, Rassismus und Rechtsextremismus ist etwa der Rechtsanwalt und 'Bewegungsunternehmer' Jürgen Rieger, Leiter der Artgemeinschaft, die die 'Nordische Zeitung. Die Stimme des Artglaubens' herausgibt, und Führungsfigur zahlreicher rassistischer Vereinigungen wie der 'Gesellschaft für biologische Anthropologie, Eugenik und Verhaltensforschung e.V.' oder des 'Nordischen Rings'.

Anmerkungen zum Beitrag von *Wolfgang Gessenharter* (S. 166-180)

1 Vgl. Gessenharter/Fröchling 1996; nicht sehr glücklich ist die Entscheidung von Junge/ Naumann/Stark 1997, die von 'Neuen Konservativen' sprechen, weil damit der Aspekt möglicher Kollisionen mit den Grundgesetz-Normen verloren zu gehen droht.
2 So Brigitte Seebacher-Brandt, Witwe Willy Brandts und eine der Wortführerinnen aus der national-konservativen Ecke, lt. Süddeutsche Zeitung vom 15./16. April 1995.
3 So in dem kurze Zeit später erschienenen weiteren Aufruf vom 28. April 1995.
4 Fleissner war übrigens im Dezember 1992 mit einer Klage gegen die Gewerkschaft Handel, Banken und Versicherung (HBV) rechtsgültig gescheitert, in der er der HBV die Behauptung untersagen lassen wollte, seine Verlagsgruppe unterstütze rechtsradikale Blätter; vgl. dazu Gessenharter 1994, Kap. 4.
5 Unter ihnen auch Walter Kempowski, Michael Wolffsohn und die beiden sächsischen CDU-Landesminister Heinz Eggert und Steffen Heitmann, die später den Appell zum 8. Mai allerdings nicht mehr unterschrieben.
6 So der Titel des als „Kampfansage an die tonangebenden Meinunggseliten" (Ansgar Graw, in: 'MUT', Nr. 302, Okt. 1992) gefeierten Buches von Weißmann 1992. Vgl. zur Entwicklung dieses neurechten Diskurses zwischen Rechtsextremismus und Neokonservatismus Gessenharter 1994.
7 Vgl. etwa die Rezension des Bandes 'Die selbstbewußte Nation' durch Friedbert Pflüger, in: DIE ZEIT vom 11. November 1994. Besonders prononciert findet sich diese Einschätzung bei Armin Pfahl-Traughber (1996: 56f.), der bei der Neuen Rechten weder eine „geschlossene Ideologie" noch eine „einheitliche Organisation" konstatiert und sich daher gegen „dramatisierende Einschätzungen des Einflusses der „Neuen Rechten"" wendet. Hinter diesen Sichtweisen scheint ein Ansatz zu stecken, der sich wirksame Phänomene und Prozesse auf der kollektiven Ebene nur in Form von Organisationen mit möglichst einheitlichen Zielen und festen sozialen Strukturen vorstellen kann.
8 Ständig zu finden in der rechtsextremen Monatszeitschrift 'Nation&Europa'.
9 Jäger 1993: 349.
10 So die Forderung von Weißmann 1986: 179.
11 Von den Initiatoren wurden knapp 300 Unterschriftsleistende genannt; bei der Münchner Veranstaltung erwartete Schwilk (lt. 'Junge Freiheit' vom 5. Mai 1995, S. 2) etwa 3000-3500 Teilnehmer; in den weiteren Aufrufen sprachen die Autoren von „ungeheurem Zuspruch".
12 Z.B. Carl-Dieter Spranger, CSU-Bundesminister für wirtschaftliche Zusammenarbeit und Entwicklung, Friedrich Zimmermann, ehem. CSU-Bundesinnenminister, Erika Stein-bach, CDU-MdB, Frankfurt, Heinrich Lummer, CDU-MdB und ehem. Berliner Innen-Senator, Peter Gauweiler, CSU-MdL, München, Alexander von Stahl, ehem. Generalbundesanwalt, FDP Berlin, Manfred Brunner, Bundesvorsitzender BFB, aber auch Hans Apel, ehem. SPD-Verteidigungsminister.

13 Auch Hans Apel, der schon am 9. April 1995 seine Unterschrift wieder zurückzog, tat dies nicht, weil er mit dem Text plötzlich nicht mehr einverstanden gewesen wäre, sondern (lt. Bild am Sonntag vom 9. April 1995) nur deshalb, „weil ich diese Gesellschaft (der Mitunterzeichner, W.G.) nicht mehr mag".

14 Z.B. Karlheinz Weißmann, die beiden Politikwissenschaftler Klaus Hornung und Hans-Helmuth Knütter, Dieter Stein, den Chefredakteur der 'Jungen Freiheit', oder Caspar von Schrenck-Notzing, Herausgeber von 'Criticón'.

15 Z.B. Ingeborg Seifert, Ottmar Wallner oder Tilman Ziegler.

16 Etwa Generalleutnant a.D. Franz Uhle-Wettler. Es ist zwar mühsam, jedoch erhellend und erschreckend zugleich, wenn man einen Abgleich der Namen der Unterschriftsliste mit informativen Überblicken über die rechtsextreme Szene vornimmt, z.B. Mecklenburg 1996; vgl. auch Junge/Naumann/Stark 1997.

17 So druckte 'Nation&Europa' (Heft 5, Mai 1995, S. 20), den FAZ-Appell wörtlich ab und kommentierte ihn im Editorial (S. 4), durchaus zustimmend. 'Europa vorn' (Nr. 84 vom 1. Mai 1995, S. 4), gab einen Hinweis auf die Münchner Veranstaltung mit der Adresse von Heimo Schwilk wg. Eintrittskarten.

18 So in 'Deutsche Stimme. Nationaldemokratische Zeitung', 20. Jg., Ausg. vom 5. Mai 1995, S. 1.

19 Vgl. etwa DIE WELT vom 12. April 1995 'Warnung vor Trittbrettfahrern' und die Kolumne von Herbert Kremp 'Sensibles Gedächtnis'.

20 Siehe 'Junge Freiheit' vom 7. April 1995: „Der Appell ist unscharf formuliert: einigen so unscharf, daß sie nicht unterschrieben." (1)

21 Der 75-jährige Elstner verbrannte sich am 25. April 1995 vor der Münchner Feldherrnhalle aus Protest gegen die „unendliche Verleumdung und Verteufelung" des ganzen deutschen Volkes, so sein Abschiedsbrief. Siehe z.B. 'NS Kampfruf', Nr.114 vom Juli/August 1995: „Dieser unbekannte Mensch hat auch gezeigt, daß in unserem Volk noch Kräfte vorhanden sind, die mehr zu geben bereit sind, als nur Stammtischgespräche." (1)

22 'Deutsche Stimme. Nationaldemokratische Zeitung': „Mit ihrer bundesweiten Kampagne (zum 8. Mai, W.G.) zeigten die Nationaldemokraten, daß es noch Deutsche gibt, die zu ihrem Volk stehen und aufrecht gehen. Die feinen ‚wertkonservativen' Kräfte (Aufruf ‚Gegen das Vergessen') zogen gleich den Schwanz ein, als ihnen Gegenwind aus der Gysi-Bubis-Friedmann-Kohl-Scharping-Ecke drohte. Die NPD ließ sich aber keinen Maulkorb verpassen" (S. 4). 'Europa vorn' (Nr. 86, S. 8) folgert aus der '8. Mai-Ab-sage': „In Abhängigkeit von den etablierten Parteien führt kein Weg zu einer selbstbewußten Nation"; gefordert wird dagegen eine „breite nationale Bewegung", um „dem dramatischen Verlust an Meinungsfreiheit in unserem Lande" Einhalt zu gebieten.

23 Abgedruckt in Junge/Naumann/Stark 1997: 105.

24 Entscheidend ist dabei aber nach wie vor, daß mit dem „linken Weltanschauungskartell" natürlich auch der bisherige Weltanschauungskonsens, nämlich das liberale, pluralistische, demokratische und universalistische Grundgesetzverständnis „offensiv" angegangen werden soll. Wie die Gegenkonzeption aussehen könnte, hat Heimo Schwilk im Herbst 1995 in einem ganzseitigen Artikel in der 'Jungen Freiheit' (vom 3. November 1995) unter der Überschrift „Der eigene deutsche Weg" formuliert. Vgl. meine kritische Analyse dieses Aufsatzes in: Gessenharter 1997: 168ff.

25 So konnte sich beispielsweise die Gruppe um Rainer Zitelmann und Alexander von Stahl in der Berliner FDP bisher nicht nachhaltig durchsetzen; auch weitere Bündnisse, die etwa der hessische FDP-Landtagsabgeordnete Heiner Kappel u.a. zusammen mit dem konservativen Soziologen Erwin K. Scheuch plante, platzten schon in statu nascendi (SZ vom 30./31. August 1997); Ulrich Schacht kandidierte im Herbst 1997 bei der Hamburger Bürgerschaftswahl für den BFB.

26 Wie er etwa von Uwe Backes und Eckhard Jesse vertreten wird; kritisch Butterwegge 1996.

27 Vgl. Dudek/Jaschke 1984; Jäger 1993.

28 Wenn Rucht von der „Schlichtheit und Sparsamkeit ihrer Begründungen" bei „rechten Bewegungen" (1994: 352) spricht, dann gilt dies vielleicht für das rechtsextreme, nicht jedoch für das neurechte Spektrum.

29 Vgl. Raschke 1985: 77; auch Rucht 1994: „Bewegungen bleibt im wesentlichen nur die Protestmobilisierung einer hinreichend großen Zahl von Menschen – und dies durch an Aktionen gekoppelte Zielformulierungen, Begründungen und Lösungsangebote, die geeignet sind, bei einem möglichst großen Publikum Aufmerksamkeit und positive Resonanz zu finden." (348)

30 Vgl. Demirovic 1996: 49, der mit ähnlicher Argumentation dafür wirbt, Bewegungen von rechts nicht als „soziale", sondern als „politische" Bewegungen zu verstehen.

31 Insofern ist auch hier ein Grund für Zweifel, unbesehen von 'rechten Bewegungen' zu sprechen, wenn Rucht gerade den quantitativen Aspekt hervorhebt: „Bewegungen bleibt im wesentlichen nur die Protestmobilisierung einer hinreichend großen Zahl von Menschen..." (1994: 348).

Anmerkungen zum Beitrag von *Ruud Koopmans* (S. 198-212)

1 Daß die Rechnung nicht immer aufgeht, zeigt übrigens das Fortdauern der Diktatur Saddam Husseins im Irak nach dem Golfkrieg. Zwar gab es nach der irakischen Niederlage Aufstände kurdischer und schiitischer Minderheiten, diese konnten aber wegen der fehlenden Einheit der Opposition und der mangelnden externen Unterstützung niedergeschlagen werden.

2 Bei einigen Autoren findet man übrigens umfassendere Operationalisierungen der politischen Gelegenheitsstrukturen, die beide Dimensionen umfassen, siehe Rucht 1994, Kriesi/Koopmans/Duyvendak/Giugni 1995.

3 Für eine Erklärung der Unterschiede bezüglich rechtsextremer Mobilisierung zwischen verschiedenen westeuropäischen Ländern aus der Sicht des politischen Prozeß-Ansatzes, siehe Koopmans 1995, Koopmans/Kriesi 1997.

4 In dieser Darstellung des Modells beschränke ich mich auf den Idealtypus instrumenteller Bewegungen. Instrumentelle Bewegungen sind dadurch gekennzeichnet, daß kollektive Aktion für sie vordergründig ein Mittel zum Zweck eines kollektiven Ziels ist, das außerhalb der kollektiven Aktion liegt. Anderswo (Koopmans 1995: 17ff.) habe ich mich mit der Bedeutung der konkreten Gelegenheiten für identitätsgerichtete Bewegungen auseinandergesetzt. Für solche Bewegungen erfüllt die kollektive Aktion auch expressive Zwecke, z.B. die Darstellung einer bestimmten Sub- oder Gegenkultur. In der Folge sind solche Bewegungen weniger als instrumentelle Bewegungen empfindlich für sich ändernde Erfolgschancen oder Situationen von Reform oder Bedrohung. Die Schwulenbewegung erübrigt sich z.B. nicht mit einer formellen Gleichstellung von Homosexuellen, da einer ihrer primären Zwecke aus der Sicht der Teilnehmer in dem durch kollektive Aktion gemeinsamen Gestalten, Leben und öffentlichen Darstellen einer schwulen Subkultur besteht.

5 Die hier dargestellten Daten beruhen auf der Auswertung jeder zweiten Ausgabe (Montag, Mittwoch, Freitag) der Frankfurter Rundschau zwischen 1990 und 1995. Zusätzlich wurden für kürzere Zeiträume die Bild-Zeitung sowie drei ostdeutsche Lokalzeitungen ausgewertet. Die aus letzteren Quellen gewonnenen Daten korrelieren sehr stark (.90 oder höher) mit den Daten der Frankfurter Rundschau. Da letztere Quelle im Vergleich zu den anderen Zeitungen über deutlich mehr Ereignisse berichtet und zu diesen Ereignissen im allgemeinen komplettere Informationen verschafft, nutzen wir die Frankfurter Rundschau als Hauptquelle. Hinzu kommt, daß die Daten aus dieser Zeitung sehr stark mit den Verfassungsschutzdaten korrelieren (so ergibt sich für die monatliche Entwicklung der Zahl rechtsextremer Gewalttaten eine Korrelation von .91; vergleiche auch die Schaubilder 1 und 2). Für eine generelle Diskussion der Nutzung von Medienquellen als Quelle für die Analyse von Protest und sozialen Bewegungen, siehe Rucht/Koopmans/ Neidhardt 1998.

6 Quelle: Politbarometer, Zentralarchiv für empirische Sozialforschung an der Universität Köln.

7   Die Quelle ist der bei der Diskussion von Schaubild 2 und in Fußnote 5 diskutierte Datensatz. Die Asylbewerberzahlen beruhen auf Angaben des Bundesamtes für die Anerkennung ausländischer Flüchtlinge.
8   Auf Grund vorhergehender Analysen von Kreuzkorrelationen wurden die Asylbewerberzahlen außerdem differenziert, d.h. es wurden die Effekte der Zunahme bzw. Abnahme der Zahlen anstatt des absoluten Niveaus analysiert.
9   Beide Variablen wurden dabei zuerst standardisiert, um zu bewirken, daß sie beide in gleichem Maße zum Produkt beitragen.
10 Ansätze für eine solche Erklärung lassen sich in Theorien zu Protestzyklen finden, siehe Tarrow 1989, 1994 und Koopmans 1993.

Anmerkungen zum Beitrag von *Ruud Koopmans* (S. 215-231)

1   Es handelt sich um die Research Committees 'Social Classes and Social Movements' und 'Social Movements, Collective Action and Social Change'.
2   In der ausgeweiteten Fassung des Modells, die von Opp vorgestellt wird, tauchen Deprivationserfahrungen in der Form von 'Zufriedenheit mit der Umweltqualität' wieder auf. Hiermit wird allerdings eine der zenralen Thesen des Paradigmas - nämlich, daß Unzufriedenheit zu allgegenwärtig ist, um eine Erklärung für das relativ seltene Auftreten von Protestbewegungen bieten zu können - fallen gelassen. Daß dies im Rahmen des Ressourcenmobilisierungsmodells zu internen Widersprüche führen muß, zeigt sich, wenn Opp zu erklären versucht, warum die Anhängerschaft von Umweltorganisationen trotz der gestiegenen Umweltzufriedenheit zugenommen hat. Während die gestiegene Umweltzufriedenheit als eine der Gründe für den Rückgang der Umweltproteste genannt wird, gelten sie in bezug auf Umweltorganisationen plötzlich als 'keineswegs gelöst' und deshalb immer noch mobilisierungsfähig.
3   Allerdings haben Teile der neuesten Welle des Rechtsextremismus in dieser Hinsicht Organisations- und Mobilisierungsstrategien der NSB übernommen. So lehnen sich die losen, dezentralen Organisationsformen der Skinheadszene stark an die in den 70er und 80er Jahren von linksradikalen Gruppen entwickelten Mobilisierungsstrukturen an. Auch die Strategie zur Erlangung kultureller Hegemonie, die von der Neuen Rechten verfolgt wird, beruft sich explizit auf linke Vorbilder.
4   Allerdings muß hierzu angemerkt werden, daß diese negative Bewertung des Identitätsansatzes in bezug auf die NSB anders ausfallen könnte, wenn man ihn auf einzelne NSB wie die Friedensbewegung oder die Ökologiebewegung anwenden würde. Roths Analyse zeigt vor allem, daß die - vor allem von Sozialwissenschaftlern hervorgebrachte - Idee einer gemeinsamen kollektiven Identität der Gesamtheit der NSB problematisch ist.

Literatur

Adair, Stephen 1996: Overcoming a Collective Action Frame in the Remaking of an Antinuclear Opposition, in: Sociological Forum, Vol. 11, 347-375.
Adorno, Theodor W. 1951: Minima Moralia. Reflexionen aus dem beschädigten Leben. Frankfurt/M.
Ahlemeyer, Heinrich W. 1989: Was ist eine soziale Bewegung? Zur Distinktion und Einheit eines sozialen Phänomens, in: Zeitschrift für Soziologie, Jg. 18, Heft 3, 175-191.
Alberoni, Francesco 1984: Movement and Institution. New York.
Amenta, Edwin/Zylan, Yvonne 1991: It Happened Here: Political Opportunity, the New Institutionalism, and the Townsend Movement, in: American Sociological Review, Vol. 56, No. 2, 250-265.
Amiot, Michel 1980: L'intervention sociologique, la science et la prophétie, in: Sociologie du Travail, No. 4, 417-425.
Backes, Uwe/Jesse, Eckhard 1993: Politischer Extremismus in der Bundesrepublik Deutschland. Bonn.
Bade, Klaus J. (Hrsg.) 1992: Ausländer, Aussiedler, Asyl in der Bundesrepublik Deutschland. Landeszentrale für politische Bildung Niedersachsen. Hannover.
Bader, Veit-Michael 1991: Kollektives Handeln. Protheorie sozialer Ungleichheit und kollektiven Handelns. Teil 2. Opladen.
Bader, Veit-Michael 1995: Ethnische Identität und ethnische Kultur: Grenzen des Konstruktivismus und der Manipulation, in: Forschungsjournal Neue Soziale Bewegungen, Jg. 8, Heft 1, 32-45.
Balistier, Thomas 1996: Straßenprotest. Formen oppositioneller Politik in der Bundesrepublik Deutschland zwischen 1979 und 1989. Münster.
Banks, Oliver 1981: Faces of Feminism. A study of Feminism as a social movement. New York.
Bartholomew, Amy/Mayer, Margit 1992: Nomads of the Present: Melucci's Contribution to 'New Social Movement' Theory, in: Theory, Culture&Society, Vol. 9, 141-59.
Beck, Ulrich 1986: Risikogesellschaft. Auf dem Weg in eine andere Moderne. Frankfurt/M.
Benford, Robert D./Hunt, Scott A. 1992: Dramaturgy and Social Movements: The Social Construction and Communication of Power, in: Sociological Inquiry, Vol. 62, 36-55.
Berding, Helmut 1994: Nationales Bewußtsein und kollektive Identität. Studien zur Entwicklung des kollektiven Bewußtseins in der Neuzeit. Frankfurt/M.
Berger, Peter L./Berger, Brigitte/Kellner, Hansfried 1975: Das Unbehagen in der Moderni-tät. Frankfurt/M.
Berger, Peter A./Hradil, Stefan (Hrsg.) 1990: Lebenslagen, Lebensläufe, Lebensstile. Sonderband 7 der Sozialen Welt. Göttingen.
Bergmann, Jörg/Leggewie, Claus 1993: Die Täter sind unter uns. Beobachtungen aus der Mitte Deutschlands, in: Kursbuch, Nr. 113, 7-37.
Bergmann, Werner 1981: Die Zeitstrukturen sozialer Systeme. Eine systemtheoretische Analyse. Berlin.
Bergmann, Werner 1994: Ein Versuch, die extreme Rechte als soziale Bewegung zu beschreiben, in: Bergmann, Werner/Erb, Rainer (Hrsg.): Neonazismus und rechte Subkultur. Berlin 183-208.
Bergmann, Werner/Erb, Rainer 1994: Eine soziale Bewegung von rechts? Entwicklung und Vernetzung einer rechten Szene in den neuen Bundesländern, in: Forschungsjournal Neue Soziale Bewegungen, Jg. 7, Heft 2, 80-98.
Bergmann, Werner/Erb, Rainer 1994a: Kaderparteien, Bewegung, Szene, kollektive Episo-de oder was?, in: Forschungsjournal Neue Soziale Bewegungen, Jg. 7, Heft 4, 26-34.

Bergmann, Werner/Erb, Rainer 1996: „Weder rechts noch links, einfach deutsch". Kollektive Identität rechter Mobilisierung – im Vergleich zu anderen Bewegungen, in: Berliner Debatte Initial, Heft 1, 21-26.
Berking, Helmuth 1990: Die neuen Protestbewegungen als zivilisatorische Instanz im Modernisierungsprozeß?, in: Dreitzel, Hans Peter/Stenger, Horst (Hrsg.): Ungewollte Selbstzerstörung. Reflexionen über den Umgang mit katastrophalen Entwicklungen. Frankfurt/M. 47-61.
Bernholz, Peter/Breyer, Friedrich 1993/94: Grundlagen der Politischen Ökonomie. 2 Bde. Tübingen.
Betz, Hans-Georg 1994: Radical Right-Wing Populism in Western Europe. New York.
Betz, Hans-Georg 1996: Radikaler Rechtspopulismus in Westeuropa, in: Falter, Jürgen W./ Jaschke, Hans-Gerd/Winkler, Jürgen W. (Hrsg,): Rechtsextremismus. Ergebnisse und Perspektiven der Forschung. Sonderheft 27 der Politischen Vierteljahresschrift. Opladen 363-375.
Betz, Hans-Georg 1997: Erfolgsbedingungen rechtspopulistischer Parteien im Spannungsfeld zwischen neoliberalistischen Wirtschaftskonzepten und antiliberaler autoritärer Ideologie. Beitrag zur Konferenz 'Autoritäre Entwicklungen im Zeitalter der Globalisierung'. Bielefeld (unveröffentlicht).
Beyme, Klaus von 1996: Rechtsextremismus in Osteuropa, in: Falter, Jürgen W./Jaschke, Hans-Gerd/Winkler, Jürgen W. (Hrsg.): Rechtsextremismus. Ergebnisse und Perspektiven der Forschung. Sonderheft 27 der Politischen Vierteljahresschrift. Opladen 423-442.
Birsl, Ursula 1994: Rechtsextremismus: weiblich – männlich? Rechtsextremistische Orientierungen im Geschlechtervergleich. Eine Fallstudie zu geschlechtsspezifischen Lebensläufen, Handlungsspielräumen und Orientierungsweisen. Opladen.
Birsl, Ursula 1996: Rechtsextremismus und Fremdenfeindlichkeit: Reagieren Frauen anders? Zur Theoretischen Verortung der Kategorie Geschlecht in der feministischen Rechtsextremismus-Forschung, in: Falter, Jürgen W./Jaschke, Hans-Gerd/Winkler, Jürgen W. (Hrsg.): Rechtsextremismus. Ergebnisse und Perspektiven der Forschung. Sonderheft 27 der Politischen Vierteljahresschrift. Opladen 49-65.
Blee, Kathy 1991: Women of the Klan: Rascism and Gender in the 1920s. Berkeley (unpublished dissertation).
Blee, Kathy 1996: Becoming a Racist: Women in Contemporary Ku Klux Klan and Neo-Nazi Groups, in: Gender and Society, Vol. 10, 680-716.
Boons, Marie-Claire 1987: Die Institution als (dreifacher) Ort, in: Psychoanalytisches Seminar Zürich (Hrsg.): Between the Devil and the Deep Blue Sea. Psychoanalyse im Netz. Freiburg 35-54.
Bornschier, Volker 1988: Westliche Gesellschaft im Wandel. Frankfurt/M.
Bourdieu, Pierre 1982: Die feinen Unterschiede. Kritik der gesellschaftlichen Urteilskraft. Frankfurt/M.
Brand, Karl-Werner 1982: Neue soziale Bewegungen. Entstehung, Funktion und Perspektive neuer Protestpotentiale. Eine Zwischenbilanz. Opladen.
Brand, Karl-Werner (Hrsg.) 1985: Neue soziale Bewegungen in Westeuropa und den USA. Frankfurt/M.
Brand, Karl-Werner 1985a: Vergleichendes Resümee, in: ders. (Hrsg.): Neue soziale Bewegungen in Westeuropa und den USA. Ein internationaler Vergleich. Frankfurt/M. 306-334.
Brand, Karl-Werner 1989: Zyklen des 'middle class radicalism'. Eine international und historisch vergleichende Untersuchung der 'neuen sozialen Bewegungen'. München (Habilitationsschrift).
Brand, Karl-Werner 1989a: Neue soziale Bewegungen - ein neoromantischer Protest? Thesen zur historischen Kontinuität und Diskontinuität der 'neuen sozialen Bewegungen', in: Wasmuth, Ulrike (Hrsg.): Alternativen zur alten Politik? Darmstadt 125-139.

Brand, Karl-Werner 1990: Zyklische Aspekte neuer sozialer Bewegungen. Kulturelle Krisenphasen und Mobilisierungswellen des 'Middle Class Radicalism', in: Bornschier, V. u.a. (Hrsg.): Diskontinuität des sozialen Wandels. Frankfurt/M. 139-164.
Brand, Karl-Werner 1991: Kontinuitäten und Diskontinuitäten in den neuen sozialen Bewegungen, in: Roth, Roland/Rucht, Dieter (Hrsg.): Neue soziale Bewegungen in der Bundesrepublik. Bonn 40-53.
Brand, Karl-Werner/Büsser, Detlef/Rucht, Dieter 1986: Aufbruch in eine andere Gesellschaft. Neue soziale Bewegungen in der Bundesrepublik. Frankfurt/M.
Brinkmann, Heinz Ulrich 1990: Zeigen Frauen ein besonderes Wahlverhalten?, in: Frauenforschung, Jg. 8, Heft 3, 55-75.
Brock, Peter 1968: Pacifism in the United States: From the Colonial Era to the First World War. Princeton.
Brock, Peter 1970: Twentieth Century Pacifism. New York.
Brock, Peter 1972: Pacifism in Europe to 1914. Princeton.
Brosius, Hans-Bernd/Esser, Frank 1995: Eskalation durch Berichterstattung? Massenmedien und fremdenfeindliche Gewalt. Opladen.
Buechler, Steven M. 1993: Beyond Resource Mobilization: Emerging Trends in Social Movement Theory, in: Sociological Quarterly, Vol. 34, 217-235.
Bürklin, Wilhelm P. 1988: Wertwandel oder zyklische Wertrealisierung?, in: Meulemann, H./Luthe, H. O. (Hrsg.): Wertwandel – Faktum oder Fiktion? Bestandsaufnahmen und Diagnosen aus kultursoziologischer Sicht. Frankfurt/M. 193-216.
Buro, Andreas 1997: Totgesagte leben länger: Die Friedensbewegung. Idstein.
Butterwegge, Christoph 1993: Rechtsextremismus als neue soziale Bewegung?, in: Forschungsjournal Neue Soziale Bewegungen, Jg. 6, Heft 2, 17-24.
Butterwegge, Christoph 1994: Mordanschläge als Jugendprotest – Neonazismus als Protestbewegung? Zur Kritik an einem Deutungsmuster der Rechtsextremismusforschung, in: Forschungsjournal Neue Soziale Bewegungen, Jg. 7, Heft 4, 35-41.
Butterwegge, Christoph 1996: Rechtsextremismus, Rassismus und Gewalt. Darmstadt.
Castells, Manuel 1997: The Information Age. Economy, Society and Culture. Vol. II: The Power of Identity. Oxford.
Chatfield, Charles 1972: Peace Movements in America. New York.
Cohen, Jean L. 1985: Strategy or Identity: New Theoretical Paradigmas and Contemporary Social Movements, in: Social Research, Vol. 52, No. 4, 663-716.
Cornelsen, Dirk 1991: Anwälte der Natur. Umweltschutzverbände in Deutschland. Neuwied.
Conti, Christoph 1984: Abschied vom Bürgertum. Alternative Bewegungen in Deutschland von 1890 bis heute. Reinbek.
Cooper, Alice Holmes 1996: Paradoxes of Peace: German Peace Movements since 1945. Ann Arbor.
Cotgrove, Stephen 1982: Catastrophe or Cornucopia. New York.
Cress, Daniel M./Snow, David A. 1996: Mobilization at the Margins: Resources, Benefactors, and the Viability of Homeless Social Movement Organizations, in: American Sociological Review, Vol. 61, No. 6, 1089-1109.
Crozier, Michel/Friedberg, Erhard 1977: L'acteur et le système. Paris.
Curtis, Russell L./Zurcher, Louis A. 1973: Social Movements: An Analytical Exploration of Organizational Forms, in: Social Problems, Vol. 21, 356-370.
Curtis, Russell L./Zurcher, Louis A. 1973a: Stable Resources of Protest Movements: The Multi-Organizational Field, in: Social Forces, Vol. 52, 53-61.
Diani, Mario 1992: The concept of social movement, in: The Sociological Review, Vol. 40, No. 1, 1-25.
Dalton, Russel/Kuechler, Manfred (eds.) 1990: Challenging the Political Order: New Social and Political Movements in Western Democracies. Cambridge.

Dangschat, Jens/Blasius, Jörg (Hrsg.) 1994: Lebensstile in den Städten. Konzepte und Methoden. Opladen.
Davies, James C. 1969: The J-curve of rising and declining satisfactions as a cause of some great revolutions and a contained rebelling, in: Graham, H. D./Gurr, T. R. (eds.): The history of violence in America. New York 690ff.
Davies, James C. 1973: Eine Theorie der Revolution, in: Beyme, Klaus von (Hrsg.): Empirische Revolutionsforschung. Opladen 185-204.
De Witte, Hans 1996: On the 'Two Faces' of Rightwing Extremism in Belgium. Confronting the Idoelogy of the Extreme Rightwing Parties in Belgium with the Attitudes and Motives of their Voters, in: Res Publica, Vol. 38, 397-411.
De Witte, H./Billiet, J./Scheepers, P. 1994: Hoe zwart is Vlaanderen? Een exploratief onderzoek naar uiterst-rechtse denkbeelden in Vlaanderen in 1991, in: Res Publica, Vol. 36, 85-102.
De Witte, H./Verbeeck, G. 1998: Belgium: A Divided Unity, in: Hagedoorn, L./Csepeli, G./ Dekker, H. (eds): Nation, Nationalism and Citizenship in Western and Eastern Europe. London (forthcoming).
Della Porta, Donatella 1992: Spirals of Revenge: Biographical Accounts of Left-Wing and Right-Wing Radicals in Italy, in: Politics and the Individual, Vol. 2, 87-98.
Della Porta, Donatella 1995: Social Movements, Political Violence and the State: A Comparative Analysis of Italy and Germany. New York.
Della Porta, Donatella/Rucht, Dieter 1995: Left-Libertarian Movements in Context: A Comparison of Italy and West Germany, 1965-1990, in: Jenkins, J. Craig/Klandermans, Bert (eds.): The Politics of Social Protest. Comparative Perspectives on States and Social Movements. Minneapolis 229-272.
Demirovic, Alex 1996: Bewegung von rechts und der Wille zum Staat, in: Berliner Debatte Initial, Heft 1, 43-50.
Deutsches Jugendinstitut (Hrsg.) 1993: Gewalt gegen Fremde. Rechtsradikale, Skinheads und Mitläufer. München.
Diekmann, Andreas/Franzen, Axel 1995: Kooperatives Umwelthandeln. Modelle, Erfahrungen, Maßnahmen. Chur/Zürich.
Diekmann, Andreas/Jäger, Carlo C. (Hrsg.) 1996: Umweltsoziologie. Opladen.
Diewald, M. 1994: Strukturierung sozialer Ungleichheiten und Lebensstil-Forschung, in: Richter, R. (Hrsg.): Sinnbasteln. Beiträge zur Soziologie der Lebensstile. Wien/Köln/Weimar 12-35.
Downton Jr., James V./Wehr, Paul E. 1991: Peace Movements: The Role of Commitment and Community in Sustaining Member Participation, in: Research in Social Movements, Conflicts and Change, Vol. 13, 113-134.
Dubet, Francois/Wieviorka, Michel (Hrsg.) 1995: Penser le sujet. Paris.
Dudek, Peter/Jaschke, Hans-Gerd 1984: Entstehung und Entwicklung des Rechtsextremismus in der Bundesrepublik, 2 Bde. Opladen.
Durkheim, Emile 1988: Über soziale Arbeitsteilung. Studie über die Organisation höherer Gesellschaften. Frankfurt/M.
Durkheim, Emile 1993: Der Selbstmord. Frankfurt/M.
Eckert, Roland u.a. 1996: Erklärungsmuster fremdenfeindlicher Gewalt im empirischen Test, in: Falter, Jürgen W./Jaschke, Hans-Gerd/Winkler, Jürgen W. (Hrsg,): Rechtsextremis-mus. Ergebnisse und Perspektiven der Forschung. Sonderheft 27 der Politischen Vierteljahresschrift. Opladen 152-167.
Eder, Klaus 1989: Jenseits der nivellierten Mittelstandsgesellschaft. Das Kleinbürgertum als Schlüssel einer Klassenanalyse in fortgeschrittenen Industriegesellschaften, in: ders. (Hrsg.): Klassenlage, Lebensstil und kulturelle Praxis. Beiträge zur Auseinandersetzung mit Pierre Bourdieus Klassentheorie. Frankfurt/M. 341-392.

Eder, Klaus 1993: The New Politics of Class. Social Movements and Cultural Dynamics in Advanced Societies. London.
Eisinger, Peter K. 1973: The Conditions of Protest Behavior in American Cities, in: American Political Science Review, Vol. 67, No. 1, 11-28.
Erb, Rainer 1994: Antisemitismus in der rechten Jugendszene, in: Bergmann, Werner/Erb, Rainer (Hrsg.): Neonazismus und rechte Subkultur. Berlin 31-76.
Evans, Richard 1977: The Feminists: Women's Emancipation Movements in Europe, America and Australasia 1840-1920. London.
Evers, Tilmann 1985: Identity: The Hidden Reverse Side of New Social Movements in Latin America, in: New Social Movements and the State in Latin America. Amsterdam 43-71.
Falter, Jürgen W. 1994: Wer wählt rechts? Die Wähler und Anhängerrechtsextremistischer Parteien im vereinigten Deutschland. München.
Falter, Jürgen W./Jaschke, Hans-Gerd/Winkler, Jürgen W. (Hrsg.) 1996: Rechtsextremismus. Ergebnisse und Perspektiven der Forschung. Sonderheft 27 der Politischen Vierteljahresschrift. Opladen.
Falter, J.W./Schumann, S. 1989: Affinity Towards Right-Wing Extremism in Western Europe, in: West European Politics, Vol. 11, 96-110.
Fantasia, Rick 1988: Cultures of Solidarity. Berkeley/Los Angeles.
Farin, Klaus/ Seidel-Pielen, Eberhard 1993: Skinheads. München.
Ferree, Myra Marx 1992: The Political Context of Rationality. Rational Choice Theory and Resource Mobilization, in: Morris, Aldon D./Mueller, Carol McClurg (Eds.): Frontiers in Social Movement Theory. New Haven/London 29-52.
Ferree, Myra Marx/Miller, Frederick D. 1985: Mobilization and Meaning: Toward an Integration of Social Psychological and Resource Perspectives on Social Movements, in: Sociology Inquiry, Vol. 55, No. 1, 38-61.
Fleming, Donald 1972: Roots of the new conservation movement, in: Perspectives in American History, Vol. 6, 7-91.
Festinger, Leon 1957: A theory of cognitive dissonance. Stanford (Cal.).
Forrester, Viviane 1996: L'Horreur Economique. Paris.
Forschungsjournal Neue Soziale Bewegungen 1995: Themenschwerpunkt Soziale Bewegun-gen und kollektive Identität, Jg. 8, Heft 1.
Friedman, Debra/McAdam, Doug 1992: Collective Identity and Activism. Networks, Choices, and the Life of a Social Movmeent, in: Morris, Aldon D./Mueller, Carol McClurg (eds.): Frontiers of Social Movement Theory. New Haven/London 156-173.
Friedrich, Walter 1994: Zur Gewaltbereitschaft bei ostdeutschen Jugendlichen, in: Zeit-schrift für Sozialisationsforschung und Erziehungssoziologie 118-130.
Frohlich, Norman/Young, Joe A./Oppenheimer, Oran R. 1971: Political Leadership and Collective Goods. Princeton (N.J.).
Fuchs, Dieter/Rucht, Dieter 1992: Support for New Social Movements in Five Western European Countries. Wissenschaftszentrum Berlin. Berlin.
Gabriel, Oscar W. 1996: Rechtsextreme Einstellungen in Europa: Struktur, Entwicklung und Verhaltensimplikationen, in: Falter, Jürgen W./Jaschke, Hans-Gerd/Winkler, Jürgen W. (Hrsg.): Rechtsextremismus. Ergebnisse und Perspektiven der Forschung. Sonderheft 27 der Politischen Vierteljahresschrift. Opladen 344-361.
Gamson, William A. 1968: Power and Discontent. Homewood (Ill.).
Gamson, William A. 1975: The Strategy of Social Protest. Homewood (Ill.).
Gamson, William A. 1992: Talking Politics. Cambridge.
Gamson, William A. 1992a: The Social Psychology of Collective Action, in: Morris, Aldon D./Mueller, Carol McClurg (eds.): Frontiers in Social Movement Theory. New Haven/ London 53-76.
Gamson, William A. 1995: Constructing Social Process, in: Johnston, Hank/Klandermans, Bert (eds.): Social Movements and Culture. London 85-106.

Gamson, William A./Meyer, David S. 1996: Framing Political Opportunity, in: McAdam, Doug/McCarthy, John D./Zald, Mayer N. (eds.): Comparative Perspectives on Social Movements. Political Opportunities, Mobilizing Structures, and Cultural Framings. Cambridge 275-290.

Gamson, William A./Modigliani, Andre 1986: Media Discourse and Public Opinion on Nuclear Power: A Constructionist Approach, in: American Journal of Sociology, Vol. 95, 1-37.

Geiling, Heiko 1996: Das andere Hannover. Jugendkultur zwischen Rebellion und Integration in der Großstadt. Hannover.

Geiling, Heiko/Vester, Michael 1991: Die Spitze eines gesellschaftlichen Eisbergs: Sozialstrukturwandel und neue soziale Milieus, in: Roth, Roland/Rucht, Dieter (Hrsg.): Neue soziale Bewegungen in der Bundesrepublik Deutschland. Bonn 237-260.

Gerhards, Jürgen 1993: Neue Konfliktlinien in der Mobilisierung öffentlicher Meinung. Eine Fallstudie. Opladen.

Gerhards, Jürgen/Neidhardt, Friedhelm 1990: Strukturen und Funktionen moderner Öffentlichkeit. Wissenschaftszentrum Berlin. Berlin.

Gerhards, Jürgen/Rucht, Dieter 1992: Mesomobilization: Organizing and Framing in Two Protest Campaigns in West Germany, in: American Journal of Sociology, Vol. 98, No. 3, 555-595.

Gerlach, Luther P. 1986: Protest Movements and the Construction of Risk. Wissenschaftszentrum Berlin. Berlin

Gessenharter, Wolfgang 1994: Kippt die Republik? München.

Gessenharter, Wolfgang 1995: Utopien der 'Neuen Rechten'. Thesen zum aktuellen Diskussionsstand, in: Tribüne. Zeitschrift zum Verständnis des Judentums, 34. Jg., Heft 135, 40-48.

Gessenharter, Wolfgang 1997: Herausforderungen zur Jahrtausendwende: Kann 'Nation' die Antwort sein?, in: Butterwegge, Christoph (Hrsg.): NS-Vergangenheit, Antisemitismus und Nationalismus in Deutschland. Beiträge zur politischen Kultur der Bundesrepublik und zur politischen Bildung. Baden-Baden 141-171.

Gessenharter, Wolfgang/Fröchling, Helmut 1996: Rechtsextremismus und Neue Rechte in Deutschland, in: Mecklenburg, Jens (Hrsg.): Handbuch deutscher Rechtsextremismus. Berlin 550-571.

Giesen, Bernhard (Hrsg.) 1991: Nationale und kulturelle Identität. Studien zur Entwicklung des kollektiven Bewußtseins in der Neuzeit. Frankfurt/M.

Giesen, Bernhard 1993: Die Intellektuellen und die Nation. Frankfurt/M.

Glaser, Barney G./Strauss, Anselm L. 1967: The Discovery of Grounded Theory. Strategies for Qualitative Research. Chicago.

Goffman, Erwin 1974: Frame Analysis. An Essay on the Organization of Experience. New York.

Gould, Peter 1987: Early Green Politics, Back to Nature, Back to the Land, and Socialism in Britain, 1880-1890. Sussex.

Green, Donald P./Shapiro, Ian 1994: Pathologies of Rational Choice Theory: A Critique of Applications in Political Science. New Haven.

Greider, William 1997: One World, Ready or Not: The Manic Logic of Global Capitalism. New York.

Gurr, Ted 1970: Why men rebel. Princeton (N.J.).

Guggenberger, Bernd 1980: Bürgerinitiativen in der Parteiendemokratie. Stuttgart.

Habermas, Jürgen 1981: Theorie des kommunikativen Handelns. 2 Bde. Frankfurt/M.

Hafeneger, Benno 1992: Ein- und Ausstieg: Zwei Jugendliche in der rechtsextremen Szene, in: Sozialmagazin, Jg. 17, 34-39.

Haller, Max 1993: Klasse und Nation. Konkurrierende und komplementäre Grundlagen kollektiver Identität und kollektiven Handelns, in: Soziale Welt, Jg. 44, Heft 1, 30-51.

Hardy, Dennis 1979: Alternative Communities in Nineteenth Century England. London/ New York.
Hark, Sabine 1996: deviante Subjekte. Die paradoxe Politik der Identität. Opladen.
Hays, Samuel P. 1958: Conservation and the gospel of effiency: the progressive conservation movement, 1890-1920. Cambridge (Mass.).
Heider, Frank/Hock, Beate/Seitz, Hans Werner 1997: Kontinuität oder Transformation? Zur Entwicklung selbstverwalteter Betriebe. Eine empirische Studie. Gießen.
Heitmeyer, Wilhelm 1987: Rechtsextremistische Orientierungen bei Jugendlichen. Weinheim/ München.
Heitmeyer, Wilhelm u.a. 1992: Die Bielefelder Rechtsextremismus-Studie. Erste Langzeituntersuchung zur politischen Sozialisation männlicher Jugendlicher. Weinheim/München.
Heitmeyer, Wilhelm u.a. 1995: Gewalt. Schattenseiten der Individualisierung bei Jugendlichen aus unterschiedlichen Milieus. Weinheim/München.
Held, Josef u.a. 1996: Gespaltene Jugend: Politische Orientierungen jugendlicher ArbeitnehmerInnen. Opladen.
Hellmann, Kai-Uwe 1995: Soziale Bewegungen und Kollektive Identität. Zur Latenz, Krise und Reflexion sozialer Milieus, in: Forschungsjournal Neue Soziale Bewegungen, Jg. 8, Heft 1, 68-81.
Hellmann, Kai-Uwe 1996: Systemtheorie und neue soziale Bewegungen. Identitätsprobleme in der Risikogesellschaft. Opladen.
Hellmann, Kai-Uwe 1997: Demokratie und Rechtsextremismus. Zur Unwahrscheinlichkeit einer evolutionären Errungenschaft, in: Schneider-Wilkes, Rainer E. (Hrsg.): Demokratie in Gefahr? Studien zum Zustand der deutschen Demokratie. Münster 455-484.
Hirsch, Joachim/Roth, Roland 1986: Das neue Gesicht des Kapitalismus. Vom Fordismus zum Postfordismus. Hamburg.
Hirsch-Kreisen, Hartmut 1997: Globalisierung der Industrie: ihre Grenzen und Folgen, in: WSI-Mitteilungen 487-493.
Hirschman, Albert O. 1982: Shifting Involvements. Private Interests and Public Action. Princeton.
Hofmann, Werner 1971: Ideengeschichte der sozialen Bewegung des 19. und 20. Jahrhunderts. Berlin.
Hoffmann-Lange, Ursula 1996: Das rechte Einstellungspotential in der deutschen Jugend, in: Falter, Jürgen W./Jaschke, Hans-Gerd/Winkler, Jürgen W. (Hrsg.): Rechtsextremis-mus. Ergebnisse und Perspektiven der Forschung. Sonderheft 27 der Politischen Vierteljahresschrift. Opladen 121-137.
Holsti, Ole 1969: Content Analysis for the Social Sciences and Humanities. London.
Hooghe, Marc 1997: Nieuwkomers op het middenveld. Nieuwe sociale bewegingen in het Belgische politiek systeem. De milieubeweging en de cvrouwenbeweging in Vlaanderen, 1970-1990. Brussel (unpublished dissertation).
Hunt, Scott A./Benford, Robert D. 1994: Identity Talk in the Peace and Justice Movement, in: Journal of Contemporary Ethnography, Vol. 22, No. 4, 488-517.
Hunt, Scott A./Benford, Robert D./Snow, David A. 1993: Framing Processes and Identity Construction in Collective Action. (unpublished)
Huntington, Samuel 1996: The Clash of Civilizations and The Remaking of World Order. New York.
Hradil, Stefan (Hrsg.) 1992: Zwischen Bewußtsein und Sein. Die Vermittlung 'objektiver' Lebensbedingungen und 'subjektiver' Lebensweisen. Opladen.
Inglehart, Ronald 1977: The silent revolution: Changing values and political styles among Western publics. Princeton.
Inglehart, Ronald 1979: Wertwandel in westlichen Gesellschaften: Politische Konsequenzen von materialistischen und postmaterialistischen Prioritäten, in: Klages, H./Kmieciak, P. (Hrsg.): Wertwandel und gesellschaftlicher Wandel. Frankfurt/M. 279-316.

Inglehart, Ronald 1983: Traditionelle politische Trennungslinien und die Entwicklung der neuen Politik in westlichen Gesellschaften, in: Politische Vierteljahresschrift, Heft 2, 139-165.
Inowlocki, Lena 1992: Zum Mitgliedschaftsprozeß Jugendlicher in rechtsextremistischen Gruppen: Ergebnis einer interpretativ qualitativen Untersuchung, in: Psychosozial 15, Heft 3, 54-64.
Jäger, Siegfried 1993: Kritische Diskursanalyse. Duisburg.
Japp, Klaus P. 1984: Selbsterzeugung oder Fremdverschulden. Thesen zum Rationalismus in den Theorien sozialer Bewegungen, in: Soziale Welt, Jg. 35, Heft 3, 313-329.
Japp, Klaus P. 1993: Die Form des Protests in den neuen sozialen Bewegungen, in: Baecker, Dirk (Hrsg.): Probleme der Form. Frankfurt/M. 230-252.
Jaschke, Hans-Gerd 1992: Formiert sich eine neue soziale Bewegung von rechts? Folgen der Ethnisierung sozialer Konflikte, in: Blätter für deutsche und internationale Politik, Jg. 12, 1437-1447.
Jaschke, Hans-Gerd 1993: Rechtsradikalismus als soziale Bewegung. Was heißt das?, in: Vorgänge, Jg. 32, Heft 2, 105-116.
Jaschke, Hans-Gerd 1994: Rechtsextremismus und Fremdenfeindlichkeit. Begriffe, Positionen, Praxisfelder. Opladen.
Jaschke, Hans-Gerd 1996: Ethnisierungsprozesse in der Arbeitswelt und ihre politischen und sozialen Folgen, in: Falter, Jürgen W./Jaschke, Hans-Gerd/Winkler, Jürgen W. (Hrsg.): Rechtsextremismus. Ergebnisse und Perspektiven der Forschung. Sonderheft 27 der Politischen Vierteljahresschrift. Opladen 232-247.
Jenkins, J. Craig 1981: Sociopolitical Movements, in: Long, Samuel L. (ed.): Handbook of Political Behavior. Bd. 4. New York/London 81-153.
Jenkins, J. Craig 1983: Resource Mobilization Theory and the Study of Social Movements, in: Annual Review of Sociology, Vol. 9, 527-553.
Jenkins, J. Craig/Eckert, Craig M. 1986: Channeling Black Insurgency, in: American Sociological Review, Vol. 51, 812-830
Johnston, Hank/Klandermans, Bert (eds.) 1995: Social Movements and Culture. London.
Jordan, Tim 1995: The Unity of Social Movements, in: Sociological Review 675-692.
Junge, Barbara/ Naumann, Julia/Stark, Holger 1997: RechtsSchreiber. Berlin.
Kaase, Max 1976: Bedingungen unkonventionellen politischen Verhaltens in der Bundesrepublik Deutschland, in: Sonderheft 7 der Politischen Vierteljahresschrift. Opladen 179-216.
Kaase, Max 1985: Soziale Bewegungen zwischen Innovation und Antimodernismus. Vortrag im Rahmen des Kolloquiums 'Westeuropa im Wandel', Universität Mannheim, 15.-18. Oktober. Mannheim.
Kaczor, Markus 1989: Institutionen der Umweltpolitik – Erfolg der Ökologiebewegung?, in: Forschungsjournal Neue Soziale Bewegungen, Jg. 2, Heft 3/4, 47-62.
Kirchgässner, Gebhard 1994: Internationale Umweltprobleme und die Problematik internationaler öffentlicher Güter. Diskussionspapier 9406: Hochschule St. Gallen, Volkswirtschaftliche Abteilung. St. Gallen.
Kirsch, Guy 1993: Ökonomische Theorie der Politik. Düsseldorf.
Kitschelt, Herbert 1984: Der ökologische Diskurs. Eine Analyse von Gesellschaftskonzeptionen in der Energiedebatte. Frankfurt/M.
Kitschelt, Herbert 1986: Political opportunity structures and political protest: Anti-nuclear movements in four democracies, in: British Journal of Political Science, Vol. 16, No. 1, 57-85.
Kitschelt, Herbert 1991: Resource Mobilization Theory: A Critique, in: Rucht, Dieter (Hrsg.): Research on Social Movements. The State of the Art in Western Europe and the USA. Frankfurt/Boulder 323-347.

Klages, Helmut 1987: Die Dynamik gesellschaftlicher Anspruchshaltungen: Ein sozialpsychologisches Prozeßmodell, in: Klages, Helmut/Franz, Gerhard/Herbert, Willi: Sozialpsychologie der Wohlfahrtsgesellschaft. Zur Dynamik von Wertorientierungen, Einstellungen und Ansprüchen. Frankfurt/M. 178-203.
Klages, H./Hippler, H.J./Herbert, W. 1992: Werte und Wandel. Ergebnisse und Methoden einer Forschungstradition. Frankfurt/New York.
Klages, Helmut/Kmieciak, Peter (Hrsg.) 1979: Wertwandel und gesellschaftlicher Wandel. Frankfurt/M.
Klandermans, Bert 1984: Mobilization and Participation: Social-Psychological Expansions of Resource Mobilization Theory, in: American Sociological Review, Vol. 49, 583-600.
Klandermans, Bert 1988: The Formation and Mobilization of Consensus, in: Klandermans, Bert (ed.): International Social Movement Research, Vol. 1, 173-196.
Klandermans, Bert 1997: The Social Psychology of Protest. Oxford.
Klandermans, Bert 1997a: Identität und Protest. Ein sozialpsychologischer Ansatz, in: Forschungsjournal Neue Soziale Bewegungen, Jg. 10, Heft 3, 41-51.
Klandermans, Bert/Oegema, Dirk 1987: Potentials, Networks, Motivations, and Barriers: Steps Toward Participation in Social Movements, in: American Sociological Review, Vol. 52, 519-531.
Klandermans, Bert/Kriesi, Hanspeter/Tarrow, Sydney (eds.) 1988: International Sozial Movement Research. Volume 1. From Structure to Action: Comparing Social Movement Research Across Cultures. Greenwich (Con.).
Klandermanns, Bert/Tarrow, Sidney 1988: Mobilization into Social Movements: Synthesizing European and American Approaches, in: International Social Movement Research, Vol. 1, 1-38.
Kliment, Tibor 1994: Kernkraftprotest und Medienreaktionen. Deutungsmuster einer Widerstandsbewegung und öffentliche Rezeption. Wiesbaden.
Klönne, Arno 1989: Aufstand der Modernisierungsopfer, in: Blätter für deutsche und internationale Politik 545-548.
König, Helmut 1997; Wiederkehr des Massethemas?, in: Forschungsjournal Neue Soziale Bewegungen, Jg. 10, Heft 3, 30-38.
Kohlstruck, Michael 1995: „Ich bin stolz, ein Deutscher zu sein". Demonstrativer Nationalstolz und Wir-Gefühle, in: Jahrbuch für Antisemitismusforschung, Jg. 4, 130-147.
Koopmans, Ruud 1993: The Dynamics of Protest Waves: West Germany, 1965 to 1989, in: American Sociological Review, Vol. 58, 637-658.
Koopmans, Ruud 1995: Democracy From Below: New Social Movements and the Political System in West Germany. Boulder (CO.).
Koopmans, Ruud 1996: New Social Movements and Changes in Political Participation in Western Europe, in: West European Politics, Vol. 19, No. 1, 28-51.
Koopmans, Ruud 1996a: Asyl: Die Karriere eines politischen Konflikts, in: Daele, Wolfgang van den/Neidhardt, Friedhelm (Hrsg.): Kommunikation und Entscheidung. Politische Funktionen öffentlicher Meinungsbildung und diskursiver Verfahren. Berlin 167-192.
Koopmans, Ruud 1996b: Soziale Bewegung von rechts? Zur Bewegungsförmigkeit rechtsradikaler und ausländerfeindlicher Mobilisierung in Deutschland, in: Mecklenburg, Jens (Hrsg.): Handbuch deutscher Rechtsextremismus. Berlin 767-781.
Koopmans, Ruud 1997: Dynamics of Repression and Mobilization. The German Extreme Right in the 1990s, in: Mobilization, Vol. 2, 149-164.
Koopmans, Ruud/Duyvendak, Jan Willem 1995: The Political Construction of the Nuclear Energy Issue and Its Impact on the Mobilization of Anti-Nuclear Movements in Western Europe, in: Social Problems, Vol. 42, No. 2, 235-251.

Koopmans, Ruud/Rucht, Dieter 1995: Social Movement Mobilization under Right and Left Governments: A Look at Four West European Countries. Wissenschaftszentrum Berlin. Berlin.
Koopmans, Ruud/Rucht, Dieter 1996: Rechtsextremismus als soziale Bewegung?, in: Falter, Jürgen W./Jaschke, Hans-Gerd/Winkler, Jürgen W. (Hrsg.): Rechtsextremismus. Ergebnisse und Perspektiven der Forschung. Sonderheft 27 der Politischen Vierteljahresschrift. Opladen 265-287.
Koopmans, Ruud/Kriesi, Hanspeter 1997: Citoyenneté, identité nationale et mobilisation de l'extrême droite. Une comparaison entre la France, l'Allemagne, les Pays-Bas et la Suisse, in: Birnbaum, Pierre (ed.): Sociologie des nationalismes. Paris 295-324.
Kornhauser, William 1959: The Politics of Mass Society. New York.
Kowalsky, Wolfgang, Schröder, Wolfgang (Hrsg.) 1994: Rechtsextremismus. Einführung und Forschungsbilanz. Opladen.
Krabbe, Wolfgang R. 1974: Gesellschaftsveränderung durch Lebensreform. Göttingen.
Kretschmer, Winfried 1988: Wackersdorf: Wiederaufarbeitung im Widerstreit, in: Linse, Ulrich/Falter, Reinhard/Rucht, Dieter/Kretschmer, Winfried: Von der Bittschrift zur Platzbesetzung. Konflikte um technische Großprojekte. Bonn 165-218.
Kretschmer, Winfried/Rucht, Dieter 1991: Beispiel Wackersdorf: Die Protestbewegung gegen die Wiederaufarbeitungsanlage, in: Roth, Roland/Rucht, Dieter (Hrsg.): Neue sozia-le Bewegungen in der Bundesrepublik Deutschland. Bonn 180-212.
Kriesi, Hanspeter 1987: Neue soziale Bewegungen: Auf der Suche nach ihrem gemeinsamen Nenner, in: Politische Vierteljahresschrift, Jg. 28, Heft 3, 315-334.
Kriesi, Hanspeter 1991: The Political Opportunity Structure of New Social Movements: Its Impact on Their Mobilization. Wissenschaftszentrum Berlin. Berlin.
Kriesi, Hanspeter 1993: Political Mobilization and Social Change. The Dutch Case in Comparative Perspective. Aldershot.
Kriesi, Hanspeter 1995: The Political Opportunity Structure of New Social Movements: Its Impact on Their Mobilization, in: Jenkins, J. Craig/Klandermans, Bert (eds.): The Politics of Social Protest. Comparative Perspectives on States and Social Movements. Minneapolis 167-198.
Kriesi, Hanspeter/Koopmans, Ruud/Duyvendak, Jan W./Guigni, Marco G. 1992: New social movements and political opportunities in Western Europe, in: European Journal of Political Research, Vol. 22, No. 2, 219-244.
Kriesi, Hanspeter/Koopmans, Ruud/Duyvendak, Jan Willem/Giugni, Marco G. 1995: New Social Movements in Western Europe. A Comparative Analysis. Minneapolis.
Kühn, Horst 1993: Jugendgewalt und Rechtsextremismus in Brandenburg, in: Otto, Hans-Uwe/Merten, Roland (Hrsg.): Rechtsradikale Gewalt im vereinigten Deutschland. Jugend im gesellschaftlichen Umbruch. Opladen 267-276.
Kühnel, Wolfgang 1993: Gewalt durch Jugendliche im Osten Deutschlands. Versuch einer Ursachen- und Bedingungsanalyse, in: Otto, Hans-Uwe/Merten, Roland (Hrsg.): Rechtsradikale Gewalt im vereinigten Deutschland. Jugend im gesellschaftlichen Umbruch. Opladen 237-246.
Kühnel, Wolfgang/Matuschek, Ingo 1994: Soziale Netzwerke und Gruppenprozesse Jugendlicher in Ostdeutschland – ein Nährboden rechter Mobilisierung?, in: Forschungsjournal Neue Soziale Bewegungen, Jg. 7, Heft 4, 42-53.
Kuhn, Thomas S. 1976: Die Struktur wissenschaftlicher Revolutionen. Frankfurt/M.
Lahusen, Christian 1996: The Rhetoric of Moral Protest. Public Campaigns, Celebrity Endorsement, and Political Mobilization. Berlin/New York.
Larana, Enrique/Johnston, Hank/Gusfield, Joseph R. (eds.) 1994: New Social Movements: From Ideology to Identity. Philadelphia.
Le Bon, Gustave 1973: Psychologie der Massen. Stuttgart.

Literatur

Leggewie, Claus 1992: 'Nationalpopulismus' – der neue Rechtsextremismus, in: Schiller, Theo (Hrsg.): Parteien und Gesellschaft. Stuttgart 61-69.
Leggewie, Claus 1993: Durch von rechts. Wohin treibt die Bundesrepublik. München.
Leggewie, Claus 1994: Rechtsextremismus – eine soziale Bewegung?, in: Kowalsky, Wolfgang, Schröder, Wolfgang (Hrsg.): Rechtsextremismus. Einführung und Forschungsbilanz. Opladen 325-338.
Leggewie, Claus 1997: America first? Der Fall einer konservativen Revolution. Frankfurt/M.
Leggewie, Claus 1998: What's next? oder: Neokapitalismus und neue Linke, in: Transit, Jg. 15 (i. E.).
Leif, Thomas 1990: Die strategische (Ohn-)Macht der Friedensbewegung. Opladen.
Lichbach, Mark Irving 1995: The Rebel's Dilemma. Ann Arbor.
Lidtke, Vernon L. 1985: The Alternative Culture. Socialist Labor in Imperial Germany. Oxford/New York.
Linden, Annette/Klandermans, Bert 1997: Rightwingextremists. Paper presented at the Annual Meetings of the American Sociological Association. Toronto.
Lindenberger, Thomas 1995: Straßenpolitik. Zur Sozialgeschichte der öffentlichen Ordnung in Berlin 1900 bis 1914. Bonn.
Linse, Ulrich 1983: Zurück 'o Mensch zur Mutter Erde. Landkommunen in Deutschland 1890-1933. München.
Linse, Ulrich 1986: Ökopax und Anarchie. Eine Geschichte der ökologischen Bewegungen in Deutschland. München.
Linse, Ulrich u.a. 1988: Von der Bittschrift zur Platzbesetzung: Ein Vergleich, in: ders. u.a. (Hrsg.): Von der Bittschrift zur Platzbesetzung. Konflikte um technische Großprojekte. Berlin/Bonn 219-256.
Lipset, Seymour M. 1955: The Sources of the 'Radical Right', in: Bell, Daniel (ed.): The New Radical Right. New York 166-233.
Lipset, Seymour M. 1981: Political Man. The Social Bases of Politics. Baltimore.
Lofland, John 1997: Systematizing Research Findings on Collective Behavior and Social Movements, in: Mobilization, Vol. 2, No. 1, 1-20.
Lucas, Erhard 1983: Vom Scheitern der deutschen Arbeiterbewegung. Basel/Frankfurt/M.
Lüdtke, Alf (Hrsg.) 1989: Alltagsgeschichte. Zur Rekonstruktion historischer Erfahrungen und Lebensweisen. Frankfurt/M.
Lüdemann, Christian 1997: Rationalität und Umwelthandeln. Die Beispiele Recycling und Verkehrsmittelwahl. Wiesbaden.
Luhmann, Niklas 1991: Soziologie des Risikos. Berlin.
Luhmann, Niklas 1996: Protest. Systemtheorie und soziale Bewegungen. Frankfurt/M.
Luhmann, Niklas 1997: Die Gesellschaft der Gesellschaft. 2 Bde. Frankfurt/M.
Lumley, Robert 1990: States of Emergency. Cultures of Revolt in Italy from 1968-1978. London/New York.
Mannheim, Karl 1984: Die Bedeutung der Konkurrenz im Gebiete des Geistigen, in: Meja, Volker/Stehr, Nico (Hrsg.): Der Streit um die Wissenssoziologie. Bd. 1: Die Entwicklung der deutschen Wissenssoziologie. Frankfurt/M. 325-370.
Manrique, Matthias 1992: Marginalisierung und Militanz. Frankfurt/M.
Marsh, Jan 1982: Back to the land. The pastoral impulse in Victorian England, from 1880-1914. London et al.
Martin, Hans-Peter/Schumann, H. 1996: Die Globalisierungsfalle. Hamburg.
Marwell, Gerald/Oliver, Pamela 1984: Collective Action Theory and Social Movements Research, in: Research in Social Movements, Conflict and Change, Vol. 7, 1-27.
Marwell, Gerald/Oliver, Pamela 1993: The Critical Mass in Collective Action. A Micro-Social Theory. Cambridge.
Masters, John C./Smith, William P. (Hrsg.) 1987: Social Comparison, Social Justice, and Relative Deprivation. Theoretical, empirical and policy perspectives. Hillsdale (NJ.).

Mayer, Nonna 1996: Rechtsextremismus in Frankreich: Die Wähler des Front National, in: Falter, Jürgen W./Jaschke, Hans-Gerd/Winkler, Jürgen W. (Hrsg.): Rechtsextremismus. Ergebnisse und Perspektiven der Forschung. Sonderheft 27 der Politischen Vierteljahresschrift. Opladen 388-405.
Mayer, Nonna/Perrineau, Pascal 1996: Le Front National à Decouvert. Paris.
McAdam, Doug 1982: Political Process and the Development of Black Insurgency, 1930-1970. Chicago/London.
McAdam, Doug 1988: Micromobilization Contexts and Recruitment to Activism, in: International Social Movement Research, Vol. 1, 125-154.
McAdam, Doug 1996: Conceptual origins, problems, future directions, in: McAdam, Doug/McCarthy, John D./Zald, Mayer N. (eds.): Comparative Perspectives on Social Move-ments. Political Opportunities, Mobilizing Structures, and Cultural Framings. Cambridge 23-40.
McAdam, Doug/Fernandez, Roberto M. 1990: Microstructural Bases of Recruitment to Social Movements, in: Research in Social Movements, Conflict and Change, Vol. 12, 1-33.
McAdam, Doug/McCarthy, John D./Zald, Mayer N. (eds.) 1996: Comparative Perspectives on Social Movements. Political Opportunities, Mobilizing Structures, and Cultural Framing. Cambridge.
McAdam, Doug/Tarrow, Sidney/Tilly, Charles 1996: To Map Contentious Politics, in: Mobilization, Vol. 1, No. 1, 17-34.
McCarthy, John D. 1996: Constraints and Opportunities in Adopting, Adapting, and Inventing, in: McAdam, Doug/McCarthy, John/Zald, Mayer N. (eds.): Comparative Perspectives on Social Movements. Political Opportunities, Mobilizing Structures, and Cultural Framing. Cambridge 141-151.
McCarthy, John D./Zald, Mayer N. 1973: The Trend of Social Movements in America: Professionalization and Resource Mobilization. Morristown (N. J.).
McCarthy, John D./Zald, Mayer N. 1977: Resource Mobilization and Social Movements: A Partial Theory, in: American Journal of Sociology, Vol. 82, No. 6, 1212-1241.
McCarthy, John D./Wolfson, Mark 1996: Resource Mobilization by Local Social Movement Organizations: Agency, Strategy, and Organizations in the Movement against Drinking and Driving, in: American Sociological Review, Vol. 61, 1070-1088.
Mecklenburg, Jens (Hrsg.) 1996: Handbuch deutscher Rechtsextremismus. Berlin.
Meier, Charles S. 1997: Territorialists vs. Globalists, Beitrag zur Konferenz 'The Future of Democracy', Institut für die Wissenschaften vom Menschen. Wien (Ms.).
Melucci, Alberto 1980: The new social movements: A theoretical aproach, in: Social Science Information, Vol. 19, 199-226.
Melucci, Alberto 1984: An end to social movements? Introductory paper to the sessions on 'new movements and change in organizational forms', in: Social Science Information, Vol. 24, No. 4/5, 819-835.
Melucci, Alberto 1985: The symbolic challenge of contemporary movements, in: Social Research, Vol. 52, No. 4, 789-815.
Melucci, Alberto 1988: Getting Involved: Identity and Mobilization in Social Movements, in: Klandermans, Bert (Ed.): International Social Movement Research, Vol. 1, 329-348.
Melucci, Alberto 1989: Nomads of the Present. Social Movements and Individual Needs in Contemporary Society. Philadelphia.
Melucci, Alberto 1995: The Process of Collective Identity, in: Johnston, Hank/Klander-mans, Bert (eds.): Social Movements and Culture. London 41-63.
Melucci, Alberto 1996: Challenging Codes. Collective Action in the Information Age. Cambridge.
Melucci, Alberto 1996a: The Playing Self. Person and Meaning in the Planetary Society. Cambridge.
Melucci, Alberto et al. 1984: Altri Codici. Aree di movimento nella metropoli. Bologna.
Merten, Klaus 1983: Inhaltsanalyse. Einführung in Theorie, Methode und Praxis. Opladen.

Merton, Robert K. 1959: Social Conformity, Deviation, and Opportunity Structures: A Comment on the Contributions of Dubin and Cloward, in: American Sociological Review, No. 2, 177-189.
Merton, Robert K. 1979: Sozialstruktur und Anomie, in: Sack, Fritz/König, René (Hrsg.): Kriminalsoziologie. Wiesbaden 283-313.
Meyer, David S./Staggenborg, Suzanne 1996: Movements, Countermovements, and the Structure of Political Oportunity, in: American Journal of Sociology, Vol. 101, No. 6, 1628-1660.
Möller, Kurt 1993: Rechte Jungs. Ungleichheitsideologien, Gewaltakzeptanz und männliche Sozialisation, in: Neue Praxis 314-328.
Möller, Renate/Heitmeyer, Wilhelm 1996: Rechtsextremistische Einstellungen und Gewalt in Jugendkulturellen Szenen, in: Falter, Jürgen W./Jaschke, Hans-Gerd/Winkler, Jürgen W. (Hrsg.): Rechtsextremismus. Ergebnisse und Perspektiven der Forschung. Sonder-heft 27 der Politischen Vierteljahresschrift. Opladen 168-190.
Mölzer, Andreas 1995: Konservative Strategie und metapolitische Option, in: Junge Frei-heit, Nr. 19, S. 11.
Morris, Aldon 1984: The Origins of the Civil Rights Movement: Black Communities Organizing for Change. New York.
Morris, Aldon/Herring, Cedric 1987: Theory and Research in Social Movements: A Critical Review, in: Long, Samuel (Ed.): Annual Review of Political Science. Vol. 2. New Jer-sey 137-198.
Morris, Aldon D./Mueller, Carol McClurg (eds.) 1992: Frontiers in Social Movement Theory. New Haven/London.
Morrison, Denton E. 1973: Some Notes toward Theory on Relative Deprivation, Social Movements, and Social Change, in: Evans, Robert R. (Ed.): Social movements. A Reader and Source Book. Chicago 103-116.
Moscovici, Serge 1984: Das Zeitalter der Massen. Eine historische Abhandlung über die Massenpsychologie. München.
Mudde, Cas 1995: Rightwing Extremism Analysed. A Comparative Analysis of the Ideologies of Three Alleged Rightwing Extremist Parties (NPD, NDP, CP'86), in: European Journal of Political Research 27, 203-224.
Müller, Hans-Peter 1992: Sozialstruktur und Lebensstile. Der neuere theoretische Diskurs über soziale Ungleichheit. Frankfurt/M.
Münch, Richard 1994: Von der Moderne zur Postmoderne? Soziale Bewegungen im Prozeß der Modernisierung, in: Forschungsjournal Neue Soziale Bewegungen, Jg. 7, Heft 2, 27-39.
Münch, Ursula 1993: Asylpolitik in der Bundesrepublik Deutschland. Opladen.
Muller, Edward N. 1980: The Psychology of Political Protest and Violence, in: Gurr, Ted Robert (Ed.): Handbook of Political Conflict. Theory and Research. New York/London 6-99.
Murphy, Detlef/Roth, Roland 1991: In (nicht mehr gar so) viele Richtungen zugleich. Die Grünen – ein Artefakt der Fünf-Prozent-Klausel?, in: Roth, Roland/Rucht, Dieter (Hrsg.): Neue soziale Bewegungen in der Bundesrepublik Deutschland. Bonn 415-440.
Namenwirth, Zvi J./Weber, Robert P. 1987: Dynamics of Culture. Boston et al.
Nave-Herz, Rosemarie 1982: Die Geschichte der Frauenbewegung in Deutschland. Schriftenreihe der niedersächsischen Landeszentrale für politische Bildung. Hannover.
Negt, Oskar/Kluge, Alexander 1980: Geschichte und Eigensinn. Frankfurt/M.
Neidhardt, Friedhelm 1985: Einige Ideen zu einer allgemeinen Theorie sozialer Bewegungen, in: Hradil, Stefan (Hrsg.): Sozialstruktur im Umbruch. Karl Martin Bolte zum 60. Geburtstag. Opladen 193-204.
Neidhardt, Friedhelm/Rucht, Dieter 1991: The Analysis of Social Movements: The State of the Art and Some Perspectives for Further Research, in: Rucht, Dieter (ed.): Research on

Social Movements: The State of the Art in Western Europe and the USA. Frankfurt/ Boulder 421-464.
Neidhardt, Friedhelm/Rucht, Dieter 1993: Auf dem Weg in die ‚Bewegungsgesellschaft? Über die Stabilisierbarkeit sozialer Bewegungen, in: Soziale Welt, Jg. 44, 305-326.
Nelles, Wilfried 1984: Kollektive Identität und politisches Handeln in neuen sozialen Bewegungen, in: Politische Vierteljahresschrift, 25. Jg., Heft 4, 425-440.
Neureiter, Marcus 1996: Rechtsextremismus im vereinten Deutschland. Eine Untersuchung sozialwissenschaftlicher Deutungsmuster und Erklärungsansätze. Marburg.
Niethammer, Lutz 1994: Konjunkturen und Konkurrenzen kollektiver Identität. Ideologie, Infrastruktur und Gedächtnis in der Zeitgeschichte, in: Prokla, 24. Jg., Heft 96, 378-399.
Oberschall, Anthony 1973: Social Conflict and Social Movements. New Jersey.
Oberschall, Anthony 1994: Ethnic Conflict and Collective Identity. Paper presented at the 12th ISA World Congress in Bielefeld. Germany.
Oegema, Dirk/Klandermans, Berd 1994: Why Social Movement Sympathizers Don't Participate: Erosion and Nonconversion of Support, in: American Sociological Review, Vol. 59, 703-722.
Offe, Claus 1969: Politische Herrschaft und Klassenstrukturen. Zur Analyse spätkapitalistischer Gesellschaften, in: Senghaas, D./Kress, G. (Hrsg.): Politikwissenschaft. Eine Einführung. Frankfurt/M 155-189.
Offe, Claus 1972: Strukturprobleme des kapitalistischen Staats. Frankfurt/M.
Offe, Claus 1976: Überlegungen und Hypothesen zum Problem politischer Legitimation, in: Ebbighausen, R. (Hrsg.): Bürgerlicher Staat und Politische Legitimation. Frankfurt/M. 80-105.
Offe, Claus 1980: Konkurrenzpartei und kollektive politische Identität, in: Roth, Roland (Hrsg.): Parlamentarisches Ritual und politische Alternativen. Frankfurt/M. 26-42.
Offe, Claus 1985: New Social Movements: Challenging the Boundaries of Institutional Politics, in: Social Research, Vol. 52, No. 4, 817-869.
Ohlemacher, Thomas 1993: Brücken der Mobilisierung. Soziale Relais und persönliche Netzwerke in Bürgerinitiativen gegen militärischen Tiefflug. Wiesbaden.
Ohlemacher, Thomas 1994: Schmerzhafte Episoden. Wider die Rede von einer rechten Bewegung im wiedervereinigten Deutschland, in: Forschungsjournal Neue Soziale Bewegungen, Jg. 7, Heft 4, 16-25.
Ohlemacher, Thomas 1996: 'Kollektive Aktion' statt 'soziale Bewegung'?, in: Berliner Debatte Initial, Nr. 1, 7-11.
Oliver, Pamela 1980: Rewards and Punishments as Selective Incentives for Collective Action: Theoretical Investigation, in: American Journal of Sociology, Vol. 85, 1356-1375.
Oliver, Pamela E. 1989: Bringing the Crowd back in: The Nonorganizational Elements of Social Movements, in: Research in Social Movements, Conflict and Change, Vol. 11, 1-30.
Oliver, Pamela E./Marwell, Gerald 1992: Mobilizing Technologies for Collective Action, in: Morris, Aldon D./Mueller, Carol McClurg (Eds.): Frontiers in Social Movement Theory. New Haven/London 251-272.
Olson, Mancur 1968: The Logic of Collective Action. Public Goods and the Theory of Groups. Cambridge (Mass.).
Opp, Karl-Dieter 1989: The Rationality of Political Protest. Boulder (Col.)
Opp, Karl-Dieter 1993: Politischer Protest als rationales Handeln: Eine Anwendung des ökonomischen Ansatzes zur Erklärung von Protest, in: Ramb, Bernd-Thomas/Tietzel, Manfred (Hrsg.): Ökonomische Verhaltenstheorie. München 207-246.
Opp, Karl-Dieter 1994: Der 'Rational Choice'-Ansatz und die Soziologie sozialer Bewegungen, in: Forschungsjournal Neue Soziale Bewegungen, Jg. 7, Heft 2, 11-26.
Opp, Karl-Dieter 1996: Aufstieg und Niedergang der Ökologiebewegung in der Bundesrepublik, in: Diekmann, Andreas/Jäger, Carlo (Hrsg.): Umweltsoziologie. Sonderheft 36 der Kölner Zeitschrift für Soziologie und Sozialpsychologie. Opladen 350-379.

Literatur 263

Opp, Karl-Dieter/Voß, Peter/Gern, Christiane 1993: Die volkseigene Revolution. Stuttgart.
Otto, Hans-Uwe/Merten, Roland (Hrsg.) 1993: Rechtsradikale Gewalt im vereinigten Deutschland. Jugend im gesellschaftlichen Umbruch. Opladen.
Overmans, Rüdiger 1995: „Ein untergeordneter Eintrag im Leidensbuch der jüngeren Geschichte"? Die Rheinwiesenlager 1945, in: Volkmann, Hans-Erich (Hrsg.): Ende des Dritten Reiches – Ende des Zweiten Weltkriegs. Eine Perspektivische Rückschau. München 259-291.
Pankoke, Eckart 1970: Sociale Bewegung – Sociale Frage – Sociale Politik. Grundfragen der deutschen 'Socialwissenschaft' im 19. Jahrhundert. Stuttgart.
Pappi, Franz Urban 1989: Die Anhänger der neuen sozialen Bewegungen im Parteisystem der Bundesrepublik, in: Aus Politik und Zeitgeschichte, B 26, 17-27.
Paris, Rainer 1989: Situative Bewegung. Moderne Protestmentalität und politisches Engagement, in: Leviathan, Jg. 17, 322-336.
Parkin, Frank 1968: Middle Class Radicalism. The Social Basis of the Campaign for Nuclear Disarmament. Manchester.
Parsons, Talcott 1955: Social Strains in America, in: Bell, Daniel (ed.): The New American Right. New York 117-140.
Pfahl-Traughber, Armin 1995: Rechtsextremismus. Eine kritische Bestandsaufnahme nach der Wiedervereinigung. Bonn.
Pfahl-Traughber, Armin 1996: 'Kulturrevolution von rechts'. Definition, Einstellungen und Gefahrenpotential der intellektuellen 'Neuen Rechten', in: MUT, Nr. 351, 36-57.
Pflüger, Friedhelm 1994: Deutschland driftet. Düsseldorf/Wien.
Pichardo, Nelson A. 1988: Resource Mobilization: An Analysis of Conflicting Theoretical Variations, in: Sociological Quarterly, Vol. 29, 97-110.
Piven, Frances Fox/Cloward, Richard A. 1977: Poor Peoples Movements. Why They Succeed, How They Fail. New York.
Piven, Frances Fox/Cloward, Richard A. 1991: Collective Protest: A Critique of Resource Mobilization Theory, in: International Journal of Politics, Culture and Society, Vol. 4, 435-458.
Poppenhusen, Margot 1990: Legitimität ohne Subjekt? Berlin (FU-Dissertation).
Rager, Günther/Klaus, Elisabeth/Thyen, Elmar 1988: Der Reaktorunfall von Tschernobyl und seine Folgen in den Medien. Dortmund (verv. Manuskript).
Rammstedt, Otthein 1978: Soziale Bewegung. Frankfurt/M.
Rammstedt, Otthein 1978a: Bewegung, soziale, in: Fuchs, Werner u.a. (Hrsg.): Lexikon der Soziologie. Opladen 108.
Raschke, Joachim 1980: Politik und Wertwandel in westlichen Demokratien, in: Aus Politik und Zeitgeschichte, B 14, 11-31.
Raschke, Joachim 1985: Soziale Bewegungen. Ein historisch-systematischer Grundriß. Frankfurt/M.
Raschke, Joachim u.a. 1993: Die Grünen: Wie sie wurden, was sie sind. Köln.
Rehberg, Karl-Siegbert 1994: Institutionen als symbolische Ordnungen, in: Göhler, Gerhard (Hrsg.): Die Eigenart der Institutionen: Zum Profil politischer Institutionentheorie. Baden-Baden 47-84
Rendall, Jane 1984: The Origins of Modern Feminism: Women in Britain, France and the United States, 1780-1860. London.
Renn, Ortwin 1985: Die Alternativbewegung: Eine historisch-soziologische Analyse des Protests gegen die Industriegesellschaft, in: Zeitschrift für Politik 32, 153-194.
Riesenberger, Dieter 1985: Geschichte der Friedensbewegung in Deutschland. Von den Anfängen bis 1933. Göttingen.
Rifkin, Jeremy 1996: The End of Work: The Decline of the Global Labor Force and the Dawn of the Post-Market Era. New York.
Rolke, Lothar 1987: Protestbewegungen in der Bundesrepublik. Opladen

Rosenthal, Naomi/Fingrutd, Meryl/Ethier, Michele/Karant, Roberta/McDonald, David 1985: Social Movements and Network Analysis: A Case Study of Nineteenth-Century Women's Reform in New York State, in: American Journal of Sociology, Vol. 90, 1022-1054.
Roth, Roland 1983: Gesellschaftstheoretische Konzepte zur Analyse neuer sozialer Bewegungen, in: Politische Vierteljahresschrift, 24. Jg., Heft 3, 311-328.
Roth, Roland 1985: Rebellische Subjektivität. Herbert Marcuse und die neuen Protestbewegungen. Frankfurt/M.
Roth, Roland 1991: Proteste und soziale Bewegungen im Odenwald, in: Forschungsjournal Neue Soziale Bewegungen, 4. Jg., Heft 4, 60-72.
Roth, Roland 1994: Demokratie von unten. Neue soziale Bewegungen auf dem Weg zur politischen Institution. Köln.
Roth, Roland 1994a: Lokale Bewegungsnetzwerke und die Institutionalisierung von neuen sozialen Bewegungen, in: Neidhardt, Friedhelm (Hrsg.): Öffentlichkeit, öffentliche Meinung, soziale Bewegungen. Sonderheft 34 der Kölner Zeitschrift für Soziologie und Sozialpsychologie. Opladen 413-436.
Roth, Roland/Rucht, Dieter (Hrsg.) 1991: Neue soziale Bewegungen in der Bundesrepublik Deutschland. Bonn.
Roth, Roland/Rucht, Dieter 1991: Die Veralltäglichung des Protests. Einleitende Bemer-kungen zur Wahrnehmung der neuen sozialen Bewegungen in Öffentlichkeit, Politik und Wissenschaft, in: dies. (Hrsg.): Neue soziale Bewegungen in der Bundesrepublik Deutschland. Bonn 11-28.
Rothgang, Heinz 1988: Die Friedens- und Umweltbewegung in Großbritannien. Köln (Diplomarbeit).
Rothgang, Heinz 1991: Die Umwelt- und Friedensbewegung in Großbritannien, in: Journal für Sozialforschung, 31. Jg., Heft 2, 163-185.
Rowbotham, Sheila 1980: Im Dunkel der Geschichte. Frauenbewegung in England vom 17. bis 20. Jahrhundert. Frankfurt/M.
Rucht, Dieter 1988: Themes, Logics and Arenas of Social Movements: A Structural Approach, in: Klandermans, Bert/Kriesi, Hanspeter/Tarrow, Sidney (eds.): From Structure to Action: Comparing Social Movement Research Across Cultures. Greenwich (Conn.) 305-328.
Rucht, Dieter 1990: Campaigns, skirmishes and battles: Antinuclear movements in the USA, France and West Germany, in: Industrial Crisis Quarterly, Vol. 4, No. 3, 193-222.
Rucht, Dieter (ed.) 1991: Research on Social Movements. Boulder/Frankfurt/M.
Rucht, Dieter 1991a: Sociological Theory as a Theory of Social Movements? A Critique of Alain Touraine, in: ders. (ed.): Research on Social Movements: The State of the Art in Western Europe and the USA. Frankfurt/Boulder 355-384.
Rucht, Dieter 1991b: Soziale Bewegungen, Gegenbewegungen und Staat: Der Abtreibungskonflikt in den USA, Frankreich und der Bundesrepublik, in: Forschungsjournal Neue Soziale Bewegungen, Jg. 4, Heft 2, 31-42.
Rucht, Dieter 1994: Modernisierung und neue soziale Bewegungen. Deutschland, Frank-reich und USA im Vergleich. Frankfurt/M.
Rucht, Dieter 1994a: Öffentlichkeit als Mobilisierungsfaktor für soziale Bewegungen, in: Neidhardt, Friedhelm (Hrsg.): Öffentlichkeit, öffentliche Meinung, soziale Bewegungen. Sonderheft der Kölner Zeitschrift für Soziologie und Sozialpsychologie. Opladen 337-358.
Rucht, Dieter 1995: Kollektive Identität. Konzeptionelle Überlegungen zu einem Desiderat der Bewegungsforschung, in: Forschungsjournal Neue Soziale Bewegungen, Jg. 8, Heft 1, 9-23.
Rucht, Dieter 1996: The impact of national contexts on social movement structures: A cross-movement and cross-national comparison, in: McAdam, Doug/McCarthy, John D./Zald, Mayer N. (eds.): Comparative Perspectives on Social Movements. Political Opportunities, Mobilizing Structures, and Cultural Framings. Cambridge 185-204.

Rucht, Dieter/Blattert, Barbara/Rink, Dieter 1997: Soziale Bewegungen auf dem Weg zur Institutionalisierung. Zum Strukturwandel 'alternativer' Gruppen in beiden Teilen Deutschlands. Frankfurt/M.
Rucht, Dieter/Hocke, Peter/Oremus, Dieter 1995: Quantitative Inhaltsanalyse: Warum, wo, wann und wie wurde in der Bundesrepublik demonstriert?, in: Alemann, Ulrich von (Hrsg.): Politikwissenschaftliche Methoden. Opladen 261-291.
Rucht, Dieter/Koopmans, Ruud/Neidhardt, Friedhelm 1998: Acts of Dissent. New Developments in the Analysis of Protest. Berlin.
Rucht, Dieter/Ohlemacher, Thomas 1992: Protest Event Data: Collection, Uses and Perspectives, in: Eyerman, Ron/Diani, Mario (eds.): Issues in Contemporary Social Movement Research. Beverly Hills 76-106.
Rüdig, Wolfgang/Lowe, Philip D. 1984: The Unfulfilled Prophecy: Touraine and the Anti-Nuclear Movement, in: Modern&Contemporary France, Vol. 20, No. 12, 19-23.
Saxer, Ulrich u.a. 1986: Massenmedien und Kernenergie. Journalistische Berichterstattung über ein komplexes, zur Entscheidung anstehendes, polarisiertes Thema. Bern/Stuttgart.
Schenk, Herrad 1981: Die feministische Herausforderung. 150 Jahre Frauenbewegung in Deutschland. München.
Schiebel, Martina 1992: Biographische Selbstdarstellungen rechtsextremer und ehemals rechtsextremer Jugendlicher, in: Psychosozial, Jg. 15, Heft 3, 66-77.
Schieder, Wolfgang (Hrsg.) 1976: Faschismus als soziale Bewegung. Deutschland und Italien im Vergleich. Hamburg.
Schmidtke, Oliver 1995: Kollektive Identität in der politischen Mobilisierung territorialer Bewegungen. Eine analytische Perspektive, in: Forschungsjournal Neue Soziale Bewegungen, Jg. 8, Heft 1, 24-31.
Schmitt, Rüdiger 1990: Die Friedensbewegung in der Bundesrepublik Deutschland. Opladen.
Schreiber, Helmut/Timm, Gerhard 1990: Im Dienste der Umwelt und der Politik. Zur Kritik der Arbeit des Sachverständigenrates für Umweltfragen. Berlin.
Schröder, Burkhard 1992: Rechte Kerle. Skinheads, Faschos, Hooligans. Reinbek.
Schulze, Gerhard 1992: Die Erlebnisgesellschaft. Kultursoziologie der Gegenwart. Frankfurt/New York.
Schwarzer, Alice 1991: Das neueste Emma-Buch. München.
Schwartz, Michael 1976: Radical Protest and Social Structure. New York.
Schwenk, Otto (Hrsg.) 1996: Lebensstil zwischen Sozialstrukturanalyse und Kulturwissenschaft. Opladen.
Schwilk, Heimo/Schacht, Ulrich (Hrsg.) 1994: Die selbstbewußte Nation. Berlin/Frankfurt.
Schwules Museum/Akademie der Künste (Hrsg.) 1997: Goodbye to Berlin? 100 Jahre Schwulenbewegung. Berlin.
Sieferle, Rolf 1984: Fortschrittsfeinde? Opposition gegen Technik und Industrie von der Romantik bis zur Gegenwart. München.
Simon, Bernd 1995: Individuelles und kollektives Selbst. Sozialpsychologische Grundlagen sozialer Bewegungen am Beispiel schwuler Männer, in: Forschungsjournal Neue Soziale Bewegungen, Jg. 8, Heft 1, 46-55.
SINUS-Lebensweltforschung 1992: Lebensweltforschung und Soziale Milieus in West- und Ostdeutschland. Eine Information des SINUS-Instituts für seine Kunden. Heidelberg.
Smelser, Neil 1962: Theory of Collective Behavior. New York.
Snow, David A./Rochford, E. Burke Jr./Worden, Steven K./Benford, Robert D. 1986: Frame Alignment Processes, Micromobilization and Movement Participation, in: American Sociological Review, Vol. 51, 464-481.
Snow, David A./Benford, Robert D. 1988: Ideology, Frame Resonance, and Participant Mobilization, in: Klandermans, Bert (ed.): International Social Movement Research, Vol. 1, 197-217.

Snow, David A./Benford, Robert D. 1992: Master Frames and Cycles of Protest, in: Morris, Aldon D./Mueller, Carol McClurg (eds.): Frontiers in Social Movement Theory, New Haven/London 133-155.
Soeffner, Hans-Georg 1988: Rituale des Antiritualismus – Materialien für Außeralltägliches, in: Gumbrecht, Hans Ulrich/Pfeiffer, K. Ludwig (Hrsg.): Materialität der Kommunikation. Frankfurt/M. 519-546.
Stamm, Karl-Heinz 1988: Alternative Öffentlichkeit. Die Erfahrungsproduktion neuer sozialer Bewegungen. Frankfurt/M.
Stark, Birgit 1994: Die Themenkarriere der Asylproblematik. Empirische Evidenzen zum Verhältnis von Medien, Politik und öffentlicher Meinung. Erlangen-Nürnberg (Diplomarbeit).
Statistisches Bundesamt 1994: Datenreport 1994. Zahlen und Fakten über die Bundesrepublik Deutschland. Bonn.
Steinmetz, Linda 1996: Verbreitung rechter Ideologien in Computernetzwerken. Stützpfeiler einer rechten Bewegung?, in: Forschungsjournal Neue Soziale Bewegungen, Jg. 9, Heft 1, 59-69.
Sternhell, Zeev 1983: Ni droite, ni gauche. L'ideologie fasciste en France. Paris.
Stoecker, Randy 1995: Community, Movement, Organization: The Problem of Identity Convergence in Collective Action, in: Sociological Quarterly, Vol. 36, 111-130.
Stöss, Richard 1984: Vom Mythos der 'neuen sozialen Bewegungen'. Neun Thesen und ein Exkurs zum Elend der NSB-Forschung, in: Falter, Jürgen W./Fenner, Christian/Greven, Michael Th. (Hrsg.): Politische Willensbildung und Interessenvermittlung. Opladen 548-565.
Stöss, Richard 1994: Forschungs- und Erklärungsansätze – ein Überblick, in: Wolfgang Kowalsky, Wolfgang/Schroeder, Wolfgang (Hrsg.): Rechtsextremismus. Einführung und Forschungsbilanz. Opladen 23-66.
Tarrow, Sidney 1983: Struggling to reform: Social movements and policy change during cycles of protest. Western Societies Program, Occasional Paper No. 15, Center for Interna-tional Studies, Cornell University.
Tarrow, Sidney 1988: National Politics and Collective Action: Recent Theory and Research in Western Europe and the United States, in: Annual Review of Sociology, Vol. 14, 421-440.
Tarrow, Sidney 1989: Struggle, Politics, and Reform: Collective Action, Social Movements, and Cycles of Protest. Western Societies Program. Occasional Paper No. 21, Center for International Studies, Cornell University.
Tarrow, Sidney 1989a: Democracy and Disorder: Protest and Politics in Italy 1965-1975. Oxford.
Tarrow, Sidney 1991: Kollektives Handeln und politische Gelegenheitsstruktur in Mobilisierungswellen: Theoretische Perspektiven, in: Kölner Zeitschrift für Soziologie und Sozialpsychologie, Jg. 43, Heft 4, 647-670.
Tarrow, Sidney 1994: Power in Movement: Social Movements, Collective Action and Politics. Cambridge.
Tarrow, Sidney 1996: States and Opportunities: The political structuring of social movements, in: McAdam, Doug/McCarthy, John D./Zald, Mayer N. (eds.): Comparative Perspectives on Social Movements. Political Opportunities, Mobilizing Structures, and Cultural Fra-mings. Cambridge 41-61.
Tarrow, Sidney 1996a: New Social Movements in Western Europe: A Comparative Analysis, in: American Political Science Review, Vol. 90, No. 4, 874-883.
McAdam, Doug/Tarrow, Sidney/Tilly, Charles 1996: To Map Contentious Politics, in: Mobilization, Vol. 1, No. 1, 17-34.
Taylor, Verta 1989: Social Movement Continuity: The Women's Movement in Abeyance, in: American Sociological Review, Vol. 54, 761-775.

Taylor, Verta/Whittier, Nancy E. 1992: Collective Identity in Social Movement Communities: Lesbian Feminist Mobilization, in: Morris, Aldon D./Mueller, Carol McClurg (eds.): Frontiers of Social Movement Theory. New Haven/London 104-129.
Taylor, Verta/Whittier, Nancy E. 1995: Analytical Approaches to Social Movement Culture: The Culture of the Women's Movement, in: Johnston, Hank/Klandermans, Bert (eds.): Social Movements and Culture. London 163-187.
Thompson, Edward P. 1962: The Making of the English Working Class. London.
Thompson, Edward P. 1979: Die 'sittliche Ökonomie' der englischen Unterschichten im 18. Jahrhundert, in: Puls, Detlev (Hrsg.): Wahrnehmungsformen und Protestverhalten. Studien zur Lage der Unterschichten im 18. und 19. Jahrhundert. Frankfurt/M.
Tilly, Charles 1977: Hauptformen kollektiver Aktion in Westeuropa 1500-1975, in: Geschichte und Gesellschaft, Jg. 3, 153-163.
Tilly, Charles 1978: From Mobilization to Revolution. Reading (Mass.).
Tilly, Charles 1986: European Violence and Collective Action since 1700, in: Social Research, Vol. 53, No. 1, Spring, 158-184.
Tilly, Charles/ Tilly, Louise/Tilly, Richard 1975: The Rebellious Century 1820-1930, Cambridge (Mass.).
Touraine, Alain 1968: Le Mouvement de Mai ou le communisme utopique. Paris.
Touraine, Alain 1972: Die postindustrielle Gesellschaft. Frankfurt/M.
Touraine, Alain 1973: Production de la société. Paris.
Touraine, Alain 1976: Was nützt die Soziologie?. Frankfurt/M.
Touraine, Alain 1977: The Self-Production of Society. Chicago.
Touraine, Alain 1978: La voix et le regard. Paris.
Touraine, Alain 1983: Soziale Bewegungen: Spezialgebiet oder zentrales Problem soziologischer Analyse?, in: Soziale Welt, Jg. 34, Heft 2, 143-152.
Touraine, Alain 1984: Le retour de l'acteur. Paris.
Touraine, Alain 1985: An Introduction to the Study of Social Movements, in: Social Research, Vol. 52, No. 4, 749-787.
Touraine, Alain 1992: Critique de la Modernité. Paris.
Touraine, Alain 1994: Qu'est-ce que la démocratie? Paris.
Touraine, Alain 1997: Pourrons-nous vivre ensemble? Egaux et différents. Paris.
Touraine, Alain et al. 1978: La lutte étudiante. Paris.
Touraine, Alain et al. 1980: La prophétie anti-nucléaire. Paris.
Touraine, Alain et al. 1981: Le pays contre l'Etat. Luttes occitanes. Paris.
Touraine, Alain et al. 1982: Solidarité. Analyse d'un mouvement social Pologne, 1980-1981. Paris.
Touraine, Alain et al. 1984: Le mouvement ouvrier. Paris.
Touraine, Alain et al. 1996: Le grand refus. Réflexions sur la grève de décembre 1995. Paris.
Turner, Ralph H./Killian, Louis M. 1957: Collective Behavior. Englewood Cliffs (N.J.).
Uhrlau, Ernst 1996: Binnenstruktur und Vernetzungstendenzen rechtsextremer Mobilisierung im Vergleich zu anderen Bewegungen, in: Berliner Debatte Initial, Heft 1, 12-20.
Van Donselaar, J. 1991: Fout na de Oorlog: Fascistische en Racistische Organisaties in Nederland 1950-1990. Amsterdam.
Verfassungsschutzbericht Hamburg 1996. Hamburg.
Verfassungsschutzbericht NRW 1997. Düsseldorf.
Vester, Michael 1970: Die Entstehung des Proletariats als Lernprozeß. Frankfurt/M.
Vester, Michael 1997: Sozialstruktur und Milieus: Mittelschichten und 'städtische Unterschichten' als Trägergruppen für autoritäre Entwicklungen?, Beitrag zur Konferenz 'Autoritäre Entwicklungen im Zeitalter der Globalisierung'. Bielefeld.
Vester, Michael/Oertzen, Peter von/Geiling, Heiko/Hermann, Thomas/Müller, Dagmar 1993: Soziale Milieus im gesellschaftlichen Strukturwandel. Zwischen Integration und Ausgrenzung. Köln.

Veugelers, John 1997: Social Cleavages and the Revival of Far Right Parties: The Case of France's National Front, in:Acta Sociologica, Vol. 40, 31-49.
Walsh, Edward J. 1991: Resource Mobilization and Citizen Protest in Communities Around Three Mile Island, in: Social Problems, Vol. 29, No. 1, 1-21.
Weichler, Kurt 1987: Die anderen Medien. Theorie und Praxis alternativer Kommunikation. Berlin.
Weißmann, Karlheinz 1986: Neo-Konservatismus in der Bundesrepublik? Eine Bestandsaufnahme, in: Criticón 96, 176-179.
Weißmann, Karlheinz 1992: Rückruf in die Geschichte. Berlin/Frankfurt.
Wieviorka, Michel 1995: Racism and Social Movements, in: Maheu, Louis (ed.): Social Movements and Social Classes. The Future of Collective Action. London 87-106.
Willems, Helmut 1996: Kollektive Gewalt gegen Fremde. Entwickelt sich eine soziale Bewegung von Rechts?, in: Heiland, Hans-Günther/Lüdemann, Christian (Hrsg.): Soziologische Dimension des Rechtsextremismus. Opladen 27-56.
Willems, Helmut 1997: Jugendunruhen und Protestbewegungen. Eine Studie zur Dynamik innergesellschaftlicher Konflikte in vier europäischen Ländern. Opladen.
Willems, Helmut u.a. 1993: Fremdenfeindliche Gewalt. Einstellungen, Täter, Konflikteskalation. Opladen.
Willems, Helmut u.a. 1994: Forschungsprojekt 'Analyse fremdenfeindlicher Straftäter'. Bonn.
Wilson, John 1973: Introduction to Social Movements. New York.
Wright, Talmadge, 1997: Out of Place. Homeless Mobilizations, Subcities, and Contested Landscapes. Albany.
Zald, Mayer N. 1991: The Continuing Vitality of Resource Mobilization Theory: Response to Herbert Kitschelt's Critique, in: Rucht, Dieter (Hrsg.): Research on Social Movements. The State of the Art in Western Europe and the USA. Frankfurt/Boulder 348-354.
Zald, Mayer N. 1992: Looking Backward to Look Forward. Reflections on the Past and Future of the Resource Mobilization Research Program, in: Morris, Aldon D./Mueller, Carol McClurg (eds.): Frontiers in Social Movement Theory. New Haven 326-348.
Zald, Mayer N./McCarthy, John D. 1979: The Dynamics of Social Movements. Resource Mobilization, Social Control, and Tactics. Cambridge.
Zald, Mayer N./McCarthy, John D. 1987: Social Movements in an Organizational Society. Collected Essays. New Brunswick.
Zentrum Demokratische Kultur (Hrsg.) 1997: Kulturelle Hegemoniebestrebungen Rechtsextremer in der Jugendszene. Dokumentation. Berlin.
Zeuner, Bodo/Wischermann, Jörg 1995: Rot-Grün in den Kommunen. Konfliktpotentiale und Reformperspektiven. Opladen.
Zwacka, Petra, u.a. 1991: 'Ich bin meine Frauenbewegung'. Frauen-Ansichten aus der Geschichte einer Großstadt. Berlin.
Zwick, Michael 1990: Neue soziale Bewegungen als politische Subkultur. Frankfurt/M.